中国近代
纺织史研究

廖大伟 / 主编

刘盼红　张华明 / 副主编

上海社会科学院出版社
SHANGHAI ACADEMY OF SOCIAL SCIENCES PRESS

本书系国家社科基金重大项目"中国近代纺织史资料整理与研究"(19ZDA213)阶段性成果

前　言

廖大伟[*]

纺织业是世界现代工业的起源，也是经济"起飞"的行业。从18世纪英国工业革命开始，一个又一个国家通过发展现代纺织业走上工业化道路，纺织业成为世界各国工业化的先导。西方国家来到中国，纺织业是其较早投资也是主要投资的领域之一，中国民族工业的崛起，也是从纺织工业起步。在民族振兴和中国工业近代化过程中，纺织业是支柱产业，关乎国计民生。新中国成立以来，历史学界、经济学界和纺织工程学者对近代纺织史各领域开展研究，取得了一批优秀学术成果。作为近代中国纺织业重镇的上海、青岛、天津等城市，一方面为学者们进行纺织史研究所聚焦，同时这些城市迄今还有大量纺织史档案资料尚未充分开发，需要系统地整理与研究。其实全国各地，甚至国外，相关资料还有不少遗存。

就目前中国近代纺织史研究的状况来看，主要问题是资料缺乏，造成选题过于集中在企业史、经济史。在东华大学，至少十年前，我便开始注重中国近代纺织史资料整理与研究，有意识地组建团队、带教学生、搜集资料、承接项目，先后创建研究基地，三次举办专题学术研讨会。2019年我入职上海大学后，所申报的国家社科基金重大项目"中国近代纺织史资料整理与研究"获得立项。

2021年4月17—18日，"搜集、整理、利用：中国近代纺织史学术研讨会"在上海大学举行，这次会议由上海大学文学院和项目团队主办，来自上

---

[*] 廖大伟，上海大学文学院历史系教授、博士生导师，国家社科基金重大项目"中国近代纺织史资料整理与研究"（19ZDA213）首席专家。

海大学、东华大学、复旦大学、同济大学、中国人民大学、武汉大学、山西大学、河南大学、西南大学、陕西师范大学、山西师范大学、湘潭大学、邯郸学院,以及上海社会科学院、上海市档案馆、南通市档案馆、青岛市档案馆、上海市工商业联合会、上海辞书出版社、学林出版社等单位近40位专家学者,就中国近代纺织史研究和资料问题进行了深入研讨。

研讨会开幕式在上海大学文学院举行,院长张勇安教授在致辞中指出,纺织业与中国近代工业乃至欧洲工业革命都息息相关,纺织史作为历史学界的新领域大有可为,希望借此国家社科基金重大项目的开展,吸引更多学者加入纺织史研究中,将纺织史开拓成一个新的研究方向。熊月之研究员、戴鞍钢教授、王萌教授在致辞中对本次会议提出了期望和赞许,如王萌言,听闻会议消息后,"觉得很振奋,就是恰逢其时,我们中国学界太需要对近代纺织史进行一个系统性、全面性的回顾和研究了"。

按征集的论文选题,研讨会设置了6个分会场,每个分会场安排4—5位报告人,同时安排了两位同行专家对相关报告进行评议。两天的学术研讨气氛热烈,延伸出很多新的观点与议题,为中国近代纺织史研究提供了不少新的思考。朱荫贵教授在闭幕式上高度赞誉此次会议召开的意义,他认为研讨会为纺织史研究搭建了一个学术平台,诸多学者借此可提高科研水平,交流研究心得。同时,他通过分享中国著名经济史学家严中平先生对他的言传身教,勉励年轻学者要打好学术基础,踏踏实实做学问。

这次研讨会得到了许多名家的热情关注和指导,得到了全国各地中青年专家及博士生、硕士生的积极响应和支持。我们把与会部分论文积集出版,就是想进一步促进有关纺织史的学术交流,推动中国纺织史及其资料问题的研究。

目　录

第一部分　纺织人物与政治

碑刻所见民国高阳商界著名家族与杰出人物 ………………………………… 3

脆弱的"榜样"：聂云台与大中华纱厂的兴衰 ………………………………… 11

吴寄尘生平考 …………………………………………………………………… 37

民国纺织实业家束云章与纺织工业渊源探析 ………………………………… 51

第二部分　纺织原料与贸易

20世纪二三十年代影响上海华商棉纺织业兴衰的市场因素分析 …………… 61

从办布规程看清代民国山西商人布业贸易 …………………………………… 76

全面抗战时期陕西植棉业的研究 ……………………………………………… 88

第一次世界大战末日商对华棉纺织业大举投资的先声

　　——以日华纱厂的开办为考察对象 …………………………………… 107

第三部分　纺织工业与资料辨析

20世纪20年代青岛棉业工人状况研究

　　——基于《青岛日、中各工场待遇》调查报告的分析 ………………… 123

华商纱厂对中美棉麦借款的宣传困境与应对策略 …………………………… 132

无锡丽新、协新纺织企业发展及档案资料研究述略 ………………………… 146

"普利全川"：《劝桑说》与近代四川蚕桑业发展 …………………………… 162

第四部分　纺织技术与教育

抗战前民营企业的技术扩散：以棉纺织业为中心 ·············· 185
中国近代人造丝使用与自制研究 ························· 202
近代私立大学经费问题再探
　　——基于南通学院与大生纱厂的考察 ················· 220
清末纺织教育制度化研究 ······························ 235

第五部分　纺织企业与管理

华商纱厂联合会成立及相关问题再探讨 ·················· 255
申新第四纺织厂的内迁与国民政府的战时干预 ············ 277
抗战前申新纺织公司生产效率决定因素探究 ·············· 294
从纺织到国药："孤岛时期"三友实业社的转型之路 ········· 306

附　录

"搜集、整理、利用：中国近代纺织史学术研讨会"综述 ········ 325

第一部分
纺织人物与政治

碑刻所见民国高阳商界著名家族与杰出人物[*]

Famous Families and Outstanding Figures in the Business World of Gaoyang during the Republic of China as Seen in Steles

冯小红[**]

河北省社会科学院藏有一批高阳县碑刻的民国拓本,为研究民国高阳商界家族和人物提供了不可多得的资料。通过研究这批拓片可知,张佐汉、张兴汉为兄弟关系,二人一个在教育界活动,列士绅之林;一个是在本县、本省乃至全国都有较大影响的知名政商。张氏家族是涉足政、商、教三界的高阳商界的著名家族。韩晋卿、韩伟卿亦为兄弟,二人均为高阳商界著名绅商。韩氏家族也是高阳商界著名家族之一,且与南街李氏家族联姻。李秉熙确系武安人,与高阳南街李氏家族没有宗亲关系,他虽一生业医,但对织布业贡献很突出,是高阳商界杰出代表人物之一。

民国年间,高阳织布区是一个闻名中外的改良土布产区,1929年该县消耗棉纱不下8万包,出产改良土布320万匹;消耗人造丝不下2万箱,出产麻布60万匹。产品行销河北、河南、山西、山东、东三省、湖北、江苏、广东等国内20余省区,并远及新加坡等东南亚地区。[①]有研究显示,高阳本地商人的人文精神对高阳织布业的兴起发挥了决定性作用。[②]早在民国年间,高阳织

---

[*] 本文系国家社科基金后期资助项目"河北省社会科学院藏高阳碑刻拓片整理与研究"阶段性成果。

[**] 冯小红,邯郸学院太行山文书研究院教授。

[①] 吴知:《乡村织布工业的一个研究》,商务印书馆1936年版,第24—25、233页。

[②] 冯小红、纪兴:《人文精神与区域经济近代化——以近代河北高阳织布业的发展为例》,《河北学刊》2006年第1期。

布业就引起学界广泛关注,迄今为止,专论高阳织布业的论著不下数十篇①。但是,以往的研究对高阳商界人物关注较少②;在资料运用上,多使用调查资料、政府档案等,较少使用碑刻资料,且高阳一带碑刻损毁严重,古代及民国时期的碑刻所剩无几。河北省社会科学院藏有238方高阳碑刻拓片,这批拓片为民国年间拓本,系由台湾"中央研究院"河北籍人士常先生家人于20世纪80年代末捐赠。③本文拟利用这批碑刻拓片,对高阳商界部分家族和人物进行深入研究,以补以往研究之不足。

一、高阳商界著名家族之一:张氏家族

在河北省社会科学院藏高阳县碑拓中,有两方是为纪念高阳甲种商业学校重建所立,其中之一为《高阳甲种商业学校沿革略史》,由张佐汉于1915年7月30日撰写。碑文中有:"韩绅伟卿、李绅秉熙、杨绅木森、李绅益谦、李绅桂元、齐绅懋德、王绅玺,暨吾棣兴汉等,均团结精神,奔赴斯役。"可知张佐汉是张兴汉胞兄。

张佐汉,生于清光绪二年(1876年),清末举人,留学日本,师范毕业,历充清学部图书馆编辑员、邮传部唐山路矿专门学校教员,对工学颇有研究,民初任高阳县教育会会长、巡按使公署教育顾问。1915年被高阳商会聘为特别会董。④从张佐汉的经历看,他的活动主要在教育界,基本未涉足商界,属于士绅之列。

---

① 迄今为止,专论高阳织布业的专著和博士、硕士毕业论文即有吴知:《乡村织布工业的一个研究》,商务印书馆1936年版;[日]顾琳:《中国的经济革命:20世纪的乡村工业》,王玉茹等译,江苏人民出版社2009年版;冯小红:《高阳纺织业发展百年历程与乡村社会变迁》,中国社会科学出版社2019年版;赵志龙:《高阳织布业的变迁(1880—2005):对家庭工业的一个研究》,博士学位论文,中国社会科学院,2005年;冯小红:《高阳织布业的近代化进程》,硕士学位论文,河北大学,2002年;李小东:《高阳商会与近代高阳织布业研究(1906—1937)》,硕士学位论文,华中师范大学,2013年;等等。

② 笔者曾研究过高阳上层布线商人中的安新南边吴杨氏家族、高阳南街李氏家族和高阳北沙窝村苏氏家族。详见冯小红:《高阳纺织业发展百年历程与乡村社会变迁》,中国社会科学出版社2019年版,第248—252页。

③ 这批碑刻已由刘美然以"河北省社会科学院藏高阳碑刻拓片整理与研究"为题,获批2019年国家社科基金后期资助项目,本文所用拓片皆由刘美然女士提供,特向刘美然女士表示诚挚的感谢。

④ 《直隶省高阳县商会职员表(民国四年一月改组)》,《中华全国商会联合会会报》1916年5月1日。

张兴汉,生于清光绪五年(1879年),卒于1931年①,享年53岁。他以商起家,为高阳商会创办者之一,也是改良土布倡导者之一,清末被授从九品衔②。民国《高阳县志》有传记曰:

> 张兴汉,字造卿,以商起家,平生口材辨给,志趣不凡。前清末年,朝野迫于外侮,先觉之士提倡变法,为御患图存之计。公与韩伟卿、杨木森、李秉熙等创办商会,改良织布。二十年来附高百里间,赖织布以营生者十居八九,而城厢营布业者千百户,足迹遍全国。民国成立,政府立法者佚商民选举权。公时为商会代表,当约合各省同志,奋力相争,卒获选权。民国九年,直皖战后,陆军十一师移驻高阳,所部刁兵悍卒,素无纪律,日出抢掠,骚扰不堪。公与韩伟卿、李秉成等诉之直鲁豫巡阅使吴,始得遣散弭祸。曹锐长直时,设局保大课百货捐,公以其病商害民也,召集六十四县商会代表,力争撤销,终获免布类一部。十四年段合肥当国,召开国民会议,公被选为代表。寻直隶全省商会联合会在天津成立,公复被推为会长。在职数年,为商界去积困、谋福利者,至不可胜述。十八年,全省病水患,省主席徐聘公为赈务会委员。时高阳亦被水灾,且甚重,当道者以格于形势,漠然视之。而公则不计嫌怨,每于赈会开会时,多方宣传高阳灾情之重及受苦之因,毅然主持。除蒙特别赈济外,将受害之潴龙河北岸堤埝拨赈款修筑,保障将来,至今高阳东北各村犹口碑载道,称颂不衰云。③

《高阳县志·张兴汉传》记述了张兴汉参与创办高阳商务分会、倡导织布业,1912年他为商界"争复公权"奔走呼号④,1920年为高阳地面免受陆军

---

① 《高阳商帮会馆税契》,1942年,天津市档案馆藏,资料号:J056f-1-070967。
② 《为高阳商务分会申请注册事致天津商务总会的禀》,1908年9月14日,天津市档案馆藏,资料号:401206800-J0128-2-002261-002。档案所列高阳商会发起人中有"从九品张兴汉"。
③ 李大本等修、李晓冷等纂《高阳县志》(1931年铅印本),载《中国方志丛书·华北丛书·第一五七号》,成文出版社1968年版,第301—303页。
④ 1912年,临时参议院公布的参、众两院议员选举办法对中小商人不利。恰逢直隶商会联合会在天津开会,10月10日,张兴汉作为高阳商会代表被推为大会主席,他当即提出为商界力争选举权。与会者公推他与杨木森、郑炳奎、杨万选为代表赴京交涉。此次交涉虽未成功,但是在全国造成了极大影响,为全国商联会的组建创造了条件。见冯小红:《论民元商界"争复公权"运动》,《贵州社会科学》2004年第3期。

十一师蹂躏而奔走上书,曹锐任直隶省省长时为免除百货捐出面交涉,任国民会议代表和直隶全省商会联合会会长,被河北省主席徐永昌聘为赈务会委员并为赈济高阳县水灾力争权益等事。除此之外,张兴汉晚年对高阳织布业最大的贡献是他发动高阳商人在天津筹建了"高阳商帮会馆"。①

张兴汉在商界历任高阳商务分会会董②、中华全国商会联合会直隶事务所名誉干事③、高阳商务分会副会长④、直隶全省商会联合会会长⑤,屡屡代表本县、本省乃至全国商界与军政界交涉,并被选为国民会议代表,被河北省政府聘为赈务会委员。从其经历看,张兴汉不仅在高阳商界,而且在直隶省(河北省)乃至全国商界都有一定影响,其活动常常涉足政界,因而他应属政商之列。

总之,张氏兄弟,一个在教育界活动,是涉足政、教两界的著名士绅;一个在商界活动,是在本县、本省乃至全国商界都有较大影响的政商。张氏家族则是涉足政、商、教三界的高阳商界的著名家族。

二、高阳商界著名家族之二:韩氏家族

河北省社会科学院藏高阳拓片中有一方《韩晋卿墓表》,碑阴记有韩晋卿生平事迹:

> 先考讳晋卿,字捷三,性仁厚,读书英敏过人。入庠后,肄业保定莲池书院,从张廉卿、吴挚甫两先生游,颇蒙称许……当庚子之变,京津陆沉,英、法分兵犯保定,吾邑当其冲。先考及官绅任支应,曲意应付,吾邑始安。变已,朝野怵于外侮,变法图强,兴学练军,竟趋新政矣。夫欧

---

① 见冯小红:《高阳纺织业发展百年历程与乡村社会变迁》,中国社会科学出版社 2019 年版,第 245 页。
② 高阳商务分会:《为送各脚色年岁籍贯行业清折致王竹林的禀(附清折)》,光绪三十三年(1907 年)十月初二,天津市档案馆藏,资料号:401206800-J0128-2-002261-008。
③ 天津市档案馆等编:《天津商会档案汇编(1912—1928)》,天津人民出版社 1992 年版,第 432 页。
④ 《直隶省高阳县商会职员表(民国四年一月改组)》,《中华全国商会联合会会报》1916 年 5 月 1 日。
⑤ 天津市档案馆等编:《天津商会档案汇编(1912—1928)》,天津人民出版社 1992 年版,第 431 页。

美诸强国,政治本诸经济,寓富于地方,英、德以工商著,美、法且主于农业。其为富强,固各有所自也,而我国本末倒置,欲其侪于列强之列,岂可得哉?先考与当时贤大夫创设农会、商会、商农两校,盖欲扩张经济,树其根本耳。先考殁后,幸各当局者并力推行。四叔伟卿,承先考遗志,屡长商会,尤锐身负责。二十年来,吾邑布业甲大河南北,蜚声中外,先考实有奠基之力焉……先考生于咸丰八年,殁于光绪三十二年,得年五十岁……女五人:长姊适李菊亭,二姊适董恩绶,三姊适梁堉,四姊适王祖荣,妹适李秉成。

由《韩晋卿墓表》可知韩晋卿、韩伟卿为兄弟。二人之父韩敬斌在《高阳县志》中有传,由《韩敬斌传》可知,韩敬斌于捻军犯境时守城有功,褒封从九品,因而步入士绅之林。韩敬斌共五子,"长晋卿,增广生,候补训导;四伟卿,五品衔"①。由此可知,韩晋卿、韩伟卿兄弟皆有功名,在清朝末年均属士绅之列。

韩晋卿、韩伟卿兄弟对高阳的商业和织布业均有较大贡献。韩晋卿字捷三,韩伟卿字巨宸,《高阳县志》记高阳商会的发起过程时说:"本县商会发起,系由安新杨欣甫,武安李条庵,本县李香阁、韩捷三、韩巨宸、张筱良、张造卿、李馨斋诸先生,就城内南街关帝庙址筹划设立。"②韩晋卿、韩伟卿兄弟俱在发起人之列。上文所引碑拓《高阳甲种商业学校沿革略史》最后所列高阳甲种商业学校发起人为张佐汉、韩伟卿、李益谦、王玺、齐懋德、张兴汉、韩晋卿、田法宗、杨木森、房锡龄、李桂元、李秉熙。韩晋卿、韩伟卿兄弟亦在发起人之列。此外,1907年高阳商会成立时,首任总理(1907—1908年在任)即为韩伟卿,第二任、第三任总理(1909—1910年在任)也是韩伟卿,第四任、第五任总理(1911—1912年在任)为王企鳌,第六任总理(1913年在任)复为韩伟卿,③直至

---

① 李大本等修、李晓冷等纂:《高阳县志》(1931年铅印本),载《中国方志丛书·华北丛书·第一五七号》,成文出版社1968年版,第297页。
② 同上书,第115页。
③ 《为韩伟卿续任总理事照会高阳商务分会》,1908年9月29日,天津市档案馆藏,资料号:401206800-J0128-2-002261-024;《为推举王企鳌续任总理事致天津商务总会的禀》,1911年12月13日,天津市档案馆藏,资料号:401206800-J0128-2-002261-083;《为选举韩伟卿为总理事致天津商务总会的牒呈》,1912年12月24日,天津市档案馆藏,资料号:401206800-J0128-2-002261-108。

1915年,高阳商务分会会长还是韩伟卿。①

此外,《韩晋卿墓表》还记录了韩晋卿五个女儿的情况,其最幼者适李秉成。李秉成,字叔良,为南关李氏家族代表人物,曾于1919年担任高阳商会会长,一生除创办合记、华丰、元新三家机器漂染工厂外,还建立合记化学工厂,生产化工漂染原料。②他还在高阳首倡用小提花机织造小提花布,李秉熙《直隶高阳布业之沿革记略》记其事迹曰:

> 然仅出白素布,而提花色布则无之。复有敝会同人李秉成君,倡议扩充提花机,其办法与杨君(指杨木森)同。遂在城内西街建筑一提花织工厂,容纳百人,并设置化学染科,从京师农商部之工艺局聘来名师,召集乡人轮班学习,每班以一年为度,缘提花织染较难于白素也。办理三年,消耗八千余元,习成者三百余人。此三百余人织染娴熟,即成三百余之工师。于是各样提花机遂遍布全境,所制出之各色提花布不下百种。其进步之速,有如是也。
>
> 似杨、李两君,热心公益,不惜巨资,提倡织业,媲美后先,为商界特放异彩,吾商界与有荣焉。③

韩晋卿幼女即李秉成夫人名韩瑾华,是高阳教育界著名人士,力促李秉成创办私立二级中学,韩夫人亲自主持校务,"任何费用一律不收,男女学生兼收,遇有校内优秀学生,夫人每慷慨助其完成学业"④。

总之,韩氏兄弟既有功名,又是高阳商界头面人物,应属绅商之列,韩氏家族也是高阳商界的著名家族。此外,韩氏家族还与高阳商界另一著名家族南街李氏家族联姻。

三、高阳商界杰出人物李秉熙

河北省社会科学院藏高阳拓片中有一方《特给六等嘉禾章高阳商会会

---

① 《直隶省高阳县商会职员表(民国四年一月改组)》,《中华全国商会联合会会报》1916年5月1日。
②④ 董欣哉:《记高阳实业家李叔良先生》,《工商天地》1948年第2—3期。
③ 李秉熙:《直隶高阳布业之沿革记略》,《中华全国商会联合会会报》1916年10月1日。

董李条庵之碑》,记述了高阳商界著名人士李秉熙的生平事迹。李小东在其硕士学位论文中认为"李秉熙、李秉义、李秉成、李秉仁宗族关系明显"①,笔者曾在研究中予以反驳,认为李秉熙是武安人,与高阳南街李氏家族没有关系。②但是由于没有直接证据,尚不能形成定论。

李条庵之碑阴刻《特授六等嘉禾章高阳商会会董李公事略》记曰:

> 公讳秉熙,字条庵,幼随其父东序公业医,克承家学,妇孺皆称为老条先生。其慧心仁术,无间贫富可知也。公沈毅多条理,尤潜心于新政,治文牍。光宣时代,吾乡大夫倡办商会、商学,鉴于旧日绅衿鱼肉之害,拟规定章程,由商会自为董理。公与当世同仁,尽心筹措,独能区处事务,应付社会,各当其可,晋行无碍,心思细密,加人一等矣。比以改立甲种商业学校,提倡织业,大著成效。巡按朱公,据实入告,大总统黎特给六等嘉禾章,公与当事诸君益为奋勉。直隶省当局以高阳一商会,独力创一商学,通令为全省冠;农商当局以高阳一县布业,行销遍十余省,揭示为全国最。海内藉甚,谈者健羡,此固公与创事诸君子视公如私,瘁精奔赴,十五年来之心血铸成也……公享年六十一……原籍河南武安县,于民国十年四月葬于高阳之新阡。

由碑刻可知,李秉熙原籍确系河南省武安县,自幼随父学医,后来也主要从事医药行业,因此,他与高阳南街李氏家族中的李秉成等兄弟四人并非同宗。

碑文虽提到李秉熙对高阳织布业的兴起和商会办学做出了贡献,但是言之不详。综合其他史料可知,李秉熙对高阳工商业有四大贡献:

其一,他是高阳商会的发起人之一,且是改良布业的积极倡导者。上文所引《高阳县志》载商会的发起人中有"武安李条庵"。清末,高阳商界韩伟卿、张兴汉等人赴天津考察日本造新式人力织机,并决定引进人力木织机,

---

① 李小东:《高阳商会与近代高阳织布业研究(1906—1937)》,硕士学位论文,华中师范大学,2013 年,第 26 页。
② 冯小红:《高阳纺织业发展百年历程与乡村社会变迁》,中国社会科学出版社 2019 年版,第 249 页。

李秉熙也在考察者和决策者之列。①

其二，他曾任高阳商业工艺研究所所长②，为改良织布工艺做出过贡献。工艺研究所附设于高阳商会之内，其宗旨为"提倡纺织，振兴实业，研究工艺，改良布质"，其办法是"每月朔望，齐集众商到所，调查织户、织工，研究商情，各陈所见，凡有关布行、织户应行整顿、兴利除弊事宜，当场宣布，摘妥实行"。③

其三，他曾任高阳初等商业学校校长，为创办商学做出了贡献。高阳商会办学历经了商业夜校、初等商业学校、中等商业学校、甲种商业学校、私立职业学校等阶段。前文所引碑拓《高阳甲种商业学校沿革略史》记曰："韩绅伟卿、李绅秉熙……等，均团结精神，奔赴斯役，遂获合城商人赞成，将合城商家戏捐加入底款，而有改立初等商业学校之举。"

其四，他撰文介绍高阳织布业改良经过④，对宣传高阳布业及商界著名人物杨木森、李秉成等发挥了一定作用。

总之，李秉熙也是高阳商界杰出代表人物之一，他虽一生业医，未直接经营过布线行业，但对高阳织布业有较大贡献，故而被黎元洪授予六等嘉禾勋章，他去世后直隶实业厅厅长严智怡、高阳县县长孙贤、天津总商会会长卞荫昌、甘肃全省商会代表云维儒、直隶祁州商会会长卜继彬等各地商会会长，以及高阳商会会长周锦川、副会长李企贤，高阳甲种商业学校校长王伦，高阳商会会董李秉义等政商两届代表 60 余人为其树碑立传。⑤

---

①④ 李秉熙：《直隶高阳布业之沿革记略》，《中华全国商会联合会会报》1916 年 10 月 1 日。
② 《高阳工艺研究所章程》，1910 年正月，天津市档案馆藏，资料号：401206800-J0128-2-002147-002。
③ 1916 年 10 月 1 日的《中华全国商会联合会会报》载有李秉熙的照片，照片下有"直隶高阳商业工艺研究所所长、前初等商业学校校长李秉熙氏"字样。可知李秉熙曾任高阳商业工艺研究所所长和初等商业学校校长。
⑤ 李秉熙《特给六等嘉禾章高阳商会会董李条庵之碑》碑阳记有为其树碑之各界人士职务和姓名。

脆弱的"榜样":聂云台与大中华纱厂的兴衰

Fragile "Role Models": Nie Yuntai and the Rise and
Fall of Greater China Cotton Mill

严斌林[*]

第一次世界大战时期,英国纺织品退出中国市场,使得中国民族棉纺织业迎来"黄金时期",进而出现建厂热潮,大中华纱厂在此种背景下得以创建。在聂云台的主持下,纱厂规模一再扩充,股金、设备一再增加,并且采用最新机器与先进管理制度,在纱厂建设方面有很多创新,使得大中华纱厂成为当时的"模范纱厂",表现出近代民族实业家学习西方先进制度的自觉与努力,具有转型时期企业发展的必然性。但因聂云台错判形势,盲目扩展,加之战后市场突变,大中华纱厂最终被迫变卖,这是近代中国民族纺织企业在经验不足、资金短绌及市场环境恶化的艰难困境中脆弱性的集中体现。

近代以来,中国民族资本企业举步维艰、步履蹒跚,在资本不足、技术缺乏、税厘繁重的内外环境中艰难发展,其中尤以棉纺织业为发展的主要方向。第一次世界大战时期,在远东市场占据主体地位的英国棉货不能接续,为日、印两国的棉纺织工业转型提供了新的有利契机,"纺业方面,趋向于细支纱的生产;织业方面,则加速机械化过程",而这种新发展对于中国民族棉纺企业也带来了两方面的影响:"一为削弱输入棉纱的来势,使中国获得发展机纺工业的机会;一为增厚日本棉工业的资本实力,使日商得以来华大量投资。"此种机遇和危机并存的潮流,直接主导了1914—1931年间中国棉纺

---

[*] 严斌林,南京理工大学马克思主义学院讲师。

织业的发展路径。①第一次世界大战前后中国民族棉纺织业的发展亦因这种潮流的荡涤而经历了一场无奈的兴衰变迁。②

学界对中国近代民族棉纺企业的研究,不论是从档案资料的整理与出版上,还是具有代表性的棉纱企业系统的个案探讨上,都取得了丰硕的成果。③但不可否认的是,在取得成绩的同时,暴露出一些遗憾与问题,归结起来主要是研究内容的内外失调与研究对象的不平衡性两个方面。前者是指学界主要将目光集中在纱厂发展历史过程的挖掘、考证方面,而对内部管理、资金运作、体制创新、纱厂与社会经济变迁、文化转型等内容关注不够;后者则是说对沿海、沿江通商巨埠的纱厂研究较多,尤其是对大生、荣氏企业不惜笔墨,而对同地其他企业或是内陆偏远企业的发展较为冷落。④基于上述两点可以探讨的空间,笔者欲以第一次世界大战前后中国棉纺织业"黄金时期"为背景,选取民初民族资本家聂云台创办的"模范纱厂"大中华纱厂

---

① 严中平:《中国棉纺织史稿》,科学出版社 1955 年版,第 171 页。

② 关于第一次世界大战前后中国民族棉纺织业发展历程及其间出现高潮与低落的交织因素,严中平在其专著中有较为全面、科学的论述,详见严中平:《中国棉纺织史稿》,科学出版社 1955 年版,第 185—188 页。

③ 档案资料的整理与出版有《裕大华纺织资本集团史料》编写组:《裕大华纺织资本集团史料》,湖北人民出版社 1984 年版;南通市档案馆、张謇研究中心编:《大生集团档案资料选编·纺织编Ⅰ》,方志出版社 2003 年版;陈旭麓、顾廷龙、汪熙主编:《上海机器织布局——盛宣怀档案资料选辑之六》,上海人民出版社 2001 年版;上海社会科学院经济研究所编:《荣家企业史料》,上海人民出版社 1980 年版;中国科学院上海经济研究所、上海社会科学院经济研究所编:《中国最早的一家棉纺织厂——恒丰纱厂的发生发展及改造》,上海人民出版社 1959 年版。这都是对近代中国民族纺织企业中较有代表性的企业档案史料的整理出版,也成为学界研究近代民族纺织业的基础史料,嘉惠学林匪浅。代表性企业系统的个案研究有陈梅龙:《论晚清上海机器织布局的性质》,《近代史研究》1986年第 3 期;章开沅:《对外经济关系与大生资本集团的兴衰》,《近代史研究》1987 年第 5 期;林刚:《试论大生纱厂的市场基础》,《历史研究》1985 年第 4 期;汤可可、钱江:《大生纱厂的资产、盈利和利润分配——中国近代企业史计量分析若干问题的探讨》,《中国经济史研究》1997 年第 1 期;许维雍:《略谈旧中国申新纺织公司的管理与改革》,《上海经济研究》1982 年第 5 期;[日]中井英基:《清末民初无锡荣宗敬、荣德生兄弟与茂新、振新的经营》,朱婷译,载上海中山学社编《近代中国(第十五辑)》,上海社会科学院出版社 2005 年版;徐锋华:《民族企业的涉外纠纷与生存策略——以上海申新七厂拍卖案为个案》,《史林》2011 年第 3 期;陈正书:《二十年代上海的企业改革家穆藕初》,《上海经济研究》1984 年第 1 期;戴鞍钢:《中国资本主义发展道路再考察——以棉纺织业为中心》,《复旦学报(社会科学版)》2001 年第 5 期。

④ 陈轲:《近三十年中国近代纱厂史研究概述》,《华中师范大学研究生学报》2005 年第 2 期。学界现在已有学者关注到从企业内部来观察近代民族棉纺企业的运营形态、管理体制等问题,成果有卢征良:《从大生纱厂看中国近代早期民营企业的经营特征》,《中国矿业大学学报(社会科学版)》2007 年第 1 期;张忠民:《晚清大生纱厂的早期企业制度特征》,《清史研究》2016 年第 3 期。

为研究对象,考察该企业发起、筹款、建厂、开工及因债务纠纷而最终停产拍卖的整个历程;同时分析这一"模范纱厂"在设备、管理、人才及工厂文化建设上取得的创新甚至是开拓性的成绩,以个案研究来观照时代脉络,提出个人的思考与见识,以求教于方家学者。

一、发起建厂

大中华纱厂的发起倡议与1919年发生的五四运动有直接关系。该年6月,五四运动正如火如荼在全国各大城市发展,当时的上海各界也相继呼应,工人罢工、商人罢市、学生罢课,声势浩大。同时,各界还发起了抵制日货运动,作为百姓日常生活用品的国产纱布需求量猛增,"中国纱厂所出之货,供不应求",于是,作为当时上海著名的实业家,恒丰纱厂的管理人聂云台,"因同人之敦促,发起此厂"。[①]

其实,在当时国外货品主导国内市场的现实境况下,五四运动抵制日货只能说是聂云台发起创立大中华纱厂的催动剂。[②]而其深层动因,在聂云台呈报农商部的注册书中有清晰的表述:"窃以为立国于今日,不急图振兴实业,外之无以当外商之竞争,内之不能树国民之生计。纱布为民生日用所必需,每岁漏卮以万万计,故扩充纺织尤不可缓。"[③]很明显,聂云台是立足"商战",在发展实业、纾解民生、与外人争利的高度来创办纱厂的,这在当时的民族实业家中是一种有社会担当的共识。第一次世界大战期间,中国进口

[①] 《大中华纺织公司(转载说明书)》,《华商纱厂联合会季刊》1922年第2期。聂云台(1880—1953),名其杰,字云台,湖南衡山人,近代著名的纺织企业家。自幼随父居上海,1909年任恒丰纺织新局总理,扩充设备,改革工艺,率先将蒸汽机改为电动机。1915年任赴美商业考察团副团长,在美各地考察纺织工业。1917年任华商纱厂联合会副会长。1925年以后逐渐淡出实业,潜心佛学。1953年病逝于上海。见《中国近代纺织史》编委会编著:《中国近代纺织史》,中国纺织出版社1997年版,第384—385页。

[②] 其实,在第一次世界大战时期得以较快发展的中国民族企业,多有利用五四期间抵制日货运动而进行扩大生产的活动,如当时的恒丰纱厂、三友实业社等,都积极响应,或主张"与日绝交",或提出"对日工战",进而组织工人扩大生产。《恒丰纱厂全体大会决议与日商绝交,资方准备扩大生产》,《时事新报》1919年5月11日;《三友实业社纪念国耻,资方利用工人爱国热情,扩大生产》,《时事新报》1919年5月13日。以上两篇报道皆引自上海社会科学院历史研究所编:《五四运动在上海史料选辑》,上海人民出版社1980年版,第217—219页。

[③] 《大中华纺织有限公司呈请注册书》,《华商纱厂联合会季刊》1919年第1期。

洋纱量大幅降低,以 1919 年为 100% 参照,至 1919 年降幅达 40.8%。①棉纱畅销,由此引发国内一波创建纱厂的浪潮,然创立者大多属技术要求不高的粗纱企业,而随着人们纱布消费量的提高,对纱布品质也提出了新的要求,细而精已逐渐成为消费者青睐的畅销货的新标准。聂云台考察市场的变化,"鉴于市场需要,渐由粗而精,而国内工厂纺细纱者尚少,因而发起大中华纺织股份有限公司,拟购细纱机二万锭",以主要生产细纱。②此处我们又可看到作为实业家的聂云台,他创立纱厂并不是一味跟风,而是考求市场内在需求,以市场为导向,建立当时很少有人关注的以细纱为主产的纱厂,表现出相对务实的经营作风。

1919 年 7 月,聂云台署名发布招股简章,③初步拟定股本(白银)90 万两,仅两月时间便已募足,遂于 1919 年 10 月 12 日,在上海总商会召集股东开创立会,股东 300 多人参会。④创立会表决通过公司章程,并按照章程票选各董事、监察人,聂云台、聂其焜、盛炳纪等五人当选董事,俞希稷、金基应当选监察人,并组成董事会。10 月 14 日,再开董事会,遵照章程推定聂云台为董事长兼任总理,并决议创立会委托董事会议决增股、添锭等问题。⑤这样就初步形成了大中华纺织股份有限公司的组织架构,并授予董事会增加设备、股份等较大权力,也就为随后一系列不断增股、添锭等事项奠定了基础。

从 1919 年 7 月开始募股,到 1920 年 3 月 28 日召开第一届股东年会,到 1921 年 4 月 17 日召开第二届股东年会,最后到 1922 年 4 月 16 日召开第三届股东年会,在不到三年的时间里,大中华纺织股份有限公司随着市场形势、机器购置、资金运转等因素的变动,接连增股、添锭、扩厂,最终规模远超最初拟定的计划,也使得自己后来的命运渐渐脱离了原有的掌控。

---

① 严中平:《中国棉纺织史稿》,科学出版社 1955 年版,第 165 页。
②⑤ 《大中华纺织有限公司呈请注册书》,《华商纱厂联合会季刊》1919 年第 1 期。
③ 在最早发布的招股简章中,计划纱锭数是 4 万锭,股银数是 160 万两,设厂地点则是杨树浦,甚至还有购置机器、生产销售情况的乐观估算,该份简章只是聂云台宣告建厂计划的一份声明书,里面的很多计划与两个多月后召开的创立会上聂云台所做报告内容出入较大,可知在招股过程中,简章内容并没有成为其遵循的既定方针,而是多有变动,最终以 90 万两股银、2 万锭纱锭为初始目标。见《大中华纺织股份有限公司招股简章、概算书》,1919 年 7 月,上海图书馆藏,资料号:522605。
④ "大中华"名称的拟定,最初是由黄首民起名为"中华纱厂",聂云台在前面加了一个"大"字,称为"大中华纱厂",并且从爱国主义的角度出发,反对将纱厂设在租界,坚持设立在华界,故后来选址在宝山蕴藻浜,见《棉纺史料小组第一次座谈会》,上海工商联藏,资料号:33-376。

大中华纱厂扩充规模汇总表

变量/常量	原定计划	第一次增加	原因	第二次增加	原因	第三次增加	原因
股本	九十万两	增股三十万两	"时仅二月，股银九十万两已如数收足"，"旋由董事会委托慎昌洋行技师核实估计，本公司资托董事会议扶添锭增股问题"	增股八十万两	"因机锭增加，并拟置备织染厂，故拟增股"，"以机锭增加，先令短缩，且为将来设置布机计，原有股本，不敷应用"	增股至三百万两	"本公司原定股额二百万两，据昨慎昌洋行技师核实估计，照时价应值三百余万两等语"，"并予董事会（股东大会）司债或借整款之全权"
纱锭/布机	二万锭细纱	增购粗纱一万锭	股本增加，纱锭相应增加	粗纱增加至一万二千锭，细纱增加至二万二千锭，双线八千余锭	（本厂）"因预备机器较多，遂扩充为粗纱线万二千锭外加双线八千余锭"	增加至四万五千锭	"初购英国罢工，后因英国罢工，交货延期，适本公司厂屋竣工已久，为急于开厂，并缴起见，又省成本及开缴起见，又添购美机一万一千锭"

（续表）

变量\常量	原定计划	第一次增加	原因	第二次增加	原因	第三次增加	原因
厂基	杨树浦张华浜	宝山蕴藻浜，购地①四十亩	"因该处毗连吴淞市镇，居民甚多，工人易致也"，"以人工交通各种便利，改定蕴藻浜"	全厂占地一百五十亩	"全厂地基占一百五十亩，沿浜筑有厂屋、机器等有余"，"纱锭扩充蕴藻浜，原由地价人工二者，较上海杨树浦一带设厂为廉。当时本厂基址购进，每亩去价平均不过三百五十两，全厂占地一百五十亩，共价不过五万两，近已涨至二千五百两，照时价可值银三十七万余两"		
厂屋	建筑用平房、水泥建筑、防火式	改用楼房，二层式	"因将来地价增涨之趋势，仍改用楼房"				

资料来源：《大中华纺织有限公司呈请注册书》，《华商纱厂联合会季刊》1919年第1期；《大中华纺织股份有限公司第一届股东年会报告书》，《华商纱厂联合会季刊》1920年第3期；《大中华纱厂开股东年会》，《新闻报》1920年3月29日，第1版；《大中华纱厂股东会纪事》，《新闻报》1921年4月18日，第1版；《大中华纱厂第二届股东年会》，《申报》1921年4月18日，第10版；《大中华纺会纪》，《新闻报》1922年4月17日，第15版；大中华纺织公司《转载说明书》，《华商纱厂联合会季刊》1922年第2期。

① 1亩约合666.67平方米。

从上表可以看出,大中华纺织股份有限公司最初只计划募股 90 万两,订购 2 万锭细纱,厂基、厂屋亦是以节俭、省费为标准,但是在实际操作过程中,或许是初次募股过于顺利,给董事会及股东造成了一种募股容易的印象,众人热情高涨,故决定增股 30 万两。与此同时,在订购英制纱锭时,因为英国发生大规模罢工,延误了厂商发货的时间,而大中华纱厂在选好基址的条件下建筑迅速,在 1921 年初已经竣工,厂方急于装置设备开工,"并减省成本及开缴起见",遂转而又向美商订购纱锭 1.1 万枚,这样就使得之前已经增加 1 万锭粗纱和 8 000 余锭双线的纺机量增至 4.5 万锭。设备增加,势必需要更多的资金,而前面两次募股过于顺利,又使得董事会及股东过于乐观地一味增股,直至增股至 300 万两。在这一过程中,股本与设备产生一种互为牵引的内在联系,形成"募股容易—增加设备—设备增加—再次增股"的循环模式。就这样,雪球越滚越大,直到后面纱厂无奈地发行公司债并向银团借款,最后被迫转卖。

二、纱 厂 概 貌

早在 1912 年,聂云台针对外货侵逼、"利权坐失"的现状,即已提出创建"中国模范棉工厂"的计划,他主张新建纱厂采用电气发动机、燥湿通风机、真空吸尘机、钢球轴心等新式机器,生产上则用"单机电动法",这样可使"出纱多而且精",增加生产效率。①大中华纱厂的创建便是他这种计划的升华与实践。1920 年 7 月 1 日,大中华纱厂在农商部正式注册。1921 年初,纱厂厂房竣工。1921 年 11 月,大中华纱厂将先期运到的设备装设完毕,并进行试车生产。大中华纱厂从募股、购置设备、选定厂基、建筑厂屋、安装机器到开工生产,整个过程用时不到两年半,进展不可谓不快,规模不可谓不大,设备不可谓不先进,管理模式不可谓不现代,成为名副其实的"模范纱厂"。下面对大中华纱厂的整体概貌做一介绍。

（一）厂屋建筑

大中华纱厂最初选定的厂址在杨树浦张华浜,后来考虑到地价、交通及

---

① 聂其杰:《拟办中国模范棉工厂说略及其预算》,《东方杂志》1912 年第 4 期。

招工等因素,经过再三斟酌,改定为宝山县蕴藻浜,分两批购地 80 亩,又将邻近胡公瘠田 40 亩租下,后来又扩充 30 亩左右,共有 150 亩基址。①厂基"东近淞沪路,南临蕴藻浜","毗连吴淞市镇,居民甚多,工人易致"。更为重要的是此地"东距黄浦江口及淞沪火车站约数百码,水陆运输俱极便利",而当时的吴淞已被各国工程师实地考察并建议"浚港筑埠",甚至有传闻当局有建立"无税口岸之计划",故当时的外媒也认为,从运输方面看,此地是建立厂房的极佳之选。②

大中华纱厂聘请了曾计划恒丰第二纱厂的设计师鲁迪承负责制图事宜,并且成立了"建筑计划委员会","网罗有纱厂工程学识及经验者为委员",该委员会全权负责纱厂建筑计划事宜,有最终决策权。同时,厂方还向英国纱厂征求"电机锅炉厂图",希望以英方丰富且成熟的设计经验来指导建厂。③其实,在规划厂屋建筑时,厂方已经认识到"制品美恶,产额多寡,均于工厂设计有密切之关系",④因此,对于纱厂建筑构造、布局规划、材料运用等方面,都擘画周详,体现出较为科学的设计理念。

对于纱厂最重要的车间厂房,大中华纱厂给予最高的重视程度。厂房最初设计为单层,后来考虑到"将来地价增涨之趋势,仍改用楼房"。⑤厂房宽为 120 英尺⑥,长 700 英尺,几近有半华里⑦长,总占地面积为 12 亩。此时中国兴建的纱厂,"厂房建筑,已不用砖,而改用钢骨水泥,免遭火灾"。⑧大中华纱厂厂房即采用最新式建材和构筑方法,为两层钢筋水泥建筑,底脚全数打定木桩,四周用钢窗镶嵌铁丝玻璃,这样可使受光面积最大化。房门用铁皮

---

①③ 《大中华纺织股份有限公司第一届股东年会报告书》,《华商纱厂联合会季刊》1920 年第 3 期。

② 友辰、白水:《永安纺织公司收买大中华纱厂之整理经过谈》,《纺织之友》1932 年第 2 期;《大中华纺织股份有限公司第一届股东年会报告书》,《华商纱厂联合会季刊》1920 年第 3 期;《大中华纺织公司(转载说明书)》,《华商纱厂联合会季刊》1922 年第 2 期;The Great China Cotton MFG, Co., "Opening of Extensive Mill at Woosung: An Important Chinese Enterprise: 46 000 Spindles," *The North-China Herald and Supreme Court & Consular Gazette*, Apr. 22, 1922, p.241.

④ 《大中华纺织公司(转载说明书)》,《华商纱厂联合会季刊》1922 年第 2 期。

⑤ 《大中华纱厂第一届股东会纪》,《申报》1920 年 3 月 29 日,第 10 版。

⑥ 1 英尺约合 30.48 厘米。

⑦ 1 华里合 500 米。

⑧ 《纺织工业》,行政院新闻局 1947 年版,第 9 页。

包钉,以防止火患。厂内马达全部安置在距地 9 尺①高度的平台上,既节省空间,又保证安全。厂房内外墙壁上均用水泥粉刷,屋顶则建设有气楼,长度与厂房相等,以使得空气流通、光线充足。整个厂房工程历时 9 个月,在打桩、筑脚、安置钢筋、铺填水泥等关键环节,纱厂建筑师全程监督,最大可能保证建筑质量。

纱厂管理人员办公场所的公事房,也是两层楼房,除钟楼为钢筋水泥式,其余皆是砖砌建筑。其中大会堂足容 300 余人开会,除用于股东集会外,也提供给职员与工人平时集合或开会之用。

至于修机厂、什物栈、杂工间诸建筑,都为砖砌结构,三栋相连。中间为修机厂,左边为什物栈,右边为杂工间,紧挨着公事房,这样可使得照料、稽查等项工作方便开展。

至为重要的存货栈房,也是较能体现纱厂设计科学先进的建筑之一。栈房为两层楼,下层高 20 英尺,属栈房中最高者。底脚悉用钢筋水泥,下钉长桩,以求坚固,工程耗费较大。栈房墙体用砖砌,窗为钢制。栈房西北角有天桥通往纺厂成包间,棉纱成包后即直接送栈房,这样就避免了风雨的阻碍,不仅省时而且省工。天桥一端顶上有自来水塔,用以供给全厂用水。

大中华纱厂采取自行供电模式,从国外订购发电设备,并且在厂区修建了发电厂。发电厂锅炉间底脚均为钢筋水泥,墙体则用砖砌,是考虑到以后增添电力、扩充厂房时易于拆移。厂房高大干爽,光线充足,最大限度保证了发电厂房的干燥。与发电厂同时建筑的,还有打水间及自流井,深度俱在地平线以下 20 英尺。打水间位于河边,特意修筑泥坝以隔绝河水,修筑过程异常艰辛,多次出现泥坝漏水或遇地底泉穴,几经困难始克告成。自流井为一钢筋水泥大圆筒,深 20 英尺,直径 18 英尺,水管入地深达 300 英尺。②

职员及工人宿舍也设计新颖、功能齐全。职员宿舍及住宅是供职员寄宿或有家眷者寄居,凡 2 座,共 22 幢,皆用砖砌。职员住宅后每幢各有厨房、晒台以便家用。工房为工人住宅处所,共 3 座,计 66 幢,每幢后面亦有厨房、

---

① 1 尺约合 33.33 厘米。
② 《大中华纺织公司(转载说明书)》,《华商纱厂联合会季刊》1922 年第 2 期。

晒台,"各房中均置厂内新由美国购来之铁床,房中并装有热汽管",①约可容千人居住。配套设施如仆役室、浴室、厕所、饭厅等一应俱全,或用砖砌,或用竹墙,外粉白灰。此外,还添造有门房、马路、阴沟等公共设施。

(二) 机械设备

纺织设备方面,大中华纱厂最初只计划采购细纱机2万锭,后来又增购2000锭,粗纱机1.2万锭,双线机8000余锭,到第三次增加时,已至4.5万锭。设厂之始,考虑到"欧战以来,我国纺织业渐形发达,然皆以纺二十支以下之粗纱为主。故细纱细布纯仰给于外洋,每年流出不下一万万两之金钱",因此厂方准备"以纺四十支为标准之细纱",还打算在将来设置染织整理系统,"以便用户,亦以挽回利权也"。在购置纺织机器上,厂方认为"凡机器愈新,出货愈精愈速,故能工费省而售价高",因此,订购的都是英国最新改良生产的纺机,后来又订购部分美国产的最新纺机,都是注意到这些新式机器的工作效率较传统纺机要高很多。②

纺机的具体采购,大中华纱厂是交由上海怡和洋行全权负责。选择的机器制造商是英国的布鲁克斯 & 多克西(Brooks and Doxey)工厂,第一批为2万锭(纺30支或40支细纱者),第二批为1万锭(纺16支及20支粗纱者)。后因英国发生大规模罢工潮,影响制造商如期交货,聂云台于1920年4月赴美国参加万国商业会时,借道英国专程去该厂催促交货,并再次增购了4000枚纱锭,其中粗细纱锭各2000枚,同时顺便考察了英国纺织工厂的建设情况。③此后,从英国订购的纺机分几批陆续运来,为了尽快开工,厂方又从美国订购了1.1万锭纱机。④

因为大中华纱厂是采用自行供电模式,建立了发电厂,故发电机的采购也极受重视。厂方共采购发电机两架,亦由怡和洋行代购,一为德制,一为英制,各有1000启罗瓦特,均属卧输发电机,可供7万锭织机同时开工。聂云台在英国考察时,曾专程赴英国电气公司参观,而德制电机为西门子公司

---

① 《恒丰大中华二纱厂之新内容》,《申报》1923年2月8日,第17版。
② 《大中华纺织公司(转载说明书)》,《华商纱厂联合会季刊》1922年第2期。
③ 《大中华纱厂第二届股东年会》,《申报》1921年4月18日,第10版;《大中华纺织股份有限公司第一届股东年会报告书》,《华商纱厂联合会季刊》1920年第3期。
④ 《大中华纱厂股东会纪事》,《新闻报》1922年4月17日,第1版。

所产,技术居世界领先水平。发电厂锅炉则是英国拔卜考克自动加煤式,共4台,因所选锅炉为最新制品,"煤炭烧透,烟突无烟,而煤渣色白,故能用煤省而效率高",省时又省钱。此外,厂内"除防火装置、给热装置、通风装置外,并采用空气喷雾装置,调节湿度,借以增高产额",用科学方法控制湿度,保证原料及产品的品质,这在当时的上海都属先进。①

大中华纱厂自我定位为机械化、电气化的现代型纱厂,各项机器设备一应俱全,修机厂的设立也就显得顺理成章。修机厂共有车床、刨床、铣床、锯床、磨床等十余架,皆属英国最精制品。厂内机件如有损坏,概由此处负责修理,或添置备件,亦由此处制造。②修机厂的设立使得大中华纱厂摆脱了在机械配件的修理与添置方面对于外国的依赖,不仅提高了修配效率,更是最大限度地实现了纱厂经营与运行的自主权,这也是聂云台实业经营中梦寐以求的理想。值得一提的是,1921年,聂云台、荣宗敬联合上海各纱厂在南市陆家浜创办了中国铁工厂,旨在自造纺织机器及配件。1922年4月,大中华纱厂开幕时,该铁工厂将自造之纺纱锭子安置试验,"其运转稳定,与舶来品无异",在场的慎昌洋行纺织技师马尔丁认真考察后指出:"锭之锭脚,较英制为长,故□衔多不易磨损,中心能长久保持,制造优良,颇堪称许。"③后来,中国铁工厂也为大中华纱厂提供部分自制机械与配件,如新式双面摇纱车等,在生产中发挥了一定作用。④

(三)管理模式

组织架构方面,大中华纱厂在组织上力求名副其实,讲究简单实用,"以得办事上之便捷"为宗旨,引进西方科学管理方法,尽量组建具有科层结构的专业化管理团队。

根据任务分工不同,纱厂总协理下面分设总理处及纺织、电机与建筑等科,每科都特聘素有经验的技师主持该科事务,"其所得成绩、所省工费有足多者";而总理处又下设秘书、庶务、工账房、什物栈、花纱栈与煤栈,每一处

---

① 《大中华纺织厂开幕纪(续)》,《申报》1922年4月17日,第15版;《大中华纱厂股东年会纪事》,《新闻报》1921年4月18日,第1版;《大中华纺织公司(转载说明书)》,《华商纱厂联合会季刊》1922年第2期。
② 《大中华纺织厂开幕纪(续)》,《申报》1922年4月17日,第15版。
③ 《中国铁工厂之纱锭成绩》,《申报》1922年5月6日,第15版。
④ 《南市中华铁工厂之近况》,《申报》1923年3月1日,第14版。

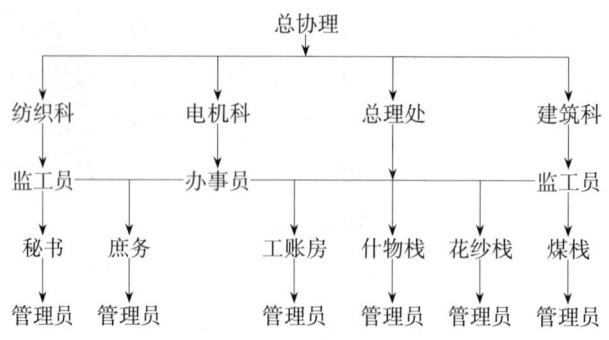

大中华纱厂组织管理系统示意图

资料来源:《大中华纺织厂开幕纪》,《申报》1922年4月15日,第13版。

都配备管理员,具体负责该处事务。总的来说,这些机构和人员的设置,是遵循纱厂生产程序与既有机器设备的实际情况而定,比较清晰地体现出现代工业企业治理中科层结构的职业化、专业化、技术化的特点,这样可以最大限度保证人员职责清晰、分工明确,也较为合理地配置了有限的技术人员。

厂方对各管理部门制定了严格的工作程序与规则。每天工毕,各部门需将一天经过情形及物料账目填入表册,报告各科技师,技师再汇齐转填总表与各栈房进出数量报告总理处稽核,然后送呈总协理审定。故厂内每日事务及出货、开缴若干,都可于晚间一目了然,以便总理做出决策时参考。至于该厂营业采办及各项账目总机关,则设于上海事务所,该事务所不仅采买棉花、出售布纱,同时负责为公司订购各种专业书籍。①

总理处下设的工账房,是具体负责工人上下班考勤及工资事项的部门。工人每日进门,必须先将工折交于门房,由工账房派人莅场监察收集,待工人凭铜牌入厂后,各处监工员登记工单,报告工账房,工账房即凭记工单在工折上盖印,同时记入总表。工人全工或半工各有图记盖印,完毕后分别送至厂内各部,由监工员按名发给。工人每至半月终统计一次,将工数及工资数照总表结算清楚,再送总理处稽核员核对,签字后方可填入工折,并将填

---

① 《大中华纺织公司(转载说明书)》,《华商纱厂联合会季刊》1922年第2期;The Great China Cotton MFG. Co., "Opening of Extensive Mill at Woosung: An Important Chinese Enterprise: 46 000 Spindles," *The North-China Herald and Supreme Court & Consular Gazette*, Apr. 22, 1922, p.241。

就之一页撕下交由各处监工员转发工人。至发工日期,各工账员将各工人工资预先分别置于木匣内,分赴各处,工人即凭此纸作为支单,向工账员支款。因此,一厂数千工人,可于数小时内发完工资。手续既清楚,工人亦不致荒废工作时间。每期发完后即将各处工资数目填入全厂工资总表,报告总理处存核。各科工人之工资均有一定之工资表,先由各处监工员拟定,次由技师核准,工账房即凭此结算。厂内如有新添工人,概由各科技师考核,将工人号数及职务填入,请给铜牌、工折、知单,并经技师签字送工账房照数发给。如有开除工人亦由各科技师填写请给工资单,然后发钱出厂。①

什物栈是用于储存各类原料货物及机器配件等物品的库房,因"厂内所用物料名目繁多,故储存方法必求极易于领取与检查,遂分门别类标题列表或架或柜,依次排列",共计分五大类:(甲)机件、(乙)机料(机器附件、工具、电料、原料、杂件)、(丙)器皿、(丁)建筑、(戊)杂物。其储存之次序,便是据此分类而定。各部门如要从什物栈领取物料,需填写统一的簿据,簿据一概仿用新式制作。每日收入物料,登记于逐日收进什物簿,同时报告总理处。领出则登记于物料收支表,极便检查。每月及年终并造有收支总报告,至收货时则按照该公司备办物料知单检收。发货则凭取物知单照发。各种知单每页仅记一种名称,以方便分类、计算、开缴。②

庶务为总理处之一部分,专门负责全厂杂务。凡工人膳宿、职员膳宿以及医室长、工厂巡逻、茶房等均隶属其管辖。如有新添工人而愿寄宿者,须由各科预先通知验看铜牌后,发给租约,以定铺位。房租每月结算一次,每人取费五角。厂方备有男工饭厅,可容四百人同时就餐,雇有厨司承包饭食。工人如愿寄食者,概由庶务处发给饭票。吃饭一次,盖一印章。俟每期发给工资时,凭单结算。女工饭厅亦然。纱厂还设有医室,聘请医生一人主持,凡工人因工得病或染时疫,可由各科通知就诊,所有医药费概由纱厂负担。③

(四)人才与技术

随着棉纺织业的不断发展,棉纺织技术有了长足的进步,单靠传统经验的技术人员已不能满足新式机器的要求,对专门化纺织技术人员的培养与

---

①②③ 《大中华纺织厂开幕纪(续)》,《申报》1922年4月17日,第15版。

引进势在必行。大中华纱厂特聘素有经验的技师，主持纺织科事务，尤其是聘任从日本东京高等工业学校纺织科毕业的汪孚礼担任纱厂总工程师。汪孚礼曾在恒丰纱厂率先改革，重用学生、淘汰工头和厉行工作标准，获得成功，对于新技术与新式管理法都有精深的研究和执行的经验，他主持大中华纱厂后，更是大量起用纺织学校毕业生担任基层管理员和技术干部，在引进科学管理法和标准化作业方面做出了努力，使大中华棉纱成为名牌商标。①

此外，公司成立之初还专门设有职员养成所，招收工业学校毕业生，授以纺织专门知识，并派往恒丰纱厂及上海各纱厂实地练习管理方法，然后量才任用，担任大中华纱厂的考工员或监工员。至于如装机、平车、揩车等职位，也多由工业学校毕业学生担任，务求各尽其长、发挥才能。聂云台甚至将这些专业人才视为纱厂的无形资产，"即本厂在事各重要职员，如尹任先、薛次莘、汪孚礼、刘锡祺诸君，均能洁己奉公，热心从事"，是大中华纱厂宝贵的财富②。大中华纱厂培养的这些纺织专门人才，即使在大中华纱厂破产变卖后，他们也凭借丰富的知识与技术，在其他纱厂任职，推动所在纱厂进行技术改良与革新，如汪孚礼在纱厂倒闭后，带领一批大中华纱厂的技术人员，受聘于申新三厂，在厂里统一行政和技术的领导人员，成立试验室和保全部，初步建立起科学管理制度，工厂效益有了很大提高；而大中华旧员楼秋泉建议荣宗敬改革工头制度，并且开展"新"与"旧"竞赛，借此传播新式技术，取得明显效果。③日本学者甚至将大中华纱厂职员养成所等机构中由汪孚礼、朱仙舫培养的纺织人才，视为近代中国留日纺织学员对国内纺织教育努力耕耘的成果体现。④

在引进人才的同时，大中华纱厂对于工作方法的改进也十分重视。针对当时纺纱业界对于日本纱厂工作方式的推崇，大中华纱厂专门聘任在日本学习纺织且在日厂实地工作过的人才担任纺织技师，工作方法也多采用

---

① 《中国近代纺织史》编委会编著：《中国近代纺织史》，中国纺织出版社1997年版，第391页。
② 《大中华纱厂股东会纪事》，《新闻报》1922年4月17日，第1版。
③ 陆阳：《薛明剑传：民国实业的布道者》，华文出版社2013年版，第32页。
④ 据1935年中国纺织学会年度正会员统计，于恒丰和大中华职员养成所毕业的学员占总人数的4.6%，在各类纺织学校中排第4名。[日]富泽芳亚：《20世纪30年代中国纺织技术人员对日本纺织业的认识——中国纺织学会与日本的关系》，朱婷译，载上海中山学社编《近代中国（第十三辑）》，上海社会科学院出版社2003年版，第239、248页。

日本制度,如梳棉之抄钢丝、粗纺精纺之接头、络纱双线之打结、摇纱之结头结绞,甚至连成包之装包、清扫保全等,也均采用日式工作法。经过专业人才的管理与教授,纱厂工人已能较为娴熟地用日式工作法操作。

大中华纱厂因定位以纺织细纱布为主,故尤其注意技术之改良。其实,早在1912年,聂云台就已聘请从日本东京高等工业学校纺织科毕业的朱仙舫入恒丰任职,历任技师、工程师、厂长,精研技术,多有建树,并开办纺织技术养成所,亲自任教。朱仙舫鉴于中文纺织书籍缺少,还利用业余时间著书立说,有《理论实用纺绩学》《纺织合理化工作法》《改良纺织工务方略》等专业书籍出版,为恒丰的发展提供了有力的技术支撑。[1]大中华纱厂在建厂之初就开办了研究室,聘请研究技师一人主持,"征集中外各种花纱棉布分别试验,求其结果互相比较,以资参考",力求做到不拘守成法而与时俱进。事实证明,对技术的改良与重视,在产品投入市场后立见效应,大中华纱厂出产的纱布深受买家欢迎,销量旺盛,甚至在大中华纱厂已破产变卖后,尚有媒体赞叹道:"前大中华纱厂,工作能率极高,出品之优亦为各厂冠,诚以该厂经理以及诸技师均能研精技术,物力不使虚糜,出品务求精进,此今日纱厂竞争自存之途径。"[2]其将该厂重视技术研发、人才引进的成功经验视为纺织界学习的竞争自存之捷径。

(五)工人文化

作为新式纱厂,大中华纱厂对于工人的业余文化与知识建设亦颇为重视。厂方认为"职员工人终日勤劳,不得不有康健之身体与活泼之精神",因此在厂内组织职员俱乐部,分运动、书报与游艺三门。运动有足球、篮球、网球、手球、木马、铁杠与拳术等;书报则有阅书室,各种工商业杂志书册及各种报纸一应俱全;游艺每星期一次,职员工人多聚会一堂,表演如活动影戏、幻灯影片等,"以启发工人之智识并引起生活之兴味,冀可勤于工作"。[3]

大中华纱厂对于职员体育活动的重视与提倡,受到社会的认可,亦成为职工增进友谊的桥梁。《申报》不时会有大中华纱厂职员参与各类球赛的报道,并且评论道:"大中华纱厂素重体育,职员中学校出身者无论矣,即工人

---

[1] 《中国近代纺织史》编委会编著:《中国近代纺织史》,中国纺织出版社1997年版,第395页。
[2] 《编辑小谈》,《纺织时报》1925年第203期。
[3] 《大中华纺织公司(转载说明书)》,《华商纱厂联合会季刊》1922年第2期。

中亦多健者。""吴淞大中华纱厂对于职员工人之娱乐,非常注意,各种运动,如足球、篮球等,靡不应有尽有。""运动尤为讲求,其足球组常与外界竞赛。"①体育运动已经不仅仅限于强身健体,更是职员与工人、实习生,甚至是大中华纱厂工人与其他纱厂员工联络感情的重要途径。

大中华纱厂在工人文化建设中亦比较注意爱国情操的培养。1921年10月10日,时值国庆节,大中华纱厂全体放假,并组织员工集会行庆祝礼。随后进行工人职员运动会,项目有百米赛跑、掷铁球、团体跳远等。聂云台、尹任先、蔡辅卿等高层莅会演说,晚餐后又举行提灯会,沿外马路穿梭于大街中,以示庆祝。时人赞赏:"夫在今日工厂中职员能与工人同乐,叹未曾有!"②1923年,日本借口"二十一条"强租旅大港,国内各界义愤填膺,纷纷发表抗议通电。其时,大中华纱厂职工组织"大中华纱厂职工救国团",通电全国,呼吁各界联合督促政府力争,同时欲"唤醒职工群起挽救",表达了纱厂职工的爱国关怀与民族担当,在当时的民族企业工人中间尚属鲜见。③

在注重体育运动的同时,大中华纱厂也没有忽视对工人文化知识的灌输与增进。厂方不仅组建俱乐部,设立阅书室,还为工人兴建影戏场,不时开演,以求工人在娱乐的同时增进见识。④大中华纱厂还在俱乐部内设有学术演讲会,敦请专家学者,轮流演讲,演讲内容多为纺织技术与方法,如朱仙舫演讲"今后纺织家之使命",论述纱布机械之改良;电机科监工沈羽芳演讲"电力与纱厂",提出节省材料且速度平均的新方法;修机厂监工郑彦之亦有演讲。此外,该厂俱乐部丝竹会同人奏曲弹唱,以佐余兴,寓学于乐,营造了一种较为浓厚的学习氛围。⑤

1922年4月14日,大中华纱厂正式"开幕"。开幕前一周,厂方已向上海社会各界发放请柬,邀各界人士于开幕日莅厂参观,并向沪松铁路局预先定备专车,以供嘉宾乘坐。开幕日当天,各界前往参观者近万人,总理聂云台,协理尹任先,董事任筱珊、聂慎余等人,竭诚招待,并制定参观路线:公事

---

① 《淞滨球讯》,《申报》1922年2月21日,第15版;《吴淞球讯》,《申报》1922年6月20日,第15版。
② 《三十国庆之余韵》,《申报》1921年10月12日,第14版。
③ 《对日表示之种种》,《申报》1923年3月26日,第13版。
④ 《恒丰大中华二纱厂之新内容》,《申报》1923年2月8日,第17版。
⑤ 《大中华纱厂之学术演讲》,《申报》1923年6月18日,第15版。

房—杂物栈—修机厂—杂工间—栈房—纺纱陈列室—纱厂—休息室—电厂—工人宿舍—职员住宅—消防队—工人饭厅—厨房—仆役室—职员宿舍—运动场—花园,参观人员所到之处,如有疑问,可由引导员随时详细解答。厂内机械排列宽展,通路宽阔,不论是从纱厂内容来说,还是从电厂设备来讲,都给参观者留下了深刻的印象,有人评价"其规模之宏大,建筑之坚实,在吾国各工业中,诚为首屈一指",而大中华纱厂先进的工作方法、科学的管理制度更使参观者钦叹:"纯用最新式组织,全厂所用职员,虽不过七八十人,而各科办事上,极便捷,盖工厂组织与工作能率,有密切之关系故也。"显然,各界对大中华纱厂的未来报以高度的自信与期待,认为"其前途尤有无穷希望"。①

大中华纱厂完善的设计、先进的机械设备、科学的管理方法,成为当时中国纱厂的榜样,吸引了很多名人参观考察。1922年9月,美国商务次长胡斯敦访问上海,考察实业,在此期间专程赴大中华纱厂参观,总理聂云台亲自接待并引导参观,胡氏称赞"该厂建筑之宏伟,设备之完美,谓为中国实业界所仅见"。②此后美国银团代表史蒂芬参观大中华纱厂,并出具意见书称:"吴淞大中华纱厂参观之行实一快事,因见贵厂始悉中国亦有一规模宏大、设备完善之工厂也。以余美国人眼光观之,贵厂之装置设备无一不新式,无一不周备。"他对大中华纱厂给予了很高的赞许。英国机器及建筑工程师德纳考察该厂后直言:"该厂建筑完美,机械新式,棉纱出数及品质与上海最有名各纱厂相比,实有过之无不及,该厂管理完善、位置优美,故成本亦轻也。"德纳从专业的角度对大中华纱厂的产品、管理、区位等优势给予中肯的剖析与评价。甚至连与聂云台有私交,刚从英国回国的顾维钧受邀参观大中华纱厂后也深受触动,谓:"自英伦返国后在上海各处参观,其中最为可乐者,大中华纱厂之游是也。贵厂组织设备之新式,工作之灵敏,以及办事人精神之活泼,不但足以表彰创造人之经验及才能,亦且足以证明中国纺织业之大有进步也。"③以顾氏外行人观之,都可以发现该厂设备、组织、人员精神不同一般,可见当时大中华纱厂在国内民族棉纺企业中卓越且鲜明的时代特征。

---

① 《大中华纺织厂开幕纪》,《申报》1922年4月15日,第13版。
② 《胡斯敦氏参观大中华纱厂》,《新闻报》1922年9月23日,第1版。
③ 《记大中华纺织股份有限公司》,《上海总商会月报》1923年第5期。

大中华纱厂的规模与设备,在当时来说皆为一流,故有"模范纱厂"之称。这家规模宏大的纱厂的创办,"固足以标志聂家经济的发达和聂云台的企业活动的高峰,同时也是标志着中国民族纺织资本发展的顶点",[①]它所采择的发展方针亦为其后很多中国纺织企业所效仿。正如英国人在1925年观察所得,"诚以华商在花纱之制造与营业,所得教训,日多一日。为厂主者,年来艰苦备尝,亦渐发愤改革,采用新制,装置新机,不适用之人才,从事裁汰",而且"纺织留学生亦多被雇用,故其结果,有数新厂,其成绩几能与日厂并驾齐驱矣"。[②]因此,这家工厂的创建与发展,表明了中国近代实业界在接受西方先进设备与学习西方科学管理制度上的自觉与努力,具有转型时期民族企业发展的必然性,对于聂家和民族纺织工业都有重大的历史意义。

三、破产变卖

1922年4月16日,大中华纱厂举行了纱厂正式开幕后的第一次股东大会(总第三次股东大会),董事长兼总理聂云台做报告。鉴于1921年底即开工生产的1.2万枚纱锭,在3个多月时间里即赢利达5.8万余两,而当时的纱市行情畅销,纱厂其他纱锭也陆续装试,整个形势一片大好。聂云台乐观核算后,认为所有机器开动后每年可盈余90余万两。加之当时地价上扬,大中华纱厂请慎昌洋行技师对纱厂的资产进行了核估,照时价竟达300余万两,这无疑给了聂云台及其他股东更大的信心。在随后的讨论决议中,股东大会一致通过了增股至300万两的决议,"并予董事会以募集公司债获借整款之全权",[③]但是在其后的正式募股阶段,却并未募足股款。

1922年9月16日,大中华纱厂召集股东召开第一次股东临时大会。总理聂云台报告公司现况,指出自4月到9月,纱厂共开工纱锭2.5万枚,而据会计师对公司与洋行所结财产负债账目核算后,纱厂仅剩余利4.7万余两,而之前的募股计划又没有招足款项,资金已出现困窘迹象。为此,聂云台提

[①] 中国科学院上海经济研究所、上海社会科学院经济研究所编:《中国最早的一家棉纺织厂——恒丰纱厂的发生发展与改造》,上海人民出版社1959年版,第24页。
[②] 潞生:《中国之纺织业》,《恒丰周刊》1925年第26期。
[③] 《大中华纱厂股东会纪事》,《新闻报》1922年4月17日,第1版。

出"一方面请商决优待新股办法,一方面请商决向银团借款条件,俟股款招足,即可偿还借款",大会讨论后一致同意借款 170 万两及发行优先股,并推举任筱珊、蔡松甫加入董事会,参与讨论制定借款细则。①

  大中华纱厂的巨额借款是以发行公司债的方式进行的。公司债是营利公司缺乏资金时所发行的债券,必须由公司股东大会表决通过,方可实行。公司债总数不得超过已缴之资本额,若遇资产短于已缴之资本额时,则不得超过现存之财产额。公司债发行有三种方式:公司自己发行,由信托公司代销,由债券承受团包销。公司发行风险较大;信托公司代销既能发行债券,又可为公司保护债券,各得其便,是最为理想的方式;债券承受团包销,公司担保品必须由承受团经营,双方一旦发生争执,只能走法律途径解决,故一般公司多不愿用此途径。然而,当时中国的"信托公司信用未孚,公司债之发行,常不托之代销,而由债券承受团包销,此诚无可如何之事也"。②1922 年 11 月,大中华纱厂公司债正式交涉成功,由安裕、福康、永丰、福源四家钱庄和中央信托公司组成营运垫款银团,并"订立条件,银钱贸易概归银团派人主持"。③更为严重的是,在双方订立的合同中,"载明债额 170 万两,每三个月付息一次,将公司各种产业作为该债之担保品,若届付息之期,而公司不将息金照付,或公司未得债权允许,而停止营业,则受托人皆可照合同办理,将担保品变卖"。④这样就直接将大中华纱厂的资产设备所有权与纱厂营业状况挂钩,一旦市场萧条或纱价低落,厂方暂时出现资金断链,无法按时付息,那就意味着债权人径可将纱厂变卖,以抵偿债务和息金。在当时外货挤压、时局不稳的严峻形势下,可谓是险中求生。

  大中华纱厂接受银团的营运垫款后,"信用既孚,垫款遂溢过一倍以上",有了较为充足的资金购进棉花原料和支付订购机械的款项,生产较为稳定,到年底时存货已有 120 万两之巨。1923 年春,因川省战事忽起,纱布市价暴跌,"纱价暴落 20—30 两之巨,花价亦暴落十数两之多",加之前面已

---

  ① 《大中华纱厂开临时股东会》,《新闻报》1922 年 9 月 18 日,第 1 版。
  ② 《公司债》,《申报》1923 年 4 月 18 日,第 1 版。
  ③ 韩淑芳、张建安等编著:《民国经济犯罪案》,群众出版社 2006 年版,第 107 页;中国科学院上海经济研究所、上海社会科学院经济研究所编:《中国最早的一家棉纺织厂——恒丰纱厂的发生发展与改造》,上海人民出版社 1959 年版,第 41 页。
  ④ 《大中华纺织公司之债案》,《申报》1924 年 3 月 23 日,第 15 版。

有120万两的积存货物，使得债务进一步扩大，"自是而公司原有十数万两之垫款现金亏折已尽，既无垫头，则营运垫款当然不肯继续进行"。①债务增长，货物积压，原有垫款亏折一空，这使得银团看到大中华纱厂"旧债未清、新债日增，还债能力日益丧失"，眼看要影响到切身利益，银团便停止了对大中华纱厂的继续垫款，纱厂既无资金周转，只能忍痛停产。②

1923年7月22日，大中华纱厂因资金断链，存棉用完，经股东议决，全厂停机，"一俟新棉登场再行开厂工作，所有各部男女工人存工，概即发给"。③即使停工，聂云台尚抱有很大期望，计划于8月开工，并且指挥技术精良的技师"趁停工时，整理各部机械，为八月开厂之预备，工作甚忙"。④针对大中华纱厂的出路问题，债券团内部纷争迭起。许多债权人认为市面萧条、纱价一跌再跌，大中华纱厂继续经营下去只会亏折更多，主张及早脱手，拍卖大中华纱厂，尤其以外资债权人白克尔等为代表，极力主张拍卖，以减少损失。⑤

鉴于大中华纱厂没有根据合同规定，在未经债权人允许的情况下擅自停工，且没有按时付息，银团先后两次致函通知大中华纱厂，欲照合同处分担保品，并召开两次债权人大会讨论对策。聂云台均到场力争，故银团先宽限五周，"俾其董事部设法或增加股本，继续营业"，后又宽限两周，提出"如公司仍无圆满解决办法，即由受托人将担保品变卖"。期限到后，厂方一筹莫展，银团因此在1924年3月22日，将大中华纱厂起诉至会审公廨，"请求给谕将该公司所有财产准其变卖，俾还各债"。⑥

1924年3月29日，公共租界会审公廨开庭审理大中华纱厂债务案。聂云台偕律师到堂候示。受托人之律师当庭将双方所订募债合同逐条述明，以求获得法官支持。随后由纱厂律师进行回应，请求将变卖再予展期，认为

---

① 中国科学院上海经济研究所、上海社会科学院经济研究所编：《中国最早的一家棉纺织厂——恒丰纱厂的发生发展与改造》，上海人民出版社1959年版，第41页。
② 王槐松：《大中华纱厂变卖的前前后后》，载政协上海市宝山区委员会学习文史委员会编《宝山史话（工商经济专辑）》，1994年版，第25页。
③ 《大中华纱厂停工与工人》，《新闻报》1923年7月24日，第2版。
④ 《大中华纱厂来函》，《申报》1923年8月9日，第16版。
⑤ 韩淑芳、张建安等编著：《民国经济犯罪案》，群众出版社2006年版，第107页。
⑥ 《大中华纺织公司之债案》，《申报》1924年3月23日，第15版。

"该厂不能维持营业,实因花价过昂所致,俟下届棉花收成,必当设法,或将该厂出租,以租金付息",而且厂方还从纱厂实际资产的角度指出,"该厂财产,统计有三百余万,而所募之债,只一百七十万,若将产业变卖,双方皆无利益",以此期望能获得债权人的谅解与宽限。但受抵人律师对此颇不满意,一味要求法庭根据合同规定判决债权人拍卖纱厂。①因为有双方合同的正式条款,大中华纱厂的请求自然不会获得法庭的认可,案件毫无悬念地以纱厂败诉而终结。

1924年4月,债权人正式登报招卖。针对当时其他华商纱厂遭受日本资本家兼并的惨痛教训,聂云台明确提出了招卖的两个基本原则:一是绝不卖给外商,二是承受者不得改换"大中华"三字招牌。这两条原则是为了遏制外国资本家兼并我民族工业的念头,体现了聂云台的拳拳爱国心,时人即有评价,认为"聂先生因国家体面关系,耻售于外人,是以此厂终不踏华丰之覆辙而落于日人之手,未始非聂先生之功也"。②因时局动荡、行情不稳,招卖无人呼应,遂于1924年8月21日进行拍卖,限价194万两,但拍卖之日适逢江浙战事开火,沪市大震,竟无一人问津。其实,在拍卖的前一日,永安公司曾向债权人议价175万两,但"债权人以既登报公卖,则私行成交,于法不合辞之",尚打算能有新主顾开出更高价位。等拍卖无果后,"战事正殷,市面大坏",债权人请永安公司重申前议,永安公司知道再无买主,竟然将开价降至150万两,后经双方讨价还价,最终以159万两出售。1925年1月6日,永安纱厂收购大中华纱厂的合同正式签订。曾经名声大震,被誉为中国"模范纱厂"的大中华纱厂就这样破产变卖了。聂云台在其后向股东所做报告中指出,大中华纱厂并非建在租界,缺乏必要的安全保护,即使这样,还有买主愿意购买,是"厂中机器建筑设备之精新完善,足以动人"所致,但"厂基如此贱售,诚初意料所不及",这或许是对大中华纱厂命运的无奈叹息。③

---

① 《大中华纱厂停业后之讼案》,《新闻报》1924年3月30日,第2版。
② 王槐松:《大中华纱厂变卖的前前后后》,载政协上海市宝山区委员会学习文史委员会编《宝山史话(工商经济专辑)》,1994年版,第25页;友辰、白水:《永安纺织公司收买大中华纱厂之整理经过谈》,《纺织之友》1932年第2期。
③ 《大中华纺织有限公司报告书(六)》,《纺织时报》1925年第230期。

四、结　　语

"模范纱厂"大中华纱厂的失败,既有聂云台经营策略的不当,也深受第一次世界大战后中国市场整体环境恶化的影响,可谓是多重因素共同导致的结果。

(一) 经营失误

严中平对于近代中国纺织业的经营特点曾有过一个判定:"近代中国纺织业界普遍存在着一种'重商轻工'的经营方策。纱厂厂主们重视花纱市场上的买卖,而忽视工厂的生产。"前者的极端表现就是纱厂参加花纱投机,买卖价格与数量完全脱离工厂需要,而后者的极端表现则是不改进技术设备,这两种表现都不利于纱厂的正常发展。他进而指出:"在欧战繁荣期,大批商人特别是棉纱布商人,从商品的流通过程转入生产过程,可算这个时期民族资本积累过程上的第一个特征。"①这种经营策略的转变,对于已经习惯了侧重经营商品流通环节的中国商人来说是一个新的挑战,大中华纱厂即在此种经营策略的转换时期发起创立的。

棉纱经营者从侧重产品的流通向生产过程的转换,本身是企业进入正常经营轨道且循序发展的良好表现,但是如何掌控企业规模,如何在企业生产与资金周转层面找到适当的平衡点,甚至是如何预测市场的走向与行情,都是极其考验企业经营者的。很显然,大中华纱厂经营者在这方面的表现并不理想。

2万枚纱锭扩充至4.5万枚,添加了1.25倍,大大增加了资金支付额。大中华纱厂在购置机器设备时正赶上英镑与白银汇率大跌,"购机时的镑价为5先令左右(每两汇价),所付机价定银四分之一,即以此结定"。此后英镑大跌,银价上扬,"市情颇惊慌,银行家咸谓将涨至15先令,遂未敢多结"。聂云台以为英镑会如同当时的法郎、马克或卢布,一落不起,因此有意放慢了结算进程,期望能以此节省支付额度。②不料英镑价格反弹,一涨

---

① 严中平:《中国棉纺织史稿》,科学出版社1955年版,第190页。
② 《大中华纺织有限公司报告书(二)》,《纺织时报》1925年第226期。

再涨,结汇时总额竟高达 226 300 余英镑,高出初订时一倍多,造成 11.9 万英镑的债务。①这笔款项大大增加了大中华纱厂在资金断链时的财务压力。

随着纱锭的不断扩充,大中华纱厂的股本也在增长,最终因募股不足,只能抵押借贷。由 90 万两增至 120 万两,继而 200 万两,直至最后 300 万两,增加了 2.33 倍。最后一次募股并没有达到预期的目标,而已经扩展规模的纱厂急需大笔的资金,才能维持正常的生产。因此,纱厂只能通过银团发行公司债,并将整个厂方资产抵押,这又直接将企业置于随时被变卖的危险境地,也导致了债权人最终通过法律途径拍卖纱厂结果的出现。②

如前所述,聂云台创建大中华纱厂并不是一时兴起,而是以实业家的视角立足商战、考察市场细纱需求后的理性选择。大中华纱厂在最初的计划中,只是募股 90 万两,购置细纱锭 2 万枚,不论是从资金还是设备来看,聂云台对企业似乎都有一种理性且清晰的认知与规划,但这种理性认识并没有维持多长时间。

此外,有学者指出,中国早期的纺织厂有一个通病,"创办人都力求规模宏大",这与欧洲人和日本人在华办厂的风格迥异。日本人在华建厂都是先试办较小规模的纱厂,既可易筹资金,又能积累管理经验,等资金与经验皆备才进一步扩充规模。而中国人一味追求规模,使得本来就短绌的资金更形窘迫。③事实上,这种经营风格在第一次世界大战前后的建厂风潮中屡见不鲜,而且某种程度上有愈演愈烈之势,这一点在大中华纱厂的扩建过程中亦有清晰的体现。

因此,由商品流通向生产过程的转变进程中,缺乏成熟理性的判断准则与实践经验,加之近代以来纺织业界过于追求企业规模的惯性发展,不论是企业经营策略转型期所面对的现实困境,还是棉纺织业发展的历史路径,都

---

① 王槐松:《大中华纱厂变卖的前前后后》,载政协上海市宝山区委员会学习文史委员会编《宝山史话(工商经济专辑)》,1994 年版,第 25 页。
② 近代以来华商纱厂的流动资金很多都是以借款方式取得的,有的纱厂甚至连固定资产的一部分也是靠银行贷款买的,直到 20 世纪 30 年代,在调查的 100 个华商企业的资本结构中,40%的资金是以借款方式取得的,而华商纱厂的此项比例更是高达 50%,这充分表明了其资本缺乏的严重程度。大中华纱厂本身是面向华人募股,但是一味扩充规模,也使得其最终走向了借贷的老路。见赵冈、陈钟毅:《中国棉纺织史》,中国农业出版社 1997 年版,第 172 页。
③ 赵冈、陈钟毅:《中国棉纺织史》,中国农业出版社 1997 年版,第 148 页。

自觉不自觉地推动了大中华纱厂脱离既有计划的方向而一味扩展。这或许是解释大中华纱厂为何一再扩充规模的深层原因。

(二) 市场环境

相关统计资料显示,近代开关以来,外棉输入中国量呈总体上升趋势,尤其是在1867年,中国棉花贸易入超306 585担①,此后连续21年在棉花贸易中处于入超地位。而从1888年之后,中国棉花出口额超过进口额,连续32年皆处于出超地位,直到1919年,复呈入超状态,至1930年达入超之最高纪录2 630 949担。有学者将中国棉花贸易分为三个时期:第一期是1867—1887年,为入超期;第二期是1888—1919年,为出超期;第三期是1920—1930年,为入超期。对于第二期转入第三期,他认为"要有二因,即内战连绵及中国棉纺织业之勃兴是也",内战连绵使得民众颠沛流离,很难稳定从事农事生产,进而导致棉产量减少;棉纺织业之勃兴,则促使中国对棉花需求的增加,需求增加而本国供给不足,自然只能向外国输入。②尤其是1923年与1924年两年,我国棉产量骤减,由1922年的831万担,减至1923年的714.5万担,再到1924年的780.9万担,棉价达到最高值,纱厂原料需求骤显紧张,采购原料资金在企业运转资本中所占比例进一步提升。③

第一次世界大战时期,日本棉业界忙于扩张国内设备,且自身尚无生产纺织机器的根基,必须求诸英美等国,而英美忙于军火生产,明显不能满足其巨大的需求,故日本来华投资设厂并不活跃。据统计,1914—1918年4年内,日本总共在华设立纺织厂5家,收买华厂和美厂各1家,总计增加纱锭约20万枚。1918年,中国对进口棉花按时价重订税则,进口棉货税率增加,加之战后日本国内棉业界出现萧条,而中国国内纺织业繁荣到达最高潮时期,种种因素促使日本将发展棉业的重点转移至中国。因此,1921—1922年的两年便成为日商来华设厂的最盛时期。至1925年,日本在华纱厂共有纱锭1 268 176枚,布机7 205台,分别是1919年的3.8倍、4.8倍,可见此间日厂在华发展迅速。④

---

① 1担合50千克。
② 方显廷:《中国之棉纺织业》,商务印书馆1934年版,第358—359页。
③ 同上书,第84页。
④ 严中平:《中国棉纺织史稿》,科学出版社1955年版,第175—177页。

第一次世界大战前后中国纱厂的盈利情况　　　单位：规元两

年份	棉价（每担）	生产费用（每包）	纱价（每包）	盈利（纱每包）
1914	21.00	85.50	99.50	14.00
1915	23.00	93.63	90.50	−3.13
1916	24.10	97.56	103.00	5.44
1917	31.25	125.60	152.00	26.40
1918	37.00	143.18	158.50	15.32
1919	34.25	149.55	200.00	50.45
1920	33.75	147.75	194.20	46.45
1921	32.50	143.20	150.50	7.30
1922	35.85	155.25	140.50	−14.75

资料来源：严中平：《中国棉纺织史稿》，科学出版社1955年版，第186页。

欧战发生后，中国进口棉纱布一反之前数十年不断上升的趋势而剧烈跌落，于是中国纱布市价乃突飞猛进，为中国纱厂创造了赚取厚利的最好机会。从上表可以看出，1917年开始纱价飞速提高，而棉价则变动较缓，这种状况维持到1920年开始出现逆转。而此时正是日商大举在华设厂时期，加之中国新设纱厂已有54家，仅1920—1922年内开设的竟达39家，3年努力已超过战前20余年中外各籍纱厂的总数。①中日双方都趁着第一次世界大战带来的黄金时段快速扩张，棉纱产量亦急剧增长，但是华商所产棉纱在市场上却无法与日商棉纱相抗衡，因日本"以其技术之精，管理之优，制造费之低廉"②占尽优势，其所产棉纱可谓是"物美价廉"，自然广受市场欢迎，严重挤压中国棉纱的销售空间。

棉价上涨而纱价骤落，使得纱厂获利空间逐步压缩。据A.S.皮尔斯（A. S. Pearse）提供的资料，在1921年秋季以前，纱厂每出纱一包尚可获利20—30两，冬季只能得利6两了。1922年则无利可赚，1923年且有折本10余两的可能。③1922年8月，华商纱厂联合会召集同业，共谋挽救困难局面，

---

① 严中平：《中国棉纺织史稿》，科学出版社1955年版，第175—177页。
② 石志学：《纺织业与抗战建国》，秦风日报社1939年版，第361页。
③ 转引自严中平：《中国棉纺织史稿》，科学出版社1955年版，第187页。

决定停开夜工和减少运转锭数,并订出以135两为售纱最低限价,但至8月底纱价反跌至124两左右。同年12月,华商纱厂联合会又召开紧急会议,决议一律减工25%,至1923年3月又决议减工50%。①当时甚至出现了越是开工生产,损失越是巨大的非正常局面,很多纱厂陷入困局。大中华纱厂一味扩大规模,增募股金,在如此不利的市场环境下自然加剧了其资金短绌的困境,被迫停工甚至最终被变卖抵债,也就显得合乎逻辑了。

综上所述,大中华纱厂在中国棉纺织业"黄金时期"计划创立,不论它的设备、管理还是人才建设等,在当时的中国都是最为先进科学的,因此成为国人寄予厚望的"模范纱厂",是民族企业的榜样与标杆。然而,企业经营者经验不足与策略失误,加之日益恶化的市场环境,使得它背负沉重的债务负担并最终被变卖抵债。这是内外两种因素交织促动的结果,也揭示了近代中国民族企业普遍遭遇的困境与命运,体现出在市场恶化、资本匮乏、外货倾轧时期,民族企业先天的脆弱性与不稳定性。诚如当时的华商纱厂联合会所指出的,"大中华之失败,当事者于营业之计算失于周密,在所不免,然以受不平等条约之约束,外厂竞争之压迫,供过于求之打击,债主重利之盘剥为其主要"②,实为切中肯綮之定论。

---

① 中国科学院上海经济研究所、上海社会科学院经济研究所编:《中国最早的一家棉纺织厂——恒丰纱厂的发生发展与改造》,上海人民出版社1959年版,第39页。
② 同上书,第42页。

吴寄尘生平考

A Study of Wu Jichen's Life

朱 江[*]

吴寄尘,名兆曾,早年字缙云,中年改字寄尘、季诚,籍贯丹徒,生于1873年7月14日,卒于1935年8月22日。吴寄尘于1912年担任大生驻沪事务所所长,一直到1935年去世,经历了大生企业的辉煌与沉沦,是大生企业举足轻重的人物。他与张謇私人关系密切,也能得到张謇家庭其他成员的信任。1918年,吴寄尘的母亲林太夫人八十大寿,张謇除了送上珊瑚冷金屏12幅作为寿礼外,还撰写了《林母吴太夫人八十寿言》,里面这样提及他跟吴寄尘的关系:"太夫人则少韩先生之女,兰荪先生之姊,石君先生之继配,而吾友季诚之母也。"[①]1918年大生企业还处于黄金时期,作为大生驻沪事务所的所长,吴寄尘功不可没。张謇称吴寄尘为"吾友",其中饱含对吴寄尘不遗余力辅佐南通实业的衷心称许,也反映了他与吴寄尘之间的个人交谊。张孝若认为:"我父六十以后的经营实业,最得力而最共甘苦患难的,要算吴君兆曾。他本是读书人,所以能识大义,品行纯洁,心地长厚,也是我父生平很爱重的一个人。"[②]吴寄尘嗜好藏书,味秋轩是其书斋名,亦是他在大生企业各项投资的户名。吴寄尘热心公益,倡导并主持在镇江建设绍宗国学藏书楼。对于这样一位对大生企业发展做出重大贡献,长期在幕后策划和奔波的人物,学界研究却并不多。张謇事业的开拓,离不开其背后一个具备专业知识又具有实践经验的团队,吴寄尘无疑是其中的代表人物。研究这个团

---

[*] 朱江,南通市档案馆研究馆员。
[①] 张謇:《林母吴太夫人八十寿言》,载《古润吴氏宗谱》,南通市档案馆藏,资料号:F002-311-20。
[②] 张孝若:《南通张季直先生传记》,中华书局1930年版,第477页。

队,对于进一步研究大生企业的创业历程,深入探讨张謇的内心世界,能够提供丰厚的背景材料。

一、崭露头角

吴寄尘的父亲与原配谢太夫人生育七女三男(长子敬曾,字幼承;次子熙曾,字敬庭;三子庆曾,字季农),谢太夫人去世后,续弦24岁的林太夫人(江苏六合人)。林太夫人生一子二女,儿子吴寄尘5岁时丧父。敬庭和季农后来都从商,亲戚认为吴寄尘也适合商道。"太夫人口应之,而心痛诗书之泽之斩也。乃早晚自课之。"林太夫人认为:"凡教小儿,必以风雅植其初基,陶其性情,然后乃可授之以学。"①她优先以唐代诗人司空图的《二十四诗品》及清代孙洙编选的《唐诗三百首》作为启蒙教材,一直到吴寄尘13岁。之后吴寄尘外出游学,23岁中秀才。1906年清廷废科举,吴寄尘到上海协助其兄季农营商,并改字寄尘。

从《吴母林太夫人行述》记载看,吴季农早在吴寄尘13岁游学前就投身商海,"及季农随太夫人弟兰荪公业商于通沪,家道始渐兴",吴季农投奔的是他的继母的弟弟林兰荪。林兰荪,名世鑫,号兰荪,早年经商,后来为海门籍的土布商人沈敬夫所赏识,被聘请在上海经营关庄布业务。因此吴季农的职业生涯也与棉纱业联系起来。1898年,通海沙布同业公会沙布公所成立。沙布公所采用董事制,各庄的庄客,均为董事,不限名额,沙布捎客仅限8名。刘一山为第一任主任董事,吴季农继刘一山之后出任第二任主任董事。②1920年11月,吴季农与穆藕初、穆杼斋、陈子馨等发起成立上海华商棉业公会,担任副董,③他也是位于上海爱多亚路97号的上海华商棉业交易所发起人之一。④吴季农于1921年11月10日去世,通崇海花业公所、上海华商棉业交易所理事会、上海华商棉业公会、上海华商棉业交易所经纪人公会、通海花业公所、沙布公所联合,于12月4日在上海小南门救火联合会开

---

① 赵宗抃:《吴母林太夫人行述》。
② 林举百:《近代南通土布史》,南京大学学报编辑部1984年版,第66—68页。
③ 穆家修、柳和城、穆伟杰编著:《穆藕初先生年谱》,上海古籍出版社2006年版,第206页。
④ 《交易所一览》,文明书局1922年版,第20页。

追悼会。①由此可见吴季农在上海和通海地区棉纱业界有着广泛的人脉和相当高的地位。

初到上海的吴寄尘,除了有同父异母的哥哥吴季农的提携,还得到了舅舅林兰荪的帮助。1896 年,林兰荪被张謇聘为拟办中的大生纱厂驻沪机构大生公所的负责人(坐号),1897 年 8 月,大生公所改名大生沪账房。1907 年大生纱厂召开第一届股东大会,鉴于沪账房工作的重要与任务的繁重,改其名为驻沪事务所,该所取得与会计、考工、营业、庶务等四所同等的地位,由林兰荪担任所长。因为与林兰荪和吴季农的关系,吴寄尘在上海主要从事棉纱行当。凭着特有的敏锐,吴寄尘很快展示出商业方面的才能。

1905 年日俄战争结束后,通海地区的土布(沙布)在东三省销路不畅。土布是通海地区重要的外销商品,关系到棉花种植、棉纱生产、土布纺织,也涉及关庄布商人的切身利益,可谓牵一发而动全身。吴寄尘认为其中必有原因,他在《丹徒吴寄尘上通州商会张叔俨先生书(为请派东三省调查事)》里写道:"风闻近有外人仿织土布,由大连湾进口,分运兜售。我布税重费多,难与争利。"②沙布公会讨论时,存在是否派员赴土布集散地营口调查的争议,吴寄尘对造成目前局面的原因进行了分析,即是否存在外人倾销,土布是否适合市场,如何解纾困境,"皆未经调查不能道其确实,且外人既能仿制,边城远处,难保不有华商串同,冒我土布各牌兜售","处商战之世,智虑稍疏即落人后"。吴寄尘建议通州商会派出"学识兼到、商情练达之员"到营口、奉天、辽阳、锦州等地切实调查,"条列原因,共筹除弊改良维持之策"。这是初入棉纱业的吴寄尘交出的一份答卷,条分缕析、有理有据。

如果说关于东三省调查土布情况的建议,反映出吴寄尘应对时局的敏锐的话,那么他在粤路股东共济会中的表现,展示了他的组织和社交能力。粤汉铁路(简称"粤路")于甲午战争后筹建,几经曲折。1905 年 11 月,张之洞召集粤、湘、鄂绅商代表在武昌召开粤路筹办会议,议决三省"各筹各款,各修各路"。1906 年 2 月,清政府允诺粤路依法发归商办。5 月,商办广东粤汉铁路公司(简称"粤路公司")成立。1909 年统计,粤路公司股金基本来自

---

① 《追悼吴季农先生通告》,《申报》1921 年 12 月 2 日,第 1 版。
② 吴寄尘:《丹徒吴寄尘上通州商会张叔俨先生书(为请派东三省调查事)》,《南洋官报》1907 年第 77 期。

广东省内各善堂、旅港粤商和旅沪粤商。①上海粤路股东成立粤路股东共济会,目的"为粤路股东保存利益,取同舟共济之意。以激励公司恢复股价,保全成本,振作前途为宗旨"。②吴寄尘显然是参与了粤路公司的集股,1908年12月20日,粤路股东共济会500余人集会上海张园,研究二期股银截收问题,吴寄尘被推为临时议长;③又被推举为代表,赴粤路公司董事局交涉,"所草请愿书,文理密察,为时传诵"。④1909年3月19日,吴寄尘与董事局议定:"各善堂、行商各举查账员,凭票复选正四人,副六人,稽查一切款目。"⑤粤路公司总理梁诚辞职后,在选举新总理的问题上,吴寄尘作为上海方面的代表,参与协商。粤路上海股东除了粤籍,还有其他省籍,因此协调起来难度很大,吴寄尘能得到普遍信任,实在难得。光绪三十二年(1906年)十二月十四日,桐真从广州致上海道台瑞澂(并转张謇、郑孝胥和汤蛰仙等人)的信里,主要描述了粤路集股的纷争,这封信被大生沪账房全文录底,说明张謇对粤路集股原委是知晓的,甚至是参与其间的。⑥

吴寄尘的才能,也得到了刘厚生的赏识。刘厚生,名垣,张謇密友何嗣焜之婿。对于刘厚生与张謇的关系,张孝若是这样评述的:"刘先生才识优长,品格最高洁,我父遇到大事,或疑难之事,得其一言,无不立决。民国后我父凡到政治舞台,彼必借出相助,极讲骨气,有远识,是我父生平最爱重的一人。"⑦"厚生以先生才略,时时诵于南通张啬翁。"⑧1912年林兰荪去世前,张謇征求林兰荪意见,他推举吴寄尘作为自己的接班人。张謇采纳了林兰荪的建议,绝对不是一时的心血来潮。

二、负重前行

大生驻沪事务所所长,不是轻易能胜任的。大生驻沪事务所作为大生

---

① 庞广仪:《再论清末广东商民与官方对粤路经办权的争夺》,《五邑大学学报(社会科学版)》2015年第3期。
② 《粤路股东共济会简章》,《南洋商务报》1908年12月8日。
③ 《旅沪粤路股东开会详纪》,《申报》1908年12月22日,第5版。另据吴寄尘己未年(1919年)资产账,吴寄尘拥有粤汉铁路股1 440元,见南通市档案馆档案B422-311-100。
④⑧ 《吴寄尘先生事略》,《纺织时报》1935年第1223期。
⑤ 《共济会代表暂缓回沪》,《申报》1909年3月25日,第18版。
⑥ 南通市档案馆藏,资料号:B401-111-10。
⑦ 张孝若:《南通张季直先生传记》,中华书局1930年版,第474页。

企业在上海的窗口,担负着与社会各界特别是股东的联络、资本的募集、物资的采购等多种事务。吴寄尘本人还需要作为张謇的代理人,处理各类应酬、会务,可谓事务繁杂、责任重大。

大生系统各企业发展过程中,与金融界关系极为密切,上海作为中国当时的金融中心,自然是大生企业这样的实体产业极为倚重的所在。大生驻沪事务所核心的功能就是融资。与大生企业合作的金融机构中,上海商业储蓄银行(简称"上海银行")值得一提。张謇时代的上海银行,与大生企业相互支持、共同发展,是银企合作的典范。

1915 年 4 月 17 日,庄得之、陈光甫、王晓籁、李馥荪等借座上海宁波路 8 号召开股东会,上海银行成立,庄得之被推举为总董事,陈光甫为办事董事兼总经理。上海银行于 1915 年 6 月 2 日正式开业,办事人员只有 7 人。据陈光甫回忆,上海银行发起之初,原定股本 10 万元,而实收只有 8 万多元。[1]早期浙江实业银行常给予透支,中国银行则在上海银行开业之日起就存入 7 万元一直不提取。[2]大生企业对上海银行也有帮助,据吴寄尘的侄子吴又春回忆:"上海银行创办时资金周转是比较困难的,大生不仅在投资方面帮助过,而且常在往来户上存款维持,所以后来大生碰到资金周转困难时,上海银行也予以帮助。"[3]由此奠定了大生企业与上海银行牢固的合作关系,1916 年上海银行即在南通设立办事处,经营厂家押款,大生企业获益很多,也一直是上海银行的支持对象。

上海银行 1916 年 2 月 22 日股本 20 万元,包括张謇入股的 1 500 元(一直到 1919 年 12 月 31 日),张謇的股份 1921 年 12 月 31 日显示为 5 000 元。吴寄尘 1919 年 12 月 31 日和 1921 年 12 月 31 日在上海银行的股份都是 1 万元。1919 年续收资本时,大生企业加入股本 15 万元。大生企业的投资,在股东名单上显示为大仁堂等 30 户。[4]这项投资源于吴寄尘于 1918 年 5 月 23

---

[1] 上海商业储蓄银行编:《陈光甫先生言论集》,上海商业储蓄银行 1949 年印,第 14 页。
[2] 中国人民银行上海市分行金融研究所编:《上海商业储蓄银行史料》,上海人民出版社 1990 年版,第 3 页。
[3] 朱镇华:《旧中国上海金融界对南通大生系统的资助》,载中国金融学会金融史研究会编《沿海城市旧银行史研究——中国沿海城市旧银行史专题研究会文集》,中国金融学会金融史研究会 1985 年版,第 119—215 页。
[4] 中国人民银行上海市分行金融研究所编:《上海商业储蓄银行史料》,上海人民出版社 1990 年版,第 38—39 页。查大生一厂账略,1918 年、1919 年、1920 年和 1921 年都显示"在上海银行股分规银七万二千五百两";大生二厂账略则显示 1918 年"在上海商业银行规银三万六千两",1919 年、1920 年和 1921 年规银三万七千两,1922 年规银三万六千二百五十两。

日在大生一厂股东常会上的建议:"适值商业银行去岁在通营业甚多,本拟设分行在通,故迎合其意附股。昨议分厂提银五万两,正厂在保险项下提银十万两,为商业股本。在两厂受金融活动之益,于秋市购花尤有关系。"①1919年5月,张謇、张詧、吴寄尘当选上海银行董事。1922年7月,吴寄尘被推为副董事长,实际上是代表大生企业参与上海银行事务的。这些股份于1923年被转让,5月张詧辞去董事,1924年5月吴寄尘辞职。尽管大生企业退出对上海银行的投资,但双方的管理层始终保持良好的关系,特别是大生企业陷入困境后,上海银行依旧支持大生企业,是大生企业重要的投资者,这跟吴寄尘在其中的沟通密不可分。

如果说吴寄尘在上海银行一度担任要职,是作为大生企业的代表,或者也可以视作张謇事务繁忙,无暇顾及,由吴寄尘出面。那么在华商纱厂联合会(简称"纱联会")的筹备过程中,吴寄尘起到了关键的推动作用。

华商纱厂联合会是近代中国最早成立的全国性纺织行业团体。②最初是祝兰舫、荣宗敬和刘柏森等人,认为日本要求中国棉花、羊毛和钢铁出口免税一事关系重大,提议发起,并于1917年3月15日下午在上海商务总会召集各纱厂集议,共有22人代表15家华商纱厂与会,议决上书北京政府,反对棉花出口和棉纱进口免税。大生企业也在受邀之列,但未派员参加。4月17日,吴寄尘代表大生企业参加第二次会议。之后议办中的纱联会多次开会,讨论是否需要继续维持的问题。10月,纱联会给全国各华商纱厂发函寄送章程,并征求意见。

1917年10月27日召开预备会议时,纱联会仅收到德大、裕泰、广勤等6家企业的复函。与会的有穆藕初、吴寄尘、张秋园、聂云台、刘柏森等人。吴寄尘力主继续推进:"张三、张四先生尚无来函。以四先生不问事,三先生下乡未回,想对此举无不赞成。现外埠纱厂已有函来赞成,再由我辈发起人消灭之,似乎不可。今且审核章程,以便发寄。"③11月17日的会议上,"先有刘

---

① 张季直先生事业史编纂处编:《大生纺织公司年鉴(1895—1947)》,江苏人民出版社1998年版,第147页。
② 魏上吼:《近代中国的纺织行业团体》,《中国纺织大学学报》1994年第3期。
③ 《上海市棉纺织工业同业公会董事会议记录(一)》,上海市档案馆藏,资料号:S30-1-35。

柏森报告已往筹备之情形,并谈及吴寄尘、聂云台诸先生维持之热心"①。在讨论时,就张謇未对咨询函答复一事,吴寄尘解释道:"前寄去之呈稿及章程均寄往通州尚未得复,想张四先生无不赞成。"②张三、张四先生即张詧和张謇兄弟。大生驻沪事务所与张謇之间的沟通是频繁而及时的,一般不存在上海方面的重大事项张謇不知悉的情况。张謇一直没有回复,或者说没有授权吴寄尘回复意见,可见张謇对纱联会的成立是不太热衷的。从纱联会留存下来的会议记录上看,张謇几乎没有参与过纱联会的活动,只是因为纱联会认为"非得声望素著者左提而右挈之,不足以资领袖",而张謇"对于实业,素具热忱,而于纺织一门,尤为同人先导"。③张謇这个挂名的会长,一直做到1924年4月6日纱联会第七届常年大会,选出周缉之为新任会长。④

从1917年3月15日纱联会初次会议,到1918年3月14日选举大会,纱联会先后召开13次会议,吴寄尘参加了8次。而吴寄尘是在张謇没有明确表示的情况下,积极斡旋,在纱联会的成立上起到了促进作用。试想如果不是吴寄尘替张謇不答复的行为辩解,张謇的淡漠态度,必然对其他华商纱厂业主起到消极的心理暗示作用。

纱联会最终于1918年3月14日成立,推举张謇为会长,吴寄尘以12票当选为董事。纱联会的成立,使得华商纱厂有了一个组织,对于"协调棉纺业内部和外部关系,改善棉纺业生存和发展条件,起到了个别厂商无法替代的工商团体作用"。⑤

吴寄尘于1912年续任大生驻沪事务所所长,一直到他1935年去世,可谓鞠躬尽瘁。其间历经了大生企业的辉煌时期,也体验了大生企业衰败、穷于应付各路债主的苦涩。在吴寄尘主持下,大生企业在上海九江路22号建造了南通大厦,标志着大生企业的事业达到顶峰,该楼至今还矗立在上海九江路河南中路路口,是上海优秀历史建筑。困难时期,吴寄尘基本上与大生企业、与张謇同舟共济。中国历史上第一个企业债票——通泰盐垦五公司

---

① ② 《上海市棉纺织工业同业公会董事会议记录(一)》,上海市档案馆藏,资料号:S30-1-35。
③ 《华商纱厂联合会致张謇函》,《华商纱厂联合会函稿簿三本》,上海市档案馆藏,资料号:S30-1-5。此为纱联会1918年3月14日选举张謇为会长后给张謇的函。
④ 上海市档案馆藏,资料号:S30-1-39。
⑤ 施正康:《近代上海华商纱厂联合会与棉纺业的自救》,《上海经济研究》2006年第5期。

银团债票的发行,与吴寄尘向上海金融界的推介是密不可分的,该债票缓解了大有晋、大丰等五家盐垦公司的经济困难。"1922 年后盐务、纺织先后失利,大生本身陷入债海,大生驻沪事务所每日除为纺系四个厂调度银根外,还要为大生资本集团所属数十家单位调度银根,每晚几十个单位的收付划抵的细账,都要汇报给主任吴寄尘听,每到午夜后,才能决定次日筹码的安排,事务之烦责任之重,形成了大生资本集团的神经中枢。举个例来说,当时专司调汇账目的职员潘华封,任职才十多年,就因日夜疲瘁于账目数字,发了神经,足见大生驻沪事务所业务的紧张与繁复。"①张謇在民国十二年(1923 年)十二月写给张孝若的信中感慨万千:"今于友辈中察得真有休戚相关、临难不却之忠者,吴寄尘、张作三、江知源、章静轩数人耳。"②黄炎培于 1935 年 10 月 3 日所作挽吴寄尘联中写道:"南通事业,海上周旋,论公私关系如麻,长日劳劳。"③

三、居间调停

从相互关系上看,吴寄尘是张謇、张詧的下属,但也有幕僚的一面,在长久的合作中,他们又成为亲密的朋友。张謇夫人吴道愔在一封写给吴寄尘,请他协助处理遣出张佑祖事宜的信中说道:"先生为先夫啬公与怡儿所推重,有数十年通家之谊。"④至于吴寄尘兢兢业业辅助大生企业的事业,南通市档案馆保存的大生企业档案可以说明一切,其中有吴寄尘当年的记事本,对他每日处理的事务,事无巨细都有记载,其中有很多张謇的行迹,可惜这样的记事本留存下来的为数不多。据 1913 年《季诚记事》⑤,张謇寄给上海方面人士的信件,一般先寄到大生驻沪事务所,再由大生驻沪事务所把信件分寄各处,如徐积余、陈英士、虞洽卿、刘聚卿、许久香等人,显示出对吴寄尘的信任。《季诚记事》也记录了大生驻沪事务所把赵竹君送到的信件,转给

---

① 《大生资本集团史(初稿)》,南通市档案馆藏,第 100—101 页。
② 李明勋、尤世玮主编:《张謇全集(函电下)》,上海辞书出版社 2012 年版,第 1566 页。
③ 《黄炎培日记(第 5 卷)》,中国社会科学院近代史研究所整理,华文出版社 2008 年版,第 86 页。
④ 南通市档案馆藏,资料号:F003-311-9。
⑤ 南通市档案馆藏,资料号:B401-111-34。

在南通的张謇。

当然相互之间也会有矛盾。1922年吴寄尘一度屡生退意,张謇去信劝说:"吾辈相依十载,内外兼顾,方成斯局。似请蠲除此意,毋任祷切。啬翁亦属慰留,彼此不存成见。"①长期合作,难免意见不合,吴寄尘在大生企业危难之际还是留了下来。张謇去世之后,张氏家族依旧非常信任乃至倚重吴寄尘,遇到家庭重大事件,总会想到吴寄尘,请他拿主意,或者出面调解。吴寄尘则以其声望和手腕,为张家处理了一些棘手的家庭事务。其中以调解余觉诉张孝若案、协调遣出张佑祖最为著名。

1931年6月9日,张孝若给吴寄尘的信中写道:"顷接沈豹兄来信,余事似已妥帖,即祈公抽暇一行。"②其中,"余"是指苏州人余觉,"余事"即余觉向南通县法院起诉,求发还其妻沈寿的财物。6月19日,吴寄尘致信地山,告知准备在端午节后去苏州,请转告余觉。③20日即端午节,因此,吴寄尘应该是在6月下旬去往苏州的,最终促成了余觉和张孝若双方的和解。大生企业档案中还保存了7月17日《时报》相关报道的剪报,即《余沈寿案和解了结,张孝若付余恤金六千》。

沈寿(1874—1921),刺绣大师,自创"仿真绣",原名沈云芝,1904年慈禧太后七十寿辰,沈云芝进献的绣品得到慈禧的赞赏,慈禧赐"寿"字,遂易名沈寿。1914年,张謇在南通创办女红传习所,沈寿任所长兼教习,培养了许多刺绣人才,也创作了一些传世佳作。沈寿去世后,葬于南通长江边的黄泥山麓。

1928年,沈寿的丈夫余觉向江苏省政府呈文,要求彻查沈寿公葬案,并索回沈寿的一切绣品。④江苏省政府第1241号批示:"仰候令催南通县政府迅予核复。"⑤南通县施县长委派严逸男查核,认为沈寿去世后,"南通县教育会,以报功之故,和地方各法团,议定公葬于黄泥山麓,沈鹤一及弟右衡,与余觉商于葬次,余觉表示可行。后三月,遂呈省部立案"⑥。之后,余觉向南

---

① 《张謇致吴寄尘函》,南通市档案馆藏,资料号:F005-311-10。信末署十月二十一日。
② 南通市档案馆藏,资料号:F003-311-8。
③ 南通市档案馆藏,资料号:F003-311-7。
④ 《彻查余沈寿葬案续闻》,《申报》1928年11月20日,第10版。
⑤ 《批吴县余觉》,《江苏省政府公报》1929年第173期。
⑥ 《县委查复余觉控案原呈》,《申报》1928年12月25日,第10版。

通县法庭起诉,要求发还其与沈寿留存在南通的贵重财物。①

走上法律程序后,原被告双方其实都有协商和解的意愿。原告在法院开庭时竟然没有出庭,而被告也被劝说"先哲有言,刻木为吏誓不对。以堂堂公使,因此区区细故,对簿公庭,窃为孝兄不取也"。②随后原告撤诉,沈秉璜、张谦培等人居间调解,双方屡次商议,也几度濒临破局,"先后三月中间,决裂已五六次"。③为此沈、张两人除了继续说和外,还致信吴寄尘,希望吴寄尘"鉴谅弟等愚诚,一以婆萨为怀,始终斡旋"。④双方多次拉锯,在补偿金额问题上相持不下,最后还是商定吴寄尘出面担保,并由大生企业先行垫付,张孝若分3次支付6 000元给余觉,而余觉则承诺沈寿公葬案不取消,沈寿存在南通博物苑内的绣品等物件归改南通博物苑永远保存。

吴寄尘无疑为余觉和张孝若双方都敬重乃至倚重。沈秉璜、张谦培于1931年5月8日致吴寄尘的信里,表达了对吴寄尘来苏州的期待:"顷奉孝兄七日快邮,悉已谅解,甚慰。此间亦经说妥,与前讯无甚变更。一俟驾临,再行三面协商,愈为周密,即盼束装。"⑤而吴寄尘的苏州之行也为这桩外界瞩目的纠纷画上了句号。1937年1月18日,余觉在给陈葆初的信中说:"孝若之猝亡,觉实私痛之极。此言他人未必信,公或能信。"⑥可见吴寄尘的调解至少让余觉解开了心结。

吴寄尘不仅为张家调解对外关系,也因为德高望重而消弭了张家的一些内部矛盾。张謇在南通唐闸新育婴堂曾领养了两个男孩,分别为张佑祖、张襄祖,从"佑"和"襄"的字眼就可以看出,他是希望这两个孩子长大成才后可以帮助自己的独子张孝若"发展事业,以分其劳","曾有成才则留,不成才则遣出之谆谆遗命"。⑦可惜张謇未能如愿,两人均不成器。1921年,张謇致信李虎臣:"拟请物色一能教管佑祖、襄祖之授经师,鄙意教管并重,管尤切于教也。"⑧从中可以看出端倪。

---

① 《余觉追诉余沈寿财物》,《申报》1930年1月5日,第12版。
②④ 《沈秉璜、张谦培致吴寄尘函》,南通市档案馆藏,资料号:F003-311-7。
③ 《沈秉璜、张谦培致张孝若函》(五月廿二日),南通市档案馆藏,资料号:F003-311-7。
⑤ 南通市档案馆藏,资料号:F003-311-7。
⑥ 《余觉致陈葆初函》,南通市档案馆藏,资料号:A209-111-598。
⑦ 张孝若:《遣出佑祖条件书》,南通市档案馆藏,资料号:F003-311-9。
⑧ 张謇:《致李虎臣函》,载李明勋、尤世玮主编《张謇全集(函电下)》,上海辞书出版社2012年版,第883—884页。

张孝若为吴道愔起草的《遣出佑祖条件书》中,有着一段愤怒而克制的描述:"先夫在民国十四年,以佑渐染恶习,自甘堕落,乃拘禁于通警察厅数月。后以孝若代求宽免,乃自具悔过书,写明此后如再不求上进,不守家规,听凭家长惩处。岂料先夫身故,在血丧中即闯出大逆不敬之罪,我母子为顾全张氏体面计,暂于忍痛宽容,未按家法惩治。"之后张佑祖"不务正业,浪荡成性,屡次劝戒,仍未悛改"①。如张佑祖提出要进南通农业大学读书,结果是在旁听期间,"无一星期不缺课,无一日不迟到";②到上海市公用局三天即离职,按时到局只一天。

在遣出张佑祖的问题上,张孝若与母亲的意见是一致的。但在遣出的条件上,彼此存在相当大的分歧。张孝若希望张佑祖搬出濠南别业后,彼此断绝关系。吴道愔因为佑祖的妻子是其侄女,不忍心永不往来,况且领养张佑祖25年,痛心不已,希望尽可能地在物质上多给予张佑祖一家补偿。张孝若认为其母对张佑祖"容忍过分",并提出"佑事一天不解决,我好像一天安不下心,而我母子间的恩情更无法融补","如佑一日不去,我不愿再回濠南"。③

僵局之下,吴寄尘又成为张孝若与吴道愔彼此信赖的和事佬。吴寄尘对此进行反复协调,这从吴道愔给吴寄尘的信中即可略窥一二,"前年在沪曾以遣出佑祖事,相托转知怡儿,冀能早日解决","务祈代转怡儿即谋解决,若有未当处,即请酌情代为做主"。④张孝若读了吴寄尘给吴道愔的信后,认为"真是推开窗子说实碰实的亮话,无任敬佩"。⑤最终张孝若做了适当让步,如同意张佑祖经过他和母亲同意,有回复之可能。

需要指出的是,原本张襄祖也在遣出之列,吴道愔曾告诉吴寄尘"襄祖毋须与佑祖同时脱离,暂可不提"。⑥其实在此期间,张襄祖患病,吴道愔还给吴寄尘写信,希望吴寄尘能在大生驻沪事务所腾出一间屋子供张襄祖居住。而在1933年遣出张佑祖时,张襄祖已经去世。1941年12月,吴道愔在徐静

---

① 《张孝若致吴寄尘函》(大字第四十四号),1933年4月7日,南通市档案馆藏,资料号:F003-311-8。
②③ 《张孝若对遣出佑祖的九点想法》,南通市档案馆藏,资料号:F003-311-8。
④ 《吴道愔致吴寄尘函》(五月二十日),南通市档案馆藏,资料号:F003-311-9。
⑤ 《张孝若致吴寄尘函》(廿八),南通市档案馆藏,资料号:F003-311-9。
⑥ 《吴道愔致吴寄尘函》(六月十七日),南通市档案馆藏,资料号:F003-311-9。

仁、李耆卿、张敬礼等 12 人证明下所立的遗嘱共 4 条,其中第 3 条安排在大有晋田产内"按值优予拨给"张佑祖所遗寡妇孤儿;第 4 条安排在南通房屋内拨给张佑祖之子惠武住宅一处,作为其母子栖身之所,原因是张襄祖去世时,惠武"为之成服尽礼"。①吴道愔对两个养子的情感,不可谓不深。耐人寻味的是,1928 年,张詧续修《通州张氏宗谱》,里面就没有出现张佑祖和张襄祖。之后,无论是张孝若所撰《南通张季直先生传记》,还是张绪武主编的《张謇》(中华工商联合出版社 2004 年版),书中的张氏家族世系表,都没有这两个养子列名。

四、热心公益

作为有社会责任感的企业,大生企业一向热衷社会公益。吴寄尘作为大生驻沪事务所的所长,以大生企业的代表身份具体参与了慈善活动,比较有代表性的如北方工赈协会。1920 年,北方直、豫、鲁、晋、陕等省旱灾严重,许多慈善团体施以援手。9 月 14 日,应徐静仁和穆藕初的提议,纱联会召开特别会议,讨论救济办法。9 月 16 日,纱联会在荣宗敬宅第欢迎张謇、张詧,并召开临时会议,由会长张謇主持,决定联合银行公会、钱业公会等筹办赈济,这也是张謇唯一主持纱联会的会议。②9 月 24 日,华商纱厂联合会、上海银行公会、上海钱业公会等社会组织发起成立北方工赈协会,公推张詧、张謇为名誉会长,设驻会理事 9 人,吴寄尘被推为审查理事。③该协会以捐款八成办工赈,二成办急赈。④北方工赈协会收到的第 4 次赈款,包括大生驻沪事务所 60 元、淮海实业银行上海分行同人捐助一月薪水 1 054 元、淮海实业银行上海分行捐助中秋筵资 50 元、淮海实业银行上海分行开幕酬客筵资 800 元。⑤第 5 次赈款,包括华商纱厂联合会经募的大生企业 2 000 元。1920 年 10 月 21 日,吴寄尘主持北方工赈协会第 5 次理事会。1921 年 1 月 10 日,北

---

① 南通市档案馆藏,资料号:A209-112-600。
② 上海市档案馆藏,资料号:S30-1-37。
③ 《北方工赈协会》,《申报》1920 年 10 月 1 日,第 10 版。
④ 《上海北方工赈协会募捐通启》,《申报》1920 年 10 月 20 日,第 2 版。该通启显示,张詧为协会会长。
⑤ 《上海北方工赈协会经收第四次赈款致谢》,《申报》1920 年 10 月 20 日,第 2 版。

方工赈协会理事会讨论工赈办法,吴寄尘转述会长的意见,认为"治天下枢在水,北方水利不兴,水旱频仍,将济不胜济,本会宜尽力治一河或一渠,稍树工赈之模范"。吴寄尘也表述了他个人的意见,建议赈款不宜分散,集中力量办一件事,否则一事无成,如果决定在豫西办工赈,而工赈种类甚多,应定下一种。① 北方工赈协会在河南的赈济活动得到了省政府的赞许,省长赵倜等希望北京政府奖励参与河南赈灾的包括北方工赈协会在内的中外慈善组织,"拟请查照义赈奖励章程第五条,特予先行颁给各该善团匾额一方,用昭激劝"②。

吴寄尘本人也热心社会公益事业。大生企业档案中保存了一些吴寄尘的私人文件,其中有慈善机构给他的捐款收据,如 1920 年 12 月 27 日寒松会收到 50 元的收条,1921 年 5 月 7 日京江公所恤嫠会收到 1 月至 3 月恤嫠月捐共 30 元的收条,1921 年 5 月 20 日上海孤儿院出具的捐助 60 元的收条。③ 另据《己未清簿(味秋轩立)》④"慈善"项,吴寄尘共支出洋 3 886 元,其中最大一笔为捐贫民工场洋 1 000 元。母亲林太夫人对吴寄尘从事慈善有相当大的影响,据《吴母林太夫人行述》记载,"太夫人又以为,人生最苦者,莫如欲学无力。故族戚知交中,有子弟学费不足者,辄命寄尘资给,俾其卒业"。此外,吴寄尘购置义庄田 700 亩,过入宗祠户下,作矜孤恤寡之用,并宣告族人,以实现林太夫人的最大愿望。

吴寄尘酷爱藏书,1924 年吴寄尘手抄的《味秋轩书目》⑤,其总目包括《湖北先正遗书》《草窗韵语》《陈章侯萧尺木绘离骚图》《王子安集》《历代词腴》《韦苏州集》《十三经注疏》《老子道德经注》《庄子注疏》《东京梦华录》《玉台新咏》《山谷琴趣外篇》《说文解字》《颐堂先生文集》《三命消息赋》《诸葛武侯传》《汉魏丛书》《随盦丛书》《许斋丛书》《积学斋丛书》《廿四史》《四部丛刊》。后来吴寄尘将藏书全部捐赠给他倡导建设的绍宗国学藏书楼,有两万

---

① 《北方工赈协会理事会纪》,《申报》1921 年 1 月 12 日,第 10 版。
② 《赵倜等陈报办理豫省灾赈经过情形并为中外慈善团体人等请奖电》(1921 年 6 月 28 日),载中国第二历史档案馆编《中华民国史档案资料汇编(第三辑)》,江苏古籍出版社 1991 年版,第 403—404 页。
③ 均见南通市档案馆藏,资料号:F002-311-3。
④ 为吴寄尘 1919 年个人资产、收支分类账,南通市档案馆藏,资料号:B422-311-100。
⑤ 南通市档案馆藏,资料号:F002-311-3。

册一说。①

绍宗国学藏书楼是镇江文化的标志之一。镇江原有分藏《四库全书》七阁之一的文宗阁,位于金山,于太平天国战争中被毁。吴寄尘得到镇江商人丁子盈的资助,委托上海扬子建业公司在镇江伯先公园建藏书楼,取名绍宗国学藏书楼,有绍继文宗阁之意,得到柳诒徵、尹石公、严惠宇等人的大力襄助。1932年3月21日,扬子建业公司致函吴寄尘,"前承委办镇江藏书楼工程,预计本月底可以告竣,应请择定日期莅镇验收,俾便交屋"②。

1935年3月,吴寄尘因肺病咯血复发,回镇江养病,住绍宗国学藏书楼冷烟阁休养,8月22日去世,9月22日各界在镇江伯先公园公共演讲厅举行追悼会。③据《申报》1935年9月19日第2版《公祭吴寄尘先生启事》,大生纺织公司、大达轮船公司、上海大储堆栈公司、通海垦牧公司、大有晋、大丰、大赉、大纲、通济等盐垦公司、南通学院、南通师范学院等共同于29日在上海玉佛寺公祭吴寄尘。10月4日,吴寄尘出殡。④11月15日,大生一厂临时股东会及常会上,股东李云良提议,为吴寄尘和张孝若在厂内立纪念碑刻,及从优议酬,得到通过。主席徐果仁请全体起立,静默一分钟,以志哀思。⑤

---

① 明光:《绍宗藏书楼与省立镇江图书馆》,载中国人民政治协商会议江苏省镇江市委员会编《镇江乡情》,中国文史出版社1990年版,第21—23页。
② 南通市档案馆藏,资料号:F002-311-16。
③ 周韵飞:《吴寄尘事略》,载《镇江文史资料(第十七辑)》,第119页。
④ 《吴复观致华封函》,1935年10月5日,南通市档案馆藏,资料号:F002-311-10。
⑤ 张季直先生事业史编纂处编:《大生纺织公司年鉴(1895—1947)》,江苏人民出版社1998年版,第348—349页。

民国纺织实业家束云章与纺织工业渊源探析

Investigation on the Origin of Shu Yunzhang as a Textile Industrialist in the Republic of China Era and Textile Industry

孟 欣　董政娥　陈惠兰[*]

在中国近代纺织史中,束云章在实业层面对纺织企业的运营有着丰富的经验,且通过经营纺织企业,对区域经济的稳定与发展做出了较为杰出的贡献,尤其是在其主要管理经营的豫丰和记纱厂(简称"豫丰纱厂")、雍兴实业股份有限公司(简称"雍兴公司")和中国纺织建设公司(简称"中纺公司")三家企业贡献突出。

自 1840 年鸦片战争,民族灾难日益深重,广大爱国志士们"寝食不安""痛心疾首","恐从此中国不能自立",便以"实业救国"相号召。民国初年,张謇创办大生纱厂,成为"父实业"的开篇之作[①]。在张謇的号召下,纺织界开始兴办实业,先后创办了章华毛纺厂、豫丰和记纱厂、雍兴实业股份有限公司、中国纺织建设公司等民族企业,为民国时期工业、经济和政治发展做出了贡献。

民国时期纺织实业家群体,是在外国资本主义侵略,破坏了中国自然经济、控制了中国经济命脉的夹缝中诞生的,是中国近代机器工业和商品经济的活跃力量。此外,民国纺织实业家也都积极支持并参加广大群众的爱国运动,参与社会的慈善公益事业,参加各地的救灾赈灾,支持地方兴办教育,资助有志青年留学等。这对开辟纺织市场、提高纺织企业信誉,都有积极意义。

---

[*] 孟欣,鄂尔多斯乌审旗政法委秘书;董政娥,东华大学图书馆副研究馆员;陈惠兰,东华大学图书馆研究馆员。

[①] 王其银:《张謇创办大赉公司的历史影响》,《档案与建设》2016 年第 10 期。

在民国诸多纺织实业中，豫丰和记纱厂兴衰起伏的发展历史是旧中国民族工业企业发展的一个缩影[①]，雍兴实业股份有限公司是近代西北地区规模最大的工业企业，中国纺织建设公司则是当时国民政府接受日伪在华企业而组建的一个特大型企业集团，这三家企业生存盛衰涉及经营、管理、教育、技术等各个方面，但是对于同这三家企业有关联的纺织实业家束云章的研究却较少，所以本文试图通过对民国时期有关束云章史料的整理，阐释束云章与中国纺织工业的渊源。

一、束云章与纺织工业渊源

束云章（1887—1973），江苏丹阳人，著名书法家束允泰第八子。1915年，束云章从三泰公学辞职后，通过考试进入了中国银行。1929年，束云章由中国银行汉口分行副经理升任天津分行副经理。1934年3月，中国银行天津分行经营郑州豫丰和记纱厂后，由银行经理束士方任总经理。[②]1940年，束云章接受宋子文的推荐前往西安，担任中国银行西安分行经理，并着手创办雍兴实业股份有限公司，下设纺织、工矿、打包、酒精等10余家工厂，为抗战提供了支持。1945年，束云章被选为全国棉纺织工业同业工会的联合会理事长。同年，束云章的提议得到宋子文应允，在接收了日本在华纺织工厂的基础上，成立了中国纺织建设公司，由束云章出任总经理。此外，束云章也热衷于家乡建设，创办了丹阳棉纺织厂和练湖农场。1949年，束云章在台湾相继筹建了中纺台湾纺织厂、益民织布厂等多家公司或企业，并担任要职，对台湾工业的发展贡献良多。束云章一生，为人刚毅廉洁，吃苦耐劳，治事一丝不苟，工作夜以继日[③]，做事干练低调。束云章虽身兼多职，但是只得一份薪酬，其他兼职所得的工资则全部交由中国银行，身先士卒地支持中国银行兼职不兼薪的制度[④]。

[①][②] 张平：《豫丰纱厂始末》，《中州今古》2002年第5期。
[③] 中国人民政治协商会议全国委员会文史资料研究委员会编：《工商经济史料丛刊（第一辑）》，文史资料出版社1983年版，第73页。
[④] 中国近代纺织史编辑委员会：《人物小传——束云章》，载中国近代纺织史编辑委员会编《中国近代纺织史研究资料汇编（第三辑）》，中国近代纺织史编辑委员会1989年版，第54页。

二、束云章对豫丰纱厂的贡献

束云章于 1934—1945 年担任豫丰纱厂总经理一职,多方奔走广招全国纺织行家,并高薪聘请上海大资本家严庆祥出任厂长。严氏在上海、苏州等地已经营大隆铁厂、仁德纱厂、苏纶纱厂、民丰纱厂等 5 个厂,经营管理方面有其独到之处。就职后,他抽调了一些过去的得力下属来支持豫丰纱厂的经营,且通过稳定生产、加强管理及改善福利等方面稳定局势,使得生产状况得到恢复。1935—1937 年连续三年,工厂经营获利。1937 年的豫丰纱厂营业报告书中提到,豫丰纱厂年度决算除计提折旧及公积金外,计盈余纯利(法币)357 623.08 元。[1]

然而束云章对于豫丰纱厂的贡献不仅在于任用了优秀的人才使得纱厂得以持续赢利,还在于面对战争威胁与严峻的企业迁移压力时,尽力保留纱厂有生力量。1937 年卢沟桥事变,日本帝国主义者发动了全面侵华战争,中国的工业企业在战争中面临重大的生存危机,对此,国民政府开启了工业内迁计划,但此次内迁却不包含轻工业,导致以纺织业为代表的轻工业处境更加危险,豫丰纱厂也在此列,本就常年亏损,在这场危机中更是雪上加霜,但是束云章临危受命,负责纱厂的转移工作,利用各种关系,保留了豫丰纱厂大部分有生力量,利用南下的火车,将豫丰纱厂的机器等运至汉口,转运宜昌,再运重庆。在重庆小龙坎确定了新建工厂的厂址后,开始建立新厂,为避免敌机轰炸,在山上开凿山洞,将机器装在山洞中,但在运输过程中,总损失超过四成。在工厂重新建立后,束云章指示厂长郑彦之对运抵机件进行配修。至 1939 年底时,豫丰纱厂已有 1.5 万锭的装置正式投入生产。

豫丰纱厂因运营不利将股权抵押给中国银行,由中国银行代管,而束云章则是中国银行在豫丰纱厂的主要负责人,在他的管理下,豫丰纱厂度过了两大危机:其一为经营危机,束云章选贤举能,调整人事安排,规划正确的经营方向,利用中国银行的金融实力,使得豫丰纱厂转危为安;其二为存亡危

---

[1] 张平:《豫丰纱厂始末》,《中州今古》2002 年第 5 期。

机,面对战争的威胁与政府的忽视,以豫丰纱厂为代表的轻工业面临着中国近代工业改革以来最大的生存危机,束云章利用其人脉关系与中国银行的特殊背景,使得豫丰纱厂得以以较少的代价转移到较为安稳的后方,成为经历抗战的轻工业企业中的"幸存者"。

三、束云章对雍兴公司的贡献

雍兴公司筹备创建于1940年,由宋子文、卞白眉以及束云章等中国银行高管联合创办,目的是"发展西北经济,提倡生产事业",并于1942年2月20日正式执照营业。从下图中可以看到,在民国政府的法币体系下,雍兴公司的盈益率极高,创建时的总资本为2 000万元,在投入运营的一年后已经实现了10%的纯盈益,到1946年甚至达到纯盈益14 325 463.58元,5年公司纯盈益总额已达38 182 522.28元,可以看到雍兴公司的纯盈益已经达到创始资金的1.91倍,再加上5年内下属各厂的各种资本,雍兴公司的总价值已经超过创始资金的4倍。

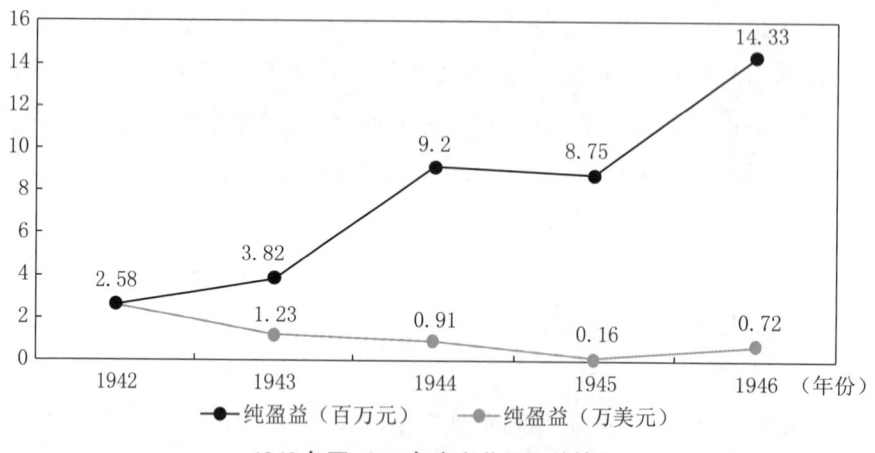

1942年至1946年雍兴公司盈益情况

然而,根据《中国通货膨胀史》1942—1945年中国通货膨胀指数表中所统计的民国政府法币与美元的兑换率来看,尽管雍兴公司的纯盈益看起来十分可观,但是在世界金融中,它的纯盈益是极低的水平,到1946年6月时,雍兴公司纯盈益仅为 7 162.731 79 美元。①

尽管在 1945 年和 1946 年，雍兴公司的纯盈益有所下降，但是从公司规模上来说，无论是上游的原料以及机械设备制造，还是主体的纺织生产，抑或是运输与销售，雍兴公司已是当时独具一格的具有较为完整体系的纺织工业的代表。不仅于此，雍兴公司还基于纺织业的从业人员，建立学校，完善了西北地区的生产—再生产的框架脉络。

四、束云章对中纺公司的贡献

1945 年 12 月 29 日，中纺公司在上海江西路 138 号正式开始办公，领导层由吴昧经等纺织业界的著名人士充任，其中，总经理束云章对中纺公司具有绝对领导权。②当天，束云章发表谈话称，中纺公司接管敌伪纱厂后，当迅即复工，以增加生产量，务使全国人民所需之布匹，得能自给自足③。为此，中纺公司在接收日资工厂、设备的同时，全盘接收了日本人的生产管理经验和先进技术，对于日留华工厂原有的技术予以保留，不破坏原本的管理体系，曾明确指示接收人员需要注意搜集、借鉴日厂原来组织详情及全套工务日报④。副总经理吴昧经认为不仅要接收日人纺织厂，而且应学习日人办厂精神，在借鉴保全良好、管理周密、工作刻苦三点基础上革新我国技术人员培养方法；⑤同时要求各厂出品其种类规格以七七事变前日厂的种类规格为准。⑥

当束云章被委任为中纺公司总经理后，就积极招募专业技术人才，为接收和恢复工作做准备，大批技术人员则被中纺公司庞大而完整的设备、规

---

① 张公权：《中国通货膨胀史》，杨志信摘译，文史资料出版社 1986 年版，第 91—92 页。
② 陆鸣芝：《人物小传——吴昧经》，载中国近代纺织史编辑委员会编《中国近代纺织史研究资料汇编(第十一辑)》，中国近代纺织史编辑委员会 1991 年版，第 54—55 页；陆鸣芝：《我个人所见的李升伯先生》，《纺织周刊》1948 年 3 月 19 日，第 9 版；陆鸣芝：《人物小传——李升伯》，载中国近代纺织史编辑委员会编《中国近代纺织史研究资料汇编(第二辑)》，中国近代纺织史编辑委员会 1988 年版，第 50—51 页。
③ 《申报》1945 年 12 月 30 日。
④ 《中纺公司厂长会报记录(1—12 次)》，上海市档案馆藏，资料号：Q192-26-61。
⑤ 谈祖彦：《民营厂与国营厂的比较》，《纺织建设月刊》1948 年第 10 期。
⑥ [韩]金志焕：《中国纺织建设公司研究(1945—1950)》，复旦大学出版社 2006 年版，第 56—57 页。

模,以及先进的日本纺织技术所吸引,加盟中纺公司。当时,中纺公司几乎收罗了游离于民营纺织企业以外的所有技术人员,并仰仗这些技术人员,把日资工厂的设备和技术完整地接收了下来,并迅速实现了复工。以工务处处长张方佐(曾留学日本,专攻纺织工程)为首的技术、管理人员,在日本人长期经营管理技术的基础上,建立起健全的企业管理机构,总公司下设工务、业务、秘书、会计、财务、稽核、统计等7个处,以及若干委员会,职权分明,能够行之有效地进行各级、各部门的经营管理,并且采取了标准化管理制度,各车间、各工种的编制及成品、半成品的质量、产量、定额都有严格的标准。[1]

中纺公司拥有当时一流的技术、管理体系,并在人才培训和推广科学技术方面,为我国纺织工业的发展积累了相当可贵的财富。中纺公司非常重视吸收和培养人才,在高要求的同时注重待遇问题,《金融日报》中讲到束云章在记者见面会中谈道:"为促进中纺公司的业务起见,现在积极改进如下数点:该公司成立伊始,因筹备匆促,人才较为复杂,致业务不易开展,为整顿人事,此后凡大学专科毕业生进该厂工作,须经过考试,录取后再予短期实习训练,对怀有专门技术人才,该公司可加礼聘,此项硬性人事制度,昨日起实行。"[2]中纺公司的高级管理人员都是具有高学历的专门人才,相当一部分为学成归国的专家,如工务处副处长苏鳞书就有日本留学背景,毕业于上海圣约翰大学的业务处处长宋立峰在英商安利洋行管理汉口第一纱厂业务多年,毕业于英国伦敦大学经济系的业务处副处长张似旅负责公司纱布外销工作,毕业于北京辅仁大学的秘书处秘书袁雪昭曾任中央工业试验所业务处处长,日本留学归国的秘书处副处长戴维清曾任中央工业试验所秘书处处长,财务处处长黄庆华毕业于美国哈佛大学经济系,日本留学归国的稽核处马僕伯曾担任交通部参事、全国经济委员会组长,留美统计专家蔡谦为统计处处长。[3]

此外,中纺公司通过举办训练班,培养各种层次的技术人才,既有普及技术教育的基础技术训练班,也有针对某项技术专长的专题技术训练班,还

---

[1][3] [韩]金志焕:《中国纺织建设公司研究(1945—1950)》,复旦大学出版社2006年版。
[2] 《束云章总经理谈中纺业务之改进》,《金融日报》1947年7月2日,第4版。

有为期两年的艺徒培训。

中纺公司还非常重视交流和推广技术,组织出版了《纺织建设月刊》,发动技术人员撰写文章,以及时交流专业知识和技术信息;组织编写了《工物辑要》《纺织保全、保养和运转操作法》等专用参考书,以供职工学习参考;经常组织各厂厂长、工程师巡回检查各厂工作,定期交流,以推广先进技术、管理经验。可以说,中纺公司体现出的先进管理能力及所发挥的技术领导作用,对我国纺织工业的发展有长远的促进作用,尤其是中纺公司培养的这支技术队伍,为我国纺织工业战后恢复生产做了一定的技术准备。

1947年,不少报纸发表了《束云章知难而退》《束云章辞职之谜》《三次辞职自有道理束云章在丹阳办纱厂》的报道[1],对于束云章为何自愿放弃中纺公司总经理一职做出了分析,有些报道认为原因在于束云章最大的后台宋子文下台,还有些报道则猜测原因是其他派系的官僚资本用恶劣手段打入中纺公司。

中纺公司作为民国时期中国最大的纺织企业,受到了媒体的极大关注,在1947年至1948年期间,23家上海及周边经济类报社以近乎每月发文2篇的频率对束云章辞职一事做了长期的跟踪报道,时效性极强,且对事件的分析较为清晰。作为主人公,1945年至1948年,担任中纺公司总经理可以说是束云章人生中的最高成就。束云章辞职,其最主要的权力争夺对手就是陈启天。束云章作为宋子文一派,在宋子文下台后受到了极大的影响,以陈启天为代表的青年党为了夺取纺织经济的控制权与束云章展开了较长时间的争夺,束云章在这场斗争中逐渐处于下风,最终离开中纺公司。

五、结　语

在民国时期,国民政府总是擅长利用国家力量来控制行业经济,而束云章就是其中的典例。束云章在中国银行的成长史与纺织行业密切相关,而他所经营的纺织企业也与中国银行息息相关。他由晋升、晋华二厂与纺织

---

[1] 《束云章以退为进中纺三十七厂厂长向经济部集团辞职》,《立报》1947年5月20日;《束云章辞职之谜》,《罗宾汉》1947年9月4日。

业产生联系,豫丰纱厂的经营成功,使其获得了宋子文与卞白眉的极大认可,成为宋子文控制纺织行业的左膀右臂。雍兴公司的建立与运营使得束云章成为中国银行管理纺织业的职业经理人,获得了极大的政治资本。而成为中纺公司的总经理则是 1949 年前束云章在中国的最高成就,在他的领导下,1948—1949 年,中国的主体纺织经济成为国家税收的重要支撑。尽管束云章在运营纺织企业方面能力卓越,但也无法避免国民党内部的政治斗争,最终放弃了中纺公司总经理的位置。纵观束云章在纺织行业的拼搏史,可以说,他对民国时期中国纺织工业的稳定与区域经济的发展付出了努力,尽管这些企业在历史上存留的时间不长,但是在束云章管理期间,它们对区域经济和行业维持、复苏,还是做出了一定贡献。

第二部分
纺织原料与贸易

20世纪二三十年代影响上海华商棉纺织业兴衰的市场因素分析

Analysis of Market Factors Influencing the Rise and Fall of Chinese Cotton Textile Industry in Shanghai during the 1920s and 1930s

陆兴龙[*]

棉纺织业是中国近代工业中产生较晚的一个部门。第一家棉纺织厂——上海机器织布局经过10年筹建,于1890年开工时,同在上海的江南制造局已经开工整整25年了。但是,棉纺织业后来居上,在辛亥革命前夕已经完全私营,成为推动近代中国进入工业社会的主要动力。在第一次世界大战期间和战后的三四年间,棉纺织业得到了长足发展,成为近代民族工业中最重要的支柱产业。1933年全国制造工业总产值(不包括东北和台湾)估计为111 397.4万元,纺织工业的产值是48 358.5万元,[①]占43.41%,在16个工业大类中排名第一。其中,棉纺织业产值达到40 287.1万元,占全国制造工业总产值的36%;上海棉纺织业产值为16 227.6万元,[②]占全国棉纺织业产值的40%。与民初相比,棉纺织业不仅增长速度明显加快,而且出现了设厂高潮,行业体系发展趋于完善。第一次世界大战结束后,列强在华经济势力逐渐恢复,同时受到20世纪30年代初世界经济危机影响下国际棉花和棉纱价格波动的冲击,棉纺织业分别在1923年和1930年两度陷入极为不利

---

[*] 陆兴龙,上海社会科学院经济研究所研究员。
[①] 陈真编:《中国近代工业史资料(第四辑)》,生活·读书·新知三联书店1961年版,第21页。
[②] 根据巫宝三:《中国国民所得(一九三三年)》上册,商务印书馆2011年版,第64页;刘大钧:《中国工业调查报告》下册,经济统计研究所1937年版。个别行业产值数字参考其他资料进行修订(全国产值中不包括东北和台湾)。

的困境。本文主要通过对上海华商纱厂的考察,分析市场因素与这一时期棉纺织业发展的关系。

一、上海华商棉纺织业的跌宕起伏

1913年,全国共有华商纱厂21家,纱锭50万余枚,布机2 316台,①主要分布在长江三角洲地区,如上海、无锡、苏州、南通、常熟、太仓、启东、江阴、杭州、宁波等地。此外,天津和汉口等城市也各有几家纱厂。到1922年,华商纱厂迅速发展到65家,为原有纱厂总数的3.1倍。在新设的44家纱厂中,有30家是1920—1922年间设立的。1922年,华商纱厂的纱锭增加到163万余枚,布机增加到7 817台,②分别为第一次世界大战前的3.26倍和3.38倍。第一次世界大战期间上海有德大、申新、鸿裕、溥益、厚生、大丰、统益、宝成、永安、纬通、恒大、大中华、鸿章、振泰、永豫、民生、华丰、经纬等华商纱厂陆续建成投产,其中,申新、溥益、统益、宝成各有两厂,因此上海共有新设立纱厂22家,③恰好占到全国新设的华商纱厂半数。同时,民营纱厂的分布开始越出江、浙两省,逐步向内地城市扩散,如湖北、湖南、河北、山东、云南都有华商纱厂设立,除上海外,形成了天津、汉口两个华北和华中的棉纺织业中心,逐步改变了以前华商纱厂过多集中于江浙沪的状况,但上海仍是中国近代棉纺织业发展最集中的城市。1918年,上海华商纱厂联合会正式成立,形成了以上海为中心的民营棉纺织业的全国性行业组织。1921年,由德大、厚生纱厂资本家穆藕初和申新纱厂资本家荣宗敬发起成立了上海华商纱布交易所,从事棉花、棉纱、棉布三大类物品的期货与现货交易,是全国最大的棉花、棉纱市场,其成交价格直接影响到全国棉花、棉纱的市场价格。

德大纱厂(简称"德大")是第一次世界大战期间上海新设立华商纱厂中的第一家,由美国学成归来的纺织实业家穆藕初与其兄穆抒斋投资,有纱锭1万枚,于1915年6月开工,穆藕初任经理。1917年,穆藕初又与人合办了厚生纱厂(简称"厚生"),自任总经理(1919年,穆藕初在郑州开办豫丰纱厂,

---

①② 丁昶贤:《中国近代机器棉纺工业设备、资本、产量、产值的统计和估量》,载中国近代经济史丛书编委会编《中国近代经济史研究资料(6)》,上海社会科学院出版社1987年版。

③ 严中平:《中国棉纺织史稿》,科学出版社1955年版,第341页。

拥有纱锭3万枚,是中原地区最大的棉纺织厂)。穆抒斋也于1921年在上海开办恒大纱厂。近代著名实业家荣宗敬、荣德生兄弟,从1915年开始把投资重心转移到上海,在上海开办申新纺织公司(简称"申新"),申新一厂、二厂设立于上海,三厂、四厂分别设于无锡和汉口。申新一厂自1916年开工后,6年间获利341万元。1922年,申新纺织公司有纱锭13万余枚,资本总额超过1 000万元,成为当时最大的华商纺织公司。1931年,荣氏兄弟购进前身为上海机器织布局的三新纱厂,改组为申新九厂,至此申新纺织公司共有纱锭53万枚,织布机5 357台,分别占全国华商纱厂纱锭、布机的19.9%和28.1%。①1920年,华侨商人郭乐、郭顺兄弟由商及工,在上海筹建永安纱厂,于1922年开工,有纱锭3万多枚,织机500多台,是当时民营纱厂中一家设备先进的大型纱厂。

这些新设立的纱厂与前期设立的老厂相比,明显地具有设备和管理较先进的特点。第一次世界大战前中国纱厂所用设备来自英国,战时英国纺织机器输华中断,华商纱厂转向美国订货。如穆氏兄弟创办的德大、厚生纱厂设备均来自美国,经穆氏宣传后,华商纱厂亦多从美国订购设备。美国设备机型更新,速度较快,性能优良,操作便利。在管理方面,新厂更注重吸收国外企业的管理经验,以摆脱落后的封建残余管理方式。如穆藕初办厂之初就推行西方的企业管理方法,引进了美国科学管理理论创始人泰罗的科学管理法,并在他的工厂中进行实践,建立企业管理机构,制定车间的生产、财务、劳动等规章制度,重用技术和业务人才,使新产品质量不断提高,德大纱厂的宝塔牌棉纱品质超过了日本在沪纱厂。厚生纱厂开工后立即成为棉纺织业的"模范工厂",参观者络绎不绝。申新在荣氏兄弟主持下,改进企业管理方式,废除工头制,改用工程师管理制,选聘技术人员担任各级管理职务,成立实验、保全、检验等部门,建立新产品检验和机器检修制度,改良生产环境,推广标准化工作法,提高劳动效率,使新产品质量"臻于优美之域,而后成本得以减至极低也"。②申新所出产的人钟牌棉纱以质量优良而畅销,

---

① 上海社会科学院经济研究所编:《荣家企业史料(下册)》,上海人民出版社1980年版,第615页。
② 《中国近代纺织史》编委会编著:《中国近代纺织史(上卷)》,中国纺织出版社1997年版,第172页。

成为市场交易的标的。凡此种种亦反映出华商纱厂进入繁荣时期所取得的成就,它们努力改进中国棉纺织业之不足,以追求生产力水平的提高。

在新纱厂设立风起云涌之际,老纱厂的扩充也进行得风生水起。上海恒丰纱厂前身是官商合办的华新纺织新局,1991年由上海道台唐松岩创办,因连年亏损,股东失去经营信心,失败后改组为复泰纱厂,仍经营失败。1907年,该厂由大股东聂缉椝(曾任上海海关道)出资32万两收买,改组为恒丰纱厂,由其子聂云台任经理,是上海所存资历最老的私营纱厂,1917年再改组为恒丰纺织新局。自1891年开工以来,该厂受洋纱进口压制和外资纱厂竞争排斥,长期业务不振,过年亏损,连股息也发不出,被迫借债经营,曾因亏欠德和洋行借款8万两无力偿还,险遭洋行拍卖。聂氏接手后,经营仍无起色。第一次世界大战期间恒丰纱厂获得空前发展,1919年成了该厂历年来盈利最多的年份,除分股东红利100万元外,还以200万元盈利新建厂房;同时开办了恒丰二厂和布厂,聂云台还另设了大中华纱厂和华丰纱厂。①恒丰纱厂最初有纱锭1.2万枚,布机200台和轧花机80台,在民营纱厂中是一家中等规模的企业。至1921年,恒丰纱厂的纱锭增加到4.1万枚,布机614台,年产棉纱3.78万包,棉布30.30万尺,②已经发展成为上海的一家大型纱厂。翌年,聂氏在建立大中华纱厂和华丰纱厂后,还雄心勃勃地准备达到10万纱锭的企业发展计划。

1936年的数据显示,当时上海有中外棉纺织厂61家,共有纺机266.72万锭,其中华商纱厂114.41万余锭,占42.8%,而日本纱厂133.14万锭,占49.9%;共有布机3.01万台,其中华商纱厂只有8 754台,占29.1%,而日本纱厂则达到17 283台,占57.4%。③除此之外,尚有英商开办老公茂、怡和、公益三家纱厂,但无论是纱锭,还是布机,其在上海棉纺织业中所占的份额已大不如前了。

从1922年下半年开始,华商纱厂业主已经感到棉纺织业的寒冬即将到

---

① 谭声钜:《聂缉椝父子在上海办纱厂》,载上海市文史馆等编《上海地方史资料(三)》,上海社会科学院出版社1984年版,第37页。

② 《中国近代纺织史》编委会编著:《中国近代纺织史(下卷)》,中国纺织出版社1997年版,第240页。

③ 严中平:《中国棉纺织史稿》,科学出版社1955年版,第237页。

来。秋天的棉花价格没有因新棉上市而如往年那样出现季节性下跌,相反却打破了多年的平衡一路上扬,涨幅高达三四成;纱价却原地停滞不动,甚至还在10月份开始小幅下跌。翌年,棉价继续高扬,到1924年初涨幅已经接近一倍,纱价虽然略有回升,但远远落在棉价之后,涨幅仅一二成上下。从1922年初起,华商棉纺织业普遍陷入亏损,从原来每包棉纱最高可获利50两(当时号称"纺一包纱赚一锭元宝")跌落至每包棉纱最高可亏损15两,平均亏损也在5两左右。上海华商棉纺织业由原来的"黄金时期"进入"萧条时期",历经两年多的困境,到1925年底棉市才逐渐复苏。

1929年的世界经济危机没有立即涉及中国,直到1931年上半年,华商棉纺织业又重新陷入新一轮萧条,当年约有50万枚纱锭被迫停产。这一轮萧条比前一轮时间更长,直到1936年下半年才出现转机,当年停工的纱锭最高时超过了150万枚。不仅一般的中小纺织厂在危机到来时停工倒闭,甚至华商棉纺织业的行业龙头企业申新也在1931年出现"财务搁浅"而险遭收购,1934年申新七厂又因巨额亏损而将被拍卖。申新的"财务搁浅"和"申七拍卖"是轰动当时全国经济界的重大事件,也是民族棉纺织业经历这一轮大萧条灾难的标志。

二、花纱价格对上海华商棉纺织业兴盛的推动

对于上海华商棉纺织业陷入萧条的原因,以往学界从外国资本主义势力的经济侵略,尤其是日本在华棉纺织企业的不平等竞争压力等方面的探究,已有成果很多,本文不再重复论述。从原料棉花的角度进行探索的学者也有成果贡献,但所论尚可进一步细化。

第一次世界大战前,棉制品是进口商品中主要的大宗商品,包括棉花、棉纱、棉布和其他棉织品,主要是前三类。机轧棉花是纺织业的基本原料,每年随着季节会有一定的价格涨跌,纱厂是现货棉花的最大买家。1918年日商上海取引所成立始有期货交易,1921年穆藕初成立上海华商纱布交易所,也有期货交易,但华商纱厂还不习惯于做期货交易,因此原棉价格波动直接关系到纱厂的盈利状况,以至于有棉纺织业经营者认为"纱厂之纺织业

反居次要业务,而本厂营业之盈亏,竟惟购买原棉之命运是赖矣"。①可见棉价波动对纱厂之关系重大。上海棉纺织厂往往设立棉价变动金,在市场价格较低时大量预购,有些纱厂囤积原棉甚至有三五万包之多。

中国本土棉花产量自棉纺织业兴起后逐渐不足自给,需要进口外棉以资补充。进口外棉的来源主要是印度、埃及和美国,尤以印度棉花占主要部分。名为印度棉花,实际贸易由英国东印度公司控制,由东印度公司的船只运输,并由洋行销售。美国棉花运到中国后,亦由洋行代理销售。经营棉花进出口的40余家洋行中,以日本商人居多,如日本东棉洋行、日本棉花株式会社和江商株式会社3家长期霸持上海进口外棉销售。国产棉花因纤维短、杂质多而往往只能用于纺低支棉纱。如纺4支到12支棉纱,多用余姚棉、火机棉掺少量废棉;纺16支到20支棉纱,多用太仓棉、常熟棉、陕西棉及印度棉;纺24支到45支棉纱,多用通州棉、灵宝棉掺入美棉;至于纺45支以上棉纱,则必须用灵宝棉、美棉和埃及棉。中国纱厂以纺20支以下的低支纱居多,但也有近半数的华商纱厂纺32支中支纱,上海申新纺织公司、永安纱厂、恒丰纱厂等少数几家能纺45支以上高支纱,因此华商纱厂消费国产棉为主的同时,需要相当一部分外棉补充。英、德、日纱厂由于机械设备和技术先进,以生产中高支棉纱为主,在消费进口外棉的同时,在市场上购入一定数量的国产棉花。

棉纱织业对外棉的大量需求和洋行控制了外棉销售等因素,便于外商操纵棉花的市场价格。洋行往往将外棉存栈待售,择机抛售压价,从而绑架了国产棉花的市价,进行投机经营。如再加上进口棉纱、棉布的价格波动,华商纱厂的营业必然因缺乏稳定的市场环境而陷入被动的困境。第一次世界大战期间,英、德、法等国家的棉纺织业陷于停顿,印度棉和美棉在欧洲的市场顿时丧失,对中国的棉花出口量迅速增加。1913年中国进口外棉134 735担,1920年增加到678 297担。②另据严中平统计,1920年中国进口棉花有1 017 575公担③之多。④外棉输入大量增加,既反映出国内棉纺织业

---

① 方显廷:《中国之棉纺织业》,载厉以宁等编《方显廷文集(第1卷)》,商务印书馆2011年版,第75页。
② 同上书,第54—55页。
③ 1公担合100千克。
④ 严中平等编:《中国近代经济史统计资料选辑》,中国社会科学出版社2012年版,第60页。

发展之迅速，也给洋行在操纵棉价上涨方面增加了困难，由此中国棉花市场上外棉和国产棉供应充沛，牌价连续多年稳定。尽管战时海运成本提高，外棉的价格有所上升，但上涨幅度并不多。如1913年上海棉市上等华北西河花每担在25元左右，1914年跌落到每担20元上下，此后几年里基本上都维持在每担20元以上，直到1917年才涨到每担30元，1920—1922年则在每担35元左右波动，①大约为战前棉价的1.4倍。同期上等外棉的价格只是略高于西河花，其涨幅也仅为战前的50％左右。同期棉纱进口由1913年的1 380 416公担减少到1920年的801 575公担，从未有过出口记录的国产棉纱1920年的出口数量则达到42 126公担。②由于进口棉纱减少，加上国产棉纱向欧洲出口，棉纱供不应求，市场价格的上涨幅度远超棉花价格的上升幅度。1915年上海华商纱厂出产的16支棉纱每包价格为白银94两，1917年涨到126两，1919年更上升到188两，③为1915年棉纱价格的2倍。长期以来由洋纱倾销造成的"花贵纱贱"的状况得到了扭转，华商纱厂进入了一个普遍赢利时期。如1915年华商纱厂每包棉纱平均亏损3.13两，从翌年开始扭亏转盈，到1919年每包棉纱盈利最高达50余两。④自1921年起华商纱厂的赢利水平又出现迅速下降，到1922年重新陷于亏损困境，其后几年则在盈亏之间波动。

第一次世界大战前后棉制品进口数量比较（1913—1924年）

年份 商品	1913	1918	1919	1922	1924
棉布（千匹）	30 754	18 594	24 879	23 178	23 165
棉纱（千担）	2 685	1 132	1 406	1 220	576

资料来源：徐雪筠等译编：《上海近代社会经济发展概况（1882～1931）——〈海关十年报告〉译编》，上海社会科学院出版社1985年版，第358—361页。

第一次世界大战时期中国棉花和棉纱进出口值的变动是民营棉纺织业

---

① 方显廷：《中国之棉纺织业》，载厉以宁等编《方显廷文集（第1卷）》，商务印书馆2011年版，第91页。
② 同上书。
③ 许涤新、吴承明主编：《中国资本主义发展史（第2卷）》，人民出版社1990年版，第865页。
④ 同上书，第867页。

兴盛最直接的原因,棉纱进口量的锐减促使国内对棉纱、棉布需求转向本国纱厂,扩大了国内纱厂的销售市场;同时,棉纱、棉布的供不应求促成其价格上升。前文分析了棉花、棉纱、棉布进口量的变动状况,使战前"花贵纱贱"的现象彻底得到改变,造成棉纱、棉布市场价格的突发性上升,民营纱厂的赢利能力也因此得到迅速提高,各家纱厂无不获利丰厚。

三、棉花供求关系变动对上海华商棉纺织业的影响

从1922年下半年起,棉纺织业的形势急转直下,棉市中"花贵纱贱"的现象又重新出现,影响棉纺织业最关键的问题是基本原料棉花的供应。影响因素中最重要的是棉花的价格,而衡量棉价的高低又主要落在棉花与棉纱价格的比价上。在近代棉纺产生的初期或是发展的第一阶段,主要是20世纪20年代前。当时在棉纱生产上,一是外资在华纱厂还没有大规模进入中国,同时外国棉纱输入对中国市场的冲击还处在逐步加深的过程中,大致在19世纪90年代以前,外国输华棉纱中,在粗纱进口上,一直还是保持着印度纱排挤英美棉纱的状况;二是中外纱厂在市场细分上没有形成太大的冲突,中外纱厂大致以24支纱为界限,形成了各自的生产领域,保持了一个相对缓和的竞争环境;三是棉花消费量的有限,使外商纱厂对棉花的控制也相对平缓。第一次世界大战结束后,这个相对缓和的竞争环境已经不存在了。英商于1914年将香港纺织染厂移设上海,称为杨树浦纱厂,连同原来的老公茂、怡和、东方3家纱厂进行扩充,净增加了7万枚纱锭。战时日本内外棉纱厂在上海增设3个新纱厂,收买华商旧厂1家;上海纺绩会社增设纱厂、布厂各1家;日商又于上海新组日华纺织公司,收买美商鸿源纱厂1家,改称日华第一厂。4年里,日商总计在上海增设6家纱厂,增加纱锭20万枚。①1921—1922年日商又在上海增设5家纱厂和1家布厂;1924年日商纱厂的纱锭已有93万余枚,布机接近4 000台。②

20世纪20年代,上海中外纱厂每年用棉量在300万担以上,此后随着

---

① 严中平:《中国棉纺织史稿》,科学出版社1955年版,第175页。
② 同上书,第176页。

纱厂的发展而逐年上升,至30年代初上海中外纱厂每年原棉消费量约在500万担。全国中外纱厂的棉花消费逐渐接近900万担,1934年达到1 000万担以上。同时,上海是国内最重要的原棉交易市场,以1925年为例,上海输入本棉(国内棉花)104万余担,外棉148万余担(尚不包括纱厂自行采办之原棉),分别比10年前增长99.2%和287.5%;同期,上海输出本棉145 740担,比10年前则减少5.4万多担,每年棉花市场交易量占全国棉花市场交易量的权重相当大,通常本棉在70%上下,外棉则超过了80%。[①]因此,上海中外纱厂的棉花消费及上海市场棉花交易情况对国内市场起着决定性的影响,它的需求变动直接影响到国内棉花价格的涨跌和纱厂的利润。

当国内纱锭数量迅猛增加之际,棉花的供应量却没有同步增加。本棉总产量始终徘徊不前,低于1919年的产量,而美棉连年歉收和美国政府对美棉的保护政策,使外棉始终维持较高的价格。有关1924—1933年本棉的产量、出口量和外棉进口量如下:

1924—1933年本棉产量、出口量及外棉进口量统计 单位:担

年 份	本棉产量	本棉出口量	外棉进口量	入超量
1924	7 144 642	1 080 019	1 241 881	161 862
1925	7 808 882	800 832	1 807 450	1 006 618
1926	7 534 351	878 512	2 745 017	1 866 505
1927	6 243 585	1 446 950	2 415 482	968 532
1928	6 722 108	1 111 558	1 916 140	804 582
1929	7 748 366	943 786	2 514 786	1 571 000
1930	8 809 566	825 545	3 456 494	2 630 949
1931	6 399 780	789 862	4 652 726	3 862 864
1932	8 105 937	663 264	3 712 856	3 049 592
1933	9 621 140	634 369	1 994 192	1 359 823

资料来源:根据《民国二十二年我国对外贸易之回顾》(《工商半月刊》第6卷第1号)、《民国二十二年我国工商业的回顾》(《工商半月刊》第6卷第1号)、《去年中国棉织业之回顾》(《工商半月刊》第6卷第9号)、《民国二十三年我国对外贸易之回顾》(《工商半月刊》第7卷第6号)等文章中资料整理。

[①] 《上海棉花业之调查》,《工商半月刊》第2卷第15号。

从上表可以看出，自 1925 年起，外棉进口量已占当时国内中外纱厂用棉量的半数，此后外棉进口量逐年增加，而华商纱厂使用外棉数量也在不断扩大。1920 年华商纱厂使用外棉数量占纱厂总消费量的 17.9%，10 年后提高到 37.8%，[1] 如果再加上外商纱厂使用外棉的数量，这个比例可能就超过半数了。1933 年荣德生谈到华商纱厂原棉消费量时，也指出各厂消费情况为"本国棉五成，美棉三四成，印棉一成余"，"我国原棉消费量，每年约需一千万担，以用美棉三四成计算，全年需三四百万担，故（华商纱厂）购买美棉实寻常事"。[2] 所以，随着外棉进口数量的增加，国内棉市的价格必然逐步受外棉价格的影响。1930 年前后，国内棉市就基本上为外棉所左右了，不仅上海、天津、汉口等大城市的棉市追随纽约、大阪的行情，甚至连内地小城市的棉花协会也通过收听上海的电讯，来参考当日的棉花售价。

1930 年前后上海棉花交易价格的变动　　　　　　　　单位：两

年份 品种	陕西花 最高价	陕西花 最低价	火机花 最高价	火机花 最低价
1928	41.75	31.50	39.50	31.50
1929	39.25	30.50	36.75	32.50
1930	38.25	32.00	36.50	31.00
1931	49.00	34.50	41.00	31.25
1932	45.40	30.35	—	—

资料来源：根据《去年上海纱花市况之分析》(《工商半月刊》第 1 卷第 3 号)、《十八年上海纱花市况之回顾》(《工商半月刊》第 2 卷第 7 号)、《去年中国棉织业之回顾》(《工商半月刊》第 6 卷第 8、9 号)，以及《工商半月刊》第 1 卷至第 3 卷各号所连载之《商况》调查资料整理。

国内棉花的供应与需求之间的关系是影响国产棉价波动的基本因素。长期以来，国产棉花的供求之间一直是不平衡的，始终趋于供给不足的状态，这就决定了国产棉花的价格在长时期内基本上保持了上扬的趋势。但是，这种供求之间的关系完全受外棉所左右。

上海棉花价格在战后迅速攀升。1914 年陕西花、通州花每包市价约

---

[1] 严中平：《中国棉纺织史稿》，科学出版社 1955 年版，第 318 页。
[2] 荣德生：《觅买美棉麦之我见》，载《荣德生文集》，上海古籍出版社 2002 年版，第 300 页。

19—20两,火机花则在18两上下;1922年通州花上涨至每包46.8元,折合白银约33两,1924年曾冲高到43两,火机花也涨至几乎与陕西花同价,连质量下等的余姚花也一度涨至39—42两之间。① 此后,上海市场上棉价重新回落,一般年景上等棉花的市价已经回落至每包30两以下,并继续逐年下降。1925年后,上海棉市行情才重新趋稳,从1928年上半年开始,上海棉市行情再度涨势迅猛,花价居高不下,这种情况一直延续到1936年下半年。

四、结 语

当然,引起上海棉花价格总趋势上扬的原因是多方面的,其中包括外商尤其是日本棉商对市场的操纵,他们或组织株式会社,控制棉花之运输、仓栈;或以向农户分发棉种、货款为手段,直接从农民手中收购棉花,以控制市场之棉源而哄抬棉价。同时,这段时期世界银价低落,中国的银本位货币贬值,虽然从理论上来讲,对改变中国长期巨额入超的对外贸易有利(这种有利的情况因为中国当时半殖民地的社会性质而并没有出现),但也会对以美元定价的美棉的进口价格上升有所影响。此外,国内社会环境不安定,各种战争因素,等等,都会造成棉花价格的波动。随着世界资本主义商品体系对我国农产品控制的加深,我国农产品价格的形成就更加屈从于资本主义国际市场,而其他诸种因素,仅仅是对这个基本发展趋势产生一些推波助澜的作用。对此,当时著名实业家穆藕初深有体会,他说:"现世界之商务已有天下一家之势,商市之低昂高下,其原因有在数万里之外者。本年花价之所以如此高昂与纱价背道而驰者,虽在国内也有一部分之关系,而其最重要之原因则在国外。"② 他明确地指出了美棉产量、美国政府政策和世界经济状况是影响上海棉市行情的主要因素。

棉花价格的上涨对华商棉纺织业的影响是极其深刻的,一个最直接的结果是华商纱厂生产成本的增加,从而更加缺乏市场竞争力。考究当时国内中外纱厂的生产成本,两者之间是存在很大差距的。如果单从生产过程

---

① 江苏省实业厅编:《江苏省纺织业状况(外编第一篇)》,商务印书馆1920年版,第14—15页。

② 赵靖主编:《穆藕初文集》,北京大学出版社1995年版,第161页。

来分析,其大致情况如下。

华商纱厂所使用的原料,通常用两种以上国产棉花混合加工。如纺 16 支纱时,往往用陕西花五成,通州花或火机花四成,再掺余姚花一成;纺 20 支纱时,各厂通常以陕西花四成,通州花或火机花六成混合纺制;纺 24 支纱则需要用太仓花来代替陕西花;纺 32 支纱,则必须使用七至八成美棉,再掺入上等国产棉花,再细则必须用美棉掺和埃及棉纺制。只有纺 12 支以下低支纱时,才以相同比例的余姚花、印度花和中等本棉混用。华商纱厂主要产品为 16 支、20 支粗纱,以 16 支棉纱的生产成本为例,每包纱重 400 斤,约需耗用陕西花和火机花 420 斤(合 3 包半,每包净重 120 斤),若每包平均银价按 35 两计,原料成本共需银 122 两半,再加上工资、动力、机器折旧等生产成本,每包纱折算达 31—32 两,每包棉纱总成本为 154 两上下。① 日商纱厂由于技术先进、设备优良,其生产成本则要比华商纱厂低得多。据《纺织周刊》调查,包括工资、动力、折旧、包装等 13 项生产成本在内,华商纱厂每包 20 支棉纱的生产成本为 43.70 元,折合白银约 32 两,而日商纱厂为 20.40 元,②折合白银约 15 两,仅为华商纱厂生产成本的 47%。日商纱厂每包纱的生产成本至少比华商纱厂低 17 两左右,其价格优势相当明显。因此,日商纱厂在花纱市场上常常挟生产成本优势,与华商进行价格竞争,或哄抬原棉价格,阻止华商收购,或跌价竞销棉纱,以夺取华商纱厂的棉纱销路。

1930 年前后,上海花纱市场上棉纱价格与原棉价格之波动经常是背道而驰的,或虽有同时上涨的月份,但棉纱涨幅又大多落后于原棉,从而使华商纱厂之经营陷入困境。以申新所产 16 支人钟牌棉纱为例,1929 年最高交易价出现在 10 月份,当时为 174.50—179.50 两,当月陕西花交易价为 32.75—35.00 两;1930 年 12 月是全年最低成交价,每包棉纱仅售 149.00—152.25 两,而此时陕西花成交价为 33.00—34.25 两,③时隔 15 个月,纱价已跌去近 30 两。假定华商纱厂按照当年均价购入原棉和售出棉纱,仍以 16 支纱的人钟牌为例,在 1929—1931 年 3 年中,第一年每包棉花均价为 35 两,总成本约 154 两,每包棉纱均价 172 两,缴纳税金、交易费等后,每包纱尚有盈

---

① 《上海华商纱厂最近状况》,《工商半月刊》第 2 卷第 6 号。
② 《纺织周刊》第 5 卷第 15 期。
③ 分别见《工商半月刊》第 1 卷第 20 号《商况》、第 3 卷第 1 号《商况》。

利 10 余两；第二年每包棉花均价仍为 35 两，每包棉纱均价已跌至 158.6 两，基本上已是盈亏持平；而第三年每包棉纱均价涨至 41.75 两，总成本也相应提高至 178 两，每包棉纱已亏损 10 余两之多。[1]故华商感叹，昔日因"花贵纱贱"，"工缴完全无着，纱厂受亏匪浅，今其时又再见矣"。[2]这种情况自 1931 年起越演越烈，棉纱价格的回落直到 1936 年下半年才止住，使华商棉纺织业出现严重的发展危机。

综上所述，棉价的波动对当时华商棉纺织业至少形成以下两个重大影响：

第一，上海华商纱厂对付危机的办法是消极的，普遍的做法是利用棉花行情相对较低的月份大量进货，囤积原棉以备自用，抑或在棉价上升时抛出，以获取市场差价来弥补生产亏损，故当时华商纱厂兼做棉花投机之风盛行。如申新纺织公司曾大量增加存棉，账面上存棉总值占总资产的比重，由 1924 年的 7.53%、1925 年的 13.99%，提高到 1929 年的 18.68%和 1932 年的 19.28%。[3]同时，申新在花纱方面的投机交易量也大大增加，仅 1931 年 4 月 24 日至 29 日，申新以总管理处和鸿记名义，由上海华商纱布交易所 31 号经纪人庚丰号经手的花纱交易共 16 笔，金额分别为 85 520 两和 24 180 两。[4]1930—1931 年间，申新在投机美棉上的亏损达到 41.76 万元之多。[5]申新在 1934 年的财务上陷入全面搁浅的困境。而且，大量囤积原棉需要占用大笔资金，只有资本实力相对较强的纱厂才能运作，而普通纱厂只能以停工的办法来应对，即花价高而纱价低的月份减产或停工，反之则开工生产。所以棉纺织业危机表现在华商纱厂生产方面，就是华商纱厂（包括大厂）停工锭数的增加和全开工率的降低都达到前所未有的地步。1930 年，上海华商纱厂"都一般衰落，12 间，遂致纬通、厚生两纱厂先后关厂，失业的达六千多

---

[1] 根据《工商半月刊》第 1 卷第 1 号至第 4 卷第 3 号《商况》所载上海各月花纱成交价加权计算而得。
[2] 赵靖主编：《穆藕初文集》，北京大学出版社 1995 年版，第 163 页。
[3] 《申新纺织总公司 1924、1925、1929、1932 年决算表》，上海市档案馆藏，资料号：Q193-1-573、Q193-1-570、Q193-1-575、Q193-1-584。
[4] 《荣宗敬、荣鸿元等进行纱布棉花投机的账单凭折》，上海市档案馆藏，资料号：Q193-1-3。
[5] 上海社会科学院经济研究所编：《荣家企业史料（上册）》，上海人民出版社 1980 年版，第 237 页。

人,申新一厂停止日工,失业亦将近二千人……申三因布销不甚灵活,故将夜班取消……申七临时停班……其余各厂零零碎碎开除工人的,每天都有,无从统计"①。1931—1936 年,上海华商纱厂停工经常在二三十家以上,全开工率也没有能超过 1931 年前之水平。

第二,日本在华纱厂是华商最大的竞争对手,战后成为华商纱厂发展的最大阻碍。1922 年,上海中外纱厂共 65 家,纱锭共 184.88 万枚,布机 7 056 台。其中,华商 35 家,纱锭 39.33 万枚,布机 4 940 台;日商 25 家,纱锭 66.37 万枚,布机 200 台;英商 5 家,纱锭 18.49 万枚,布机 1 616 台。②从工厂的数量上看,华商纱厂在这一时期比日商纱厂占有优势,呈现一片欣欣向荣的景象,实际上有不少纱厂的资金中有日商的投资——有的华商纱厂初开办时就有日资渗透,以华商纱厂面目出现只是为了经营的便利,由华人出面办理相关事务;有的华商纱厂因资金困难而抵押于日商。有人说,这是日本"企图垄断吾国棉织业之伏兵,较以日商名义在华设厂者,更为阴险而可怕,实吾国棉织业进行前途之暗礁"③。

日商纱厂虽然在数量上少于华商纱厂,但其棉纱生产能力已经显著地超过了华商纱厂,织布业则还没开始扩张。1931 年,上海中外纱厂实存 59 家,纱锭 2 397 582 枚,布机 20 347 台。其中,华商纱厂减少到 24 家,纱锭 1 005 328 枚,占全市纺机总数的 41.9%,织机 6 914 台,占全市织机总数的 34.0%;日商纱厂增加到 32 家,纱锭增加到 1 221 644 枚,占全市纺机总数的 51.0%,织机更是猛增到 10 742 台,占全市织机总数的 52.8%;英商纱厂减为 3 家,纱锭 170 610 枚,占全市纺机总数的 7.1%,织机增至 2 691 台,占全市织机总数的 13.2%。④

从上述两个年份数据的对比中可以看出,在 9 年里,中日纱厂都有发展。华商纱厂若干集团化企业如申新、永安等获得了发展,但也有相当大数量的纱厂(如德大、厚生、裕源、宝成一厂、宝成二厂、大中华等有一定规模的纱

---

① 上海社会科学院经济研究所编:《荣家企业史料(上册)》,上海人民出版社 1980 年版,第 245 页。
② 徐雪筠等译编:《上海近代社会经济发展概况(1882~1931)——〈海关十年报告〉译编》,上海社会科学院出版社 1985 年版,第 177 页。
③ 穆湘玥:《中国棉织业发达史》,载申报馆编《最近之五十年》,申报馆 1923 年版。
④ 严中平:《中国棉纺织史稿》,科学出版社 1955 年版,第 237 页。

厂)先后关闭,而日商纱厂则获得全面发展,除兼并了裕源、宝成、华丰等华商纱厂外,还设立了多家新纱厂,在各纱厂大量增加织机,一举奠定了在上海棉纺织业的霸主地位。

从全国的情况来看,日商纱厂对中国棉纺织业形成的压力更加沉重。1932年,全国中外纱厂共128家,其中华商84家,日商41家,英商3家。全国纱锭共451.7万枚,华商为258.9万枚,日商175.7万枚,英商17.06万枚。尽管华商纱锭数比日商多,产量却远低于日商,1932年华商纱厂产量为142.79万件,日商则达到228.39万件,为华商之1.6倍。[1]加上每年日本对中国的棉纱输出,日商基本上控制了中国市场上棉纱的价格。1930年以前,日纱始终维持着高于同支数华纱的价格,但从1931年起,日商利用华商纱厂经营困难之机,蓄意压价,竭力向中国内地竞销,其跌价之激烈,使华商难以应对。如16支纱低于华纱30元以下,20支纱低于华纱37—47元,32支纱和42支纱竟然低于华纱70—136元,[2]从而夺取了华商在内地故有之市场。据中国银行1932年调查报告,"华北各省,但计价之高贱,不论货之中外,故黄河以北,几成日纱之销售区域,长江下游及华南各省,则倡用国货,甚为热烈,日纱虽较难插足,而日本在中国之占优势,已成明显之事实"。[3]不仅沿海市场为日商所占有,连汉口、重庆也成为日纱充斥之地,日商在上海、天津、青岛3个棉纺织业中心城市都取得了超越华商的地位。

华商纱厂在困境中群起呼吁政府对棉业给予救济,要求减轻华商税负,裁撤厘金和转口税,发放无息贷款,增加外国棉纱进口税率,政府对华商纱厂的要求也给予一定满足。同时,全国民众也多次发起抵制日货的爱国运动。然而,这些对改变棉纺织业之困境仅有间歇之转机,华商的经营始终处于跌宕起伏之中。1936年下半年,上海棉花行情转向对华商纱厂有利,棉纺织业逐渐显露出生机。翌年上半年,华商纱厂普遍复苏,有望重新与日商进行竞争,但日本侵华战争全面爆发,中国棉纺织业的发展前景再次中断。

---

[1] 《二十一年中国棉纺织业之回顾》,《工商半月刊》第5卷第3号。
[2] 严中平:《中国棉纺织史稿》,科学出版社1955年版,第228页。
[3] 《中国银行民国二十年度营业报告》,1932年3月,第37页。

从办布规程看清代民国山西商人布业贸易
The Cloth Trade of Shanxi Merchants in the Qing Dynasty and the Republic of China from the Perspective of Cloth Handling Regulations

魏晓锴　冀　苗[*]

明清以来山西商人称雄商界五百年,布商即其中一支劲旅。办布规程既是其经商经验的总结,也是布业贸易的实践性教材。清代民国时期,山西商人在布业贸易中重视办布的地点,对布的品质严格把关,成为其贸易成功的关键。其布业贸易并非简单的贩卖,他们把棉花加工成布,对生坯布进行多种工序的再加工,还对相关商品进行加工处理,最大限度增加其附加值。他们重视布的营销,对各处花销了然于心,精打细算,还根据市场惯例灵活应对。注重品质、工匠精神、科学经营,既是清代民国山西商人布业贸易的成功之道,也是其贸易品格的集中体现。

山西商人从明中后期开始发轫,发展到清朝,已成为全国实力最为强盛的劲旅。山西商人商业贸易从粮食开始,之后逐渐将盐、绢、布、棉、茶、烟、煤等商品纳入其经营范围。其中,布、茶均为重要的种类对象。衣食皆为民生之本,布在古代社会有着重要地位。管子有言:"布帛不足,衣服毋度,民必有冻寒之伤。"[①]贫富皆以赖之,士庶皆得为衣,足见其重要性。明清之际,随着商品经济发展,人口数量递增,布的需求更加旺盛,商品属性越来越突出,布业贸易成为山西商人经营重点。在长期的布业贸易过程中,山西商人善于总结自己的经商经验,在实践过程中形成的办布规程,囊括了贩布、运

---

[*] 魏晓锴,山西大学历史文化学院教授;冀苗,山西大学历史文化学院硕士研究生。
[①] 黎翔凤撰、梁运华整理:《管子校注》,中华书局2004年版,第285页。

布、售布等方方面面,既是其商业智慧的结晶,也是后代经商者的教材。关于清代民国山西商人的研究,学术界已有一定的成果,但是关于布业贸易研究成果不多,以规程为中心的探讨尚乏其作。①近年来,大批关于山西商人文献的发掘,为我们研究这一问题提供了条件。尤其是88卷之巨的《晋商史料集成》,收录了大量清中期至民国山西商人的办货规程,"办布规程"即是其中具有代表性的一种。本文尝试以清代民国办布规程为切入点,尝试对这一时期山西商人布业贸易进行考察,以期丰富相关领域的研究。

一、山西商人布业贸易中的采办

清代民国时期,山西商人布业贸易包括采办、加工、运输、营销等环节。在整个贸易链条中,采办是首要亦是最为重要的一步。办布规程显示,山西商人对采办的地点非常重视。清代民国山西布商的采办,主要集中在湖北、河南、河北、重庆、山东等省,各省内部又列出具体的办布之处,详细指明属什么府及具体方位。《清代王志恒记迭花布底》中有:禹州"系卞梁省开封府所管之地,在赊镇正北,距赊三百六十里,在洛阳县东南,距洛三百二十里"②;许昌"系卞梁省许州所管,在禹州东北,距禹五十里"③。《同治十年余庆堂各处办布底稿》中有:洛阳县"其处在李村西,比距三十里黄河南,离河五十里,系河南府首县"④。《民国年间河北、河南、山西等处办布规程》中有:东石固"相距李家庄五百六十里,至石庄三百余里"⑤。诸如此类详尽记录地

---

① 关于山西商人布业贸易,目前尚无专门著作,黄鉴晖《明清山西商人研究》、张正明《晋商兴衰史》、刘建生《晋商五百年》等有所涉及;论文方面,具有代表性的有孟伟等《明清时期北京通州晋翼会馆研究——以明清时期的翼城商人和山西布商为重点》[《山西师大学报(社会科学版)》2017年第3期],以及成雁鸿的《清代山西布商研究》(硕士学位论文,山东师范大学,2020年)。以上成果主要从山西商人会馆、碑刻、方志、契约等方面进行了探讨。

② 《禹州》,《清代王志恒记迭花布底》,载刘建民主编《晋商史料集成》第68册,商务印书馆2018年版,第270页。

③ 《许昌》,《清代王志恒记迭花布底》,载刘建民主编《晋商史料集成》第68册,商务印书馆2018年版,第271页。

④ 《洛阳县》,《同治十年余庆堂各处办布底稿》,载刘建民主编《晋商史料集成》第68册,商务印书馆2018年版,第131页。

⑤ 《东石固》,《民国年间河北、河南、山西等处办布规程》,载刘建民主编《晋商史料集成》第68册,商务印书馆2018年版,第405页。

理方位的规条,在这一时期的办布规程中不胜枚举。清代时期,山西商人办布地点主要集中在湖北,《咸丰年湖北各处办布规程》中列举了该省十五个重要集镇:旧口镇、多宝湾镇、新州镇、石牌镇、沙市镇、泗港镇、沙洋镇、后港镇、永隆河、蚌湖镇、德安府、唐县镇、汉口镇、长江坡、樊城镇。旧口镇是山西商人的办布重镇,以旧口镇为中心,其他多以此地为参照,比较价格、布样等,如多宝湾镇"所使银两样式与旧口等耳……所出之布系细布,较比旧口布宽一寸,短一尺"①。旧口镇为湖北重要办布集散中心,很多地方所产的布会发往旧口镇,山西商人在此集中办买,然后运输北上,如永隆河"若逢旧口集,快机户向旧卖者尚属不少,即如咱帮,亦有在彼办者"②。除旧口镇外,汉口镇四路通达,是布业贸易的"集镇之地""水旱码头"。③民国年间,山西商人办布重心逐渐转移,德安府成为比旧口镇更具规模的办布地点,布商一般在以德安府为中心的胡金店、云梦县、孝感县、厉山镇、唐县镇、王家店、晏家河等地采购土布。此外,河北、甘肃、天津等均成为办布的重点,重心进一步北移。

  山西商人对办布地点比较讲究,采办的方式则较为灵活,通常情况下分为两种:一种是直接采办,另一种是委托代办。直接采办是办布商人直接在当地办买,委托代办是山西商人委托当地的行店和经纪人代为采办。在规程中,一般会先说明各处办布方式。清朝时期,山西商人一般在自己家乡设置本号开展布业贸易,如嘉庆年间设立在平遥的朝仪绸缎梭布行、同治年间设立在平遥的余庆堂、清末设在太谷的锦泰蔚布庄及设立在祁县的王志恒记。除在家乡设置本号,山西商人在办布地点也会设置许多的布庄、布铺等长庄,并招募管事、会计、伙计来打理经营。外出办布时,如果办布地点设有长庄,就住在长庄栈房,或另住别店。办货时会随机应变,遇到发货便利、方便安静、食用自然之处,也会时常更改安庄之处。完庄之后要仔细查问,把所办之布信息如"漂白本色长短多寡""夏布买价""定价行情""成卷坐底花

---

① 《多宝湾镇》,《咸丰年湖北各处办布规程》,载刘建民主编《晋商史料集成》第 68 册,商务印书馆 2018 年版,第 64 页。
② 《永隆河》,《咸丰年湖北各处办布规程》,载刘建民主编《晋商史料集成》第 68 册,商务印书馆 2018 年版,第 83 页。
③ 《汉口镇》,《咸丰年湖北各处办布规程》,载刘建民主编《晋商史料集成》第 68 册,商务印书馆 2018 年版,第 90 页。

销""何日跟出走于几帮"等查清,统计列单之后带回本号,以便卖货时作为参照。①各个布庄时常同本号寄信联系,每月择日往本号寄正、副信二封。布商伙计在采办时会先住在行店内,在当地布庄和集市中办买布匹。布庄买布时,店主给办布商人一间房屋,会配置紧要家具,有的布庄会给烟钱和酒肉吃食钱,是否管饭根据地方情况而定。遇到集市时,布商会赴集买布。赶集要带小车推着钱去买布,买布钱和返程带回的布也要出车费脚银,"每吊钱出车钱三文,由集推布,每匹脚钱二文"。②

山西商人最为重视采办标准,这也是布业贸易能够持续发展的关键。规程显示,在采办过程中,山西商人对布的品质严格把关。清代民国时期,布商经营种类较多,规格类型复杂多样。按照材质,可划分为锦、绫、绸、缎、麻布、棉布等。锦、绫为蚕丝纺织布料,绸为丝麻混纺布料,缎为细麻丝纺织布料,麻布为粗麻丝纺织布料,棉布为棉丝纺织布料。布业贸易中,主要有棉布和麻布,其中由苎麻为原料编织成的夏布最受欢迎,夏布多分为半漂夏布、加漂夏布、浆夏布、摺夏布、京庄夏布、定机夏布等。按照工艺,可划分为梭布、坯布、漂白布、色织布、印染布、毛青布等。梭布为家庭木机所织之布,坯布为没有经过加工印染等工艺之布,漂白布是经过化学漂白去除杂质和油脂之布,色织布是用染色的纱线编织而成之布,印染布是将坯布染色而成之布,毛青布是"取松江美布染成深青,不复浆碾,吹干,用胶水参(掺)豆浆水一过"而成之布。③在办布规程中,常出现的布种有大布、干布、小干布、口布、重布、袍料、梭布、诸梭、洋布、粗、白布、斜纹布等。山西商人根据市场需求确定办布种类,如咸丰年湖北旧口发山西平遥的布有"提尖白布""顶庄白布""锦白布""晚庄白布""彩边白生兼紫花布""拔尖晚庄白布"。④湖北后港镇所出的布有"正号广弘打青胎布""副号胎布""三副号胎布""信茂义胎布""永丰德胎布""丰德副号胎布"。⑤规程中布的种类之丰富,足见山西商人

---

① 《隆昌初去嘱单》,《清代太谷锦泰蔚布庄办布规程》,载刘建民主编《晋商史料集成》第 68 册,商务印书馆 2018 年版,第 175—176 页。
② 《马家集》,《同治十年余庆堂各处办布底稿》,载刘建民主编《晋商史料集成》第 68 册,商务印书馆 2018 年版,第 136 页。
③ 〔明〕宋应星著,潘吉星译注:《天工开物译注》,上海古籍出版社 2016 年版,第 130 页。
④ 《旧口镇》,《咸丰年湖北各处办布规程》,载刘建民主编《晋商史料集成》第 68 册,商务印书馆 2018 年版,第 58—60 页。
⑤ 《后港镇》,《咸丰年湖北各处办布规程》,载刘建民主编《晋商史料集成》第 68 册,商务印书馆 2018 年版,第 80—82 页。

做事之严谨,布业贸易之年久和宏大。采办布匹种类复杂,规格也极为讲究。山西商人对布的品质严格把关,对各处之布的线条数、长宽、重量、匹卷等均有明确标准。①民国时期,除了传统土布,山西商人对洋布的种类、规格和价格等都做了详细记载。《民国年全国各地办布规程》记录了各种东、西洋布种类和品质,涉及东洋细斜、东洋包斜纹缎、东洋巴黎呢、西洋泰西宁绸、西洋花德国缎、西洋西丝绸等。在办布时,山西商人会货比三家,总结各处布的特点和优缺,如开州布:"城东之布微显青牙色,城西之布自来亮白,城南之布自来牙色,城北之布同是。硫磺熏过,甚白,不吃染色。"②为了保证布的质量,他们在办布时格外仔细,绝不含糊。在临到天气大热之时,嫩色之货少办少买,诚恐"木箱到路发潮,到至汉路其内生火,货物起点防坏"。③此外,规程规定了"三处有头"不买:"一名石灰头,价钱大小不要,真乃大坏事。一名汾头,价钱要小还不碍事。一名捶头,布不发卷齐实不买。""五样之布"必须谨慎:"稀稍、夹页、机短、稍七、页分五样之布,买下不可入卷。"④在办布规程中,山西商人多次提到办布必须细心过目,不可坏大事。对商品质量严格把关,成为山西商人布业贸易能够持续发展的关键所在。

在布的包装上,山西商人亦特别讲究,按照规格挑选布匹后,还会把所办之布用心包装妥善。在长途运输过程中,布匹难免会有潮湿发霉、打湿、破损、残缺、浸油污等损坏,遭此情况布价必跌,如规程中言"病布跌银,潮霉每匹一分,水湿每匹二分,破每匹一分,油每匹五分",⑤所以布的包装极为重要。办布规程显示,山西商人在包装布匹时,会按照尺寸对准,以规定匹数合为一包,再用油纸包成"甬",数"甬"合为一捆,装箱或装篓,最后加上苫布(包装布匹的材料)防止损坏打湿。包装时会用到布口袋、纸、赛纱皮、麻袋、

---

① 《禹州》,《同治十年余庆堂各处办布底稿》,载刘建民主编《晋商史料集成》第68册,商务印书馆2018年版,第113页。

② 《开州》,《同治十年余庆堂各处办布底稿》,载刘建民主编《晋商史料集成》第68册,商务印书馆2018年版,第135页。

③ 《嘱我号规》,《清代太谷锦泰蔚布庄办布规程》,载刘建民主编《晋商史料集成》第68册,商务印书馆2018年版,第163页。

④ 《马家集》,《同治十年余庆堂各处办布底稿》,载刘建民主编《晋商史料集成》第68册,商务印书馆2018年版,第136—137页。

⑤ 《三原县卸、卖布及买、发布规则》,《民国年全国各地办布规程》,载刘建民主编《晋商史料集成》第68册,商务印书馆2018年版,第433页。

蒲包、竹席、篾篓、箱子、捆口绳、竹签等材料,其中仅包装用纸的种类就分为油纸、里纸、改连纸、毛边纸等,油纸还细分为连六油纸、连八油纸、顶大油纸、小油纸;篾篓包装种类有双底双盖竹篓、加大竹篓子等;捆口绳种类有竹篾条、棕绳等。这些材料的配置,均由山西布商完成。山西商人对布的包装精益求精,为布的品质提供了有效保证。

二、山西商人布业贸易中的加工

采办是山西商人布业贸易的重要环节,采办过程严格把关保证了山西商人布业贸易的品质,是山西商人布业贸易持续和发展的关键。办布规程显示,清代民国山西商人的布业贸易,不仅是简单采买和贩卖,在贸易过程中,布商还进行初加工和再加工,以增加产品的附加值。初加工一般是对棉花进行加工,在布业贸易中,除采办布匹外,山西商人也会根据市场需求在特定地区采买棉花,作为商品直接销售或将其进行初加工。棉花同布一样都是民生之本,明朝之后逐渐取代丝麻成为中国最重要的天然纤维作物。在规程中,山西商人详细规定了棉花的好坏高低及品类特征,将棉花分为头牌花、二牌花、三牌花,列举了不同产地的优缺点。如关东、锦州、冀州、京东、乐亭、青邑的棉花为顶尖的好花,其花绒细、长、软,扯开时花绒如丝;太沧州、南通州、澄州府、上海县花绒细、绵、软,但是花色发暗;安陆府、天门县、甘镇驿仓棉花毛眼绒细,非常干净;沔阳县、沙湖、岳口、沙市仓与河沙仓相似,武昌府、东北一代仓与获鹿仓相似,就是相较起来毛眼软些,成色最低,也最不干净。采办好原棉后,山西商人会委托布行或者自己开设作坊,将原棉经过分梳、除杂、加捻、卷绕等工序加工成棉纱,而后纺织成布。"凡棉布寸土皆有,而织造尚松江,浆染尚芜湖",一般来讲,在江南等地进行棉花加工情形较多。[①]此外,规程对于原棉产地和棉布市场都有着详尽的记载,体现了棉花加工在布业贸易中的重要地位。

除了将棉花加工成布,在布业贸易中,山西商人更多是对生坯布进行多种加工程序,通过再加工来增加布匹的附加值。布的加工分为漂、染、踹、

---

① 〔明〕宋应星著、潘吉星译注:《天工开物译注》,上海古籍出版社2016年版,第117页。

绣、缝等工序；漂为漂白，是通过化学方法对生坯布进行漂白处理，去除生坯布中的杂质污渍和油脂，以达到丝织物的白度；染为染色，是通过植物染料和矿物染料中的色彩给白布上色；踹为踹布，是把染好色的丝织物卷在卷轴上，卷轴以磨光的石板为承，上压千百来斤的凹形重石，由踹工踩着巨石两端左右来回运转，使得布紧薄而柔软；绣为绣花，是在丝织物上作绣，多为"龙凤""时花""十景"等；[1]缝一般是对布匹进行对缝、锁边等。办布规程显示，山西商人对布的加工贯穿于整个布的运输中。布业贸易中的加工，最典型的是印染环节。山西商人或委托颜料庄代为染布，或直接在贸易路途中开设染坊。染色材料多为自己置办，如同治年余庆堂在河南五女店染一九南府色布时，桃红、西湖绿"此二宗色随客自备"。[2]在布业贸易中，河南禹州、许州都是重要染色地点，其中许州五女店染布技术最为成熟。办布规程详细记载了印染的颜色、规格、种类等。现将山西商人同治年间在许州五女店染布颜色列表如下：

同治年间河南许州五女店染布颜色一览表

主色	分类
白	漂白、鱼白、水白、月白、深鱼白、深鱼
红	大红、枝红、桂红、真红、桃红、鱼红、临朱、板朱红、毛桃红、光桃红
黄	鹅黄、金黄、杏黄、米黄
绿	油录、砂录、官录、松录、柳录、湖录、玉录、豆录、果录、西湖录
青	皂青、光青、兰底双青、玉青、蛋青、伏青、真青、西湖水玉青、糖青
兰	宝兰、洋兰、老兰、月兰、顶兰、石兰、苏兰、松花兰、砂兰
其他	漳灰、紫檀、毛光、棕色、京棕、京酱、棕色、铁色、秋霄、秋香

资料来源：根据《五女店》，《同治十年余庆堂各处办布底稿》（刘建民主编《晋商史料集成》第68册，商务印书馆2018年版，第116页）相关内容整理。

从上表可以看出，染布颜色种类丰富，同一颜色差别细微，说明山西商人染色加工技艺之高。染布颜色后还附有特定地区染色价码，如五女店详

---

[1] 《绣工行规》，《嘉庆四年朝仪撰绸缎梭布行必需》，载刘建民主编《晋商史料集成》第68册，商务印书馆2018年版，第13页。

[2] 《五女店》，《同治十年余庆堂各处办布底稿》，载刘建民主编《晋商史料集成》第68册，商务印书馆2018年版，第116页。

细记载了多种价码:"一九南府色布价码""大号梭颜色加头(大号之布,丈九长)""一四标光色布染价码""一五有光色梭染价码""汉口梭颜色加头"。①布的种类不同,颜色不同,染价亦有差别,如"豆绿六桶三分四,西湖绿三桶六分五,大红三十六桶三分五,棕色六桶三分四"。②炼染不同材质的布料价格也不相同,如"炼绢每匹一分二,炼绸绫每匹八分,染桃红绫一钱四"。③同一染料染不同的布,如京庄夏布、细夏布、定机夏布,价格也不同。办布规程中复杂而详细的记载体现了清代民国山西商人对染布之娴熟程度。由此可见,山西商人正是在加工环节一如既往地严格把控、不断提升商品品质中得以持续发展的。

在清代民国布业贸易中,山西商人以经营布匹为主,规程显示,除布匹外,往往还涉及毛皮等杂货,对于这些商品,山西商人也融入了加工的成分,笔者认为,可将其纳入布业贸易之组成部分。"办毛"与"办布""办花"皆有不同,运费高、捐税大,"羊毛销路,美中销毛十成只占二三外国需用羊毛",销路远不如布。④毛皮在运输中,还极易因天热发黄、虫患叮咬而损耗过重。在市场需求上,穿毛皮时腥膻之气虽"习久而俱化",但是"南方不习者不堪也"。⑤南方人穿不惯毛皮,且天气渐暖之后亦用不上,所以办毛不如办布、办花占据大宗,其畅销地主要在青海和西宁。此外,从清代民国办布规程看,有的单独成篇,有的散布于杂货规程之中。这说明山西商人有的单营布类,有的除布之外兼营菜蔬、果干、糖、茶、纸张、日用品、香料等杂货。在民国年办布规程中,就列有"天津海关估百货价格表",以备办货时对照参考。除布之外,山西商人也会在布业贸易中对纸张、茶叶、日用品等进行加工。⑥通过加工和再加工,山西商人在很大程度上提升了产品的价值,能够在庞大而复

---

① 《五女店》,《同治十年余庆堂各处办布底稿》,载刘建民主编《晋商史料集成》第68册,商务印书馆2018年版,第116—118页。
② 《石牌镇》,《咸丰年湖北各处办布规程》,载刘建民主编《晋商史料集成》第68册,商务印书馆2018年版,第73页。
③ 《论盛泽货》,《嘉庆四年朝仪撰绸缎梭布行必需》,载刘建民主编《晋商史料集成》第68册,商务印书馆2018年版,第7页。
④ 《西宁贪羊毛沿途外缴》,《民国年全国各地办布规程》,载刘建民主编《晋商史料集成》第68册,商务印书馆2018年版,第445页。
⑤ 〔明〕宋应星著、潘吉星译注:《天工开物译注》,上海古籍出版社2016年版,第121页。
⑥ 《天津海关估百货价格表》,《民国年全国各地办布规程》,载刘建民主编《晋商史料集成》第68册,商务印书馆2018年版,第425页。

杂的布业贸易之中保持优势获得发展。

三、山西商人布业贸易中的营销

在山西商人的布业贸易中,除了采办和加工,布的营销也极为重要。办布规程显示,清代民国时期,山西商人在布业贸易中的营销主要体现在两个方面:一是掌控各处花销,精打细算;二是把握市场惯例,灵活应对。整个布业贸易会涉及很多花费,对这些花费,山西商人可谓精打细算。按照布业贸易的环节,办布花费一般分为采办花费、加工花费和运输花费。采办花费有买布钱、经纪钱、伙食钱、杂役钱、烟茶酒肉钱、行用钱、出用钱等。如同治年湖北旧口镇办布,"店主与客房屋一间,家具以及调货高低随客自便,使钱一千、出用钱二十文系店主经纪各得钱十文,每天出火食钱一百六十文,烟茶杂使钱系客自备"①。除买布费用,其他花费根据不同地区具体情况而定,有的烟茶酒肉钱需要自己承担,有的则由当地布庄筹备。从规程来看,布价涨跌不定,买价随时变动,"买布庄钱九八四,买布看庄系托店主包价,办买譬定价每匹布钱六百一,与客抽回用钱十五文,以时价钱数合银"②。所以山西商人必须找准时机低价买进,在供应充足、市场价低时大量"贪货",等布匹市场供不应求时高价卖出,以达利益最大化。山西商人采买成品布有采办花费,在加工环节也有加工花费。其中,包装工钱有苦布工钱、卷绳工钱、油纸钱、蒲包布袋钱等,加工布钱有漂白钱、染色钱、踹工钱、薰工钱、绣工钱、缝工钱、折工钱等,加工毛钱有上药钱、拣毛钱、晒毛钱等。对于每项具体花费,山西商人均有详细说明。民国年规程中有"每卷薰、踹工钱八十二文五""折工五十文,缝工钱二十五文""每卷染水钱六元五""女工男工拣毛晒毛,成捆工资二钱"之款。③这些工费等均摊在每匹布的成本中,也体现在每匹布

---

① 《旧口镇》,《同治十年余庆堂各处办布底稿》,载刘建民主编《晋商史料集成》第 68 册,商务印书馆 2018 年版,第 122 页。

② 《新洲镇》,《咸丰年湖北各处办布规程》,载刘建民主编《晋商史料集成》第 68 册,商务印书馆 2018 年版,第 67 页。

③ 《晏家河阔布式》《厉山镇》《平凉买布规则》《青海省贪羊毛规则》,《民国年全国各地办布规程》,载刘建民主编《晋商史料集成》第 68 册,商务印书馆 2018 年版,第 441、446、451、444 页。

的销售上,"一应油纸理纸麻袋蒲包绳绳,每匹摊银二厘五"。[1]

以上是采办和加工花费,除此之外,运输也需较大花销,运输花费包括运费和税费。清代民国山西商人布业贸易中的运输主要通过水路和陆路两种方式进行。清前中期,水路一般通过船只走运河运输,如规程中提到"苏州布船发东路系由运河卸"[2],需要付过河钱和船只钱,以每担结算,"以四大卷作一全担,以八小卷作一全担,每担出过河钱二分"[3]。清代末期,出现用火轮船走海路运输的情况,如规程中"计路四千八百里,火轮船出吴淞口,昼夜不息,飘海走大洋"[4]。陆路在清代一般通过骡子、骆驼及马车运输。骡子运输一般称为"绑骡",运费如何开销,有详细的"绑骡规则"。[5]骆驼运输一般交由驼帮,称为"绑驼"。陆路每担出骡脚钱、绑驼钱、车力钱、车马柜钱等,同样是以每担结算。水路和陆路的运费不同,每段路程的具体价格有异,如"旧(口)至河下,每卷力钱布街十四、熊街十六;旧至樊城,每卷水脚钱七十"。[6]民国年规程中提到了"火车运货解费",轮船和火车运输大量运用于布业贸易中,可见山西商人善于把握时机进行灵活选择,最大限度地降低成本获得利润。[7]

办布运输途中还涉及各种税费,包括关税、厘金、会馆抽钞、官项钱、行用钱、火耗平色银等。清代前期运输中最重要的是榷关税,咸丰以后,厘金成为主要开销。办布规程显示,每段路程厘金数目不等,山西商人对布业贸易中所花费的各项厘金都进行了精确统计。厘金并不是固定不变的,在咸丰年旧口发禹州的规程中就有"旧口新添官厘金每卷钱一百文"。[8]山西商人

---

[1] 《沙市镇》,《咸丰年湖北各处办布规程》,载刘建民主编《晋商史料集成》第68册,商务印书馆2018年版,第75页。

[2] 《嘉庆八年冬标布价》,《嘉庆四年朝仪撰绸缎梭布行必需》,载刘建民主编《晋商史料集成》第68册,商务印书馆2018年版,第46页。

[3] 《新洲镇》,《咸丰年湖北各处办布规程》,载刘建民主编《晋商史料集成》第68册,商务印书馆2018年版,第69页。

[4] 《从上洋至天津水路程》,《清代太谷锦泰蔚布庄办布规程》,载刘建民主编《晋商史料集成》第68册,商务印书馆2018年版,第208页。

[5] 《新野发潼绑骡、装车规则》,《民国年全国各地办布规程》,载刘建民主编《晋商史料集成》第68册,商务印书馆2018年版,第434页。

[6][8] 《旧口镇》,《咸丰年湖北各处办布规程》,载刘建民主编《晋商史料集成》第68册,商务印书馆2018年版,第63页。

[7] 《火车运货解费》,《民国年间河北、河南、山西等处办布规程》,载刘建民主编《晋商史料集成》第68册,商务印书馆2018年版,第415页。

精打细算,缴纳厘金灵活办理,"如行至纳厘税之处,见景生情,总以活办变理为要"①。民国时期,时局动荡,捐税繁杂,缴纳陡增,规程提到运输中要交的名目有车厂银、城防局银、船捐、印花税、火耗洋、商税洋、常关税、坐税银、担头银、落地税、警捐、保商捐、特捐等数十种之多。要在这样的"苛捐杂税"中获利,山西商人必须进行精细化营销,才能获得生存和发展。在布业贸易中,电报的广泛使用,是山西商人与时俱进的又一体现。对于电报费,他们亦是精打细算,发报以字数、地区、翻译计价,"四等电每字六毛六,外省电每字一角三二"。②邮费花销同样如此,"汉邮河同元亨字印花布,每个邮包内打九匹,每匹一两三六"③。他们精确把控各项花费,并规定"本客经手自报,万不可含糊报矣"④,对花费进行科学管理,以便最后一应均摊在每匹布中,算作成本,加上利润,在销售时,能够清楚把握布的价格。精打细算、科学管理,成为山西商人布业贸易中营销的一大特色。

布业贸易中的精细化营销,还体现在山西商人善于把握市场惯例,进行灵活应对。办布规程显示,山西商人掌握各地货币情况,熟悉当地金融市场惯例,在布业贸易中能够根据市场灵活应对。此外,他们熟练掌握各地称量单位,将本号的"平砝"同办布之地进行比对,得出两者之间每百两的差,按照"(某地平)比(本号平)每百两大(多少)"样式详细记录,以便更好地进行贸易。规程不仅列举了本号及山西各地平砝,还指明"外省各州府县每百两比各公砝平大小",布业贸易所到之处,平码均有详细记录。⑤这些平码并非一成不变,随着时间推移,平码可能逐渐混乱,重新立规亦为常事。《咸丰年湖北各处办布规程》中就提到道光十二年(1832 年)五月赊旗镇新定行规和秤头平码的情况:重新修秤三杆,山陕会馆存一杆,东西两路头周流各一杆,

---

① 《隆昌初去嘱单》,《清代太谷锦泰蔚布庄办布规程》,载刘建民主编《晋商史料集成》第 68 册,商务印书馆 2018 年版,第 170 页。
② 《拍电规则》,《民国年全国各地办布规程》,载刘建民主编《晋商史料集成》第 68 册,商务印书馆 2018 年版,第 439 页。
③ 《汉口规式》,《民国年全国各地办布规程》,载刘建民主编《晋商史料集成》第 68 册,商务印书馆 2018 年版,第 462 页。
④ 《樊城》,《清代太谷锦泰蔚布庄办布规程》,载刘建民主编《晋商史料集成》第 68 册,商务印书馆 2018 年版,第 245 页。
⑤ 《山西各州府县比太谷县公砝平每百两大小》,《民国五年赵州买花规程》,载刘建民主编《晋商史料集成》第 68 册,商务印书馆 2018 年版,第 365 页。

规定"其彼钱平每百两比曹平大银三两二,可使银两样式系九九银,宝银皆可,惟足纹银不行"。①其后列有公议各货物所用平码,粉皮称、粉面称、粉条称、油饼称、核桃称、葡萄称等,均以赊钱平作为标准,"行规元银,系以九四扣纹银,九三扣宝银"。②在布业贸易中,对市场惯例严谨考量,把握营销金融法则,进行灵活应对,这也是清代民国山西商人在复杂的布业贸易中能够保持优势的重要因素。

四、结　　语

山西商人曾称雄商界五百年,其中布是其经营的最主要大宗商品之一。在长期的布业贸易实践中,山西商人积累了大量经验,办布规程即其商业智慧的结晶,也成为其贸易经营活动的教科书。正如规程所言,"择本行日用之必需者聊为志焉以备参考""将目前现在行情货物书明于后",③主要是供其后办货之人从事布业贸易参考。从办布规程可以看出,清代民国时期,山西商人十分重视办布的地点,对布的品质严格把关。在布业贸易中,他们并非简单贩卖,而是将棉花加工成布,并对生坯布进行再加工,还对相关毛皮和杂货进行加工处理,最大限度增加产品的附加值。山西商人格外重视布匹的营销,对各处花销了然于心,精打细算、科学管理,还把握市场惯例,进行灵活应对。在布业贸易中精挑细选,对布的质量严格把关,是山西布商成功的关键因素。在布的加工上精益求精,不断雕琢自己的产品,可谓工匠精神的一大体现。他们善于管理、用心经营、时刻谨慎、尽心竭力,从而在复杂的时局中立于不败之地。总体而言,注重品质、工匠精神、科学经营,既是山西商人布业贸易的生存之道,也是其贸易品格的集中体现。清代民国时期,山西商人积极活跃于全国的布业流通领域,在创造了极大经济价值的同时,成为"南布北运"商品流通格局中的生力军。

---

① 《赊旗镇》,《咸丰年湖北各处办布规程》,载刘建民主编《晋商史料集成》第68册,商务印书馆2018年版,第104页。
② 《赊旗镇》,《咸丰年湖北各处办布规程》,载刘建民主编《晋商史料集成》第68册,商务印书馆2018年版,第110页。
③ 《题记》,《嘉庆四年朝仪撰绸缎梭布行必需》,载刘建民主编《晋商史料集成》第68册,商务印书馆2018年版,第5页。

全面抗战时期陕西植棉业的研究

Research on Shaanxi Cotton Planting Industry during the Period of Comprehensive Anti-Japanese War

石 涛[*]

全面抗战时期,受诸多不利因素影响,陕西植棉业出现严重衰退,棉田总面积和棉花总产量较战前大幅减少。同时,由于战前主要产棉省区相继沦陷,陕西成为大后方最重要的产棉区,承担着为后方军民和纱厂提供棉花的重任。国民政府对陕西植棉业颇为重视,通过推广优良棉种、增加棉花生产贷款、实行棉种管理区制度等措施,战时陕西植棉业发展取得一定成就,棉花亩产量增加,品质大幅提高,棉产规模在大后方居于领先地位,为后方棉花供给发挥了关键作用。衰退与发展并存,是战时陕西植棉业的显著特点。

植棉业是农业的组成部分,也是近代中国农业经济领域中的重要内容,因而长期以来一直是学术界研究的重点,研究成果丰硕。但现有研究时段大多集中于清末至1937年全面抗战爆发前,对全面抗战时期植棉业的研究相对较少。陕西植棉业在近代中国植棉业发展史上具有一定地位,因而也有不少研究成果,主要对棉种改良、棉产运销、改烟植棉等问题做了研究。[①]

---

[*] 石涛,陕西师范大学历史文化学院教授。
[①] 相关研究成果有章楷:《中国植棉简史》,中国三峡出版社2009年版;汪若海、承泓良、宋晓轩编著:《中国棉史概述》,中国农业科学技术出版社2017年版;李之勤:《鸦片战争以后陕西植棉业的重要变化》,《西北历史资料》1980年第3期;常青:《近三百年陕西植棉业述略》,《中国农史》1987年第2期;赵汝成、陈凌江:《民国时期陕西的棉花生产》,《古今农业》1992年第3期;郑磊:《1928—1930年旱灾后关中地区种植结构之变迁》,《中国农史》2001年第3期;成广广:《民国关中植棉业的发展和棉花运销格局》,载张萍主编《西北地区城乡市场结构演变的历史进程与环境基础》,三秦出版社2011年版;王建军、陈钊:《民国时期陕西棉麦良种改进的成就与经验》,《西北大学学报(哲学社会科学版)》2004年第1期;徐畅:《抗战前陕西棉花产销合作》,《中国农史》2004年第3期;(转下页)

但检阅这些相关研究成果会发现,研究时段也主要集中于全面抗战爆发之前。虽有一些论著对全面抗战时期陕西植棉业有所涉及,但多是将其作为整个近代或更长时段陕西植棉史的一个片段进行简单描述,对全面抗战时期陕西植棉业的专题研究很少,因而也未能突显出战时陕西植棉业的独特性和重要性。而且,现有研究成果多认为全面抗战时期陕棉生产处于停滞状态,并认为这是国民政府在陕西所实行的棉花统制政策导致的结果,但对国家在推动陕棉生产方面采取的积极措施及其成效关注不多。全面抗战时期,陕西植棉业除了有停滞和衰退的一面,还有在一些有利条件推动下进步和发展的一面,也正因为如此,陕西才在大后方的棉花生产中具有举足轻重的地位,被视为"大后方罕见的棉产盛区"。[①]笔者认为,对于全面抗战时期陕西植棉业仍有进一步研究的空间,故本文主要从技术、资金、管理等方面考察分析促进战时陕西植棉业发展的因素及其成效,希望能够丰富对战时陕西植棉业的认识,加强对战时植棉业问题的研究。

一、战时陕西植棉业的危机与契机

陕西自然环境适宜棉花生长,尤其是关中平原的气温、土壤等自然条件最宜植棉,因此棉花种植在陕西有着较为悠久的历史。20世纪30年代初,随着西北开发的兴起,陕西政治经济和社会环境有所改善,植棉业发展也迎来了一些有利条件,如农田水利工程的兴修、优良棉种的引进、棉花销路的扩大等。同时,为发展全国棉业,南京国民政府推行了很多积极的棉业政策。1933年10月,国民政府成立棉业统制委员会(简称"棉统会"),负责对全国植棉业进行大规模改进。1934年4月,棉统会与陕西省建设厅合作成立陕西棉产改进所(简称"陕棉所"),作为负责陕西棉产改进的专业机构。在陕棉所的努力下,1934—1937年间,陕西植棉业走向兴盛,棉田面积和棉花产量迅速增加。据统计,1920—1933年陕西棉田面积多在100万亩至200

(接上页)曾玉珊、王思明:《冯泽芳与抗战时期的后方棉产改进》,《安徽史学》2013年第2期;卢徐明:《改烟植棉:近代陕西禁烟与作物替代》,《农业考古》2018年第1期;卢徐明:《抗战时期陕西棉业研究》,《中国经济史研究》2019年第4期等。

① 赵拂暹:《陕棉市况之波动》,《农本月刊》1942年第58、59期。

万亩之间,自 1934 年以后棉田面积迅速增加,1934 年为 371 万余亩,至 1937 年时已达 523 万余亩。1920—1932 年陕西皮棉年产量大多在 20 余万担至 40 余万担之间,1933 年产量超过 50 万担,1934 年超过 100 万担,1935—1937 年年产量维持在八九十万担之间。①1934 年陕棉产量居全国第五位,1935 年上升至第三位。②陕棉品质也有了显著提高,"由第六位晋级为第三位",运至上海销售的陕西棉花"因织维坚韧,棉色白净,故颇受沪上中外各纱厂欢迎"。③

全面抗战爆发前,我国棉产改进事业取得了很大进步,1936 年棉产数量达到战前最高峰,棉花接近自给自足。然而,全面抗战爆发打断了全国植棉业发展的良好势头。战前我国主要产棉区域为晋、冀、鲁、豫、陕、鄂、苏七省,棉产重心偏于华北及长江中下游。1937 年全国棉田面积 6 436 万余亩,其中该七省为 5 726 万余亩,占总面积的近 89%。④战争爆发后,一些主要产棉省份完全沦入敌手,另一些则部分沦陷或成为战区。据统计,自 1937 年 7 月至当年底,我国产棉省份中已沦入战区的棉田约 4 000 万亩,接近战区的棉田约 1 000 万亩。⑤据棉业专家胡竟良估计,战时棉田沦陷战区者占 90%。⑥战时我国棉产损失极为严重,植棉业遭遇沉重打击,陕西的植棉业也受到严重影响。由于棉纺织业的停顿和交通阻塞,陕棉外运困难,销路锐减,棉价大跌,棉农被迫少种或不种棉花,陕西棉田总面积和皮棉总产量因此大幅下降。如下表所示:

1937—1945 年陕西棉田面积与棉花产量统计表

年份	面积(亩)	百分比(%)	皮棉产量(担)	百分比(%)
1937	4 825 093	100.00	1 067 612	100.00
1938	3 803 552	78.83	1 055 458	98.86

---

① 中国棉业统计会编:《中华民国二十五、二十六年中国棉产统计》,中国棉业统计会 1938 年版,第 7—8、10—13 页。
② 李自发:《告棉运合作社棉农》,《陕西棉讯》1936 年第 16 期。
③ 《陕棉棉质提高在沪推销顺利》,《农学》1936 年第 3 期。
④ 中国棉业统计会编:《中华民国二十五、二十六年中国棉产统计》,中国棉业统计会 1938 年版,第 3—5 页。
⑤ 徐国屏:《棉作推广与农业金融:以川北推广德字棉为例》,《中农月刊》1942 年第 10 期。
⑥ 胡竟良:《中国棉产改进史》,商务印书馆 1946 年版,第 28 页。

(续表)

年份	面积(亩)	百分比(%)	皮棉产量(担)	百分比(%)
1939	2 806 791	58.17	974 827	91.31
1940	2 705 996	56.08	868 609	81.36
1941	2 063 406	42.76	781 933	73.24
1942	1 385 045	28.71	313 738	29.39
1943	1 457 465	30.21	469 400	43.97
1944	1 926 469	39.93	416 709	39.03
1945	1 888 806	39.15	518 059	48.53

资料来源：农林部棉产改进咨询委员会、全国纺织业联合会编：《中华民国三十七年中国棉产统计》，农林部棉产改进咨询委员会、全国纺织业联合会1948年版，第2、6、13页。

战时陕西植棉业在遭遇严重危机的同时，面临着一些发展的契机。首先，战争时期棉花的作用更为重要，它不仅是一种关系军民衣被的民生物资，更是一种影响战争胜败的战略物资。因此，在主要产棉区沦陷的情况下，国民政府不得不重视大后方的棉花生产。而在后方各省中，只有陕西关中平原的自然条件最适宜种植棉花，并在棉产改进方面具备良好基础，后方棉产改进"最具希望者当推陕西一省"。[1]陕西因而成为国民政府推动后方棉花生产的首要区域。

其次，全面抗战的爆发客观上造成了陕西棉产地位的大幅提高。战前陕西是全国主要产棉省份之一，但并非头等棉区，陕棉种植面积、产量和影响力与江苏、河北、湖北等省相比还有很大差距。如1937年时，陕西棉田面积482万亩，产量106万担；河北棉田面积1 385万亩，产量267万担；江苏棉田面积1 182万亩，产量233万担；湖北棉田面积794万亩，产量151万担。[2]但随着这些产棉大省的沦陷，陕棉地位迅速提高。"陕西省棉产之重要性，已因其他各省棉区之沦陷，而跃占第一位。"[3]陕西被视为战时"后方最重

---

[1] 陈鸿根：《西北棉花增产之重要与途径》，《军事与政治》1943年第5期。
[2] 农林部棉产改进咨询委员会、全国纺织业联合会编：《中华民国三十七年中国棉产统计》，农林部棉产改进咨询委员会、全国纺织业联合会1948年版，第1—7页。
[3] 中国第二历史档案馆编：《中华民国史档案资料汇编（第五辑第二编）》，江苏古籍出版社1997年版，第264页。

要之棉区",肩负着为后方军民提供棉花的重任。"本省棉产之盛衰,影响战时军需民用者至巨。"①因此,陕西棉花受到政府和社会各界的特别重视,"大家对于陕棉面积的增减和产量丰歉,均寄予极大的关怀"。②陕棉地位和重要性的提高,给植棉业带来了生存和发展的契机,国民政府和陕西省政府采取了很多措施推动植棉业发展。

二、战时陕西的棉产改进

全面抗战初期,陕西棉产改进所仍是负责本省棉产改进工作的主要机构。1938年10月,陕西省政府将陕棉所、林务局等六机关合并,成立陕西省农业改进所(简称"陕农所"),作为领导陕西农业的主要行政和技术机构,此后陕西的棉产改进工作即由陕农所主持。战时陕西在棉产改进方面,主要采取了以下措施。

(一)推广优良棉种

战时陕西的棉产改进工作,主要是推广优良斯字棉和德字棉。1933年,中央农业实验所征集国内外棉种进行区域试验,发现了原产美国的斯字棉和德字棉两个优良品种,其亩产量及织维品质均较当时种植的其他品种为佳。在随后的试验中进一步发现,四号斯字棉成绩最佳,具有很多显著优点,如成熟早、产量高、织维长,其他棉种无一能与其相媲美。1936年棉统会从美国购进四号斯字棉和德字棉种进行繁殖,1937年开始全国推广。然而,当年全面抗战爆发,良种推广计划严重受挫。陕西是参与良种试验和推广的省份中硕果仅存的一个。陕西棉产改进所泾阳棉场自1934年起,参与进行斯字棉和德字棉区域试验。1936年棉统会将从美国购买的四号斯字棉种1万磅③分配给陕棉所,在泾阳、高陵两地繁殖1 550亩;又将从美国购买的七一九号德字棉种8 000磅分配给陕西,在大荔、朝邑一带繁殖660亩。这是斯字棉和德字棉在陕西推广的开端。④

---

① 凌勉之:《一年来的陕西建设》,《陕政》1943年第5、6期。
② 胡坤荣:《现阶段的棉花供需与价格问题》,《农本月刊》1942年第62期。
③ 1磅约合453.59克。
④ 李国桢主编:《陕西棉业》,陕西农业改进所1947年版,第86页。

全面抗战爆发之初,棉花滞销,棉价暴跌,农民植棉兴趣下降,而且政府提倡种植粮食作物,限制棉花种植,优良棉种的推广事业受到严重威胁。陕棉所认为,"斯字德字两棉种,已经耗费相当之金钱时间与人力,公认为本省最有希望之棉种,确有维持纯良之必要",如果不继续集中收购保存棉农手中的优良棉种,"则本省棉产改进工作,倒退四年,前功尽弃"。因此提议继续筹款,由政府从棉农手里收买良种继续推广。①在陕棉所坚持下,优良棉种的推广工作得以延续不辍。陕农所成立后,仍将斯字棉和德字棉推广列为中心工作,进行大规模推广。

战时陕西斯字棉和德字棉的推广面积与产量逐年递增。如下表所示,棉田面积从1937年的19 071亩,增加到1945年的1 719 506亩,增长了89倍多;皮棉产量从1937年的5 361担,增加到1945年的462 321担,增长了85倍多。其中斯字棉因优势明显,成为战时推广的最重要的棉种,成效也最为显著,从1937年的12 910亩,增加到1945年的1 638 061亩,增长了近126倍。经过数年推广,斯字棉遍布关中各县,"东起潼关,西至宝鸡,南自华山之麓,北至龙门之阳,皆为斯字棉之分布区域,关中人民视为与泾惠渠同样之瑰宝"。②陕西斯字棉"推广之顺利而迅速,不特为民国以来棉业史上空前之举,即吾国作物改良史上亦无与伦比"③。

1936—1945年陕西优良棉种推广面积与皮棉产量统计表

年份	棉田面积(亩) 斯字棉	德字棉	合计	皮棉产量(担)
1936	1 550	660	2 210	524
1937	12 910	6 161	19 071	5 361
1938	42 766	15 983	58 749	20 753
1939	199 641	50 885	250 526	102 205
1940	852 006	89 412	941 418	315 969
1941	1 022 150	239 153	1 261 303	504 032

---

① 《关于保存斯字棉德字棉之理由及办法》,陕西省档案馆藏,资料号:75-1-363-2。
② 冯泽芳:《抗战时期与建国时期之农业》,《中央周刊》1946年第1期。
③ 冯泽芳:《陕西省斯字棉推广之经过》,《陕农月报》1940年第1期。

(续表)

年份	棉田面积(亩) 斯字棉	棉田面积(亩) 德字棉	棉田面积(亩) 合计	皮棉产量(担)
1942	945 221	145 724	1 090 945	268 093
1943	1 110 900	10 569	1 121 469	385 803
1944	1 558 920	43 644	1 602 564	311 662
1945	1 638 061	81 445	1 719 506	462 321

资料来源:"棉田面积"数据来自李国桢主编:《陕西棉业》,陕西农业改进所1947年版,第99—101页。"皮棉产量"数据来自《陕西省棉作推广概况》,陕西省档案馆藏,资料号:73-3-787。

(二) 棉花病虫害防治

棉花生长极易受到病虫害影响,如果只进行良种推广,而不设法防治病虫害,则推广成效难免事倍功半。陕西棉花虫害较多,尤以棉蚜虫(简称"棉蚜")、红铃虫为害最烈,严重影响棉花产量和品质。据调查,1937年棉花被害率(红铃虫)为16.8%,1938年为20.6%,1939年为45.6%。所受之经济损失,仅1939年即达5 000万元。[①]因此,战时陕西在推广优良棉种的同时,对于病虫害防治极为注重,重点进行了棉蚜虫和红铃虫的防治。

棉蚜虫的防治,主要是由改进机关指导各地农民利用烟草水、皂荚棉油乳剂等方法进行。改进机关先在棉区设立"棉蚜防治表证示范区",以事实换取农民对防治技术的信任,然后再做大规模的推广,普及防治方法,使农民养成自动防治的习惯。在棉蚜防治期间,陕农所饬令各县附设机关全体动员,进行防治,还通过举行治蚜运动宣传周,进行治蚜方法表演,对民众进行训练。[②]红铃虫主要用捕杀法进行防治,陕农所以收买及缴纳两种方式动员农民、学生等参与防治。陕农所制定了捕缴红铃虫奖惩办法,设立了示范区,进行工作竞赛,并编印红铃虫活页教材转发各小学,寓宣传于教育,以普及红铃虫防治知识,增强学童等捕捉兴趣。陕西省政府饬令各县政府转令各乡保甲长及棉户,按亩缴纳幼虫半斤,各指导人员轮流到各村保学,巡回

[①] 《陕西省农业改进所泾惠渠棉区二十九年棉作推广工作年报》,陕西省档案馆藏,资料号:73-2-245-1。

[②] 秦孝仪主编:《抗战建国史料——农林建设(三)》,"中央"文物供应社1985年版,第69页。

督导及登记验收红铃虫。①

战时陕西棉花病虫害防治工作所需的技术、人员和经费,由中央与地方共同承担。除了陕农所的经费和技术人员外,行政院农产促进委员会提供了防治经费补助,中央农业实验所每年均会派技术人员来陕西协助防治。陕西棉花病虫害防治颇具成效,如棉蚜方面,1938 年防治棉田 1.3 万余亩,估计增加农民收入 8.3 万余元;1939 年防治棉田 8.4 万余亩,估计增加农民收入 121 万余元;1940 年防治棉田增至 33 万余亩,估计增加农民收入 1 118 万余元。②红铃虫方面,1939 年收缴 2 636 斤,1940 年和 1941 年超过了 28 万斤。③

(三) 棉作试验研究

植棉业的发展对于各种植棉技术依赖性较强,因而需要通过棉作试验,掌握各棉种的特性,从而给棉花栽培提供充分的科学依据。全面抗战前,陕棉所已经开始进行多项棉作试验。全面抗战时期,陕西省农业改进所泾阳农场、中央农业实验所和金陵大学西北农场等科研机构继续在陕西进行各项棉作试验,包括棉花品种比较试验、灌溉试验、肥料施用方法试验、棉田土壤管理试验、绿肥轮栽试验、陇海路西段优良棉种区域试验、美棉纯系育种高级试验、棉作铃行株行试验、各种重要栽培因子联因试验等多个方面。这些试验研究工作包括了植棉之重要问题,如肥料、灌溉、播期、距离、土壤、管理、轮栽等,无不具备,且其中若干试验历经数年已有具体结论,为棉花种植提供了科学依据。如在泾惠渠棉区进行的棉田灌溉试验发现,农民因缺乏用水知识,在棉田灌溉方面存在很多不科学、不合理的地方,尤其是争相用水、过度灌溉,反而使棉花生长受到消极影响,枝条生长过高导致秃而不实。试验找到了棉花的最佳灌溉期、灌溉次数及灌溉量,掌握了棉田灌溉的一些规律,如棉花生长期间需水最殷;灌水过多不但不能增加产量,反而会延迟成熟时间,增加霜后黄花率,减低产品收益;棉田灌溉之适期较次数之多寡

---

① 《陕西省农业改进所泾惠渠棉区二十九年棉作推广工作年报》,陕西省档案馆藏,资料号: 73-2-245-1。
② 李肇瀛、陈德起:《三年来陕西省棉蚜防治工作之经过》,《陕农月报》1940 年第 1 期。
③ 秦孝仪主编:《抗战建国史料——农林建设(四)》,"中央"文物供应社 1985 年版,第 239 页。

更为重要。①此外,凡灌溉次数少的棉田提早于始花时灌溉(泾阳农场的试验发现),灌溉的同时加入氮肥(西北农场的试验发现),都能使灌溉取得更为良好的效果。这些灌溉规律的掌握,使灌溉管理和水资源分配有了科学依据,大大提高了灌溉效益和棉花产量。

各科研机构将试验研究结果应用于指导农民植棉的实践当中,对棉花播种、补种、间苗、定苗、中耕、除草、施肥、虫害防治、收花选种、去劣去伪等工作,随时向棉农提供指导,帮助农民改善栽培方法。

近代中国棉产改进过程中,曾先后引进十多个优良棉种,但在繁殖推广前多未经驯化,而是盲目散发给棉农种植,之后又未能对棉农进行技术指导,因此推广效果不佳,很多优良棉种严重退化。战前陕西的棉产改进也曾陷入引进—退化—再引进—再退化的恶性循环,战时陕西的植棉业则完全改变了过去的粗放做法,科学技术在植棉业发展中发挥着指导作用。在传统社会,农业技术改进一般都是由农民在经验基础上自发进行的,而"现代的技术,刚好相反,包括有将科学方法应用于农业问题的含义,而且,一般并非由农民本人,而是由有训练的专家作出的"。②战时陕西植棉业的发展正是得益于一批训练有素的棉业专家进行了大量的科学研究和技术指导,使棉产改进走上了科学化的发展道路,这是植棉业得以发展的前提条件。

三、战时陕西的棉业金融

农业生产离不开资金支持,尤其是棉花种植成本较高,投资较大,在棉花的生产过程中,棉农购买种子、肥料、农具、病虫防治药剂等各种物资,离不开金融机构的资金接济。20世纪30年代初,一些棉作改良机构在棉种改进方面已有所成就,培育出一些优良棉种,但难以大量推广,缺乏资金是一个严重的制约因素。"试验工作的结果停留在暖房里,如何将这些改进结果推广到农民手里的问题还是得不到解答。重要的问题是增殖这些改良的种子,并将它们分配给农民种植……贫农即使想种植改良的种子,也没有能力

---

① 《陕西省农业改进所卅一年度工作总报告》,陕西省档案馆藏,资料号:73-2-232-1。
② [美]珀金斯:《中国农业的发展(1368—1968年)》,宋海文等译,上海译文出版社1984年版,第45页。

做,他们没有财力。这就是30年代在农业方面一般存在,在农业金融方面尤其存在的卡脖子的问题。"①陕西农民在种植棉花时遇到的一个主要困难就是缺乏资金,自1929年遭受严重旱灾之后,"农民经济,整个破产,一般棉农,即有植棉信念,多因资金缺乏,恒难达到目的"。②

全面抗战爆发前,陕西农村金融事业已有所发展,一些商业银行开始在陕西办理农业贷款,棉业贷款是其中主要部分,对于促进植棉业发展发挥了重要作用。全面抗战爆发后,商业银行的农贷大都停办,棉贷基本处于停滞状态。1942年大后方棉荒加剧,国民政府提倡棉花增产,棉贷随之恢复开展。国民政府希望通过国家银行的贷款奖励农民,调动农民植棉积极性,从而促进棉花生产。陕西棉贷工作遂重新启动,并成为战时农贷的重点。③

1942年之后,陕西棉贷由陕农所与中国农民银行、陕西省合作事业管理处会同办理,农贷资金由中国农民银行统一发放。战时棉贷可分为生产贷款、运销贷款和推广贷款三大类,其中以棉花生产贷款为主。1943年,中国农民银行核定陕西棉花生产贷款6 000万元,利用合作社及农会组织,在关中、陕南24个县,贷款合作社与农会共计180个,按水地每亩100元、旱地每亩50元的标准贷放,贷款棉田92万余亩,实际贷款5 248万余元。④时任陕农所所长李国桢曾言:"国库以若此庞大资金运用于农村者,为数亦不多见,由本年棉花增产资金贷款之情形观之,亦可见各方对陕棉增产工作之重视。"⑤

1944年,国民政府对于陕棉增产工作更为重视,扩大陕西棉花贷款规模,核定贷款总额为4亿元。当年中国农民银行陕西棉花生产贷款实际贷放区域增至31个县,贷款合作社与农会共计275个,贷款标准为水地每亩200元、旱地每亩100元,贷款棉田137万余亩,实际贷款3.4亿余元。1945年,陕西棉花生产贷款核定资金16亿元,是上年的4倍。当年,为了避免贷款过于分散和便于推广指导,节约人力财力起见,中国农民银行将陕西的棉贷区

---

① 《何廉回忆录》,朱佑慈等译,中国文史出版社1988年版,第140页。
② 徐仲迪:《陕西棉农应该注意的几点》,《陕西棉讯》1936年第1期。
③ 石涛:《抗战时期农贷与陕西农村经济的发展——以国家行局为中心》,《陕西师范大学学报(哲学社会科学版)》2016年第2期。
④ 李国桢主编:《陕西棉业》,陕西农业改进所1947年版,第266页。
⑤ 李国桢:《两年来陕西之棉业》,《农业推广通讯》1944年第5期。

域进行缩小和集中，并偏重于水地植棉，以提高贷款的增产效益。①当年，陕西棉花生产贷款区域为 20 个县，贷款合作社与农会共计 158 个，贷款标准为水地每亩 1 000 元、旱地每亩 500 元，贷款棉田 181 万余亩，实际贷款 13.8 亿余元。②

历年棉花生产贷款不仅数额较多，在农贷总额中占比最高，而且利率较低，因此棉农对于生产贷款颇为欢迎。"棉农依赖棉贷，许多地方已成为习惯……从事棉贷工作的人，检讨棉贷的功用，确实帮助棉农甚大，帮助增产甚多。"③

全面抗战时期，国民政府通过中国农民银行给予了陕西植棉业大量资金支持，在推动棉花增产上取得一定效果。1938 年至 1942 年棉贷停顿期间，陕西棉田总面积和总产量逐年锐减。1942 年后，随着棉花生产贷款的大规模增加，棉农获得资金调剂，棉田面积和产量止跌回升。战时陕西棉花生产贷款虽然存在诸多不足，尤其是严重的通货膨胀使得贷款成效大打折扣，但棉贷对于促进战时棉花增产仍发挥了不可或缺的作用，是陕西植棉业发展的重要推动力量，李国桢甚至称棉花生产贷款为"增加棉花产量之唯一途径"。④

四、战时陕西的植棉管理

棉花是一种非常易于杂交的农作物，天然杂交率常在 30% 以上，如果管理不善，将不同棉种混种一地，则不出三五年良种势必会退化变劣，因此推广优良棉种必须严格管理。近代中国植棉业发展过程中有一个普遍而且严重的问题，就是农民植棉往往自由耕种，优劣混杂，而且收花之后，棉农自由出售，商贩掺杂作伪，使棉籽更为混杂低劣，良种优越性丧失殆尽。很多地方的优良棉种推而不广，成效不彰，缺乏有效管理是其主要原因之一。

在战时陕西植棉业发展中，政府力量开始积极介入，进行管理和控制，

---

① 《本年陕西棉贷十六亿元》，《中华农学会通讯》1945 年第 47、48 期。
② 李国桢主编：《陕西棉业》，陕西农业改进所 1947 年版，第 251 页。
③ 李国桢：《改善棉贷方式与购进美棉之商榷》，《中国棉讯》1947 年第 12 期。
④ 李国桢主编：《陕西棉业》，陕西农业改进所 1947 年版，第 276 页。

其中最重要的措施就是推行棉种管理区制度。所谓棉种管理区制度，就是棉产改进机关在政府或法律的授权下，划定一定区域作为棉种管理区，规定在该区域内只能种植一个优良品种，并由改进机关及政府有关机构对管理区内棉花的播种、收获、轧花直至出售产品全过程，以及其从业人员，如棉农、轧花厂员工、棉商等，进行严格管理，通过集中种植和统一推广，以保持棉种纯度，并源源不断地供给棉农，持续发挥增产作用，从而达到棉产改进的效果。棉种管理区制度被视为"改良棉作最新最有效之方法"。[1]

中国的棉种管理区制度最早于1937年由河南省棉产改进所实施，陕西的棉种管理区制度也始行于1937年。当时，陕西棉产改进所计划大量推广斯字棉和德字棉，但良种数量有限，如任其自由推广，日久必致散漫变劣，故为保持棉种纯度及提高推广效率，陕棉所拟定了《陕西省棉种管理区暂行办法》，由陕西省政府于1937年4月通过。该办法规定：第一，本省为谋棉种之纯良，以维持其原有之产量，并为良种之大量供给，以应本省推广植棉之需要起见，特设棉种管理区。管理区设立办事处，办理区内一切事务，办事处职员由陕棉所会同当地县政府委派调用。第二，管理区内棉农每年皆须一律领种陕棉所规定之优良纯洁棉籽，不得种植其他棉种，如另种其他棉种者须立即铲除。管理区棉农对于棉作之栽培、选种、病虫害之防除等方法，应切实接受管理区办事处技术人员之指导。第三，管理区内棉农所需优良棉种，由办事处借给或由棉农价领。棉花收获后，棉农需按照借一斤还一斤半的比例偿还棉籽，其余全部棉籽应按照市价售让给办事处。管理区内棉农不得自行留种，由本区年年供给优良棉种，区内所产棉籽依次向外推广。管理区内棉籽由办事处统筹支配，非经核准，棉籽不得输入或输出。第四，管理区内设置轧花厂，由陕棉所派员管理。管理区内所产籽花，非在区内轧花后不得运出区外。区内农户因轧取自产棉花而设置的轧花厂，须向办事处登记。棉商在管理区内收花，应以皮花为限。违反规定者，将处以罚金。[2]为加强对轧花车的管理，防止轧花导致棉籽混乱，陕棉所还制定了《陕西省各棉种管理处轧花车登记指导办法》，要求凡在棉种管理区内的轧花车必须加

---

[1] 李士达：《棉业之改良与推广》，《农业周报》1931年第35期。
[2] 《省府通过本省棉种管理区暂行办法》，《工商日报（西安）》1937年5月3日，第6版。

以登记,并发给登记证件;轧花车一经登记,在轧花时期严禁偷轧退化洋棉,否则由地方行政当局予以处罚。①可见,棉种管理区内的棉花种植、棉籽运输和轧花等,均须接受严格管理。

1937年春开始推广斯字棉时,陕棉所即以棉种管理区的方式在泾阳县集中推广,棉种管理区制度初步推行。1937年七八月份,陕棉所分别在泾惠、洛惠两棉区与当地县政府合办棉种管理区两处。泾惠棉种管理区为斯字棉繁殖推广的根据地,以泾阳棉场为中心,包括村庄21个,棉田万余亩。洛惠棉种管理区为德字棉繁殖推广的根据地,以大荔棉场为中心,包括村庄10个,棉田5 500亩。②此后根据推广需要,棉种管理区不断增设。截至1941年,已设立了泾惠、洛惠、渭南、兴平、长安、宝鸡、朝邑、韩城等斯字棉管理区,以及在陕南城固设立的德字棉管理区。棉种管理区的范围逐年扩大,到1940年时斯字棉管理区已有村庄503个,棉田16万亩。③

棉产改进机关与地方政府合作,在管理区大力宣传棉花纯种主义。如1938年陕棉所和渭南县政府在换发良种的布告中规定:棉农种植德字棉后,就不许再种当地的土种,免得好坏混杂在一起,将来好种子反变成坏种子;在陕棉所规定区域之内,农民如种植土种,县政府立刻就要派警力前来铲除;棉花收获后,棉农所有得到的棉籽,要按照当地的市价售与陕棉所,不准自己处理,免得好种散失;领种的农友要接受陕棉所职员的指导。④陕农所成立后,继续严格推行棉种管理区制度。每当棉花成熟季节,陕农所都会发布命令或告示,加强对区内良种的管理。为避免良种散失及混杂,泾阳农场经常派员赴管理区、油坊和城镇各轧花棚户巡查,严禁代轧及偷漏棉籽,并禁止油坊收买良种榨油。为预防种植杂棉,避免良种混杂,泾阳农场时常派员向农民宣传设立管理区之意义,泾阳县政府也训令各保甲长转嘱农民勿植杂棉,否则立即铲除。此项工作自棉花播种时起,一直在不断进行。对于所发现的杂棉,由县政府派员监督铲除。⑤

---

① 《陕农月报》1941年第7、8期。
② 李国桢主编:《陕西棉业》,陕西农业改进所1947年版,第87页。
③ 冯泽芳:《陕西省斯字棉推广之经过》,《陕农月报》1940年第1期。
④ 《陕西棉产改进所/渭南县政府换种良种规定办法的布告》,陕西省档案馆藏,资料号:75-1-371-3。
⑤ 《陕西省农业改进所泾阳农场二十八年一至六月工作半年总报告》,陕西省档案馆藏,资料号:73-2-242-1。

各棉种管理区通过采取严厉的管制措施,在棉种保纯方面取得了显著成效。棉种管理区逐年扩大,棉种供给充足,且仍保持相当高的纯度,可向周边地区大量推广。如泾阳县推广斯字棉成绩最为显著,至1940年时全县已经普遍种植斯字棉,面积达23万余亩,是全国唯一的棉花纯种普及县。①当时,正在陕西协助指导斯字棉推广工作的棉业专家冯泽芳赞赏道:"吾人巡视泾阳县之农田中,见到处皆是斯字棉,生长整齐可爱,实创吾国仅有之全县普及棉花纯种之纪录。此吾人于叙述棉种管理区时,不能不特予表扬者也。"②

棉种管理区制度的目的,是通过严格管理以避免农民各行其是而导致的棉种混杂,并保证优良棉种能够科学有序、源源不断地向各地推广,发挥良种供给根据地之功能。这种积极监管而非消极放任的管理方式,为以前推广植棉所未有。从陕西优良棉种的推广效果来看,这一制度的目的很好地实现了。"地方纯种制度,以陕西省最为成功。"③这也是战时陕西植棉业取得进步的重要保障。

五、战时陕西植棉业的成就

全面抗战时期,虽然面临重重困难,但在棉产改进机关及各方面的努力下,在很多有利因素的共同促进下,陕西植棉业仍取得了一些发展成就。

首先,棉花亩产量增加,品质大幅提高。亩产量是衡量农业生产力的核心指标。就陕棉亩产量而言,1928—1937年年平均亩产量为24.89斤,1938—1945年增至30.74斤,每亩约增产5.85斤,增产率达23.5%。④战时陕西棉花亩产量不仅较战前显著增长,而且历年亩产量,除1942年和1944年外,均高于全国平均水平。1928—1937年,全国棉花年平均亩产量为29.16斤,高出陕西4.27斤。而1938—1945年,全国棉花年平均亩产量为

---

① 曾玉珊:《冯泽芳与中国现代棉业改进研究》,中国农业科学技术出版社2012年版,第120页。
② 冯泽芳:《陕西省斯字棉推广之经过》,《陕农月报》1940年第1期。
③ 孙恩麐:《我国棉作改良之演进》,《中国棉讯》1948年第22期。
④ 农林部棉产改进咨询委员会、全国纺织业联合会编:《中华民国三十七年中国棉产统计》,农林部棉产改进咨询委员会、全国纺织业联合会1948年版,第2、13页。

24.94斤,陕西亩产量高出全国5.8斤。如下表所示:

1937—1945年陕西棉田亩产量统计表　　　　　　　　单位:斤

年 份	1937	1938	1939	1940	1941	1942	1943	1944	1945
陕西亩产量	22.1	27.7	34.7	32.1	38.0	22.6	32.2	21.6	37.0
全国亩产量	21.4	25.0	26.0	23.9	25.6	26.9	24.9	25.2	22.0

资料来源:农林部棉产改进咨询委员会、全国纺织业联合会编:《中华民国三十七年中国棉产统计》,农林部棉产改进咨询委员会、全国纺织业联合会1948年版,第13、15页。

战时陕西棉花亩产量的提高,以各水利灌溉区域最为显著。因灌溉区能及时供应棉花水分,故亩产量常超过旱地两倍以上。关中灌溉棉田亩产皮花100斤颇为常见,最多者可达一百四五十斤,亩产量之高"不仅为国内所罕见,即世界最著名高产量之埃及亦不能与之比拟"。①尤其是泾惠渠灌区,棉花亩产量远高于非灌区。灌区一等农田棉产量最高可达每亩120斤,通常均在80斤以上,二等农田亦可获60斤,而非灌区棉田亩产量仅20斤。②

全面抗战时期,陕西棉田总面积和棉花总产量均严重下降,但产量降幅明显小于面积降幅。1945年的棉田面积相当于1937年的39.15%,减少了60%多,而1945年的皮棉产量相当于1937年的48.53%。正是由于棉花亩产量有所提高,很大程度上弥补了面积减少对总产量造成的损失,使得陕西棉产仍能维持较大规模,成为陕西在战时棉花供给方面发挥重要作用的基础。

就棉花品质而言,全面抗战前我国棉花品质随着优良美棉的大量种植而日渐提高,但战争爆发后很多省的棉产改进工作中断,良种推广半途而废,很多地方甚至重新种植本应淘汰的中棉。这主要是因为美棉适于机器纺织,而中棉则适于手工纺织,战时厂用减少,各地所产皮棉多供当地手纺使用,美棉在土法弹纺上反不如中棉易于处理,故农民乐于种植中棉。美棉面积和产额大量减少,棉花品质也随之退步,多年来以推广优良美棉为目标的棉产改进事业可谓前功尽弃。然而,"唯一的例外是陕西省"③。战时陕西

---

① 黎小苏:《陕西棉业问题改进刍议》,《陕西企业》1942年创刊号。
② 行政院新闻局编:《泾惠渠农村概况》,行政院新闻局1948年版,第10页。
③ 赵冈、陈钟毅:《中国棉纺织史》,中国农业出版社1997年版,第43页。

由于大量推广斯字棉和德字棉,到1945年时,优良棉种的种植面积和产量均占到全省棉田总面积和总产量的90%以上。陕西省的棉田面积和皮棉产额中,美棉所占比例在全国名列第一,远超其他各省。[1]和战前相比,陕棉品质得到显著提高。如据调查,1936年时,陕棉织维长度中1英寸[2]以下者占到了98%,1英寸及以上者仅2%。而到1940年时,织维长度中1英寸及以上者占到了33%,可见长绒棉比例大幅上升。[3]陕棉因品质优良,"色泽长度更见优美,深为厂家所乐用"[4]。全面抗战爆发之初,陕棉所确定的战时棉产改进的目标是"求质的改良与单位产量之增加,不求棉田量的扩充"[5]。从陕西植棉业发展的结果来看,这一目标得到实现。

其次,植棉业带动了棉产区农村经济的发展。全面抗战前,棉业已经与陕西尤其是关中农村经济形成了密切关系,棉花的生产、运输、加工、贸易等带动了区域农工商业的发展,关中农村经济中"棉花经济"的色彩非常鲜明。战时棉花种植面积虽然大幅减少,但仍是关中农民种植的主要农作物之一,是农家经济收入的主要来源,在农家经济中占有重要地位。尤其对渭南、泾阳等县农民而言,棉花是他们种植的主要作物,也是他们主要的收入来源,"每个农民除了栽种一些仅够果腹的小麦与杂粮以外,其余都是栽种棉花,故每个棉农开支的一切费用,也需仰仗棉花。如完粮纳税,称盐打油,购买农具,耕牛,以及庆吊酬酢,都是靠卖棉花来维持,就是置产盖房,积财千万的财主,也无一不是在棉花上打主意",农村经济"完全建筑在棉花上面"。[6]据调查,20世纪40年代,陕西植棉农家人口达300余万,约占全省人口1/3。[7]植棉业与陕西农村经济和农家生活关系之密切可见一斑。

战时推广种植的优良棉种,量丰质优,售价较高,能够给棉农带来更多经济利益。而且,植棉业发展带动了轧花、打包等相关事业的进步,关中一

---

[1] 农林部棉产改进咨询委员会、中国棉纺织业联合会编:《中华民国三十五年中国棉产统计》,农林部棉产改进咨询委员会、中国棉纺织业联合会1946年版,第1—10页。
[2] 1英寸约合2.54厘米。
[3] 李文奎:《抗战四年来陕西之棉业》,《陕农月报》1941年第7、8期。
[4] 吴澄治:《陕棉改良刍议》,《纺织周刊》第7卷第26期。
[5] 《陕西棉产改进所非常时期事业计划》,陕西省档案馆藏,资料号:75-1-11。
[6] 王景陈:《陕西棉农生活种种》,《农本月刊》1942年第60期。
[7] 陕西省分库:《陕棉调查报告》,《中库通讯》1947年第9期。

些产棉区农村市场出现繁荣景象。如泾惠渠灌区每年棉花收获时期,各地棉商纷纷前来采购,"故泾惠渠灌区,每届十月以后,沿途车马络绎不绝"。①灌区棉花大多运到泾阳、三原、高陵及永乐店出售。泾阳县位于灌区核心,是陕西最著名的棉产区,也是最大的棉花集散市场,"战前即执陕西市场之牛耳,抗战后河北江苏等产棉区沦陷,该地尤为后方仅有之棉花市场,亦为国内有数之原始市场"。②1942 年陇海铁路支线咸同铁路建成后,该县东部的永乐店镇因位于咸同铁路中点,交通极为便利,灌区棉花外运以永乐店最为适中,因而很快成为关中新兴棉花集散中心,当地工商业也随之走向繁荣。永乐店作为一个乡村小集市,全市商铺百余家,花店占 20 余家,"当皮棉上市时,花车辘辘,由四乡群集于此,百业繁荣,及至棉季一过,则市面萧条,商铺门可罗雀,此乃棉业影响商民经济之明证"。③当地还设立有棉花打包厂,全县所产棉花大都集中于此打包,再运往咸阳,转往宝鸡等地。交通银行、农民银行等纷纷在永乐店设立分支机构,各大纱厂在此收购棉花,"年来市面日趋繁荣"。④在棉业经济带动下,永乐店一跃成为该县商业重镇,"有工厂、银行、商号、花行……一切均在蓬勃之发展中"。⑤泾惠渠灌区农民植棉面积占耕地面积 50%,而其附近咸阳原上农民植棉面积占耕地面积 10%,两地仅一河之隔,只因前者植棉多、收益丰,后者植棉少、收益歉,两地之农民购买力与农村子弟教育程度悬殊,可谓植棉业影响农民经济之有力明证。⑥

最后,陕西在战时大后方棉花供给方面发挥了关键作用。战时陕西棉田总面积和总产量虽较战前大幅减少,但 1938—1945 年年平均棉田面积仍有 225 万亩,8 年皮棉总产量约 540 万担,年平均产量约 67 万担。即使是 1942 年(陕西棉产最少的一年),其产量仍占到了陕、豫、湘、鄂、川 5 省产量的 31%。⑦战时国民政府曾在西南各省积极推动棉花种植和增产,但陕西棉产始终居于最重要的地位,"产量曾占全国后方棉产总额之半。品质之佳,

---

① 行政院新闻局编:《泾惠渠农村概况》,行政院新闻局 1948 年版,第 5 页。
② 冯希彦等:《泾阳棉业调查报告》,《农本月刊》1942 年第 62 期。
③⑥ 李国桢:《中国棉业与中国经济》,《中国棉讯》1947 年第 9 期。
④ 《调查:西北各地金融经济动态及市况:泾阳(四月份)》,《雍言》1943 年第 5 期。
⑤ 宋国垄:《陇海路咸同段沿线各县经济调查(泾阳)》,《陕行汇刊》1944 年第 3 期。
⑦ 陈锡碬:《我国战时之花纱布管制》,《中农月刊》1944 年第 3 期。

亦为各省所称誉"。①

陕西棉花生产不仅保障了陕西军民和纺织工业的原料需求,而且为后方其他各省提供了大量棉花。战时四川、云南、鄂西、豫西等地虽然也产棉花,但数量有限,自给尚感不敷,而且多是品质较低的中棉,无法满足纱厂需求。陕西棉产则自给有余,遂大量销往以四川为主的后方各省,成为"后方棉产之主要供给来源"。②陕棉织维较长,尤为适宜机纺,故为后方各纱厂所仰赖,是"战后西南西北机纺原棉的唯一来源"。③1940年宜昌沦陷后,鄂棉来源断绝,"后方厂用原棉,几全仰给陕西"。④1942年之前,陕棉每年约有30万担外销,占年产量的近一半。1942年之后,国民政府对棉花实行统购统销,1942—1944年3年间,政府共收购陕棉111万余担。⑤国民政府控制了90%以上的陕西棉花,同时在政府所征购的棉花总量中,陕棉也占到了绝大部分,是这一时期国民政府所能够控制的棉花资源的主要来源。陕棉的重要性得到了政府、纱厂和社会各界的一致认可。如时人所言:"陕西的棉花,产量最多,品质最好,抗战中军用民用的棉花,多取给于此。"⑥陕西棉花"在抗战期间对于军需民用贡献最大"⑦。

总之,全面抗战时期是近代中国植棉史和陕西植棉史上一个艰难而又重要的阶段。战时陕西植棉业虽受不利因素影响,在棉田总面积与棉花总产量方面出现了严重衰退,但陕棉地位和重要性却大大提高,陕西成为战时大后方保存完整的唯一重要产棉区。战时陕西植棉业发展也存在着一些有利因素,除了优良的自然条件、便利的水利灌溉之外,棉业科技、生产资金和新的管理制度是促进陕西植棉业在战时艰难环境中继续发展的三个重要因素。在以陕农所为代表的国家力量的主导下,这些有利因素得到了较好协调利用,共同促进战时陕西植棉业取得了很多发展和进步,不仅棉田总面积和棉花总产量在抗战后期止跌回升,而且棉花亩产量和品质显著提高。这

---

① 西丁:《陕棉的出路》,《经济家》1947年第4期。
② 文昭:《后方各省棉产概述》,《本行通讯》1942年第42期。
③ 胡坤荣:《现阶段的棉花供需与价格问题》,《农本月刊》1942年第62期。
④ 《抗战期间全国棉纺业概况》,《中国纺织学会会刊》1944年第2期。
⑤ 李国桢主编:《陕西棉产》,中国棉业出版社1949年版,第303页。
⑥ 《以物易物方式收购陕棉:一个收购陕棉方法的提供》,《西北经理通讯》1943年第9期。
⑦ 黎小苏:《从数字上看陕西》,《西北通讯半月刊》1948年第1期。

使得陕棉产量虽较战前大幅下降,但在大后方仍保持领先地位,在后方军民衣被与纱厂原料棉花的供给中发挥了关键作用,为支持抗战做出了特殊贡献。危机与契机同在,衰退与发展并存,是战时陕西植棉业的一个显著特点。

第一次世界大战末
日商对华棉纺织业大举投资的先声
——以日华纱厂的开办为考察对象

The Prelude to Large-Scale Investment in China's Cotton Textile Industry by Japanese Merchants at the End of World War I
—On Account of the Opening of Japan-China Spinning & Weaving Co., Ltd.

王 萌*

日本实业家和田丰治在上海开办日华纱厂,成为第一次世界大战末日商大规模对中国棉纺织业投资的先声。一方面,日华纱厂以生产粗纱为主的经营策略,使其具有鲜明的生产特点。另一方面,和田丰治杜绝华商买办势力的渗入,成为日华纱厂坚持的经营原则。20世纪20年代以来,上海日商纱厂集团获得了日本国内棉纺织业无法比拟的高额收益,规避了日本国内劳动法律与国际劳动协约的制约。日华纱厂的开办,反映出第一次世界大战末以来日商对中国棉纺织业大举投资的诸多特征。

和田丰治是近代日本实业界的一个传奇人物。1861年,和田丰治生于日本丰前国(现大分县)一个藩士之家。和田丰治于东京庆应义塾毕业后赴美游历,回国后曾在日本邮船会社、三井银行、钟渊纺织株式会社等企业担任管理干部。甲午战争前后,和田丰治多次来华漫游,对中国各地乡土民情有所了解。在任职钟渊纺织株式会社期间,和田丰治设计的蓝鱼牌棉纱,畅销于中国市场。[①]1901年,和田丰治走上投资实业之路,成为富士纺织会社

---

* 王萌,武汉大学历史学院教授。
① [日]喜多贞吉:《和田丰治传》,《和田丰治传》编纂所1926年版,第66页。

董事,此后逐步掌握该会社的经营权,在日本实业界渐获声名。①在和田丰治投资开办的诸多工厂中,1918 年在上海开办的日华纱厂是较为特殊的一家企业,它不仅位于与日本国内经营环境完全不同的中国,而且生产所需的劳工皆为华人。第一次世界大战期间日本政府对华态度强硬,和田丰治的投资活动被打上日本资本强势进入中国的时代烙印。以和田丰治开办日华纱厂为先声,日商在第一次世界大战末期对中国棉纺织业的投资形成高潮。虽然不少学者对这一高潮形成的原因进行过分析,②但鲜有人对其中重要人物的活动进行专门的考察。笔者希望通过考察日华纱厂开办的时代背景及和田丰治的经营理念,揭示并剖析第一次世界大战末以来日商对中国棉纺织业大举投资的实相与特征。

一、和田丰治在华投资办厂的背景

第一次世界大战期间,战火中的欧洲诸国无暇东顾,日本棉产品得以大量涌入中国市场。日本对各国贸易的大幅顺差,牵动日本国内物价高涨,棉产品市场呈现繁荣景象。在大阪棉产品交易市场上,1914 年 1 月棉纱每捆最高价格为 136 日元,至 1918 年同月则达 364 日元。③战时日本国内纱厂获得的纯利率平均高达 36.1%,而钟渊、大日本、东洋三大棉纺企业所获的纯利率更高达 58.8%。④巨额资本的累积,为日商向海外大规模投资创造了资本条件。

近代以来,日本工厂恶劣的劳动环境与过长的劳动时间,导致劳资关系

---

① [日]小风秀雅等编:《和田丰治日记》,日本经济评论社 1993 年版,第 289 页。
② 赵冈、陈钟毅在《中国棉纺织史》中也提到了日华纱厂的创办与其生产经营情况,参见赵冈、陈钟毅:《中国棉纺织史》,中国农业出版社 1997 年版,第 153 页。日本学者高村直助对第一次世界大战后日商纱厂兴起现象的历史背景进行了考察,指出日本棉纺织业资本对中国提高关税的顾虑是日商大举对华投资的重要原因。参见[日]高村直助:《近代日本棉纺织业与中国》,东京大学出版社 1982 年版,第 95—96 页。森时彦从日本棉纺织业出口需求萎缩的角度,分析第一次世界大战后日本棉纺织资本大举进入中国的现象。参见[日]森时彦:《纺织系日商纱厂进入中国的历史背景》,《东方学报》2010 年第 82 号。
③ 《大阪三品清算棉纱各月最高最低行情》,载棉纱大阪三品交易所《战时战后的棉纺织业界》,大阪三品交易所 1925 年版。
④ [日]高村直助:《近代日本棉纺织业与中国》,东京大学出版社 1982 年版,第 109 页。

长期处于紧张状态。伴随日本棉产品市场上棉纱、棉布价格的不断攀升，日本棉纺织业的生产规模急剧扩大，在劳力紧缺的情况下，劳动问题进一步凸显。第一次世界大战期间，国际劳工运动风起云涌，日本民间关于改善劳动条件、提高劳工待遇的呼声此起彼伏，"朝野之间劳动资本问题盛嚣之极，于是有志之士有设立劳资协调会之议"。①作为要求政府设立劳资协调会的"有志之士"之一，当时的和田丰治已关注到日本国内棉纺织业中劳资关系存在的紧张对立。

日商在华开办纱厂，并非始于第一次世界大战期间。1895 年中日两国签订《马关条约》，允许日人在中国沿海口岸办厂兴业，为日本棉纺织业在华扩张提供法理依据。1902 年，三井物产收购上海裕晋纱厂，改名"上海纺织株式会社"，是为日商在华开办的首家纱厂。1911 年，经营棉花业务的内外棉株式会社在上海开办纱厂，上海日商纱厂集团初具规模。第一次世界大战前，日商在华开办的纱厂集中于上海，上海作为当时中国棉纺织业的中心，其地理环境、商业优势为中国棉纺织业的发展提供了诸多有利条件。总体而言，第一次世界大战前，除内外棉株式会社在沪增设的三家分厂稍具规模之外，日商对中国棉纺织业的投资尚未形成气候。

第一次世界大战时期，与日本国内相似，中国棉产品价格突涨，在 1917—1919 年间尤甚。1914 年时，国产 16 支纱每包可获利 14 两，至 1917 年时为 26.4 两，至 1919 年时为 50.55 两。②与战时棉纱市场逐年获利的现象相反，日本对中国棉纱的出口量却呈逐年递减态势：1914 年为 1 365 371 担，1915 年为 1 391 762 担，1916 年为 1 320 474 担，1917 年为 1 069 727 担，1918 年为 695 067 担，1918 年的出口量仅及 1914 年的约一半。③战时中国对日本棉纱的进口量从 1917 年起大幅下滑，主要系日本扩大较棉纱附加值更高的棉布的出口，同时减少织布所需粗纱的出口所致。④第一次世界大战后期，日本国内棉纺织业出现对华棉纱出口"细纱化"的趋向。⑤日本对华棉纱

---

① ［日］喜多贞吉：《和田丰治传》，《和田丰治传》编纂所 1926 年版，第 408、456 页。
② 严中平：《中国棉纺织史稿》，科学出版社 1955 年版，第 186 页。
③ 参见 1914—1918 年期间《棉纱纺织事业参考书》各项数据与森时彦《纺织系日商纱厂进入中国的历史背景》诸统计结果。
④ 严中平：《中国棉纺织史稿》，科学出版社 1955 年版，第 165 页。
⑤ 参见［日］森时彦：《纺织系日商纱厂进入中国的历史背景》，《东方学报》2010 年第 82 号。

（主要为粗纱）出口量的减少，客观上又进一步刺激中国国内棉纱价格的上涨。

1918年日本对华棉纱出口量锐减，除本国生产结构上的变动外，另一重要原因在于受到北京政府关税改订运动的影响。第一次世界大战期间，因中国作为协约国一方参战，北京政府向英、美、日等列强提出将从价关税改为从量关税的要求。迫于国际舆论压力，日本对于中国的这一要求无法完全拒绝，"作为参战补偿，中国的要求不能再被无理拒绝了。英国也好，美国也罢，都有接受的意向，我国外务省也不得不接受这一点"。[①]令日本棉纺织资本家担心的是，若按北京政府提议将关税税率提高至5分，则日本出口中国的棉纱每捆将多负担3日元，意味着大战前每捆出口可获利6—7日元的日本棉纱将减少至少一半利润。对于中国关税改订运动对于日本棉纺织业的影响，钟渊纺织株式会社社长武藤山治日后说道：

> 欧洲大战中日本棉纱供给不足，中国市场最受影响。酿成纱厂勃兴的契机，恰在大正七年（1918年）关税的征收标准价格提高问题发生之际。业者曾尝试反对却未获成功，结果不仅关税提高，且这一问题还不凑巧地聚集了世人的视听，因关税提高后日本与中国纱厂进行对等竞争将出现困难，业者中出现了"应自身进入中国开办工厂"的议论。[②]

虽然武藤山治并未明确说明是哪些"业者"发表应前往中国开办纱厂的言论，但从当时和田丰治频繁的涉华活动中不难推知，和田丰治应为提倡者之一。第一次世界大战期间，已成为富士纺织会社社长的和田丰治多次赴华详细考察中国各地棉产品市场，他认识到，未来日本棉纺织业所面对的真正对手乃是在中国的日商纱厂，诸如内外棉纱厂般规模庞大的棉纺企业，必将成为日本棉产品出口所面临的"最强大敌人"。和田丰治直言："我国向该国[③]出口的棉纱应主要为中、细纱，而粗纱则可在该国制造。故吾之观点，乃

[①] ［日］饭岛幡司：《日本纺织史》，创元社1948年版，第178页。
[②] ［日］冈部利良：《在华纺织业的发展及其基础》，东洋经济新报社1937年版，第12页。
[③] 指中国。

应在该国兴办生产粗纱的工厂,通过此次考察,吾更确认此乃极紧要之策。"①显然,和田丰治提出应在中国开办粗纱生产工厂的经营思想非常明确,这是他实地考察后得出的结论。日华纱厂的开办,则是这一经营思想的具体实践。

二、和田丰治投资办厂的经过

第一次世界大战期间,和田丰治已有在上海办厂的意向。他从田边辉雄处得知上海德资瑞记纱厂有转让意向,遂委托田边辉雄至上海探明情况,然田边辉雄反复奔走终无结果。1918年春,大阪日本毛织品贸易商河崎助太郎了解到英商有意出售鸿源纱厂后,将此消息告之和田丰治。②

河崎助太郎,1873年生于岐阜县,除从事毛织品贸易外,对棉纺织业及石油行业均有涉足,系当时日本关西地区颇有名望的实业家。③1897年鸿源纱厂(International Cotton Manufacturing Co., Ltd.)开厂时有纱锭约4万枚,原由美国贸易公司(American Trading Company)经营,1899年董事会将之收回自办,后又转让于英商,并吸纳部分华商买办资本用以扩大生产。至1913年大战前夕,鸿源纱厂规模有所扩大,纱锭增至4.82万枚,织机有300台。④然而,战时鸿源纱厂经营状况不佳,1913—1916年间该厂利润率远较日商纱厂逊色,亦不如怡和等老牌英商纱厂。⑤最终,英商以130万两的价格将鸿源纱厂转卖于河崎助太郎与和田丰治。

1918年7月,和田丰治以1 000万日元的资本额开办日华纱厂,其中最大投资者为日商喜多又藏。喜多又藏,1877年生于奈良县,曾在战前至印度、中国等国考察棉花市场,擅取利于棉花贸易。⑥喜多又藏对日华纱厂的投

---

① 《中国纺织业视察》,《大日本纺织联合会月报》1917年第294号。
② [日]笼谷直人:《日商纱厂在日本棉纺织业中的历史意义》,载[日]森时彦编《在华纺织与中国社会》,京都大学出版社2005年版,第10页。
③ 路布鲁社出版部编:《大日本人名年鉴》,路布鲁社1922年版,第15页。
④ 严中平:《中国棉纺织史稿》,科学出版社1955年版,第346页。
⑤ 1914年鸿源纱厂的红利率为6.7%,上海日商纱厂则为22%;1915年鸿源纱厂为7.5%,上海日商纱厂则为15%。鸿源纱厂的实力不仅无法与内外棉纱厂等匹敌,而且远逊于英商怡和纱厂。参见严中平:《中国棉纺织史稿》,科学出版社1955年版,第81页。
⑥ 日本商工重宝社编:《诸家稜稜志》,大阪商工重宝社1915年版,第369页。

资，反映出当时日商对投资中国实业的普遍热情。第一次世界大战期间，日本商人极关心伦敦白银市场的变动及其对日本与银本位国家，尤其是中国间贸易的影响，从事棉花出口与转运贸易的棉花商人对于白银价格的波动则尤为敏感。①据日人观察，1914年1月上海汇市100日元最高可换得银77.5两，至1918年1月仅可换得49.5两。②上海汇市银价的急剧上涨，使在华日商从实业投资中牟取暴利。

大阪商人喜多又藏、河崎助太郎与东京实业家和田丰治的合作，表面上为日华纱厂涂上一层日本东西两地财阀联合的色彩。然而，和田丰治具有强势的性格，在被推举为社长时，即宣称"若一切委任于我，应如何决断则如何决断，若事不可为则不为"。③日华纱厂成立之初，虽然和田丰治对喜多又藏等人在纱厂人事任免上也有一些让步，但不久即委派富士纺织会社的技术干部担任技师长等一线管理职务，实际上掌握了纱厂的经营权。

和田丰治重视纱厂与银行之间的往来。在日华纱厂开办之初，因担心银价突然暴跌，日华纱厂与横滨正金银行上海分行缔结契约，在与横滨正金银行常务董事井上准之助协商后，和田丰治获得该银行的承诺：无论何时都可从横滨正金银行上海分行获得200万日元限度的贷款。而作为条件，和田丰治则承诺日华纱厂对该行具有持续存款的义务。④

在日华纱厂开办之初，和田丰治频繁考察该厂经营状况，他在日记中详细记述1918年10月间的活动：

10月5日，下午二时，一行视察日华纱厂。

10月7日，下午四时，与正金儿玉、田边共同访问盛氏，申请收购三新纱厂。

10月8日，从上午八时半开始，至浦东日华纱厂仔细考察各部门，并召集技师负责人商谈改良打棉法及其他与工厂相关之事，午后视察

---

① 《战时工业前途观》，《大阪每日新闻》1918年12月25日。
② 《上海汇兑市场及伦敦银块市场行情一览》，载棉纱大阪三品交易所《战时战后的棉纺织业界》，大阪三品交易所1925年版。
③ [日]喜多贞吉：《和田丰治传》，《和田丰治传》编纂所1926年版，第373页。
④ 和田丰治与横滨正金银行协议的详细背景与内容可参见《纺织对华发展期》，《大阪每日新闻》1918年11月17日；[日]喜多贞吉：《和田丰治传》，《和田丰治传》编纂所1926年版，第376页。

第二工厂。

10月9日,从横滨正金银行儿玉宅出发,与喜多、日比谷、田边等人前往杨树浦参观John Medison纱厂①。归途中与田边共同至上海商务总会面会朱会长,作日华纱厂开业问候,并期望其日后多加关照。

10月10日,从上午八时半起,召开浦东日华纱厂董事会,接收鸿源文书及其他重要文件。此后与各董事商谈纱厂整顿方针。

10月11日,下午四时,前往日华纱厂总部视察事务。从晚上六时起,在棉纱会馆招待中国棉纱棉布商人百余人。

10月12日,下午四时,盛家总管倪氏来访。就三新纱厂之事交换意见。晚上六时起,在月之家招待当地日本棉花、棉纱、棉布商人。

10月24日,自下午一时起,考察三井经营的上海纺织会社新工厂。建筑物是钢铁两层建筑。房基甚恶,且接近动力区,瓦片已生裂缝。眼下器械正在安装中,难以断言一旦开始运转是否会出现危险。该厂技师应先注意这一问题。总之,建设优良的工厂总要花费过多的资金。然后参观内外棉会社工厂,发现该工厂已整顿周密。内外棉在上海的工厂中堪称模范。

10月25日,下午前往浦东日华纱厂巡视。②

日记中和田丰治的行程可谓繁忙。除过问日华纱厂大小事务外,他还积极参加与棉产品交易相关的各种社交活动。他专注笼络上海实业界与商界巨头,仔细考察中外纱厂的经营状况。和田丰治特别关注盛宣怀家族转让三新纱厂一事,两次与盛家商谈收购事宜。三新纱厂原为盛宣怀奉李鸿章命,会同聂缉椝在上海织布局原地所建的华盛纺织总局。辛亥革命爆发,盛氏担忧华盛纺织总局被革命军抄没,特聘英商经理在香港将其注册为英资企业。1913年华盛纺织总局改名三新纱厂,经营权为盛宣怀四子盛恩颐所掌握。虽然三新纱厂规模较大,但第一次世界大战前经营不佳,盛家早有转让意向。从日记可见,和田丰治对收购三新纱厂亦兴趣浓厚,体现出他热

---

① 即英商杨树浦纱厂。
② [日]小风秀雅等编:《和田丰治日记》,日本经济评论社1993年版,第4—15页。

衷实业投资的心志。然而,第一次世界大战末期上海棉纺织业整体开始复苏,三新纱厂的经营渐有起色,和田丰治对该厂的收购再无下文。值得注意的是,和田丰治在日记中直接指出上海纺织株式会社等当地日商纱厂在建设、经营等方面存在的一些问题,体现出他作为实业家敏锐的洞察力。

三、和田丰治经营纱厂的理念

从日记中不难看到,日华纱厂开办伊始,和田丰治对纱厂的经营投入大量心力,而和田丰治的经营理念,成为日华纱厂始终坚持的原则,从中也可见日华纱厂的一些经营特点。

和田丰治坚决杜绝华商买办对纱厂各层权力的渗透。1918年10月25日,和田丰治在巡视日华纱厂时,耐人寻味地在日记中提到停止纱厂聘用买办的原因:

> 这次我来上海的意图,就是为了整顿该纱厂①。该厂与其他外国人经营的工厂相似,也使用华人买办。这些买办为工厂所雇用,某些场合担任承包者,某些场合出任工厂代表。职员,包括劳工,都由他们亲自雇入,处于几乎掌握纱厂全部权力的状态。外国人若在中国兴办实业,就必须使用此类人,我等经营事业,当然使用买办与外人无异。然而,今后在华经营事业,一定要由日人直接充当,若不能将华人单纯作为雇用者来使用,企业经营就难以产生效果。故应断然废除买办。本月15日已提出将其废止。此后,与买办直接相关的干部三十余人一同提出辞职。听许他们离去,岗位由日人替代。虽然此前已有所准备,但对雇用日人尤感不足,因此向富士纺织本社发电,要其尽快将预定的技师派来中国……这一期间工厂几乎完全停业。最近通过疏通,劳工出勤者渐有增加。今日我去巡视之际,劳工已全部出勤,工厂作业已恢复顺畅。以此确信今后伴随日人对工厂的直接经营,棉纱产量定会增加,经费也将大大节约。预计产量将会增加50%以上,以往需要360斤以上

---

① 指日华纱厂。

的产品一定可减至 350 斤以下。目前一捆十六支棉纱需工费 25 两,他日若减少至 16 两,即可节约 9 两。若按比例减少十斤,则可获取巨大利润。日华纱厂的前途可谓大有希望。①

可见,和田丰治对于买办感到反感、坚欲废除的原因,一方面在于意识到买办的存在对于纱厂内日人权力伸张构成实际制约;另一方面,意味着华商参与分润,不利于日商垄断纱厂的全部收益。纱厂的彻底日本化与日商利益的最大化,是和田丰治经营日华纱厂的核心理念。在这一经营理念的影响下,日人垄断纱厂所有资本与经营管理权,日华纱厂成为一家彻底的日式纱厂。

和田丰治极力扩大生产规模与拓展产品销路。自 1918 年 7 月初和田丰治收购日华纱厂以后,即制订周密的经营计划。在大日本纺织会社销售主任越知喜三郎即将就任日华纱厂经理之际,和田丰治告知他执行事务的要领及其本人关于棉纱布销售的方针。他在日记中记载了告知的具体内容:

> 尽量与有信用的棉纱商人交易,注意勿使产品停滞于市场,且经常在对比原棉质量与棉纱的价格后再决定采购事项。于此最应注意的是,在上海的工厂虽需中国内地销路,然而在如今白银行情低落之际,向金本位国家销售产品反更能获利。通过内外比较来拨算盘珠子,要经常注意内外市场行情,也需开拓印度、南洋方面销路。今后向日本方面的出口也颇值期待。吾等不应满足纱厂目前 53 000 枚纱锭与 500 台织机之规模,而要将事业扩大五倍、十倍,要有心理准备将纱厂建设成资本五千万、一亿日圆的大会社,因而必须追求开拓中国内外更广泛的市场。②

雄心勃勃的和田丰治,具有期望纱厂不断扩大生产规模的想法不足为奇。他提醒属下注意与棉纱商人诚信交易和白银汇价变动的建议,反映出

---

① [日]小风秀雅等编:《和田丰治日记》,日本经济评论社 1993 年版,第 14 页。
② [日]喜多贞吉:《和田丰治传》,《和田丰治传》编纂所 1926 年版,第 376 页。

他对中国国内棉产品市场与国际金融市场走向较为准确的判断与预见。和田丰治发现,日华纱厂在销路方面,其产品流入各级市场主要依靠客帮、洋行、华商批发字号等商业团体或组织。当时上海日商纱厂销路主要有三大流向:一是由客帮采购、供销于内地市场;二是由本地同业消费,为本地市场吸收;三是通过洋行采购,流向日本等海外市场。华商客帮与日商洋行对于日华纱厂销路的拓张极为重要。第一次世界大战期间,全国各地纱布业客商纷至上海设立申庄(客帮在沪代理采购的机构),掀起采购纱布狂潮,战后诸帮的采购活动仍络绎不绝。①战时白银汇价的激烈波动,同样极大刺激日本贸易商的投机活动。在华期间,和田丰治对中日棉货批发商的笼络,可谓较高明的经营策略。相较于从日本进口的棉纱、棉布,本国纱厂生产的棉产品更易为民众所接受。1919 年 5 月,巴黎和会上山东问题的突发,导致民间掀起抵制日货运动,然而日商纱厂的棉产品则仍可畅通,"日本产棉纱布遂遭中止交易之厄运,一时人气顿挫,而在华经营的会社则在交易上不受任何限制"。②

在和田丰治的对华思考中,无不充斥着伸张日本国权的念头。1918 年 10 月在苏州游历时,他感叹道:"(苏州)日本居留地是作为日清战争的专管居留地,应充分利用我国所得之物。此地商店、工厂皆无,只有日本领事馆与一家日本旅馆月之家,吾认为此乃国家耻辱。难道就没有什么应该兴办的事业? 吾与日本领事交谈,由于日本领事似乎也没有什么明确方案,吾便有一方案期望利用当地的屑物而兴办一家绢丝纺织会社。吾认为苏州的水质颇适合生产绢丝。"③在这则日记中,可以看到,作为实业家,和田丰治的扩张意识颇为偏激,他的扩张主义思想在日记中无须掩讳。

在和田丰治的扩张理念下,日华纱厂极力扩大生产规模。1919 年日华纱厂增加 3 万枚纱锭并实行电力化,1921 年该厂又合并属于日本棉花会社的台湾纱厂。1918—1920 年间,日华纱厂的股东红利率、纱厂利润率与其他

---

① 上海市文史馆等编:《上海地方史资料(三)》,上海社会科学院出版社 1984 年版,第 111—112 页。

② 《第二回报告书》(1918 年 12 月至 1919 年 5 月),《日华纺织株式会社营业报告》,神户大学经济经营研究所藏,第 3 页。

③ [日]小风秀雅等编:《和田丰治日记》,日本经济评论社 1993 年版,第 12—13 页。

工厂相比较的情况如下：①

1918—1920 年日华纱厂与其他纱厂股东红利率、纱厂利润率统计表 单位：%

年份	怡和	老公茂	瑞记	公益	杨树浦	上海纱厂	日华纱厂 上半年	日华纱厂 下半年	内外棉纱厂 上半年	内外棉纱厂 下半年	日本国内纱厂 上半年	日本国内纱厂 下半年
1918	24	7	8.3	16	5.3	24 (43.4)	—	12 (19)	45 (133.7)	45 (117.7)	55.6 (92.7)	51.9 (96.6)
1919	36	50	50	55	20	36 (65.5)	20 (46.4)	30 (90)	50 (154.1)	60 (231.8)	51.2 (93.1)	54.2 (110.6)
1920	180	65	40	88	100	147	40 (86.1)	40 (65.6)	162 (415.4)	60 (102.9)	58.3 (110.9)	27.8 (35.6)

注：股东红利率指当年纱厂分配股东红利与资产的比值，纱厂利润率指当年纱厂年利润加上固定资产偿却与资产的比值。括号外为各纱厂的股东红利率，括号内为纱厂利润率。

从上表可见，开办三年以来，日华纱厂取得不错的业绩，虽然盈利情况无法与内外棉等老牌日商纱厂并论，但在 1920 年下半年的利润率大大超过同期日本国内纱厂，意味着和田丰治对纱厂的经营策略取得初步成功。

1924 年，和田丰治去世。继任社长喜多又藏与田边辉雄继续奉行和田丰治不断扩张的经营策略，至 1936 年末，日华纱厂形成 8 家分厂，近 26 万纱锭、736 台织机，在上海日商纱厂集团中仅次于内外棉纱厂的庞大生产规模。②日华纱厂对设备的改造不遗余力，在全面抗战前已将纺纱设备大部分改造为高牵伸式，棉纱的生产效率大幅提高。在销路上，纱厂生产的 32 支蓝凤纱为广东、九江、汉口、宁波等客帮所青睐，③蓝凤牌棉纱成为市场上衡量日商纱厂质量的标纱而畅销于长江流域及西南内地。

然而，一味追求扩张的经营策略也为日华纱厂的生产带来弊病。日华纱厂通过收购华商纱厂的方式扩大规模，自和田丰治起收购资金即建立在向银行大举融资的基础之上，由此纱厂借款极多，背上沉重的债务负担，且

---

① ［日］高村直助：《近代日本棉纺织业与中国》，东京大学出版社 1982 年版，第 109 页。
② 参见《中国纺织工厂一览表》，载日本纺织联合会编《大日本纺织联合会月报》1937 年第 539 号。
③ ［日］井村薰雄：《中国之纺织品及其出口》，周培兰译，商务印书馆 1928 年版，第 67—68 页。

收购的华厂设备良莠不齐,时论认为日华纱厂"究以旧设备之改良远不及新设备之精锐,况内容不良,生产费不免过高,尚难与内外棉、同兴等相较"。① 喜多又藏、田边辉雄的经营能力不逮和田丰治,20世纪20年代中后期以来日华纱厂的利润率多呈负增长态势,1925—1926年间日华纱厂的平均利润率仅3%(内外棉纱厂为20.4%),1930—1933年间平均为-0.8%(内外棉纱厂情况不明),1934—1936年间平均为-0.27%(内外棉纱厂为13.8%)。② 相较内外棉纱厂,日华纱厂的经营利润偏低,不过居日商纱厂集团中的末流。

四、第一次世界大战后日商在华办厂高潮的形成

第一次世界大战期间,虽然日本国内棉纺织业大力增加纱锭、织机,极力扩大生产规模,但是日本的机械制造能力薄弱,需向英国订购纺织机械。战事环境下英国无法将纺织机械出口日本,俟战后设备运至,日本棉纺织业已进入过剩时期。不久,大量闲置的机器被运往中国新办的纱厂。③ 继和田丰治开办日华纱厂之后,自1919年起日商掀起在华竞置纱厂的热潮。从下表可以看到,1919—1925年期间中国棉纺织业生产规模出现大幅增长:④

1919—1925年中国棉纺织业生产规模统计表

年份	华商纱厂 纱锭（千枚）	华商纱厂 织机（台）	日商纱厂 纱锭（千枚）	日商纱厂 织机（台）	欧美纱厂 纱锭（千枚）	欧美纱厂 织机（台）	合计 纱锭（千枚）	合计 织机（台）
1919	889	3 620	333	1 986	246	2 353	1 468	7 959
1920	1 775	7 740	802	1 486	256	2 653	2 833	11 879
1921	2 135	10 645	867	2 986	259	2 593	3 261	16 224
1922	2 272	12 459	1 081	3 969	258	2 800	3 611	19 228
1925	2 035	13 371	1 332	7 205	205	2 348	3 572	22 924

---

① 吴文伟:《日商纱厂在华活跃状况》,《棉业月刊》1937年第3期。
② 赵冈、陈钟毅:《中国棉纺织史》,中国农业出版社1997年版,第165页。
③ [日]樋口弘:《日本对华投资》,北京编译社译,商务印书馆1959年版,第28页。
④ 《全国纱厂纱锭及布机设备历年统计表》,载上海市棉纺织工业同业公会编《中国棉纺统计史料》,上海市棉纺织工业同业公会1950年版。

显然,设备增长的并非仅为日商纱厂,也包括华商纱厂。中日纱厂最集中的上海,成为双方竞争激烈的前线。从时间节点来看,第一次世界大战末和田丰治开办日华纱厂,可谓第一次世界大战后日商大规模对华棉纺织业投资的先声。

1919 年 10 月,日本派员参加在美国华盛顿召开的第一次国际劳动会议,为避免引起欧美国家反感,也为积极塑造日本文明国的形象,日本政府决定以"特殊国"的身份加入国际劳动协约。根据协约,日本将自 1922 年起停止一切工厂中的女工夜班制度,规定一般工厂采用 9.5 小时生产制,且工厂不得雇用 12 岁以下的童工。①华盛顿国际劳动会议后,日本劳工的薪资得到进一步提高,中日棉纺织业同种工人的工资差距进一步拉大。日商出于节约劳力成本的考虑,扩大对中国棉纺织业的投资,和田丰治预言日商将在华兴建纱厂的言论成为现实。据调查,1922 年上海、青岛等地新兴的日商纱厂均实行昼夜两班交替制度,劳工每班劳动时间普遍达 11 小时至 11.5 小时之多,工厂内使用童工的现象极为普遍。日商纱厂机器恒常运转,不遗余力榨取劳工剩余劳动价值,和田丰治经营下的日华纱厂也不例外。②

然而,和田丰治本人在日记中却强调日本国内纱厂若不能坚持推行 9.5 小时制,"不仅失信于世界,且乃我(纺织)联合会之耻辱"③。显然,他注重日本在劳资问题上的国家形象,头脑中并非没有保障劳工权益的观念。然而现实中,和田丰治却从未将对中国劳工的榨取视为剥削。在他的经营理念中,日商纱厂中的日人管理干部对中国劳工具有绝对权威,华人劳工仅被视为单纯的劳动力,日商纱厂内劳工的待遇虽有高低之分,但华人劳工从未被视为为日商纱厂创造利润的一分子而获得企业的认同。日本学者桑原哲也认为,即使像内外棉纱厂般生产技术一流的日商纱厂,其管理的思维依旧十分落后,不过是日本人"在海外经营的国内企业"。④实际上,日商纱厂较之日本国内纱厂,对劳工的剥削更甚。

---

① [日]枡本卯平:《国际劳动问题与日本》,工业教育会 1920 年版,第 37、51 页。
② 日华纱厂等日商纱厂对工人的剥削、纱厂工作条件之恶劣,可详见上海社会科学院历史研究所编:《五卅运动史料(第一卷)》,上海人民出版社 1981 年版,第 306 页。
③ [日]小风秀雅等编:《和田丰治日记》,日本经济评论社 1993 年版,第 95 页。
④ [日]桑原哲也:《在华纺的盛衰:国之命运与企业命运——内外棉》,《国民经济杂志》1998 年第 4 期。

五、余 论

  20 世纪 20 年代以来,日商纱厂获取了日本国内纱厂无法获取的高额利益,却规避了日本国内劳动法律与国际劳动协约的制约,以日华纱厂为代表的日商纱厂的出现,其本身即中日经济交往中不平等关系的体现。1921 年以后,日商对中国棉纺织业的投资,具有极力扩张规模、积极开拓内外销路、高度垄断利润等诸多共性特征。作为一种强势的资本渗透,日商将日本国内的劳动问题、劳资矛盾转移至中国,以和田丰治及其后继者为代表的日本棉纺织实业家对中国物力、劳力、市场的垄断最大化,不断激化日商纱厂内的劳资对立,最终成为中日矛盾的导火线。1925 年的五卅运动,1936 年上海、青岛日商纱厂的大罢工,并非从政治军事的层面,而是从民间经济的层面,将中日两国关系推向对立。在近代跌宕起伏的中日关系中,日本棉纺织资本家个人经营理念及其实践所产生的负面影响,应引起我们的注意。

第三部分
纺织工业与资料辨析

20世纪20年代青岛棉业工人状况研究
——基于《青岛日、中各工场待遇》调查报告的分析

A Study on the Status of Workers in Qingdao Cotton Industry in the 1920s—Analysis Based on the Investigation Report on the "Treatment of Japanese and Chinese Factories in Qingdao"

张　晔　提文凤[*]

目前,有关青岛棉纺织业工人状况的研究主要集中在一些党史资料、工人运动材料中,所运用的史料主要是当时的新闻报道或后来的档案史料汇编等,内容涉及工人工资、劳动时间、劳动条件、日资纱厂对工人的身心凌辱等,这些研究成果使我们对近代青岛棉纺织工人的工作条件、福利待遇有所了解。但遗憾的是,这些研究成果基本上停留在陈述事实的阶段,缺乏相应的数据支撑以及细节阐释,研究的深度和广度还不够,导致我们对近代青岛棉纺织工人的生产生活状况这一问题的认识一直停留在表面,基本处于脸谱化的程度。目前,笔者在日本国立公文书馆亚洲史料中心网站发现了一份史料,对于我们深化20世纪20年代青岛棉纺织工人生存状况的认识具有比较重要的价值和意义。

一、近代青岛棉纺织史研究现状

中国棉纺织史的研究始于20世纪30年代,代表性著作是方显廷《中国之棉纺织业》(商务印书馆1934年版)。方先生是中国纺织业发展史研究的

---

[*] 张晔,青岛市档案馆研究馆员;提文凤,青岛市城市文化遗产保护中心副研究馆员。

先驱,《中国之棉纺织业》是第一部对中国棉纺织业进行全面调查与研究的重要著作。新中国成立后,具有开创意义的著作是严中平《中国棉纺织史稿》(科学出版社 1955 年版),该书主要论述 1289—1937 年间中国棉纺织业发展史,目的是通过棉纺织发展史的研究来阐述中国资本主义发生、发展过程的特殊性。这两部著作在中国棉纺织史研究方面可以说是开山之作,为后来学者研究中国棉纺织史奠定了基本的学术框架和研究方法。

改革开放后,中国棉纺织史的研究逐渐深化,研究视野由全国拓展到地方,有关上海、青岛等地的研究成果开始涌现。全国性的研究成果主要有:赵冈、陈钟毅《中国棉纺织史》(中国农业出版社 1997 年版)、周启澄、赵丰、包铭新主编《中国纺织通史》(东华大学出版社 2018 年版)、金志焕《中国纺织建设公司研究》(博士学位论文,复旦大学,2003 年)等,这些研究成果基本厘清了近代棉纺织业在中国的发展历程,探讨棉纺织业发展变迁对社会产生的影响,对研究青岛棉纺织史具有比较重要的启发意义。地方性的成果有:王菊《近代上海棉纺业的最后辉煌(1945~1949)》(上海社会科学院出版社 2004 年版)、吴焕良《近代上海棉纱业空间研究(1889—1936)》(硕士学位论文,复旦大学,2011 年)、谷永清《近代青岛棉业研究(1897~1937)》(博士学位论文,南京大学,2011 年)、羌建《近代南通棉业变革与地区社会变迁研究(1884—1938)》(中国农业科学技术出版社 2013 年版)、黄璐《民国长江三角洲城市棉纺业的发展与联系(1912—1936)》(硕士学位论文,南京师范大学,2017 年)等,其中大部分研究成果将视角聚焦上海这个近代中国最大的棉纺织基地及其周边地区,吴焕良对上海棉纱业的空间布局做了探讨,对研究青岛棉纺织厂的空间布局、产业分布具有参考价值。羌建和黄璐的研究成果均关注业态变迁与城市、社会发展的互动关系,对于研究棉纺织业对青岛城市发展的影响亦具有较好的借鉴意义。谷永清的论文主要是探讨近代青岛棉业发展的历史,与棉纺织业有不少交叉重合的地方,对研究近代青岛的棉纺织业具有较高的参考价值。

另外,一些论文涉及近代青岛棉纺织业,主要有陈楠《初论青岛纺织历史的思想——对纺织企业家周志俊经营思想之研究》(《山东纺织经济》2006年第 1 期)、张雯雯《昨日辉煌:中国纺织工业"上、青、天"地理格局中的青岛——兼以青岛华新纱厂(1913—1953)为案例》(硕士学位论文,中国海洋大学,2009年),林雁《青岛纺织工业遗产的保护与再利用——青岛国棉六厂工业遗产建筑保护与再利用的策略研究》(硕士学位论文,青岛理工大学,2010年),等等。总体来看,有关青岛棉纺织业的研究成果偏重于青岛某一个棉纺织企业本身的发展历程,对整个近代青岛棉纺织业产生的历史背景、管理模式、工人生活状况、发展变迁对城市的影响及意义涉猎较少。

从史料运用来看,有关青岛棉纺织业的研究成果所使用的史料绝大部分是二手、三手史料,缺乏对一手史料,特别是对有关青岛日资纱厂原始档案的运用和开发。青岛市档案馆保存有关近代青岛棉纱厂档案5 000多卷(件),内容比较丰富,涉及棉纱厂与当时青岛市政府及各部门来往公函、纱厂生产经营情况等,其中包括大量的工务日记、生产经营报表、庶务日记、人事日记等,内容非常详细具体,但由于其中大部分的档案为日文档案及其他客观情况,这些档案绝大多数都尚未被开发利用。可能囿于客观条件的局限,这些研究成果利用的史料主要是国内史料,对国外有关网站的共享史料开发运用不够。

二、《青岛日、中各工场待遇》调查报告的基本情况

1926年6月,日本驻华通商局对上海工厂的有关情况进行调查,同年10月16日委托上谷喜三郎调查华北及满洲地方工厂的待遇情况,同年12月15日青岛工厂的调查报告已完成,天津等地的调查工作仍在进行中。我们现在在网络上搜寻到的这份调查报告为PDF格式,是当时任日本驻华通商局局长济藤良术发给通商局驻上海商务书记官横竹平太郎的电文,注明是商业机密文件,第271号,由北京上海青岛工商会贸易课撰写。文件全名为《青岛日、中各工场待遇》[1],共326页,有230幅画,内容非常丰富,涉及当时青岛主要工业门类,内容是这些产业生产经营状况和劳动者待遇问题的调查数据,特别是劳动者待遇问题,是该调查报告的主要部分,可以说是事无巨细。由于当时棉纺织工业在整个青岛工业体系中的庞大规模,因此,整篇

---

[1] 日本国立公文书馆的亚洲史料中心网址:http://www.jacar.go.jp。该档案原件保存于外务省外交史料馆,资料号:B-3-7-2-10_1。

调查报告约四分之三的内容是关于棉纺织业的,这些史料对于我们重新认识和理解20世纪20年代青岛棉纺织工人的生产生活状况具有较高价值。

该调查报告总共分为九大部分:第一编为青岛的工业,主要有纺织业、蛋粉业、酿造业、火柴业、油脂业及家具业等。第二编为山东省主要劳力输出地,通过调查数据,说明山东省内主要的劳力输出地有哪些地方。第三编为青岛纺织工场职工待遇状况,是调查报告的主体,前半部分是对整个青岛棉纺织企业有关工人情况的调查统计,后半部分对每个青岛日资纱厂的工人待遇状况进行详细介绍,特别是各个纱厂关于工人待遇的制度。第四编为青岛其他工场职工待遇状况,主要有铃木丝厂、油脂工厂、东和公司、峰村油房、大连制水株式会社青岛支店等日资企业。第五编为日华合办会社及华人经营会社职工待遇状况,日华合办会社主要是胶济铁路、胶澳电气股份有限公司,华资企业是青岛华新纱厂。第六编为日华工场待遇比较及将来发展趋势。第七编为青岛的物价与工资问题。第八编为青岛最近的劳工运动,主要内容是1925年的青岛日资纱厂大罢工,两次罢工工人提出的要求、中间过程及处理结果。第九编为结论,主要是总结了青岛工业发展的情况,指出未来发展方向,并就以后如何处理工人罢工给出建议。日本驻华通商局为何在这一时期对中国国内日本主要的工业投资地区和城市进行如此详细的调查研究?这可能与1925年以来中国国内复杂的政治形势及工人运动的风起云涌有一定关系。

就纺织部分来看,该调查报告主要分为两大部分:一部分是关于棉纺织厂基本情况,如资本规模、占地面积、产品种类、过去五年的生产量、生产能力及生产效率统计等,这部分内容非常简单,每个棉纺织厂仅用简单数字或者表格说明。另一部分是关于工人情况的,这部分内容非常详细,可以说是事无巨细,涉及工人年龄、劳动时间、职工雇用合同、服务年限、职工健康状况、患病情况、出勤率及出勤状况,盗品检查所情况与各个纱厂发生盗窃事件统计表及相应处罚金额,各个纱厂工人招聘路径统计、工人经历调查、工人负伤情况统计(包括负伤原因、负伤程度、负伤时间、负伤季节等几个方面),各个纱厂职工宿舍情况、职工待遇状况等十多项内容,特别是最后一部分关于职工待遇状况,调查得最为详细。目前,我们能见到的有关工人生存状况的档案资料比较分散,缺乏系统性和完整性,特别是各个纱厂有关工人待遇的档案资料分布非常不均匀,这在一定程度上影响我们对近代青岛棉纺织工人生存状态进行系统研究。相比之下,《青岛日、中各工场待遇》调查报告中关于工人待遇的资料比较齐全完整,不仅有20世纪20年代青岛六大日资纱厂工人待遇情况的记录,还有华新纱厂工人待遇的介绍,对于我们了解和研究20世纪20年代青岛棉纺织工人生产生活状况具有比较独特的意义和价值。当然,由于该调查报告是在日本方面的主导下完成的,可能带有一定的偏见,但并不影响我们从整体上了解和分析20世纪20年代青岛棉业工人的生存状况。

三、《青岛日、中各工场待遇》调查报告史料价值述评

通过对《青岛日、中各工场待遇》调查内容的分析,以及与以前有关研究的对比,我们发现,该调查报告至少在以下几个方面深化了我们对青岛20世纪20年代棉纺织企业经营管理、工人待遇等方面的认识和理解。

(一)关于青岛日资棉纺织企业的制度建设

在以往青岛有关棉纺织工人状况的撰述中,我们更多看到的是,资方与工人之间的对立和矛盾,以及通过工人运动双方达成的暂时妥协,鲜少看到系统完整的有关工人保障方面的制度性材料,该调查报告弥补了这一缺失。

调查报告指出,青岛市纺织工场的待遇问题与劳动争议有密切的关系。由于各纺织会社资本金不同,生产成本不同,因此,难以形成统一的标准,出台统一的措施。为了尽量做到平衡,由各纺织会社共同组成联合人事科,一周开一次会,协调商量工人的待遇问题,以应对各自工厂所面临的劳动纠纷。为了解决工场与工人之间的纠纷,在青岛的日资纱厂共同拟定了《青岛纺织工厂华工扶持项目》。[①]这一扶持项目内容比较丰富,对职工工作中受伤、生病、死亡等情况,以及如何进行一定扶持,均做了比较详细具体的规定:"在日资纱厂工作的华人具有工厂籍。因个人重大过失,在工作中受伤、生病、死亡的,该工厂应当根据该项目对本人或直系亲属进行扶持,包括扶持金以及安葬费,安葬费的标准是职工300天工资以内;职工在工作中受伤

---

① [日]上谷喜三郎:《青岛日、中各工场待遇》,1926年,第111—113页。

或生病,可以在本公司所开设的指定医院进行免费医疗,治疗6个月尚未痊愈的,给予抚恤金;职工因疗养而休业,工厂不发工资,但应当提供一部分休业扶持金。"

职工负伤经治疗后,留下残疾的,按照下列原则给予扶持金:

残疾等级	具体表现	扶持金
一等	终身不能自理	300天的工资
二等	终身不能劳动	100天的工资
三等	劳动能力比以前降低 女子外貌受到伤害,留下疤痕 健康状况不如以前	80天的工资

由于各纺织会社的情况不同,具体扶持金额由各会社根据工人职务、工资及工作年限、功劳、死亡的原因、身体伤害程度决定。当然,由于目前史料的局限,这些制度在实际中执行的程度如何,我们还不能确定。

(二)关于女工和童工

该调查报告对青岛当时的六大日资纱厂的工人年龄和性别均进行调查,形成详细的职工年龄调查表,从中可以看出,20世纪20年代青岛的棉纺织厂女工非常少,甚至没有。调查报告认为,造成这种情况的主要原因是山东地区的妇女喜欢缠足,不适合在工厂劳动。[①]从年龄结构来看,统计数据显示,在青岛的日资纱厂中,当时棉纺织工人主要在15—20岁。[②]1929年,南京国民政府颁布《工厂法》,其中对童工的界定为:"30人以上者,男女工人在14岁以上未满16岁者为童工。"按照这个标准,结合上面的统计数据来看,青岛日资纱厂肯定存在部分童工,但比例不会很高,这与我们以前的认识存在偏差。1924年5月10日《民国日报》登载《青岛经济界近况》一文指出,现有纱厂工人中,以孩童为最多数,成年者不过四千人,以六千孩童,每日因赚三角钱之极低工资,干此种十二个小时极长时间工作,为资本家之奴隶,殊令人怜惜也。1925年,青岛日资纱厂罢工中,工人提出的要求有两条是专门针对女工和童工的:一是建立保护女工制,每月生理休假两天,工资照发;二是减

---

① [日]上谷喜三郎:《青岛日、中各工场待遇》,1926年,第54页。
② 同上书,第55—62页。

少童工劳动时间,每天不超过8小时。① 1930年的统计报告显示,中国28个城市中,棉纺织工人共327 842人,其中女工202 738人,占全部工人的61.84%,童工20 633人,占全部工人的6.29%,合计两者共有223 371人,占全额的68.13%。从地域分布来看,江苏省的女工和童工比例最高,华南、华中各省棉纺织工人中,童工和女工的比例都比较高。相比之下,华北各省因为社会风气闭塞,女工尚未普遍,其中山东省棉纺织业女工仅占工人总额的6.37%。按城市划分,上海女工所占比例最高,为72.9%,青岛女工所占比例最小,仅为6.4%。童工以南通为最高,比例为12.8%,青岛纱厂并无童工。②《青岛日、中各工场待遇》调查报告调查的主要是1926年青岛日资纱厂的状况,而我们上面所提到的材料可能涉及的不仅仅是青岛的日资纱厂,还包括华资纱厂和别的一些纺织企业,如丝厂等,统计对象的差异可能导致结果的差异。据我们目前掌握的史料来看,至少到抗战期间,青岛日资纱厂的女工明显增加。③

(三) 对技术人才的尊重和重视

由于这部分内容较多,我们仅以记载最详细、最全面的大康纱厂作为典型,进行剖析。

大康纱厂工人每日工资表④   单位:元

部名	最初工资	平均工资	最高工资	各部人员
原动	0.420	0.622	1.200	23
电气	0.420	0.668	1.030	13
织工	0.390	0.801	1.500	27
镀锡铁板	0.500	0.706	1.080	17
木工	0.620	0.845	1.200	131
以上平均	0.390	0.716	1.500	26
杂工	0.350	0.422	0.720	34

---

① 青岛市总工会、青岛市档案馆编:《青岛工运史料(1921—1927)》,1985年,第228页。
② 方显廷:《中国之棉纺织业》,商务印书馆2011年版,第184—188页。
③ 按照《青岛纺织劳动调查》(日文版,1940年),抗战期间青岛日资纱厂的女工明显增多。
④ [日]上谷喜三郎:《青岛日、中各工场待遇》,1926年,第121页。

（续表）

部名	最初工资	平均工资	最高工资	各部人员
滚轴（轮）	0.290	0.463	0.910	23
混棉	0.320	0.440	0.940	89
打棉	0.320	0.441	1.070	108
梳棉	0.320	0.440	1.000	378
连条	0.290	0.563	1.130	972
粗纺	0.290	0.560	1.170	1 068
精纺	0.240	0.480	1.950	101
保全	0.290	0.493	1.410	3 218
以上平均	0.504	0.504	0.937	
总平均		0.532	1.500	

从此表我们可以看出，木工的最初工资最高，每日 0.62 元，精纺的最初工资最低，每日 0.24 元。但精纺的最高工资是最高的，每日 1.95 元，远远超出木工的最高工资每日 1.2 元。杂工的工资无论是最初工资还是最高工资，在整个大康纱厂的工资结构中都处于底部。从中我们可以看出，青岛日资纱厂比较重视技术，在工资分配上向技术岗位倾斜。在进厂伊始，木工和铁工需要具备一定技术，所以最初工资较高，但随着其他棉纺织核心部门，如纺织部工人技术的日渐进步，他们为整个纱厂创造了更多价值，他们的工资自然也会水涨船高，反映出当时青岛日资纱厂对技术人才的重视。

我们再将大康纱厂的工资与华新纱厂同时期的工资做一对比，取技术含量较低的打棉和技术含量相对较高的精纺进行比较。华新纱厂打棉工人每天的工资区间为 0.35—0.70 元，平均工资为 0.60 元；[1]大康纱厂打棉工人每天的工资区间为 0.32—1.07 元，平均工资为 0.441 元。华新纱厂精纺工人每天的工资区间为 0.35—0.70 元，平均工资为 0.60 元；[2]大康纱厂精纺工人每天的工资区间为 0.24—1.95 元，平均工资为 0.48 元。从最高工资来看，大康纱厂的工资更高一些。我们分析一下同一工种内的最低工资和最高工资的级差，华新纱厂打棉工人的工资级差为 0.35 元，大康纱厂打棉工人的工资

---

[1][2] ［日］上谷喜三郎：《青岛日、中各工场待遇》，1926 年，第 267 页。

级差为 0.75 元,大康纱厂打棉工人的工资级差是华新纱厂的 2 倍多。华新纱厂精纺工人的工资级差为 0.35 元,大康纱厂精纺工人的工资级差为 1.71 元,大康纱厂精纺工人的工资级差是华新纱厂的近 5 倍。我们再来看一下不同工种之间的工资级差,华新纱厂打棉工人和精纺工人的工资区间完全一样,而相比之下大康纱厂打棉工人和精纺工人最高工资的差距是 0.88 元,这些数据充分说明以大康纱厂为代表的青岛日资纱厂对技术、效率的重视。

(四)关于华、日棉纺织企业的差异

该调查报告对当时青岛唯一的华资纱厂——华新纱厂的工人待遇情况也进行了调查,从工资数额来看,青岛日资纱厂和华新纱厂的工资待遇相差不大,但华新纱厂在制度建设方面比日资纱厂稍逊一筹。如奖金一项,华新纱厂仅记述设有年末奖金,奖金数额最高为三个月工资,最低为半个月工资,但具体如何评定并没有说明。精勤奖也是如此,仅说明半个月给予一日工资,一个月给予 1—3 元的奖励,但如何评定并没有详细记述,其中的原因是日本人在做调查报告时疏忽了,还是华新纱厂本身管理制度的不健全,我们不得而知。调查报告还指出,华商的竞争力远不及日商,华商工厂的共性是下层化更明显,有恶习,由于是小本经营,更加倾向于追逐利润,与日本工厂相比均处于劣势,[①]其中有一定实情,但可能亦是日本殖民主义优越感的一种体现。

---

① [日]上谷喜三郎:《青岛日、中各工场待遇》,1926 年,第 203 页。

华商纱厂对中美棉麦借款的宣传困境与应对策略*

The Publicity Dilemma and Coping Strategies of Chinese Cotton Mill on Sino-US Cotton and Wheat Loans

刘盼红　高红霞**

为应对20世纪30年代大萧条危机,摆脱棉贵纱贱的困境,华商纱厂建议政府考虑中美棉麦借款。借款消息传出后,反对声音见诸报端。华商纱厂成为众矢之的,关于其举借外债、破坏民生及官商勾结的舆论层见叠出。纱厂形象大跌,造成国内棉纱市场更加萎靡不振。由华商纱厂联合会创办的《纺织时报》陷入支持棉麦借款与塑造企业形象的两难境地。该报最终采取强调借款正当性、转移舆论压力和为民众发声的报道策略,试图在追求利益与践行道义之间建立一种平衡。华商纱厂在棉麦借款事件中的舆论困境,反映出中国民族工业在大萧条时期的复杂处境。

1933年5月,在华商纱厂联合会会长荣宗敬参与下,宋子文与美国金融复兴公司订立5 000万美元的棉麦借款合同,其中,4 000万美元用于购买美棉,其他用于购买美麦、美粉,以实物易取现金使用。中国方面以统税收入为担保,三年还清。但因华商纱厂无力承购,日商纱厂受中日关系影响又不愿承购,最终该借款金额减至1 000万美元,并于1944年底本息全部偿清。[①]这方面研究多从事件发生的背景、内容和影响等展开,马陵合从华商纱厂与

---

* 本文系国家社科基金项目"近代上海传统行业与行业群体研究"(17BZS139)阶段性成果。
** 刘盼红,东华大学马克思主义学院讲师;高红霞,上海师范大学人文学院历史系教授。
① 李增寿主编:《民国外债档案史料(十)》,档案出版社1991年版,第111—112页。

政府关系的角度讨论这一事件,为本文提供了重要借鉴。①关于整个事件中华商纱厂所处舆论环境及其因应过程仍具研究空间。

借款消息传出后,反对声音见诸报端,华商纱厂面临经济与舆论的双重压力。由华商纱厂联合会②创办的《纺织时报》,受众不仅有企业主和高层管理人员,还包括政府官员和受过高等教育的青年纺织技术者③,其观点对政府与社会具有一定影响力。在报道棉麦借款事件中,该报陷入支持棉麦借款与塑造企业形象的两难境地。本文通过梳理该报关于棉麦借款事件的相关报道,同时结合当时其他报刊资料,考察华商纱厂与政府、民众之间复杂的利益关系,以及华商纱厂的舆论困境与应对策略问题。

一、在支持与反对之间:《纺织时报》中的棉麦借款事件

自 1933 年 5 月《中美棉麦借款合同》签订,至 1934 年 4 月南京国民政府减少美棉借款,中美棉麦借款事件几乎一直出现在《纺织时报》头版。棉麦借款由华商纱厂促成,旨在低价获得美棉,应对国内棉贵纱贱困难。但《纺织时报》始终没有明确表示支持棉麦借款,也鲜少提及低价获棉的愿望,更多秉持中立甚至反对的态度。

---

① 参考郑会欣:《1933 年的中美棉麦借款》,《历史研究》1988 年第 5 期;仇华飞:《试论 1933 年中美棉麦借款的得失》,载丁日初主编《近代中国(第七辑)》,立信会计出版社 1997 年版;金志焕:《棉麦借款与宋子文的日本登岸》,《社会科学论坛》2005 年第 12 期;王丽:《1933 年中美棉麦借款再探》,《史学月刊》2012 年第 6 期;马陵合:《华资纱厂与棉麦大借款——以借款的变现及其用途为中心》,《中国经济史研究》2014 年第 2 期。
② 华商纱厂联合会是 1918 年为集体应对日本提出的棉花免税条件,由上海棉纺织业经营者成立的行业组织。
③ 具体而言,该报受众主要包括华商纱厂联合会董事、会员代表,以及中国纺织学会会员。华商纱厂联合会董事皆为华商纺织厂主,会员是以纺织厂和联合团体为单位构成的,代表各厂或联合团体加入该会的人员,必须是总经理或协理。而中国纺织学会会员大为不同,他们中有少量纺织厂主、部分政府官员,以及大批受过高等教育的青年纺织技术人才。据 1932 年会员名录,275 名会员平均年龄 31 岁,具备国外学习经历的有 50 人,他们分别毕业于东京高等工业学校、法国东方纺织专门学校、柏林高等纺织专门学校等国外纺织名校,在国内接受教育的 208 人,也都毕业于南通纺织专门学校、杭州工业学校、南京高等工业学校等国内纺织工业学校。参考《华商纱厂联合会议事录(第六区机器棉纺织工业同业公会)——民国六、七年》,上海市档案馆藏,资料号:S30-1-35;《拟改〈华商纱厂联合会章程草案〉》,《纺织时报》1929 年 4 月 15 日,第 2 版;《中国纺织学会会员名录》,《纺织周刊》第 2 卷第 3 期至第 13 期。

借款消息传入中国之初，该报以借款真相不明朗为由，持中立和观望态度。1933年6月5日，该报在首版左下角简单报道该消息，题为"政府向美借棉四千万元"，客观介绍借款结果。①借款消息传出后，报章所载新闻错杂纷纭，例如某报传言6月6日南京发布电讯称："实长陈公博六日否认外传实部为讨论根本救济棉纱问题，将召集沪各纱厂代表及银行界暨关系各机关在京开会，并向沪银行界借款二千万救济棉纱业。"《纺织时报》记者指出，自己对召集会议一事"毫无所知"，至于购棉数量，照目前市价，4 000万美金最多购70万包，而电讯中传可购90万包，实属错误。该报记者进一步指出，当前消息过于简略，无法估计棉麦借款对中国棉纺织业的影响，自己相对接近棉麦借款事件，仍"不能明其真相"，其他报刊的报道则更"错杂纷纭，莫识究竟"。②因此对棉麦借款事件不敢妄加评论。

该报虽对借款持中立态度，但也积极向南京国民政府表达自身诉求，多次催促政府指定棉麦变现款项用途。1933年6月12日，该报报道华商纱厂联合会与上海面粉业同业公会向南京行政院院长汪精卫致电内容，建议将款项用于振兴实业，复兴农村，解决当前供棉不足的弊病。③6月19日，报道上海全浙公会给政府的函电，全浙公会担心大量美麦的购入会影响中国粮食价格，损害浙农利益，恳请政府将棉麦分批运入中国，指定棉麦变现款项用途，以兴农村。④

1933年6月19日，实业部拟就美棉支配原则，明确美棉支配机构与原则、领用美棉主体、还款办法以及美棉变现款项用途：规定美棉支配机构为美棉支配委员会，由财政部和实业部指派人员组成；美棉支配原则为满足各纱厂确切需要，以及保障国棉固有市场不受影响；领用美棉主体为"有健全组织之纱厂"；还款办法由美棉支配委员会拟定，并呈财政部和实业部转行政院核行，行政院拟定银行专款存储；美棉变现款项部分用于促成棉纺织业产销合作之组织，部分在政府指导下采取合作方式用以购买原料和推销成

---

① 《政府向美借棉四千万元》，《纺织时报》1933年6月5日，第1版。
② 《中央向美借款购买棉麦》，《纺织时报》1933年6月8日，第2版。
③ 《本会及面粉业请中央指定棉麦借款用途》，《纺织时报》1933年6月12日，第1版。
④ 《立法院通过棉麦借款》，《纺织时报》1933年6月19日，第3版。

品,部分用于实业部扩充及改良纺织业设备。①

但该报认为该原则过于笼统,缺乏具体有效的细节,应明确棉麦变现款项用途。该报报道一篇胡汉民致立法院院长孙科的函电,从借款流程合法性、借款用途隐秘性和棉农生计三方面反对政府向美国借购美棉。首先是借款流程不合法,"凡举国债,必经立法院通过方能成立,何能由一部长擅行签字订约,举此大债,立法院不应放弃职权,不敢过问";其次是借款用途不公开,"秘密借款二万万,用途如何,未闻宣布",并反问政府是否将借款用于内战;最后,胡汉民担心大量美棉之输入会破坏棉花市场,导致棉农生计不保。②该报通过报道反对借款的言论,继续向政府施压,催促其明确借款用途。

第一批美国棉麦将运到中国的消息传出后,该报认为借款已成既定事实,要求政府低价售棉,并进一步明确棉麦变现款项用途。该报指出,宋子文已经在大纲合同上签字,而美商"向认事实,不重理论",借款不会因为某些社会团体反对而终止。③因此,当下的问题并非借不借款的问题,而是如何使用借款问题。该报一方面要求政府低价售棉。马寅初提出,美棉价格较华棉高,希望政府可以八折价格向华商纱厂售卖美棉,并免去进口关税。④另一方面要求进一步明确借款用途。丘光庭建议,棉纺织工业关系民生问题,棉麦借款除用于农业生产外,应将部分用于发展基本工业,尤其是棉纺织工业。具体办法是将部分借款转贷给纺织厂商,以及有纺织经验与办厂能力者,再以英庚款作抵,代向英国订购纺织机械。⑤

华商纱厂的要求遭到政府的驳斥。1933年8月7日,汪精卫在报告中谴责华商纱厂低价获棉的要求:"他们(面粉厂)以为政府既借到大批美麦,便希望能够以廉价买得,或暂时赊用。于是对于国内产麦,便拒而不销。同时产棉各地,亦接有相类的报告。"⑥在华商纱厂拒绝购买高价美棉的情况下,政府将美棉售与日商。

---

① 《实业部拟美棉支配原则九项》,《纺织时报》1933年6月23日,第2版。
② 《胡汉民反对向美借巨款》,《纺织时报》1933年6月23日,第2版。
③ 《向美借款购棉仅签订大纲合同》,《纺织时报》1933年6月28日,第1版。
④ 《马寅初谈棉麦借款问题》,《纺织时报》1933年7月6日,第1版。
⑤ 丘光庭:《美棉麦借款用途支配谈》,《纺织时报》1933年7月6日,第5版。
⑥ 《汪院长又报告棉麦借款问题》,《纺织时报》1933年8月24日,第1—2版。

低价获棉的希望落空,《纺织时报》多次发文,谴责政府将美棉售与日商的行为。一方面,指责政府借款购棉是一种欺骗行为,其承诺与实际操作不符,起初一再申述借款购棉是为救济国内华商纱厂,最后却廉价售与日厂。①记者将政府这一行为比作战争中的官方电报,即宣称自己所在一方所向披靡,"无电不成血战,而实际上则日退千里,完全为对内的一种欺骗宣传而已"。②另一方面,讽刺政府售棉与日商是一种市侩行为,"理财之道,举世迨无过于今之我国财政当局",政府牟利的本事"实非愚鲁之厂商思虑之所能及"。③1933 年 8 月 10 日,《纺织时报》转载《时事新报》一篇社评,社评称政府向美国借款购棉,必然有异于商人操纵垄断的市侩行为,"政府非商铺,财长非买办,海外贷货非商行为",应该直接将美棉供给厂家或工业团体。而中国政府将美棉售与日商是一种商人攫取利润的行为,非政府救济民生的行为。④

纵观《纺织时报》对棉麦借款事件的报道,主要从一个中立者和受害者的角度,叙述政府与美商进行棉麦借款谈判、借款达成及政府将美棉售与日商的全过程,并多次向政府提出明确棉麦借款分配原则与棉麦变现款项用途的要求。该报自始至终没有明确表示支持该项借款,也较少要求政府低价售棉。该报这样的报道倾向,实则是华商纱厂谨慎考量的结果,反映了华商纱厂在经济大萧条中的复杂处境和舆论困境。

二、华商纱厂的舆论困境:支持棉麦借款与塑造企业形象

华商纱厂促成棉麦借款的消息传到中国后,引起社会各界的强烈反对。华商纱厂面临经济与舆论的双重压力:一方面要支持棉麦借款,摆脱经济危机;另一方面需顾及民众心理,塑造企业具有社会责任感的良好形象,保证棉纱市场的稳定。《纺织时报》作为华商纱厂的喉舌,其报道在支持棉麦借

---

① 《借款购棉竟廉售于日厂欤》,《纺织时报》1933 年 8 月 3 日,第 1 版。
② 《中央又申述用途　东京亦谓售与日商》,《纺织时报》1933 年 8 月 10 日,第 2 版。
③ 《异哉中央售美棉与日诿为打破华厂之垄断与要挟》,《纺织时报》1933 年 8 月 7 日,第 2 版。
④ 《美棉支配之原则》,《纺织时报》1933 年 8 月 10 日,第 1 版。

款与塑造企业形象之间形成巨大的张力。

世界经济危机波及中国后,中国农村经济破产,以纺织工业为代表的中国民族工业面临棉贵纱贱等诸多困难。民国经济专家郑学稼对华商纱厂的困境有生动的描述:"我们再从国际不景气来说,也使正在轻工业阶级中过活的中国民族工业,'陷于大泽'之中。既不能运用关税的壁垒,抵挡她的敌人,又有军事上的屈服,国内外国工厂的林立,五步一关十步一卡之'阿房宫式'的税卡,已经悲唱着'虞兮虞兮奈若何'。再加大阪和兰开夏棉纱的倾销,如无挽回的方策,他们只有'自刎乌江'。"①

华商纱厂迫切希望尽快摆脱经济危机。荣宗敬作为华商纱厂联合会会长及申新纱厂厂主,于1933年引进棉麦借款前曾不断敦促政府推进借款事宜。1932年6月,他要求政府用现货借款引进美棉,②同年10月,再次提出从美国引进借款的要求。③次年宋子文赴美之前,他第三次与宋子文商量寻求一笔用于购买美国棉麦的借款。④宋子文抵美借款过程中,荣宗敬向宋子文进言:"我国棉纺织厂日趋危殆,最大原因在本国原棉不敷,其价日昂,而生产品因外货倾销,其价日落。救济之道,请政府出面向美政府借购美棉60万包转售于华商纱厂,即以其款拨作救济农村推广棉区、改良品质之用。"⑤他认为,借款若能达成,国家、农民与棉纺织业无不受其利,农民收入将增加,纱厂原料无匮乏之虞,则营业自有振兴之望。⑥

但这与广大民众对棉麦借款的认知和判断产生冲突,举借外债触及了中国民众强烈的民族主义情感。中国近代史可以说是一部外债史,自1853年2月上海道台吴健彰为剿灭太平军举借第一批外债,至1948年中国向美国举借购船款项,据《民国外债档案史料》统计,北洋政府共举借463项外债,

---

① 郑学稼:《棉麦大借款》,生活书店1933年版,第7页。
② 上海社会科学院经济研究所编:《荣家企业史料(上册)》,上海人民出版社1980年版,第385—386页。
③ 《东洋贸易时报》1932年10月13日,参考金志焕:《棉纺之战——20世纪30年代的中日棉纺织业冲突》,上海辞书出版社2006年版,第86页。
④ 王子建:《美棉借款问题之检讨(六)》,《大公报(天津版)》1933年7月17日,第7版。
⑤ 宋子文在1934年3月26日全国经济委员会第二次委员会议上就此做过说明,参考《全国经济委员会第二次委员会议关于棉麦借款的报告书》,载于建嵘主编《中国农民问题研究资料汇编》第一卷下册,中国农业出版社2007年版,第979页。
⑥ 荣宗敬:《拟借美棉之羨余以补华棉之不足节略》,《农村复兴委员会会报》1933年第1期。

南京国民政府共举借85项,战前就有52项。①这些外债大多以国家税权等作为担保,给西方国家操纵中国经济命脉留了缝隙,引起国人强烈反对。因此,中国社会自近代以来形成强烈的抵触外债心理。

1933年棉麦借款又是民国政府借款金额仅次于1912年善后大借款的一次外债,争议之大可以想见。有人直接将1933年棉麦借款称为第二次善后大借款:"最近袁世凯第二,独裁军阀蒋介石,又已秘密向美国签订五千万美金大借款之合同,其总额之钜,恰约等于善后大借款……其作用意义,实与袁氏善后大借款毫无二致。既亦用以消灭异己,镇压革命是也!此项借款,表面为向美购买棉麦,实则南京政府将用此种棉麦,转售于纺织业、面粉业,以换取现金,藉供非生产之政治军事用途。"②纵观南京国民政府执政六年间发行公债情况,"无一钱用于生产建设与国防设备,而完全用之于制造内战与纳入个人的私囊之中"。③

除此之外,华商纱厂促成棉麦借款的根本动机乃低价获取美棉,摆脱当前棉贵纱贱的困境,这一要求也与棉业组织及棉农的需求背道而驰。当时华棉每包价格在46元左右,美棉每包约60元。棉纱业工业家胡筠籁认为政府若以八折出售美棉,华商纱厂将踊跃购买。④荣宗敬却希望政府以每担40元,即优惠力度大于七折的价格售与华商纱厂。⑤甚至有华商纱厂经营者提出五折的要求。⑥这将使美棉价格低于华棉。华商纱厂期望政府低价销售美棉,而不顾对国内棉业市场可能产生的冲击。一大批棉麦进入中国市场,势必引起国内棉麦价格下跌,影响农民生计。在宋子文已经签订棉麦借款的情况下,稳定棉麦价格和控制输入数量成为民众的无奈之求。棉业组织希望政府稳定美棉价格,控制运棉数量,以防棉贱伤农,保护棉农生计。上海中华棉业联合会要求政府有关部门稳定美棉售价,"不至有影响国棉之虞";

---

① 《民国外债档案史料》第4—11卷,参考吴景平:《关于近代中国外债史研究对象的若干思考》,《历史研究》1997年第4期。
② 《第二次"善后大借款"》,《正论周刊》1933年6月17日,第3版。
③ 立言:《反对中美棉麦借款:论中美棉麦借款对于中国政治经济利益之损害》,《正论周刊》1933年6月17日,第8版。
④ 郑学稼:《棉麦大借款》,生活书店1933年版,第32页。
⑤ 荣宗敬:《拟借美棉之羡余以补华棉之不足节略》,《农村复兴委员会会报》1933年第1期。
⑥ 金志焕:《棉纺之战——20世纪30年代的中日棉纺织业冲突》,上海辞书出版社2006年版,第96—97页。

同时控制单次运棉数量,延长棉麦运华期限,"例如一年内运入,其数量越过历年输入甚钜,国产销数,势必全被倾夺。今之患供不敷求者,后必将患供过于求。不如展长运华期限。俾国棉犹得生存于市场,不致遽成废物。而米粮价格,亦不致再跌。以稍减农民痛苦"①。

1931 年美麦借款造成谷贱伤农的前车之鉴,加重了棉农及棉业组织对 1933 年棉麦借款的抵触心理,以 1931 年美麦借款引起谷贱伤农为事例,抨击 1933 年棉麦借款的舆论不少。1931 年,国民政府向美国贷款购买美麦,再以比市价每百斤便宜七两的价格,分配给面粉厂,面粉厂成粉则照市价结算给国民政府。茂新、福新等大面粉厂因掌握大量原料和大量成粉而操纵市场。②中华棉业联合会指出,此次棉麦借款在国内新棉即将登场时签订,"去年谷贱伤农之不幸,必又于棉业见之"。妇女杂志《女声》亦发表类似观点:棉麦借款有害无益,政府救济棉荒显系臆造之词,救济麦荒更是荒唐,"去年谷贱伤农的现象,便是一个铁证;在丰年时借麦的弊处固然是显而易见的,即在荒年时,国内各地交通未构通前,虽有外来大批洋麦,亦无由输入"。③关于棉业组织与华商纱厂在美棉价格问题上的分歧,《纺织周刊》有直接的描述:"如利害切身之棉商,亦仅要求参加讨论,维持国产棉价……纱厂亦有不需要贵价美棉之意,可见此项借款与其目的根本实相矛盾也。"④华商纱厂与棉业组织、棉农在美棉价格问题上形成对立之势。

民众对华商纱厂的不满,不仅体现在举借外债、破坏民生问题上,还包括华商纱厂与政府关系方面。第一批美棉将运抵中国前,社会上出现不少华商纱厂操纵棉麦借款的新闻。《救国通讯》称:"我国政府对于棉麦借款的主要目的是在赊入现货,以谋国内经济的周转,其用心不可谓不苦!可是国内有些奸商,反而趁机操纵,以致发生停滞的现象。因停滞而使农村经济破产!"⑤华商纱厂被社会舆论建构为勾结官员、操纵美棉的奸商形象。

华商纱厂一方面寄希望于政府救济企业,支持棉麦借款;另一方面畏于

---

① 《棉联会全浙公会陈述意见》,《纺织时报》1933 年 6 月 19 日,第 3 版。
② 福新面粉公司秘书部门职员钱寿春访问记录,1959 年 3 月,参考上海社会科学院经济研究所编:《荣家企业史料(上册)》,上海人民出版社 1980 年版,第 373—374 页。
③ 伊蔚:《美棉麦借款》,《女声》1933 年第 19 期。
④ 《五千万美金借款购棉问题(三)》,《纺织周刊》第 3 卷第 26 期。
⑤ 易公:《棉麦借款与我国农村》,《救国通讯》1933 年 9 月 12 日,第 2 版。

官商勾结的舆论压力,尽力保持自身的独立性和中立立场。早在1931年政府推进中美美麦借款时,《纺织时报》就表示希望举借包括棉花在内的外债。该年9月,南京国民政府以赈灾济民为名,同美国农商部签订约900万美元的美麦借款合同。①这些小麦大部分分配与茂新、福新等大面粉厂,使得这些面粉厂在粉业普遍困难的情况下仍能获利。②鉴于此,华商纱厂对棉花借款能够帮助自己度过经济危机充满乐观情绪。1931年9月3日,该报呼吁进行包括棉花在内的棉麦大借款:"二者(棉花和小麦)均为我生产谦乏之国家民生衣食所急需,以我为应联合全国上下,办一棉麦大借款……若是,则利益不胜枚举。"③棉麦借款达成后,该报却始终保持谨慎、悲观的态度,避免招致更大的舆论压力。1933年6月19日,实业部拟就美棉支配原则,该报称其为"空洞之谈","未见有具体之办法"。④6月底,报界传言政府支配办法已议决妥帖,第一批美棉麦即将运抵中国。该报却不以为然,它认为政府支配办法并不妥帖,"棉价之标准、麦价之统计、运费之折合"等尚未确立,美棉即将运抵中国的宣传"未免过早"。⑤7月10日,行政院院长汪精卫代表政府首次正式发表棉麦借款报告,该报又指陈该报告"空洞不得要领"。⑥

支持政府棉麦借款与广大民众的民族主义情感产生牴牾,要求政府低价售棉与棉农、棉业组织利益亦相违背,这两者均可能造成棉纱市场的动荡,加重棉贵纱贱的经济困境。据报道,华商纱厂在棉麦借款事件发生后,方见起色的纱市"因此消息又复大落"。⑦华商纱厂陷入支持棉麦借款与塑造企业形象的两难之中。

三、三管齐下:强调借款正当性、转移舆论矛头和为民众发声

为应对支持棉麦借款与塑造企业形象的困境,华商纱厂通过强调借款

---

① 国民党政府财政部《财政年鉴》编纂处编:《财政年鉴》,商务印书馆1935年版,第1422页。
② 福新面粉公司秘书部门职员钱寿春访问记录,1959年3月,参考上海社会科学院经济研究所编:《荣家企业史料(上册)》,上海人民出版社1980年版,第373—374页。
③ 俞寰澄:《举办棉麦大借款为救灾之最急政策》,《纺织时报》1931年9月3日,第2版。
④《实业部拟支配美棉办法原则》,《纺织时报》1933年6月23日,第2版。
⑤《向美借款购棉仅签订大纲合同》,《纺织时报》1933年6月28日,第1版。
⑥《行政院长借棉麦之报告》,《纺织时报》1933年7月17日,第1—2版。
⑦《救济纱厂与借购美棉》,《纺织周刊》第3卷第24期。

正当性、转移舆论矛头和为民众发声的策略,使两者之间达到某种平衡。

首先,顺应民众心理,为棉麦借款寻求某种正当性理由。

一方面,利用孙中山思想,赋予棉麦借款合理意义。孙中山经济思想中很重要的一项便是利用外资,他就外债与生产的关系专门做过论述:"至中国一言及外债,便畏之如鸩毒,不知借外债以营不生产事业则有害,借外债以营生产之事则有利。"①华商纱厂将孙中山利用外资思想作为支持棉麦借款的重要思想武器。时任申新纱厂主管朱仙舫指出:"利用外资开发中国富源,是总理物质建设的政策。"向美国借款购买美棉,对华商纱厂是为有利举措。②马寅初也指出,在中国民穷财尽之时,"非借用外资不可,亦无违于总理遗教"。③华商纱厂因此被建构为总理遗教的践行者。

另一方面,将借款置于抗日救亡的主流话语体系中。九一八事变爆发后,中国东北全境迅速落入日军之手,激起国人强烈愤懑,抗日救亡成为时代的主题。华商纱厂迎合时代潮流,赋予棉麦借款以抗日救亡的重大意义。马寅初认为,此次借款虽为经济性质,但实际上暗含美国赞助中国抗日之倾向,美国"能在极度恐慌中,贷此巨款,弦外之音,自可想见"。而且此次借款可为抗日所必需的国家基本建设提供经费支撑,"创设及改进基本工业、发展交通、兴修水利、复兴农村经济,皆为目前要政,非钱不可。国内民穷财尽,内债价格仅在四五折之间,发行之难,已可想见。转而求之外国,势非得以",故"我国与此项借款之关系,实为生死存亡关键所系"。④

其次,将舆论的矛头指向政府,减小自身舆论压力。

1933年6月,《纺织时报》相继披露上海棉花号业公会、上海中华棉业联合会和全浙公会等反对棉麦借款的函电。他们反对的理由主要是棉贱伤农,如上海棉花号业公会认为解决中国棉业问题的关键是改良植棉,"借债度日,终非久计",且大量棉花进入中国市场,必然导致棉价下降,棉贱伤农,希望政府"收回成命"。⑤后两个团体向政府指出,大量美国棉麦突然进入中

---

① 《在南京同盟会会员饯别会的演说》,载中国社会科学院近代史研究所中华民国史研究室等编《孙中山全集(第二卷)》,中华书局2006年版,第322页。
② 朱仙舫:《善用棉麦借款举办生产事业以利民生》,《纺织时报》1933年7月3日,第1—2版。
③④ 马寅初:《棉麦借款问题(一)》,《纺织时报》1933年9月11日,第2版。
⑤ 《又一棉号公会陈述意见》,《纺织时报》1933年6月23日,第2—3版。

国市场,将使国内棉价和粮价下跌,进而波及棉农和粮农利益。①对于他们提出的棉贱伤农的反对理由,该报认为"未能举出真正之利害"。②言下之意,华商纱厂与棉业组织的利益诉求是一致的,都是以政府为对立面。

1933年7月10日,该报转载《国闻周报》上一篇批评政府棉麦借款的文章。该文作者通过一个理发匠的故事,暗喻政府举借外债是在毁灭全民族。1828年,海涅在伦敦遇到一个理发匠。这名理发匠说:"一切祸害中的最大的便是债……英国全土,已经变成一个很大的监狱踏车,在这里,不分昼夜,人们都要不断地工作,为的是供养他们的债主……负债不仅要毁灭个人,且要毁灭全民族。"随后作者将矛头直指中国政府,认为中国政府对借债"交口称赞"。《纺织时报》记者大赞此文"直截了当,揭示借款之真相,实为自此事发生以来较在事实上立论之文"。③如此将舆论的矛头指向政府,同时纠正了一般人对企业唯利是图、官商勾结的刻板印象。

值得注意的是,政府也采取相同的策略将舆论压力转向华商纱厂。政府为了争取华商纱厂支持和寻求借款正当性理由,将棉麦借款动因解释为救济华商纱厂。这从宋子文关于借款动机的说明中也看得很明白。1934年3月26日,宋子文在全国经济委员会第二次委员会议上说:在赴美之前,实业部部长陈公博发来电报称上海棉花库存不足,要求尽快引进美棉;之后,财政部次长发来敦促引进美棉的电报,荣宗敬关于华商纱厂原棉不足问题的报告也反映在该电报中。如此,宋子文把棉麦借款的目标解释为华商纱厂的要求,大大淡化了自己的主观性。④从某种角度说,也转嫁了借款的责任,正如时评所言:"纱厂粉厂为国家罪人,政府转可卸责。"⑤由此可见华商纱厂与政府之间复杂的竞存关系。

最后,在维护企业利益的前提下为社会民众发声,塑造企业兼顾民生的好形象。

棉农与企业并不总是对立,当棉麦借款用于振兴棉业时,二者都能从中

---

① 《立法院通过棉麦借款》,《纺织时报》1933年6月19日,第3版。
② 《实业部拟支配美棉办法原则》,《纺织时报》1933年6月23日,第2版。
③ 崔敬伯:《五千万美金棉麦借款问题》,《纺织时报》1933年7月10日,第1版。
④ 参考金志焕:《棉纺之战——20世纪30年代的中日棉纺织业冲突》,上海辞书出版社2006年版,第90页。
⑤ 《救济纱厂与借购美棉》,《纺织周刊》第3卷第24期。

获利。例如当棉麦借款已成既定事实后,棉业报纸《棉业》开始支持购入美棉,称购入美棉"对于纺织业是有利的",对棉业经济亦"没有什么害处"。文章最后提出将变现款项用于振兴棉业的愿望:"我不希望此次贷款能真如中央所议全部用于生产事业,也不希望王院长所谓集中注意于农业建设完全可靠,只要棉花自给这小小问题能从借款中挪百分之一即二百万元来办到,已经是差强人意了。"①笔者揣测该报支持借款可能与借款已成事实有关,因此只能寄希望于合理使用借款。不可否认的是,在这一方面,华商纱厂与棉农的利益是相通的。

华商纱厂与棉农利益的一致性,为华商纱厂支持棉麦借款,同时塑造企业兼顾民生形象提供了可能。朱仙舫在《纺织时报》中指出,合理借款购棉及使用变现款项,纱厂和棉农皆能从中获利。他称棉麦借款一方面可为华商纱厂供给原棉,弥补最近华棉之不足;另一方面,美棉用于纺制细纱,华棉用于纺制粗纱,二者分工不同,对中国棉农并无伤害。同时,在借款购棉时,规定棉花品种和单次运棉数量,尽量选择国棉产量不足或缺乏的棉花,以及根据国内纱厂需求量及本年国棉收获情况,"分批装运实际所缺数量",可减少棉麦借款对国内棉价可能造成的不利影响。并且,将棉麦变现款项用于民生建设事业,复兴农村经济,发展交通事业,还可振兴棉业。②这篇文章没有提及美棉价格问题,只是建议政府在美棉数量、品种方面有所作为,巧妙地避免了华商纱厂希望低价获棉可能招致的舆论压力,同时表明华商纱厂并非置社会利益于不顾。这种报道,既没有放弃华商纱厂的根本利益,又可起到兼顾民生事业、塑造企业良好形象的作用。

华商纱厂的应对策略一定程度上减少了舆论压力。最终,舆论的矛头几乎全部指向政府方面。当然,这并不完全是《纺织时报》倾向性报道的结果,更主要是棉麦借款事件本身发展使然。国民政府的目的不在于救济纱厂,而是获取财政资金与加强经济统制。1933年9月,全国经济委员会改组,新增棉业统制委员会,掌管棉麦借款用途的审核、支配等权力。由于棉麦销售受阻,国民政府不得不要求美国减少债额。1934年2月,驻美公使施

---

① 周干:《棉麦借款的得失》,《棉业》1933年8月1日。
② 朱仙舫:《善用棉麦借款举办生产事业以利民生》,《纺织时报》1933年7月3日,第1—2版。

肇基等与美国商议,将美棉债额由4 000万美元减为1 000万美元,麦粉维持原来数目,期限予以展缓,即美国棉麦借款实为2 000万美元。最终,棉麦变现款项用于统制全国金融的数目约占40%,直接用于反共的军事经费占36%,用于国内经济建设的经费微乎其微。①华商纱厂的期望落空,政府成为棉麦借款的直接获益者,民众反对声音自然集中到政府方面。

四、结　　语

华商纱厂在棉麦借款事件中的舆论工作,应被置于国际和国内历史大背景下加以理解。世界经济危机波及中国后,以纺织工业为代表的中国民族工业面临资金不足、产销失衡、棉贵纱贱等诸多困难。1933年棉麦借款,是华商纱厂旨在通过政府举借外债低价获得美棉的求救活动。但中国民众自近代以来形成强烈的抵触外债心理,棉麦借款又是民国以来政府举借款项仅次于1912年善后大借款的一次外债,舆论争议自然不小,这对棉麦借款可谓是巨大阻碍。世界经济危机还造成中国农村经济破产,以1931年美麦借款引起谷贱伤农为前车之鉴,抨击棉麦借款的舆论亦复不少。这是华商纱厂陷入舆论困境的国内外背景。

华商纱厂在棉麦借款事件中的舆论工作,反映出经济危机中政府与企业的矛盾关系。实际上,政企之间在棉麦借款问题上从未达成一致意见,在棉麦借款事件中互相拆台,正如《纺织周刊》编者所言:"我国政府与商人,始终不能融为一体,不能互倾肺肝。"②政府进行棉麦借款别有用心,救济纱厂只是其为借款寻找的一个正当理由,实则希望尽快弥补财政不足。受世界资本主义经济危机影响,中国民族工业深陷泥潭,农村经济亦面临破产,加之中日战争破坏,国家财政收入大为缩减。而国民党加紧围剿苏区,又造成军费开支浩繁,国民党收支出现严重失衡。政府迫切期望将棉麦借款变现后,充当全国经济委员会活动资金和各地项目经费。政企之间的利益重叠与分歧,使华商纱厂的舆论环境更为复杂。

---

① 陆仰渊、方庆秋主编:《民国社会经济史》,中国经济出版社1991年版,第263—265页。
② 《救济纱厂与借购美棉》,《纺织周刊》第3卷第24期。

这个问题还反映出中国民族工业在大萧条时期的复杂处境。企业的发展离不开社会，企业的社会形象直接影响企业经营。当企业应对经济危机的行为与社会要求发生龃龉时，企业面临经济与道义的双重压力，以及政府力量的干预。中国民族工业应对危机，除改善企业管理、打开内地市场等自救行为外，离不开政府的救助。政府的决策势必影响企业应对危机的效果。中国民族工业在经济危机中面临经济、政治和社会各方面的压力。

无锡丽新、协新纺织企业发展及档案资料研究述略
A Brief Study on the Development and Archives of Lixin and Xiexin Textile Enterprises in Wuxi

王昌范[*]

　　江南无锡唐氏纺织企业集团是近代纺织企业集团的一支重要力量,在江南手工业发展的历史时期,唐氏资本投资创办以棉纺织染和毛纺织染为主体的丽新、协新纺织企业。丽新、协新纺织企业集团把握国内外工商业发展趋势,在宏观布局上具有超前意识,在经营上秉承家族传统稳健且扎实的风格,投资以实业为主,虽有挫折,但企业基本处于一种良性循环。丽新、协新纺织企业集团与申新纺织企业集团既有相同之处,又有不同之处,相同的是两者都有棉纺织企业,不同的是丽新、协新纺织企业集团中有毛纺织企业。丽新、协新纺织企业集团发生、发展的轨迹是近代民族纺织企业集团成功的案例。[①]但种种原因使学术界对于丽新、协新纺织企业的研究力度和研究成果较为有限。本文简述丽新、协新纺织企业发生、发展的概况,初步回顾上海地区对丽新、协新两企业的研究,并将所见丽新、协新档案资料予以揭示,祈盼学界相关学科的研究者予以关注和重视。

　　20世纪初,江南无锡悄然萌动着一股兴办实业的力量。这股力量积聚已久,从江南的手工业经济发展,逐渐转型,朝着近代民族工商业方向发展。无锡位于长江三角洲的中心地带,临长江,濒太湖,京杭大运河直穿其境,沪宁铁路横贯其中,水陆交通极为便利,给地域经济发展带来了非常有利的条

---

[*] 王昌范,上海市工商业联合会调研员。
[①] 王赓唐、冯炬、顾一群:《无锡著名的六家民族工商业资本》,载《中华文史资料文库》第12卷,中国文史出版社1996年版,第506页。

件。无锡与辟为商埠的上海近邻,与苏州、镇江更近,早有米市、丝市、布码头和钱码头之称,具有投资意识的人们纷纷把从地租、官囊、商业利润等方面积聚起来的资本投于民族工业。自1885年至1934年,无锡已有192家工业企业,包括面粉、纺织、缫丝、碾米、建筑、轻工、化工、机械、医药等工业,资本总额达1 800多万银圆。其中以杨、荣、周、薛、唐蔡、唐程六家最著名,他们拥有的资本达1 300多万银圆,占无锡工商业资本的70%左右。杨宗濂、杨宗瀚兄弟、荣宗敬、荣德生兄弟、周廷弼、薛南溟、薛寿萱父子在汪敬虞编的《中国近代工业史资料》示例的63个人物中有所记载,因而研究较多。而唐保谦、蔡缄三创办的九丰面粉厂、庆丰纺织厂,唐骧廷、程敬堂创办的丽新纺织印染厂、协新毛纺织厂虽有史料性质的文章,但研究性的文章鲜见。本文主要考察唐骧廷、程敬堂创办的丽新纺织印染厂,唐骧廷、程敬堂、唐君远创办的协新毛纺织厂,略述唐氏创办丽新、协新纺织企业集团发展及在沪档案资料的概况。

一、无锡唐氏丽新、协新纺织企业集团资本积聚及家族概貌

18世纪中叶以降,无锡四乡的土布贸易已相当兴盛,而土布商的积累也很快。①无锡唐氏丽新、协新纺织企业集团的资本积累源于土布贸易和布行经营。唐氏始祖②唐懋勋(1800—1873)号景溪,先后在无锡东门及北塘开设恒升布庄,经营土布,专销六合、浦口、松江等地。唐懋勋讲求诚信,经营得法,因而生意兴隆,享有盛名。

唐懋勋在严家桥盘下了即将倒闭的周长元布庄,更名为"唐春源布庄",重新恢复旧业,经营土布买卖。原先许多与唐时长布庄有联系的苏北、安徽客商又纷纷慕名来到唐春源布庄换纱换布。唐懋勋坐堂经营,他的两个儿

---

① 徐新吾主编:《江南土布史》,上海社会科学院出版社1992年版,第569页。
② 唐氏祖籍常州武进,世称毗陵唐氏,自奉宋朝翰林院检讨唐华甫为始祖。第七世祖唐荆川,名顺之,曾任明朝兵部侍郎,率兵船在崇明抵御倭寇,以功补都察院右金都御史,代凤阳巡抚。唐荆川还是著名散文家,与当时王慎中、茅坤、归有光等被称为唐宋派。今无锡唐氏,出自荆川公胞弟太学士唐立之欤庵公之后。明朝末年,第十世祖献赤(玉裕)始迁无锡东门,为迁锡世祖,谱称"无锡东门支",又称第十一世祖宇镳为"东门支"祖。至唐懋勋,已是第十六世,为"无锡东门支"中的一分支(综合上海唐君远教育基金会所藏唐氏家谱)。

子走南闯北到产销地"坐庄"收花,以棉花换棉纱,再放纱换布,收回土布后又把布销往苏、锡、常、松江以及苏北、安徽等地,北到山东、天津,南到浙江一带。经过花、纱、布的循环往返贸易,一石三鸟,一"店"多销,获利特别丰厚。仅10年时间,1870年前后,唐氏在严家桥四乡购置田6 000余亩,在其住宅四周收购房屋,大兴土木,翻建宅院和仓厅。

唐懋勋自己经营唐春源布庄,将唐时长布庄交给了二子唐履卿(俊培)经营管理,此时的唐氏家族已成为无锡东北乡首富。

唐子良(洪培)、唐竹山(福培)是唐懋勋的第六、第七子,兄弟俩继承父业,经商有道、营业有方,青出于蓝而胜于蓝,他们经营唐春源布庄所获利润,除建造唐氏宅院、唐氏仓厅外,还开设德仁兴茧行、同济栈房、同兴木行、同济典当。多种经营活动,使唐氏家族集地租、典当利息、商业利润于一身,加快了唐氏家族财富的聚集,为后来的更大发展准备了物质条件。

唐子良(1837—1904)生六子二女。长子唐郢郑(1864—1921),名浩镇,字辅臣,号养吾,别号朴庵。光绪癸巳(1893年)中举赴京从政。历任清政府工部、商部、农工商部郎中,历保三品衔、二品衔。民国成立后被选为参议院第一届国会议员,任总统府秘书、辑瑞室主任等职。晋授二等大绶嘉禾章。二子唐保谦(1866—1936),名滋镇,与蔡缄三等人创办九丰面粉厂,后又开设利农砖瓦厂、庆丰纺织厂。六子唐纪云(1885—1974),名莹镇,上海圣约翰大学毕业以后协助兄唐保谦管理庆丰纺织厂。唐保谦三子唐星海(1898—1971),名炳源,四子唐晔如(1908—1986),名煜源,均经营过庆丰纺织厂,是20世纪三四十年代中国纺织界的知名人物。

唐竹山(1841—1886)生五子。四子唐骧廷(1880—1960),名殿镇,与程敬堂创办丽华、丽新纺织印染厂,协新毛纺织厂,将一个厂发展成数个厂,成为具有现代管理模式的丽新、协新纺织企业集团。

二、丽新、协新纺织企业集团雏形

丽新、协新纺织企业集团是无锡唐氏纺织集团中的一个分支。它的原始积累是依靠早期商业经营所获得的利润。家族成员除出任政府官员、研究学问外,从事民族工业投资并经营的主要是唐保谦、唐纪云的九丰、庆丰企业集团和唐骧廷的丽新、协新纺织企业集团两支。

据史料记载,唐骧廷在18岁时离开父母、离开家乡,单枪匹马去无锡闯荡世面,临行前,母亲马氏想给他一些钱作为资本和盘缠,数目比较大,他拒绝了。他听说二哥渠镇和堂兄保谦都只拿了2 000元出门,因此他也只拿这个数。①唐骧廷的二哥渠镇在无锡最繁华的北大街开设有九大布行,又办了唐瑞成夏布行。在兄长协助下,不久,唐骧廷也在北大街开设了"九余绸布庄"。按唐骧廷18岁赴无锡估算,九余绸布庄开设时间在1898年至1899年之间,这是他独立门户经营的第一站,是他依照祖辈传统方式经营布庄、积累资本的开端,也是他事业的起点。

经营九余绸布庄时,唐骧廷寻觅到了一位志同道合的协作伙伴,名叫程敬堂(1885—1951),即后来成为无锡著名的六家民族工商业资本集团之一"唐程"的"程"之来源。程敬堂是在1907年到九余绸布庄当跑街的。在此之前,程敬堂曾在无锡元章绸布店做学徒,后成为职员,他在做学徒时曾上"商余补习学校",会算、会经营、业务熟悉,投资意识强。1910年,他成为九余绸布庄的股东和实际经营者。

1916年,正值欧战,九余绸布庄连年获得巨额盈利。九余绸布庄的主要股东认为这是发展新式工业的有利时机,有意向工业投资。唐骧廷、程敬堂与人集资本1万元,经过居间人的撮合,接盘一家叫作"冠华"②的手工织布厂。他们在原有基础上扩大经营手工织布工业。新厂定名为"丽华号染织布厂",扩建了厂房,增加了设备,改进了生产品种,1917年正式开工。

两年中,丽华号染织布厂业务发展得很快,股东分得红利之外,再将资本照原股增加1倍,即2万元。这固然是因为欧战期间,销布逢时,营业鼎盛,但该厂有了资力雄厚且具有丰富管理经验的绸布商人的加入,也是原因之一。不久,增设丽华二厂,资本再增到4万元。在短短两三年内,资本扩大4倍。据1929年《无锡年鉴》记载:是年,丽华一厂、二厂共有木机152台、铁

---

① 海笑:《五世其昌的工商望族》,载赵云声主编《中国工商界四大家族》,中共中央党校出版社1995年版,第310页。
② 冠华的前身叫"新盛",相传是一位名叫荣茹的尼姑组织的织布工场,有12台布机,1913年注入资金后,织布机增加到20多台,成为一个比较像样的织布工场,定名为"冠华"布厂。见朱复康:《唐骧庭、程敬堂与丽新布厂》,载寿充一等编《近代中国工商人物志(第二册)》,中国文史出版社1996年版,第552—553页。

木机42台。它的规模与以前两个阶段相比,是有很大发展,但其生产方式实际上还是停滞在手工工场阶段。①

丽华生产品种,主要是各种花线呢、格子布、自由布等,当时一般称作"改良布"。它的质量比土布稍高,比洋布稍低。丽华的经营者便从加放产品的长度和阔幅方面动脑筋,以招揽生意,并注重实销,打开市场。丽华布的尺码准足,取得用户信任,所以虽然售价略高,但销路很好,连年获得高额利润。同时,他们也想仿制洋布。

1919年在唐骧廷、程敬堂的主持下,丽华股东大会做出决定:一方面,以丽华所得利润中的一部分用于扩大再生产,保持原来的经营路线,仍然生产色织棉布;另一方面,从丽华利润中划出一部分,再吸收新资,另建丽新布厂,进行新的经营路线的尝试,织制本色坯布,漂染整理后出售。

三、丽新棉纺织染企业集团发展的几个阶段

1916年接盘冠华布厂,可以表明唐骧廷、程敬堂以商业资本投资民族工业的决心。唐骧廷接受的新思想、新思潮渐渐形成了他实业救国的抱负,且家族中另一支唐保谦已经有投身实业发展并取得成功的先例,这对他是鼓励,是鞭策。

纵观唐骧廷、程敬堂发展实业、创办丽新布厂曲折而艰辛的历程,发展丽新公司、丽新股份有限公司的轨迹,试着划分为这样几个阶段。

(一)初创筹备时期(1919—1922年)

丽新布厂的筹备工作从购地、建厂房、订购机器设备开始。在当时动力机械尚不普遍的情形下,丽新布厂向祥兴洋行订购引擎、锅炉和染整设备及动力织机100台。1920年10月②,创立会召开,资本定为30万元,其中,除一部分是从丽华布厂的资本积累中"移植"而来之外,还吸收了绸布、纱布、粮食等其他行业的商业资本,其中绸布占比最大。进入1921年后,丽新布厂才开工试产。也就是这段时间,唐骧廷叫回了正在念大学的儿子唐君远,让

---

① 朱复康:《唐骧庭、程敬堂与丽新布厂》,载寿充一等编《近代中国工商人物志(第二册)》,中国文史出版社1996年版,第552—553页。

② 设立年月见《丽新股份有限公司注册簿》,上海市档案馆藏,资料号:Q195-1-19。

他协助丽新布厂诸多事务。1922年,也就是丽新布厂正式开工的头年,每日产布200匹,出产各种提花布、丝光条格及线呢、泰西缎等。1922年底,丽新所出产品,经江苏省地方物品展览会审查,获得一等奖章,并被列为上海总商会陈列所最优等产品。为了便利运销,丽新在上海北京路和南京下关设立发行所,办理销售业务。

(二)发展困难时期(1923—1927年)

丽新布厂开工不久,便陷入了困境。原因是第一次世界大战结束后没过几年,洋布重新铺天盖地而来,价贱货多,民族工商业者开设的厂无法与之竞争,加之坯布供应不足,工厂经常停工待料,印染设备得不到充分利用。同时流动资金不敷,周转困难。丽新布厂股东会曾规定了一个"以厂养厂"的原则。这一条原则实际内容是:力求投资少、效率高、利润多,在积累资金后逐步发展,扩大再生产。但是在外货倾销的压力下,丽新布厂不能等待积累资金后再逐步发展了。1923年丽新通过洋行添置了新式英国电力织机200台,以取代老式木机;同时购置了英制布上光机、精元机、浆纱机、折布机及全套染色设备,350匹引擎1台、30英尺×8英尺锅炉2台,使漂染部具有全套新设备。当时,这些设备在民族工业同类型厂中凤毛麟角。但这些新设备是以丽新的全部厂房、设备等产权凭证,抵借了20万元,才得以提货安装的。

1924年,丽新刚刚勉强度过了资金危机,又逢齐卢之战,其在无锡的批发所被焚掠一空,损失10多万元。职工大多四散避难,厂内停工达半月之久。于是,有些股东对投资工业感到失望,提出停闭拆伙的建议。唐骧廷、程敬堂等几个掌权股东意志坚定,在危机面前,一面劝说股东夏伯周等垫款30万元以资应付,一面召开股东会,报告营业情况,并宣布发放股息[①]。这样才扭转了那些动摇股东的情绪。

(三)发展成熟时期(1928—1937年)

1928年,丽新"兼营漂染整理,本年购上海创而未开之济生纱厂纱锭,乃增纱厂"[②],该年丽新利润比上年增加了87%,从而弥补了历年亏损,补足了过去几年欠发的股息。1929年,丽新开始有了红利分派给股东。1930年,

---

① 朱复康:《唐骧庭、程敬堂与丽新布厂》,载寿充一等编《近代中国工商人物志(第二册)》,中国文史出版社1996年版,第555页。

② 严中平:《中国棉纺织史稿》,科学出版社1955年版,第365页。

丽新增加了1.6万锭纺纱设备,增资为100万元,成为全国唯一的集纺、织、染、整于一体的全能生产企业。①

1931年抵制日货运动再起,丽新又获得畅销产品的机会,当年增资为120万元。次年又获大量盈利,1934年增资为240万元,因而又在1935年添置印花设备,同时增加纱锭2.2万枚。1937年增资为400万元。从上述资本数来看,丽新在六七年间,资本增长为400%。

丽新在建厂初期,日产布仅200匹;1930年增达1 400匹;至1936年,日产坯布已达2 000多匹。另外还能印染整理色布3 000—5 000匹(其日产坯布不足部分,大多向申新三厂购买),又细支纱40余件。品种从1928年的10余种增到1937年的100多种。全厂职工人数:1923年有工人1 420人、职员80多人;1936年工人增至2 940人,职员110人。至1937年全面抗战前夕,全厂职工已达3 500余人。

(四)产业移沪发展时期(1938—1944年)

"八一三"淞沪会战期间,无锡丽新布厂遭到严重破坏,生产停顿。当时丽华布厂有国外定购的织机250台运到上海,丽新将在上海、汉口存货陆续售出,收回了一部分资金,于是在上海马斯南路(今思南路)租赁基地6亩余,自建厂房,安装织机250台;续在戈登路(今江宁路)自置基地8亩余,建造厂屋,装置印染设备,合伙开设昌兴纺织印染厂,于1939年开工;又在劳勃生路(今长寿路)购置基地10余亩,自造厂房,开办纱厂,装置纱锭1.14万枚,于1940年正式开工。后由于资金不足,另招汉口帮等投资,改组为昌兴纺织印染股份有限公司,出品仍使用丽新的商标,资本额为300万元,于1940年3月收足,丽新占资本总额的70%。

(五)战后恢复时期(1945—1949年)

抗战胜利后,上海、无锡丽新两地企业相继复工,陆续修理损坏了的机器,投入生产,但直到无锡解放为止,未能全部修复。上海丽新3个厂因未受战火影响,继续生产。此时,无锡丽新和上海丽新在形式上虽然分别经营,实际上早就合而为一,由一个统一的经理部门领导,最后两个企业统一使用

---

① 这一时期,无锡布厂内逐渐出现专业生产,如丽新专门生产高档织物。见徐新吾主编:《江南土布史》,上海社会科学院出版社1992年版,第578页。

丽新纺织印染总公司为名称。总公司设在上海。分支机构有：上海一厂（纺纱）、上海二厂（织布）、上海三厂（印花、漂染、整理），无锡厂（纺纱、织布和印染、整理）、无锡办事处（联系工作和机物料采购）、无锡接洽处（收购坯布和产品运销）及汉口分公司（采购原棉和推销成品）。

四、协新毛纺织染企业集团发展的几个阶段

我国的毛纺织工业可以概括为7个发展时期：（甲）萌芽时期（1876—1880年），（乙）粗呢织造失败时期（1881—1913年），（丙）复兴时期（1914—1922年），（丁）转换时间——驼绒业发达期（1925—1930年），（戊）毛绒线发展时期（1930—1934年），（己）梳毛织物发展时期（1932—1940年），（庚）纺毛织物再发展时期（1940—1945年）。[①]如果这种划分方法成立的话，唐骧廷、程敬堂、唐君远创办无锡协新毛纺织厂属于（己）梳毛织物发展时期。

无锡协新毛纺织厂是唐氏纺织企业集团开创新业态的一次成功尝试，也是我国第一家自纺、自织、自染、自整理的全能精纺呢绒厂。下文试着将协新毛纺织厂从成立到1949年的发展生存状况划分成这样几个阶段。

（一）初创回收投资时期（1934—1936年）

1934年，唐氏纺织企业集团利用丽新历年盈余，集合当时无锡荣家、杨家等企业资本，筹设"协新毛纺织厂"。首次董事会确定企业全称是"协新毛纺织染股份有限公司"，资本金20万元，唐骧廷为董事长，唐君远为经理，唐熊源为协理兼厂长，[②]选址无锡五河浜，购地30亩，建造厂房、写字间。当时股东迷信风水之说，特在账房前置缸1只，缸内放铜圆7枚，谓七星缸，祈求吉利。1935年2月，协新订购的羊毛精梳纺机1 800锭、粗梳纺机400锭、织呢机40台、染整机全套全部安装到位，正式投产。

当时国内呢绒市场疲软，日本呢绒如哔叽、直贡呢1年内连续降价20%以上。协新经营者经过测算：呢绒进口税率为30%，而进口散毛或毛条税率仅5%，决定采用进口毛条作为原料，既可省去散毛制成毛条的一道工序，又

---

① 葛杰臣：《我国之毛纺织工业》，载上海市商会商业月报社编《纺织工业》，上海市商会商业月报社1947年版，第1—8页。
② 《协新毛纺织染股份有限公司董事会议事录》，上海市档案馆藏，资料号：G567-1-4。

节省制条工序的机器设备投资。协新出产的高档呢绒如啥味呢、华达呢、马裤呢等,售价虽低于英国呢绒,但仍有利润,自1935年至1936年的两年里,协新生产呢绒24万码,获利22万元,收回首期投资。①

(二) 资本扩展时期(1937—1938年)

收回首期投资,意味着成功,但是,协新并未沉醉于成功的喜悦,而是积累资本扩大再生产。此值欧美钢铁市场受世界经济危机影响,市场凋零,纺织机械无人问津,洋行廉价推销,且付款期限极为宽松。当时唐君远建议借此机会增加设备,被董事会采纳,迅速向英商信昌洋行、德商谦信洋行订购纺机2 600锭、织机28台,待安装投产,产品供不应求,机器款未付清已获利不赀。协新1936年增资30万元,股本扩至50万元,1937年再度增资,资本总额达80万元。

(三) 战后产业移沪发展时期(1938—1944年)

1937年11月,日本侵略军占领无锡,1938年春协新毛纺织厂被占,无法正常生产。同年秋,协新租借到小沙渡路(今西康路)400号英商的一家印刷厂的房屋,向英商洋行购买纺机1 600锭、毛织机10余台安装开工,又买下戈登路(今江宁路)82号地基4亩多,自建厂房,向法商洋行购买纺机1 600锭、毛织机40台及染整全套设备,为争取时间,边安装边生产,至1939年8月全部投产。为避免敌伪纠缠,经与英商信昌洋行商量,确定协新上海厂以信昌工厂名义组织生产,其企业的一切权责均由协新毛纺织厂负责,产品仍用协新商标。当年生产很顺利,呢绒产量达14.5万米,随着生产发展,职工从100余人增至360人,1940年协新上海厂盈利129.5万元。②

太平洋战争爆发,随之驻沪日军进入租界,实行军事管制和经济统治。协新从澳大利亚购买的羊毛因战争被封锁,迟迟不能运到,存放在浙江兴业银行仓库里的羊毛,被日军征用,一度生产中断。协新为维持生产,派人到湖州、山东收购羊毛,虽价格贵也勉强维持了两年多,1944年协新上海厂不得不停产。

(四) 战后恢复时期(1945—1949年)

抗战胜利后,无锡、上海两家协新相继恢复生产。协新一面向澳大利亚

---

①② 王昌范:《民族毛纺织工业的功臣唐君远》,《档案与史学》1999年第5期。

定购大批羊毛,一面请复职的技师日夜抢修设备,不久试车成功恢复生产,但是澳大利亚羊毛尚在途中,只能代其他厂整理成品和纺织少量粗呢,协新只收加工费。1946年3月,首批澳毛运到,协新全面复工,生产传统品种派力司和花呢等,经检验符合标准投放市场。到1947年底,协新盈利29亿元,到1948年6月,无锡、上海两家协新资本总额约120亿元。①

五、丽新、协新纺织企业集团的经营特点择要

丽新、协新纺织企业集团在当时外部环境对民族工业企业不利的条件下,能冲破重重阻挠,迎难而上,规模不断扩大,利润不断增加,占据市场的高地,必有其独特的一面,有人称丽新是"不倒翁厂",日本《朝日新闻》在1933年称丽新是日本棉纺织厂的"劲敌"②,这与它的经营理念是分不开的。现将其经营特点择要如下。

(一)注意装备精良,突出一个"新"字

丽新、协新的厂名都有个"新"字,可以观察到唐氏企业集团在发展民族工业中的创新意识、创新精神。

对于设备添置、更新,使用新式机器,引进新技术、新工艺以及新的操作方法,都比较注意。例如,丽新初期因为没有阿尼林染料的机器设备而采用了硫化元染料,产品质量很差,色内泛出红光,不受用户欢迎;又因为没有丝光设备,仅靠轧光车整理,织物便显得光彩呆滞,技术上不能过关,于是添购了阿尼林车和丝光机,在技术方面摸索前进,并通过对日本棉直贡和英国府绸等一系列货品的仿制,取得了一定成绩。丽新在1933年扩展纺部购进电机、锅炉时,采用自动加煤设备,这是当时国内最先进的设备,其他厂还很少采用。③

当时瑞士里妥尔细纱锭制造比较先进,抗日战争结束初期,丽新经营者一看到样品,就购进了两台。染部的三辊轧府绸整理机,也是当时进口的唯

---

① 王昌范:《民族毛纺织工业的功臣唐君远》,《档案与史学》1999年第5期。
② 《中国第一家棉纺织印染全能厂》,《无锡信息报》1985年7月12日。
③ 朱复康:《唐骧庭、程敬堂与丽新布厂》,载寿充一等编《近代中国工商人物志(第二册)》,中国文史出版社1996年版,第561页。

一新型染整设备。购进后,所加工的产品,手感柔软,受到顾客欢迎。另外,丽新还购进精梳机、印花机、灯芯绒机,都是为了力求一个"新"字。这个"新",不仅是设计水平"新",而且是敢于引进一般工厂所未引进的设备和技术。

为了这个"新",丽新的经营者们是绞尽脑汁的,他们深知"新"从获取信息而来,所以每出现一种新事物,就必须比别厂先得消息、先引进,才能达到"新"的目的。丽新大多是从外国洋行方面获得"新"的情报的,与英商、德商、美商、瑞士商等洋行关系都很密切。按惯例,华商向洋行订货,原规定可得一笔"回佣",而丽新放弃了这笔"回佣",以"小钱不去、大钱不来"的手法,来取得洋行的亲近。洋行方面,因为丽新生意大,每月使用大量染料和烧碱,所以也愿意向丽新提供情报,一有新品种问世,就先通知丽新。例如当时一般蓝布往往易于褪色,而德孚洋行染料"海昌蓝"就不易褪色,丽新首先使用,因而丽新出品的海昌蓝布便风行一时。又如,德国最初发明了一种增白剂,在漂白粉液中加入少许,便可使布质格外洁白光亮。丽新获得消息后,在这种增白剂刚到香港试销的时候,就首先试用,效果很好。随后大批投产,并把漂白细布的售价每匹增加 2 元,而实际成本仅增加一角几分。等到国内其他厂得知这个奥秘时,丽新早已获得不少盈利。

协新毛纺织厂初创时添置的设备也是当时最先进、最新的,拥有美国柏林司司密士厂梳毛纺锭、英国同厂梳毛纺锭和法国美格而斯塔塔厂梳毛纺锭。[①]

20世纪三四十年代,穿着呢绒服装最苦恼的是容易虫蛀,唐君远一直想解决这个问题,他是学化工的,知道羊毛织物被蛀的原因,便请技术人员研究,并从瑞士嘉基颜料厂买来专利产品"灭蠹",即羊毛不蛀粉,亲自和技术人员一起试验,经过反复试验,证明蛀虫不吃投放过"灭蠹"的呢绒。唐君远是一个有战略眼光的经营者,他立即与瑞士嘉基颜料厂签订为期 7 年的包销合同,在中国由协新独家使用,他一方面组织生产,另一方面利用媒体大力宣传,一时呢绒市场都知道有不蛀的呢绒,比英国货、东洋货还灵,这个不蛀

---

① 葛杰臣:《我国之毛纺织工业》,载上海市商会商业月报社编《纺织工业》,上海市商会商业月报社 1947 年版,第 4 页。

呢绒只有协新毛纺织厂才生产。不蛀呢绒不但在国内热销,个别品种还销往印度和其他东南亚国家。①

(二)注重生产管理,力求一个"省"字

丽新的经营者曾经营绸布业,企业也是从小型发展起来,所以一贯重视勤俭办企业。它的扩大再生产,也是采取"以厂养厂"的方针。初办时,其所用的木制手织机和铁木织机,都是自办木料及铁件,自雇工匠制造,节约了1/3的开支。在雇用工人方面,也极力精打细算。开办初期,丽新的工人都是从当地农民转化而来。丽新的厂基,本为黄巷一带佃农所有,唐、程等人通过黄巷上的一位女族长,说服农民售给丽新建厂。农民为了进厂做工,降低了土地的卖价;同时雇用农民做工人,工资可以开得低,降低了经营成本。

丽新会计部不仅负责财务工作,还兼办总务及一部分属于人事、供销等部门的业务。工务主任除负责工务外,还兼任业务、财务、人事、采购等事务,这样企业可以节约开支。

丽新的大部分机物料都由总公司集中采购,由经协理直接控制,因此厂内运作费用比较节省。在生产设备和技术操作方面,丽新虽然不惜工本力求新颖,但其对非生产性开支抓得很紧,不讲排场,不事铺张。总公司一直设在上海江西路三和里弄堂内,因陋就简,几十年的旧楼房,经营者们安之若素。这种艰苦朴素的作风,为稳定企业、发展企业起了很大作用。

(三)注意吸收游资,发展生产

丽新在20世纪20年代曾不止一次遇到资金周转上的困难。经营者们吸取教训,1925年起设立丽新储蓄部,用月息10%—20%的高利率来吸收社会游资,作为企业的流动资金,获得营运周转上的便利,度过了企业的困难时期。1931年以后,丽新业务逐步发达,社会信誉也相应提高,他们通过各种关系,如股东和职工的亲友、往来的商家等,吸收的存款越来越多。吸收存款最多的年代,几乎超过资本的一倍以上。丽新经营者深知吸收的存款只要运用于生产,它的利润必然可以超过所付的利息。对原棉、原纱、坯布的收购,可伺机而动、择优先得;对制成产品的出售,可待价而沽,这样一来,在增添设备扩大再生产时,就不用为资金无着而担忧。

---

① 王昌范:《民族毛纺织工业的功臣唐君远》,《档案与史学》1999年第5期。

（四）注重权力集中，便于调度

丽新主要投资人多数是商人出身，企业的人事组织虽然沿袭着旧式制度，但由于配合得当，能发挥出如臂使指的效果。开办初期，企业业务人员还不满十人，分别担任了账务、出纳、记账、采购工作，以及处理一般性事务工作，虽然有分工，但是并无规定的职称，经协理事事可以过问插手。当时企业管理机构和作为生产机构的工厂设在一处，厂里不设专任厂长，经理实际上兼领了厂长的职务，各个职能部门和各个车间之间的联系，主要依靠经理一人维持。车间管理人员直接对经理负责，向经理请示汇报。

随着企业规模逐步扩大，人手相应地略有增添，但始终没有明确的职责分工。例如设立厂长后，因为厂长唐君远懂得外语，所以他除了管理一切厂务外，也一手办理洋行订机、订货等事。几个主要负责人配合得当、灵活机动。

人事上的配合恰当是丽新获得发展的主要因素。总经理唐骧廷、经理程敬堂、厂长唐君远，这三人性情各异、作风不同，经营企业的目标则完全一致。唐骧廷性格温和、沉默寡言，因为他耐心，平时无疾言厉色，别人给他起了个别号叫作"唐菩萨"。程敬堂精明干练，善于抓紧时机处理事物，因为他是红脸，人家唤他"关老爷"。唐君远年轻时受过高等教育，对企业有一整套的改革管理计划，比较精细能干。企业中用人行政，都由程敬堂总负全责，唐骧廷只过问大事，厂里工作则由唐君远负责管理。有人给他们三位的性格编了几句顺口溜：唐骧廷"泰山坐镇"，程敬堂"大刀阔斧"，唐君远"心细如发"。又说他们的经营作风：唐骧廷"稳扎稳打"，程敬堂"长袖善舞"，唐君远"刻意经营"。[1]

（五）注重技术培训，保证产品质量

丽新开办职工养成班，培训技术工人，保证产品质量，也办有职工子弟学校，使职工在子女教育问题上无后顾之忧，学校定期举行恳亲会，展示学生在学校的学习成果。丽新职工子弟学校聘请唐骧廷担任董事长[2]，程敬

---

[1] 朱复康：《唐骧庭、程敬堂与丽新布厂》，载寿充一等编《近代中国工商人物志（第二册）》，中国文史出版社1996年版，第564页。

[2] 上海市档案馆藏，资料号：Q195-1-359。

堂、唐君远、朱文源、李悌平、张佩苍、程景溪等为校董。[1]

协新的毛纺织产品受到市场青睐,很重要的因素是技术创新打品牌战。技术创新的先决条件是筑起人才高地。唐君远是知识型经营者,他的合作者唐熊源也是个纺织专家,在人才输入和培养方面肯花钱,在创设丽新,向洋行购买机器时,曾以年薪 6 000 多元聘请一名外籍工程师,而当年丽新全部职工的年薪总和仅 5 000 多元,可以看出他是舍得投入的。而协新不惜重金聘请章华等厂的技师,还大胆选拔任用南通纺织学院毕业生,并由英国技师训练职工;有时唐君远还亲自讲课培训技工和学徒,使协新人才济济、设备先进、技术领先。[2]

六、丽新、协新纺织企业集团研究概况及资料保管现状

由于丽新、协新纺织企业集团的相关资料,没有像申新、永安、章华等棉纺、毛纺企业的资料一样,被纳入社科研究部门档案资料,因此,丽新、协新纺织企业集团的研究没有系统化地挖掘、整理、介绍企业情况,相关研究主要是通过文史资料或亲属、同事回忆进行。这些回忆资料经过整理,发表于政协、工商联和爱建公司刊物,有的是公开发表,有的是内部发行。就上海所做的初步研究整理工作而言,大致经历了这样三个阶段:

第一个阶段是 20 世纪五六十年代。上海社会科学院组织编写了《上海毛纺织工业史》,在《上海毛纺织工业史》中,丽新、协新纺织企业集团的代表唐君远先生有部分口述。唐君远是一个实业家,是"讷于言、敏于行"的人物,善于动脑,不善于言辞。当年做口述时,唐君远的地位很高,是全国政协委员、上海市工商联副主任委员。在那个年代,他的口述是经过专业人员整理的,收录在《上海毛纺织工业史》中的仅是部分内容。编写一本书需要很多资料,唐君远口述资料中没能被《上海毛纺织工业史》收录的资料有两种可能:一种情况是留在采访人那里,另一种情况就是散失了。《上海毛纺织工业史》的出版,是丽新、协新纺织企业集团资料第一次公开呈现。也可以

---

[1] 上海市档案馆藏,资料号:Q195-1-400。
[2] 王昌范:《民族毛纺织工业的功臣唐君远》,《档案与史学》1999 年第 5 期。

认为,毛纺织工业研究涵盖了协新毛纺织厂,以及唐君远,认为他是民族毛纺织工业的代表人物。这一时期还有一种形式文献是"对台宣传稿","对台宣传稿"向台湾同胞宣传祖国大陆各行各业的发展情况,如唐君远《解放后上海毛纺织工业正在飞跃发展道路上前进》(1960年11月20日)、《上海毛纺织工业的今昔》(香港《大公报》1961年3月25日)。

第二阶段是20世纪八九十年代。1985年,正值抗日战争胜利40周年,在抗战时期,无锡协新曾被日本人占据,因为唐君远不愿意把丽新、协新两个企业交给日本人,也不愿意与日本人合作,被日军关了一段时间。1985年民建上海市委、市工商联举行了一个纪念活动,出席的人员当中就有唐君远,他谈了抗战时期自己被日军关押的经历。这段经历后来被整理成文,"以宁为玉碎,不为瓦全——访爱国老人唐君远"为标题,刊登在1985年《上海民建工商联会讯》,之后凡是谈到唐君远的,都要写这一段,因为这是亮点。这一时期,无锡媒体也刊登了相关文章,《中国第一家棉纺织印染全能厂》介绍了无锡丽新(《无锡信息报》1985年7月12日)。

这一阶段,还出现过一篇史料文章《爱国毛纺织工业家唐君远》。这篇史料文章出自上海市工商联副秘书长张今华,因为他和唐君远同一个办公室,对他做了采访,也看了一些资料,整理成文,恰好张今华是分管市工商联史料工作的,市政协征集文史资料稿件,他率先垂范,就承揽下来,此文刊于20世纪90年代初的上海市政协文史资料。此外,1995年中共中央党校出版社出版《中国工商界四大家族》,该书认为中国工商界家族四大家族为无锡荣氏家族、无锡唐氏家族、永安集团郭氏家族、北方周氏(周馥、周学熙)家族。这四家都是以纺织业为主的企业集团。1999年第5期《档案与史学》有一篇《民族毛纺织工业的功臣唐君远》,主要是概括唐君远创办协新发生、发展的经过。

第三阶段是2000年至今。相关研究主要有以下几种:2000年,上海唐君远教育基金会编写《纪念唐君远先生百年诞辰》纪念集,包括序言在内,计18篇文章;2005年,中央新闻电影制片厂与上海电视台合作拍摄52集电视片《百年商海》,其中一集是《毛纺企业家唐君远》;全国工商联组织编写文史资料;陈正卿《国货品牌与近代上海商业——以丽新纺织品商标为例》;2008年,上海唐君远教育基金会在无锡高等机电专科学校内陈列"唐君远先生生平事迹展";2018年,上海爱建集团股份有限公司编著《唐君远与唐氏家族传奇》;2019年7月,《团结报》刊登《毛纺织企业家唐君远的创业精神》。

总而言之,无锡丽新、协新纺织企业集团研究相对于申新、永安等研究而言,是薄弱的,至今没有一部专著或资料集,或是博士论文。以上所列作品均是命题或是应景作品,如《纪念唐君远先生百年诞辰》纪念集是为无锡市人民政府举办唐君远百年诞辰纪念活动而编。《百年商海》中的《毛纺企业家唐君远》的确扩大了唐君远海内外的知名度。

丽新、协新纺织企业集团档案资料除本文引用的部分资料以外,还有上海市档案馆所藏档案资料 Q195(丽新纺织总管理处)、Q567(协新毛纺织染股份有限公司)、G111(协新毛纺厂)、B134(上海市纺织工业局),以及上海市各业同业公会档案资料,比如棉纺工业同业公会、印染工业同业公会、毛纺织工业同业公会等,但各时期称呼有所变化。这些档案中,有的经过上海市工商联整理,相对比较完整,对于研究丽新、协新有所帮助。

七、结　　语

丽新、协新纺织企业集团发生、发展的轨迹,是我国民族工业的一个缩影,创办企业的唐骧廷、唐君远等企业家敢于担当社会责任,体现的是一种企业家精神,他们以"实业救国"为己任,投资民族纺织工业,争取利权不外溢,引进先进的设备,培养企业技术人才,在那个年代,在更好地出产精良的品种、丰富市场、活跃市场,提高市民生活品质、生活质量方面起到积极的作用。丽新、协新纺织企业集团也是那个时代纺织企业的一个成功案例。

然而,种种原因使学术界对于丽新、协新纺织企业集团研究力度和研究成果较为有限,本文简述上海地区对于丽新、协新纺织企业集团研究情况,并将所见档案资料予以提示,供研究者参考,以祈引起学界相关学科的专家学者之关注和重视。同时在条件成熟之时,建议先行编辑《协新毛纺织染企业资料汇编》,继续搜集丽新企业资料,为编辑《丽新棉纺织染企业资料汇编》做好资料上的准备。

"普利全川"：《劝桑说》与近代四川蚕桑业发展

Common Prosperity: *Exhortation of Cultivating the Mulberry and Modern Sichuan Sericulture Development*

李 瑞[*]

基于"普利全川"的情怀，四川三台人陈宛溪完成了科普性文本《劝桑说》的刊印和推广。该书内容通俗易懂，既是陈宛溪个人蚕桑知识的集成性作品，也是劝课蚕桑的优秀范本，它不仅在推动四川区域植桑知识的通俗化、植桑活动的普及化、植桑技术的程序化等方面有重大贡献，而且与《蚕桑谱》等蚕桑文献一起加速了近代中国蚕桑业从传统自然经济向近代工业化生产的转化。

中国劝课蚕桑历史较为悠久，其传统养蚕技术在几千年的发展中不断演进，形成了具有中国特色的蚕学体系，并逐渐凝练成了汇集蚕桑知识技术的文本——蚕书。清末民初，劝课蚕桑活动曾达到一个高潮，蚕书数量也达到历史之最[①]。就近代蚕丝业研究成果而言，无论是植桑、养蚕方面，还是缫丝、印染方面，相关论著都颇为丰硕，但对于蚕书的研究却寥若晨星。蚕书作为传统农书的一个重要门类，其中承载的蚕桑知识技术能在社会中传播流动，此外，其内在蕴藏了不少颇有价值的社会、政治、经济、文化等历史信息，值得充分挖掘。王翔在《近代中国传统丝绸业转型研究》一书中曾提到，晚清各地劝课农桑兴起表现出新的特点，可以说已经形成一个运动，中国农村的蚕桑开始与世界工业化潮流相联系，这背后蚕书的撰刊流传与大规模

---

[*] 李瑞，西南大学历史文化学院讲师。
[①] 高国金：《晚清蚕桑局及蚕桑业发展研究》，中国农业科学技术出版社 2017 年版，第 108 页。

劝课之间存在着很大的关联性。①随后，肖克之在《农业古籍版本丛谈》一书中收录了自20世纪90年代以来的古籍农书50部，着重对古籍农书版本鉴别考证，其中包括《农桑辑要》《农桑衣食撮要》《种桑说》《玉屏蚕书》。②日本学者田尻利曾在《清代农业商业化研究》中阐述诸如《蚕桑辑要》等几部中国江苏地区蚕书的源流问题。③高国金《晚清蚕桑局及蚕桑业发展研究》，总结了晚清各类蚕桑专著的内容来源，揭示了晚清蚕书的创作方式，展示了晚清蚕桑农书的技术来源，并对蚕书的体例与结构、蚕书呈现的新特点、蚕书的价值等内容做了分析，重在揭示晚清官员劝课行为与繁多蚕书之间的内在联系。④

蚕书作为蚕桑技术与理论传播的主要媒介，在推动经济发展和社会变革中至关重要，蚕桑技术的传承与发展很大程度上依托蚕书完成。清末民初，除刊印古籍蚕书外，劝课蚕桑的官员、有实力的乡绅，甚至少量的市井平民亦撰写新的蚕书，⑤他们根据自身经历，融入彼时新技术，增强了蚕书的时效性和应用性，因此该阶段的蚕书展现了传统技术向近代技术的过渡，具有承前启后的历史作用，颇值得关注。但就目前研究情况来看，相关研究成果较为有限，目前冯祖祥、周重想《周凯〈劝襄民种桑说〉浅评》一文是为数不多对晚清官员的具体蚕书文本进行分析的成果，该文通过对襄阳太守周凯所著三篇《劝襄民种桑说》的文本研读来论述周氏在湖北推广种桑的举措。⑥

在特定的历史条件下，这些怀揣实业救国理想的实业家，一方面继承自"黄帝元妃西陵氏教民养蚕"⑦的传统，另一方面融入西方近代科学技术，体现出"一个中国传统农学与西方实验农学的重要交汇过程"，⑧他们所著的蚕

---

① 王翔：《近代中国传统丝绸业转型研究》，南开大学出版社2005年版，第40页。
② 肖克之：《农业古籍版本丛谈》，中国农业出版社2007年版，第3页。
③ [日]田尻利：《清代农业商业化研究》，汲古书院1999年版。
④ 高国金：《晚清蚕桑局及蚕桑业发展研究》，中国农业科学技术出版社2017年版，第108页。
⑤ 1870年，光禄大夫吴烜根据自己经历写成《蚕桑捷效书》；1902年，东湖儒商饶敦轶在劝课的时候撰述《蚕桑简要录》；1880年，清官方大浞出版《蚕桑提要》，"法极详备"。
⑥ 冯祖祥、周重想：《周凯〈劝襄民种桑说〉浅评》，《北京林业大学学报（社会科学版）》2006年第3期。
⑦ 陈开沚：《劝桑说》，三台县档案馆藏。
⑧ 杨直民：《我国传统农学与实验农学的重要交汇》，载《中国科学技术史学会第二次代表大会会议论文》，太原工学院科技情报室1983年印。

书颇具研究价值。本文在借鉴、吸收已有研究成果的基础上,以四川三台蚕桑巨子陈宛溪为例,通过对其所著《劝桑说》的分析,拟对植桑知识的传播、植桑事业的普及及植桑技术趋于程序化等方面的关联问题略做讨论,进而从行业发展和社会经济角度来观察清末民初四川乃至中国蚕桑业的发展情况。

一、《劝桑说》促进了植桑知识的通俗化

咸丰以前,中国实行农桑并重的国策,四川州县官府也大力提倡栽桑养蚕,"蜀中墙下树桑,宅内养蚕,习以为常"①。鸦片战争后,清政府为防止白银外流,采取"寓禁于征"的政策,四川很多地方开始大面积种植鸦片,以至于"益谷膏腴之土栽种罂粟,驯至粮价日昂,浸为民患"②,四川的蚕桑业遭受打击。19世纪末20世纪初,在清政府禁烟的举措下,四川地方政府积极寻求禁烟之法,培州刺史邹耿光以"川东罂粟太盛,物极必反,因详说种桑之利可代种烟之值"③,崇庆州也劝解乡民少植罂粟多种桑株,发文"罂粟害人,桑株获利"④,并利用白话告示散布各乡。长寿县县令"已续购桑秧五十万株,除分发外,于西门外隙地栽种"⑤。邻水县县令"复就县城旧有潾山书院设立蚕桑公局,委绅经理,定立章程"⑥。四川蚕桑因此有了较大发展,以三台为例,"时养蚕达15万户,年缫丝约2 000担"⑦。受到内外贸易需求的推动以及战争失败带来的创痛,国人开始力图自强,蚕桑业作为"蚕桑为民,莫大之利"的产业,开始走向改良革新的道路。1872年,归侨商人陈启沅建立起中国缫丝业第一家民族资本主义企业——继昌隆缫丝厂,并撰写《蚕桑谱》,专教人种桑养蚕之法。1874年,浙江湖州举人汪日桢任会稽教谕,著有《湖蚕

---

① 李拔:《蚕桑说》,载贺长龄、魏源《皇朝经世文编·户政·农政中》,岳麓书社2014年版。
② 鲁子健:《清代四川财政史料(下册)》,四川省社会科学院出版社1988年版,第459—550页。
③ 陈开沚:《劝桑说》,三台县档案馆藏,《序》,第1页。
④ 《上编 政事门:纪闻:中国部:四川:劝种桑株》,《广益丛报》1906年第123期。
⑤ 《公牍:督宪批长寿县县中蚕桑业经遵奉前此通饬办理禀》,《四川官报》1905年第22期。
⑥ 《公牍:督宪批邻水县设立蚕桑公局订定章程并劝办各情形禀》,《四川官报》1905年第26期。
⑦ 三台县地方志编纂委员会编:《三台县志》,四川人民出版社1992年版,第396页。

述》一书①,在杭嘉湖地区流传较广。1894年,保定设立官办蚕桑局,四川人卫杰负责技术工作,并编撰了我国史上篇幅最大的一部蚕书《蚕桑萃编》。同年,四川苍溪知县姜秉善首建"蚕桑公社"。1902年,四川合川举人张森楷②集股创办"四川蚕桑公社",开设丝厂,设立四川第一所蚕桑专业技术学校,1903年四川蚕业巨子三台陈宛溪③创办神农丝厂,"四川蚕丝业迈出自古属于农家副业和手工业工场的门槛"④。陈宛溪立足蚕桑四十余年,先后刊行《神农最要》《蚕桑浅说》《丝厂俗歌》《劝桑说》等著作,在民间大力推广蚕桑。

陈开沚,字宛溪,号愚溪,四川省三台县人,湖南客家移民,1855年生。早期家贫,佃地务农为生,兄弟五人,其母在家养蚕。陈宛溪年少时"愚直贫病"⑤,1871年考中秀才后在万安乡玉皇冠寺任私塾老师。家庭环境的耳濡目染令陈宛溪对植桑养蚕如指诸掌,求学时期的新式教育丰富了他的知识储备。时值世界生丝需求量巨大,陈宛溪任教同年,四川首次向国际市场出口了生丝6 000包。⑥陈宛溪获悉植桑收益颇丰,且听闻陈启沅在广东南海建立起了第一家民族资本主义企业——继昌隆缫丝厂,便于1877年毅然放弃教学,搬回老家万安,立志投身蚕桑。⑦1888年,陈宛溪组织成立县蚕桑会。1890年3月31日,重庆开辟通商口岸,次年,设立了海关,外国资本加快了对四川工业原料的掠夺,作为丝织原料的蚕茧输出额直线上升。⑧1895年,《马关条约》签订后,外商纷纷在中国设厂,"中西互市,日以奇技巧精品物,

---

① 浙江省丝绸志编纂委员会编:《浙江省丝绸志》,方志出版社1999年版,第545页。
② 张森楷(1858—1928),原名家楷,字元翰,号式卿,晚号端叟。1902年正式成立四川蚕桑公社,任社长,前后七年均住社内,亲自督办社务。1909年辞去社长职务,并于1912年任川汉铁路公司经理。1922年修成《合川县志》并刊行,1928年6月23日病逝北京,终年70岁。
③ 陈宛溪(1855—1926),四川省三台县人,原名陈开沚,字宛溪,川中著名实业家,四川近代工业的奠基人之一。他在中国轻工业发展史上占有开拓性的地位,曾被民国政府赠予"蚕桑巨子"的匾额以做表彰,章太炎曾专文介绍陈宛溪。
④ 四川省地方志编纂委员会编:《四川省志·丝绸志》,四川科学技术出版社1998年版。
⑤ 陈开沚:《劝桑说》,三台县档案馆藏,第1页。
⑥ 隗瀛涛、周勇:《重庆开埠史稿》,重庆地方史资料组1982年版,第94页。
⑦ 陈宛溪见其任教私塾中管理蚕桑的和尚年年植桑,费力不多,所得酬劳胜过他一年所得,又通过报刊了解到南海归侨商人陈启沅办厂事迹,深受激励。在其栽桑过程中,陈宛溪常因究栽桑治虫防病技术,终日立坐环行于桑树下,以至"人莫不笑其迁"。在栽桑获利初期,因其所佃耕地地主陈门坐眼馋桑利,强行收地并不承认补偿工本费,引起诉讼,后经劝业道周孝怀关注得以公平改判。此后陈宛溪积极设法卖地植桑,并积极争取官方的支持。
⑧ 王翔:《晚清丝绸业史(上)》,上海人民出版社2017年版,第56页。

博取我四万万人脂膏"[1],中国传统手工业屏障被瓦解。在洋人挟其富强之姿妄图渐吞中华之势时,陈宛溪认为:"今吾蜀救贫之际,孰有如振顿旧有之蚕桑乎!"[2]至此,陈宛溪初步萌发了"实业救国"的思想。1903年,陈宛溪仿照日本方法在三台万安场的凤凰山下兴工修建神农丝厂,并于1905年完工。第二年,陈宛溪托人购得意大利式铁机,自此四川开始有了自己的近代工业。1908年,神农丝厂改用大机缫丝。1912年,更新设备,引进意大利式缫丝车、英产锅炉、德产发电机。1918年,又购回环球牌大锅炉[3],生产效率和产品质量得到了大幅提高与改观——蚕丝"均、净、坚、韧"[4]。在神农丝厂机器化大生产期间,陈宛溪于1907年任四川省蚕桑劝导员,1914年至1919年间,出任三台县蚕桑局局长。1913年,他在乐山嘉定创办嘉祥丝厂,1917年改为华新丝厂。神农、华新丝厂出品的双鹿牌生丝先后在"巴拿马国际公赛"和"莱比锡万国博览会"获奖,从此川丝名声大振、外销大增,闻名于欧美诸国。1926年3月,陈宛溪在乐山开办嘉乐纸厂,同年病逝乐山。

在躬耕蚕桑事业40多年当中,陈宛溪留下了《神农最要》《蚕桑浅说》《丝厂俗歌》《劝妇女缫丝歌》《劝桑说》等作品。这些作品对蚕丝生产实践来说,具有极强的实用性和指导性,同时蕴含较丰硕的学术价值。其中,《神农最要》多次作为劝课农桑的教材发放民间[5];《劝桑说》成为推广植桑事业的经典作品,该书现存28页[6],但事无巨细,涉及了蚕桑业种、产、销、保障等方方面面,充分体现了行业分工以前农、工、商的结合。行文语言朴实通俗,"虽不识字,人闻之,亦能通晓"[7]。该书绪论、章节标题、材料编排等方面,表明了他对蚕桑业乃至这一时期整个四川经济振兴的基本观点。该书封面的"宛溪叟劝桑说"由原谘议局议长、保路运动的主要领导人蒲殿俊[8]题写,内

---

[1] 陈开沚:《劝桑说》,三台县档案馆藏,第3页。
[2] 同上书,第1页。
[3] 佘冰:《神农概况(第5卷)》,三台档案馆藏,第120页。
[4] 陈开沚:《劝桑说》,三台县档案馆藏,《序》,第4页。
[5] 《公牍:督宪通饬各属仿办蚕桑并发神农最要札》,《四川官报》1904年第14期。
[6] 《劝桑说》第28页后已佚,但主体内容已经完结。
[7] 陈开沚:《劝桑说》,三台县档案馆藏,《序》,第3页。
[8] 蒲殿俊(1875—1934),四川广安人,辛亥保路运动的主要领导人。1911年10月武昌起义成功后,四川宣布独立,蒲殿俊任大汉四川军政府都督。此后出任北洋政府内务次长等职,后淡出政界,从事报刊与戏剧改良工作,在新文化运动中做了大量卓有成效的文化启蒙工作。1934年因病逝世,终年59岁。

页"劝桑说"由四川劝业道台周善培①题写,交由成都昌福公司排印,内含陈宛溪人像及其自志文,另有鲜英②的题词"大巧若拙,大智若愚。须发浩然,聊以自娱"③;同时由四川蚕桑公社原总教习、四川农政学堂原教务长祝鼎写序。

由于《劝桑说》最后几页遗失,其具体成书年份未知,但通过内容判断,该书应写成于1914年陈宛溪担任三台县蚕桑局局长到神农丝厂获得巴拿马国际公赛金奖期间。该阶段四川"蚕桑渐多,丝厂亦繁"④,蚕桑业实质上进入了一个高速发展的阶段。⑤以苍溪为例,据1910年《四川省第四次劝业统计》,全县有蚕户11 220户(约占农户总数的25%—30%),有成片桑园180亩、散栽桑地640亩,官桑1 353株、私桑64 479株;制丝户663户,缫黄白丝14.4万两(折合鲜茧约45万千克)。⑥仅据乐山、内江、南充、三台、盐亭等18府县统计,农家缫丝户数已经达到132 669户,年产土丝2.5万担。⑦蚕丝兴旺导致川人"群趋于饲蚕缫丝之一途"⑧,而陈宛溪深知"外洋最讲种植之学"⑨,敏锐地察觉到桑叶匮缺将会严重威胁到蚕丝发展,于是果断在《劝桑说》中指出"若不多植桑树以裕蚕丝,必源恐叶缺而饲蚕不终"⑩,最终导致"茧少而缫丝折本"⑪。为此,陈宛溪极力"劝吾川饲蚕之人各添桑树以裕蚕食"⑫,"劝吾川缫丝之人自种桑树,并劝人种,以裕茧质"⑬。

《劝桑说》之前也有不少蚕桑刊物刊印于世,尤其是洋务运动以后,蚕桑专著的撰写和刊刻数量惊人⑭,但是,四川的现实情况却不容乐观,以三台为例,老百姓"栽桑未及百分之一",甚至出现"百里不见一株桑者,隙地任其荒

---

① 周善培(1875—1958),字致祥,号孝怀,浙江诸暨人,随父宦游来川,遂定居。1908年任川省劝业道总办,通令各属普设劝业局,培训劝业员,大力资助民族工商业的发展。
② 鲜英(1885—1968),字特生,四川西充人,民盟创始人之一,著名民主人士。
③ 陈开沚:《劝桑说》,三台县档案馆藏,第1页。
④ 同上书,第2页。
⑤⑨ 《上编 政事门:纪闻:中国部:四川:谕领桑秧》,《广益丛报》1906年第100期。
⑥ 李淑谦主编:《苍溪蚕丝志》,四川人民出版社1996年版,第259页。
⑦ 王翔:《中国近代手工业史稿》,上海人民出版社2012年版,第292—293页。
⑧⑩⑪⑫⑬ 陈开沚:《劝桑说》,三台县档案馆藏,第2页。
⑭ 据《中国古农书联合目录》所载,从同治到宣统年间,中国出版的蚕书有96种,若加上柞蚕书14种,共计110种。详见北京图书馆主编:《中国古农书联合目录》,全国图书联合目录编辑组1959年版。

芜"的景象。①究其原因，一方面蚕桑在四川仅为副业，自"蜀之先，名蚕丛，教民蚕桑"②起，四川蚕桑多通过口耳相传，就地植桑，于"田边畦畔，堤岸土埂，住宅前后"③，目的是"无碍于耕种"④。四川人对桑树采取的是一任自然的态度，鲜会有人专门为桑树开垦土地、除草，而多选择植桑的同时复种豆麦等农作物。因此，桑树常常"成为乔木"⑤。另一方面，由于过往的蚕桑书籍多为对历代知名农书的采辑，晦涩难懂，陈宛溪指出："采辑诸书会萃成编，全录原文；摘数字数句而变其文；其用法而稍变换。"⑥其文"法极详备，惟文义稍深，篇幅较长，恐非妇孺所尽解"⑦，并且"文辞博奥，非浅人所能尽知，或时地攸殊，非变通无以尽利"⑧，现代化涉及的新知识技术的传播并不是传统教育识字所能传递的，需要"功能性识字率"的拓宽。⑨这种"功能性"的识字能力在清末局限于社会上的一小部分人，广大农民"仅满足于世代相传的《三字经》"⑩。因此，轰轰烈烈的劝课蚕桑、改良蚕桑并未在川地得到真正普及。

作为劝课之用的蚕书，其通俗性颇为重要，早期只需要在晚清官绅群体内部通过赠阅、寄呈、拜序等方式交流⑪，言语尽管晦涩但仍能得以传递。而后官员们开始注重让小民获悉技术，因此通俗易懂的蚕书成为需求。⑫光绪年间沈练的《广蚕桑说》就"明白如话，绝不引征经史，盖词繁则意晦，不如扫去陈言"⑬。在"师旅频临，饥馑交迫，贼盗蹂躏，征税烦难"的社会背景下，陈宛溪若致力在全川推广植桑，则需考虑植桑技术能否得到广泛传播，因而在知识技术的讲解上，需要达到"老妪能解"⑭之程度。

---

① 陈开沚：《劝桑说》，三台县档案馆藏，《序》，第 3 页。
②③ 四川省地方志编纂委员会编：《四川省志·丝绸志》，四川科学技术出版社 1998 年版，第 1 页。
④ 钟崇敏、朱寿仁：《四川蚕丝产销调查报告》，中国农民银行经济研究处 1944 年版，第 13 页。
⑤ 同上书，第 14 页。
⑥ 陈宛溪：《神农最要·例言》，潼川文明堂刻本，1896 年，第 1 页。
⑦ 江毓昌：《蚕桑说》，瑞州府刻本，1908 年，第 1 页。
⑧ 赵敬如：《蚕桑说》，中华书局 1991 年版，第 1 页。
⑨ [美]吉尔伯特·罗兹曼等编：《中国的现代化》，国家社会科学基金"比较现代化"课题组译，江苏人民出版社 2005 年版，第 167 页。
⑩ 同上书，第 390 页。
⑪ 高国金：《晚清蚕桑局及蚕桑业发展研究》，中国农业科学技术出版社 2017 年版，第 135 页。
⑫ 《全谕种桑之白话告示》，《广益丛报》1909 年第 206 期。
⑬ 沈练：《广蚕桑说辑补·蚕桑说》，浙西村舍本，1885 年，第 1 页。
⑭ 陈开沚：《劝桑说》，三台县档案馆藏，《序》，第 1 页。

"在桑树种植上只须稍加注意就一定能发展川省的产丝能力"①,陈宛溪将植桑要点安排在首位。在讲解过程中,他多次以人们生活中常见事物为比喻对象,以增强乡人的理解。陈宛溪先讨论了桑树的种类,对四川地区常见的良种进行了分类,"嘉定之红皮桑、潼川之荷叶桑、柳叶桑可比湖桑,皆古书所称鲁桑之类"②,并梳理区分了家桑和野桑的渊源,"鲁桑之子,种植成树……则呼野桑是也",最劣的桑树被称为"狗屎桑"③。随后,他分析了压桑与接桑的优劣,又以"此犹嫁女者由富贵而嫁贫贱,则形容必至憔悴;由贫贱而嫁富贵,则形容必见丰腴,其所居养不同也"④,形象地说明桑种、土壤与人力之间的辩证关系。为解释植物休眠期的重要性,陈宛溪以自身科考为例,"余昔年岁考,进场日多不能寐,每起静坐以待,吾兄治安、侄瀚如,熟睡若无事……余因早起精神耗散,写作竟觉困难,兄与侄久眠精神养足,出场时犹若余勇可贾"⑤。在讲解接桑法时,他用民间俗语"人活心,树活皮"⑥说明皮接法的优点。关于病虫害防治,陈宛溪并不急于细分桑树的病虫害,他认为"害桑之虫类甚多,治法亦伙,非明学理者不能区别"⑦,对于农家而言,如果详说,则"苦其繁难",反而扼杀了植桑的积极性。因此,他从病虫害的轻重进行指导,重在讲授处理方法,如"以竹片刮去其白屑,不使再有此虫发生即得矣"⑧,为了让农家便于理解,陈宛溪善用比喻,"割去伤痕除虫,敷以牛粪……其用牛粪者,如医生之用生肌药也"⑨。《劝桑说》写成后,陈宛溪一如前之《禅农最要》"两呈锡督清弼"⑩,通饬全川,刊发民间。赵尔巽接任后继续推广,加上周善培的"热心提倡,实力保护","桑蚕丝业,遂以畅行"⑪。以三台为例,自1915年起至1919年,每年植桑亩数匀速以1 000亩递增。1915年三台拥有丝厂6个,第二年丝厂发展至9个,并且越来越多的产品出售到外地及国外。⑫

---

① 张学君、张莉红:《四川近代工业史》,四川人民出版社1990年版,第51页。
② 陈开沚:《劝桑说》,三台县档案馆藏,第5页。
③④ 同上书,第6页。
⑤ 同上书,第8页。
⑥ 同上书,第7页。
⑦⑧⑨ 同上书,第12页。
⑩ 《公牍:督宪批邻水县设立蚕桑公局订立章程并劝办各情形禀》,《四川官报》1905年第26期。
⑪ 陈开沚:《劝桑说》,三台县档案馆藏,《序》,第2页。
⑫ 程霖、王昉、张薇:《中国近代开发西部的思想与政策研究(1840—1949)》,上海人民出版社2007年版,第278页。

蚕书作为传统蚕桑技术传承的重要载体,是大规模推广发展蚕桑技术的重要工具,因此能不能在大众之间得以广泛传播、被大众吸纳并据此展开实践,是衡量一部蚕书功用的最直接标准。写作《劝桑说》时,陈宛溪既是肩负社会发展的地方官员,又是致力提高川丝竞争力的实业家,他以"安不忘危,乐不忘忧"的忧患意识,劝诫全川不能仅仅看到蚕丝价高的丰厚利润而群起养蚕,敏锐地指出作为四川救贫之计基础的蚕桑业,应强调广植桑树的重要性,以此避免在动荡的社会和繁重的赋税下,蚕农再次遭受损失。因此,他从桑种的类型、桑苗繁育、栽植技术及桑树培护方面进行了通俗易懂的讲解,这些内容既贴合四川人的生活习惯,又明确精准地给予技术指导,解决了以往蚕书繁杂难懂的问题,大大加强了蚕书的实用性,是为"专门针对当地情况,引进与推广蚕桑生产的科普作品"①。

二、《劝桑说》推进了植桑活动的普及化

陈宛溪心系实业,痛心于"蚕丛古国其丝不见称于新大陆,实吾川之人深耻也"②,于是奋身先导,锐意进取。神农丝厂挂着其亲自书写的对联,"读新书,听新闻,因变旧法;办实业,求实效,不尚空谈",横批为"挽回利权"。③神农丝厂在国际上获奖后,陈宛溪又亲题对联一副,"由桑以蚕以丝,风气先开蜀北;自家而乡而国,名声渐及欧西",横批"普利全川"。④

如何以蚕桑"普利全川"其实是一个难题,尽管早期蜀地蚕桑发达,"蜀国古号蚕丛,远在唐虞以前,是吾中国蚕桑之利"⑤,"擅衣被天下之利者数千"⑥。四川作为中国沟通中南半岛、东南亚和印度次大陆的"西南丝路"重要商道,"闲时尚以蚕为市"⑦,蚕丝商业兴旺。但经建炎南渡、宋元战乱,四川工匠大量南迁,致使四川蚕丝业失去充足的劳动力市场。木棉广植同时

---

① 袁宣萍、徐峥:《浙江丝绸文化史》,杭州出版社 2008 年版,第 223 页。
② 陈开沚:《劝桑说》,三台县档案馆藏,第 5 页。
③ 《万安乡志·蚕桑》,三台县档案馆藏,第 70 页。
④ 蒋志主编:《川中近代杰出的蚕丝实业家——陈宛溪研究文集》,三台县社会科学界联合会 2020 年印,第 18 页。
⑤ 陈慈玉:《近代四川省机械制丝业的发展》,《历史研究》1987 年第 12 期。
⑥ 陈开沚:《劝桑说》,三台县档案馆藏,第 20 页。
⑦ 《苏东坡全集》,中国书店 1986 年版,第 42 页。

挤压着四川蚕丝市场,导致原有植桑育蚕区放弃了蚕桑生产,本地蚕桑业遭受极大破坏。四川商品经济的繁荣和活跃与川江航运有着密切关系,尽管有"蜀身毒道",但自古亦有舟楫相通,凡通河流之地,无不商运兴旺。① 随着南宋末年,泉州超过广州成为中国对外贸易第一大港,成为当时世界上最大贸易港口,中国蚕丝开始经泉州、广州、明州等港口出口。海上丝绸之路的开辟,刺激了东南沿海蚕丝的出口贸易。同时,东南沿海内河航运进一步发展,比起川江航运的险峻,长江三角洲及其江南地区地势平缓、水道密集,很大程度上降低了交通运输成本。明代中叶以后,作为中国蚕桑生产主要地区之一的四川逐渐被江南地区取代,"东南之机,三吴、越、闽最夥"②。鸦片战争前,江南地区所产丝和丝织品占全国生丝产量及丝织品产量的80%以上,③四川地区则一落千丈。此外,1850—1900年间,西南地区(云、贵、川)人口增长率超过全国人口增长率,④人口自然增长的速度超过了农业生产发展的速度。1910年四川人均耕地仅1.81亩,⑤而在清代人均需要4亩耕地,平均得粮4石⑥,方可维持基本生活。⑦这导致川人"无衣需种棉,无食需种薯"⑧,种桑则"必减薯棉衣食"⑨,蚕桑业被种植业挤占,难以成为四川的经济支柱行业。而此时非传统蚕桑产区的珠江三角洲地区凭借长期"果基鱼塘"生产习惯,弃田筑塘,废稻树桑,形成大面积的"桑基鱼塘",以种植业与水产养殖相结合的生态型复合式农业经营方式,逐渐形成发达的蚕桑生产基地。江南地区的繁盛、珠江三角洲的崛起,映衬着四川蚕桑业的凋敝。更甚者,鸦片战争以后,四川成为烟毒的重灾区,尤其是到了咸同年间,以四川蚕丝重要产区三台县为例,"吸者日众,始由富者嗜之,既乃贫者恋之,不但男子困之,更有妇女染之"⑩。鸦片的输入不仅吞噬了四川的大量劳动力,对

---

① 吴康零主编:《四川通史(卷六 清)》,四川人民出版社2010年版,第43页。
② 徐光启:《农政全书(下)》,岳麓书社2002年版,第492页。
③ 王翔:《晚清丝绸业史(上)》,上海人民出版社2017年版,第52页。
④ [美]吉尔伯特·罗兹曼等编:《中国的现代化》,国家社会科学基金"比较现代化"课题组译,江苏人民出版社2005年版,第134页。
⑤ 何一民:《晚清四川农民经济生活研究》,《中国经济史研究》1996年第1期。
⑥ 1石合100升。
⑦ 戴逸主编:《简明清史(第二册)》,人民出版社1984年版,第347—348页。
⑧⑨ 陈开沚:《劝桑说》,三台县档案馆藏,第20页。
⑩ 林志茂等修、张树勋等纂:《三台县志·食货志》,潼川新民印刷公司1931年印,第1页。

鸦片强烈的需求也令四川很多地区的罂粟种植活跃起来,曾经的重要蚕桑产区逐渐被种植罂粟侵占。人才流失、交通不畅、人地关系紧张、烟毒侵蚀,导致民众种植热情下降,进而"吾蜀虚拥蚕国之民,坐失美利者五百余岁矣"①。先进的知识分子及政府力图寻找解决之法,其中栽桑养蚕能团结"散漫之人心"②,且兼具农、工、商三性,以不逊于罂粟的利益成为"内足以奠定地方自治之基础,外足以杜列强觊觎之野心"③的有效途径。晚清四川政府要求"本无蚕桑各厅州县,由官购买秧种,切实剀谕,广为散给"④,四川各地纷纷设立蚕桑传习所及公社,四川蚕丝业有复兴迹象。后遇四川保路运动,全川罢市,民众再度陷入经济困境。1910 年经由上海出口的川丝达 1 500 余箱,而 1911 年川丝出口跌至 340 箱。⑤辛亥革命后,1912 年 10 月 19 日,农林部颁布指令,号召四川实业司切实振兴蚕桑。⑥

为重树川人植桑信心,陈宛溪在《劝桑说》中首先肯定四川具有发展蚕桑生产得天独厚的自然生态条件——地理位置、地貌结构、气象环境、水力、劳力资源及蚕桑品种资源,认为"余游江浙调查蚕桑……吾蜀所最宜"。为此《劝桑说》中以"无地不宜"及"无人不能"普及植桑。陈宛溪以身作则,要求其家人无论男女老少幼壮,以及一切仆役,在墙荫、道旁、畦畔及一切隙地种植桑树。

一是强调无地不宜。封建土地制度对蚕桑业的束缚是中国农村的一个普遍现象。1912 年四川农户总数中,自耕农为 30%,半自耕农为 19%,佃农高达 51%。⑦若以专门土地植桑,广大贫困的小农根本无法承担,而大佃农和地主多选择"官有地""庙地"等公产,在四川并未出现大片的桑园。蚕桑发达的江浙一带,农家以蚕桑为主业,"每年粗细丝七万担"⑧,尽管四川"粗细丝每年不过两万担",但陈宛溪并不妄自菲薄。他立足三台,以四川"土地之广阔,气候之温和"⑨,且四川栽桑不占耕地、不误农事之优势,详述了 15 种土地类型进行栽桑。四川传统蚕桑为家庭副业,桑随粮走,多数桑树与耕地

---

①⑧⑨ 陈开沚:《劝桑说》,三台县档案馆藏,《序》,第 3 页。
②③ 邱鹄:《蚕业与四川之关系》,《四川蚕丛报》1909 年。
④ 《公牍:督宪通饬各属仿办蚕桑并发神农最要札》,《四川官报》1904 年第 14 期。
⑤ 《本部指令:第十三号:令四川实业司》,《农林公报(北京)》1912 年第 14 期。
⑥ 《蚕桑:农林部指令四川实业司切实振兴蚕桑文》,《政府公报分类汇编》1915 年第 35 期。
⑦ 王翔:《晚清丝绸业史(下)》,上海人民出版社 2017 年版,第 687 页。

共享。陈宛溪指出除此之外,房屋周边,如墙下、院内、书房、屋内均可栽桑,墙下的桑树可以养成乔木,"消夏且壮观"①,遮阴的同时,可"卖钱二十钏"②。传统风水观念认为院内栽桑形成了一个"困"字,不利;陈宛溪以双木成林、三木成森、"实为茂林",大吉为解。此外,场圃、道旁、沟埂、河岸、土埂、土中、山岭、山坡之处多可以栽桑,但要因地制宜,比如沟埂栽桑要注意将泥挖松。江浙地区如海宁没有植桑的沟埂,是为"多桑之地,自不同也"③。陈宛溪详细地对不同土地应栽桑种及栽种方法进行了介绍,比如在场圃、道旁栽桑要种大桑,避免人畜践踏、牛马啃食,这样"可采叶数十斤至一二百斤"④;河岸栽桑需要高度,避免洪水淹没;土埂栽桑则要五步一株。同时,陈宛溪还教人开辟土地栽桑,比如"将大路石板揭开,挖长形窝,桑本平放向外,发条卷曲而上,牛羊不及齿决,轿马挑担无碍。林荫蔽日,炎夏行人赖以休息"⑤;在堰沟两边斜坡"起泥填厚"即可"移栽大桑二十余株"⑥。这样一来极充分地利用了蚕桑业的土地资源,也打消了四川人在植桑上的文化、经济顾虑。四川其他地区如彭山县城也利用了土筑砖墙的位置栽桑万余株,"于是荒僻之区皆种桑以尽地利"⑦。"无地不宜"实际解决了当时种植业与蚕桑业的矛盾,使蚕桑业有发展成为地方经济型产业的趋势,让"大利之兴,翘足可观"⑧成为可能。

二是说明无人不能。清光绪以前,四川的栽桑、养蚕、缫丝、织绸主要为家庭手工业,且是"妇女务蚕事"⑨。陈宛溪在《劝桑说》中一改妇女亲蚕的传统方式,号召全川之人无人不能,实际上扩大了蚕桑业的劳动力来源,为蚕桑业的行业分化奠定了人力基础。知识层面上,陈宛溪认为读书郎与教书先生均可栽桑,学生栽桑不需更多分心而可助学费,老师栽桑收益可以超自身薪资,甚至不必为欠薪担忧,"余如守旧,今尚求糊口"⑩。职业层面上,陈宛溪指出农民、工人、商人、军人、仕宦均可以栽桑。农民自不必说,自古农桑

---

①②③④　陈开沚:《劝桑说》,三台县档案馆藏,第15页。
⑤⑥⑩　同上书,第17页。
⑦　《上编 政事门:纪闻:中国部:四川:城畔植桑》,《广益丛报》1906年第111期。
⑧　《新闻:本省近事:试办丝厂》,《四川官报》1910年第1期。
⑨　四川省地方志编纂委员会编:《四川省志·丝绸志》,四川科学技术出版社1998年版,第123页。

并重,"桑是农中一大利源"①,并且收桑养蚕很少遇上自然灾害,不碍农事。工人栽桑"不过数年遂有余资"②,商人曾见"数万本金不及百亩桑树,经商全年不及饲蚕一月"③,军人"有事为国家出力,无事退归蚕桑,不惟品高且养精力而广识见"④。经济层面上,贫病之人栽桑可改变经济状况,"五年衣食足,半八年衣食全出其中"⑤;孤寡者"守桑足以自给"⑥;富户、富贵之家栽桑,不仅能与佃户共同富裕,还可以运至上海销售。陈宛溪还以自己14岁的二儿子陈彰瑛为例,"经理缫丝俱著成效"。⑦由此而论,三台县全民皆可栽桑,与过去"男子亩,女子桑"的传统相比,在增加劳动力资源的同时,直接提高了作为蚕桑业重要生产资料桑叶的产量。

《劝桑说》结合不同职业特点和四川地理特性,强调桑树适应能力强而无地不宜,说明植桑技术简单而无人不能,普遍推广植桑具有很强的可行性。四川乡人一改过去"蚕桑是穷人事,未闻川省有蚕桑发家者"⑧的认知,依靠植桑"皆成富饶"⑨,甚至"赖以嫁娶""生子成人"⑩,陈宛溪侄女也积攒缫丝工钱"三百余钏"置办嫁妆⑪。三台曾姓族人聚河而居,曾因夏天洪水受灾,需要救济,通过逐年植桑,"各获厚利"⑫,由领赈之人变成捐赈之人。一些"游荡罹法"的乡人,被劝植桑树,其子女送入陈宛溪丝厂采桑摘茧、运茧炭柴,经济充裕后而"知荣辱""知自爱"。⑬在劝桑的过程中,陈宛溪以"不足愿赔"的气概,解决乡人的后顾之忧,若遇上以"无桑无钱无器具蚕种"推辞的乡人,还慷慨地"举钱买桑""下蚁分送",并告诫乡人"不贪多,不冒险"⑭。

19世纪中叶,四川蚕桑业已经拥有超过2 000家缫丝作坊,⑮这些作坊推动着饲蚕与缫丝的分化。曾经女性主导的饲蚕缫丝副业随着现代化丝厂的开办,"多不自缫"⑯。陈宛溪在川丝劳动扩大的过程中提出植桑"无地不宜""无人不能",实为四川蚕桑业的发展奠定了充实的理论基础。蚕桑业全

---

①②④⑤ 陈开沚:《劝桑说》,三台县档案馆藏,第18页。
③ 同上书,第8页。
⑥⑦ 同上书,第19页。
⑧⑨ 同上书,第20页。
⑩⑪ 同上书,第21页。
⑫⑬ 同上书,第22页。
⑭ 同上书,第23页。
⑮ 张学君、张莉红:《四川近代工业史》,四川人民出版社1990年版,第113页。
⑯ 黄德润修、姜士夸纂:《光绪郫县乡土志》,1908年版,第20页。

部生产过程包括多道工序,桑叶则是整个蚕桑业生产过程中十分重要的一环,陈宛溪"劝桑"可谓是蚕桑业近代化的根柢。尽管地主土地所有制限制了四川蚕桑生产的规模①,但是陈宛溪利用已有条件尽量扩展土地类型,增加植桑面积。对民众而言,一两株桑可补贴家用、改变生活;对四川而言,植桑风气大开。1914年至1919年期间,陈宛溪担任三台蚕桑局局长②。根据《四川三台县之蚕丝业》,《劝桑说》刊行以前,即大约1908年至1914年的6年间,三台植桑亩数不超过4.5万亩,最低只有2.5万亩。之后情况有了改变,仅1914年三台植桑亩数就较上年增长6 000亩,此后以每年1 000亩的速度增加,统计到1918年止,种桑亩数达到5.5万亩。③随着四川植桑面积的扩大,饲蚕原料充足,川省蚕丝"每岁产额至巨"④。政府为"富国裕民",也开始劝导各县及时养蚕,"以供世界之需要,于国计民生裨益极大"。⑤但国际市场上,中国生丝面临着严重威胁。中国蚕丝强有力的竞争对手日本不遗余力地提倡蚕桑,截至1916年,日本农商省资助振兴蚕业费用达到400万元,⑥中国生丝在美国市场已经渐不敌日本生丝。同时,四川这种以家庭为单位的分散经营方式容易降低利用科学技术抵御灾害的能力。因此,改良种桑、养蚕、制丝之术就成为四川蚕桑业摆脱墨守成规、故步自封困境的迫切需求。

三、《劝桑说》推动了植桑技术的程序化

1875年前后,江南制造局翻译馆徐寿从技术上确立了养蚕业与缫丝业分离的基础。杀蛹干燥技术的开发,缩短了蚕农收茧到缫丝之间的时间,这样在远离蚕茧产区的地方就有设立缫丝工厂的可能性。⑦上海现代缫丝工业的发展就得益于此。而四川由于缺乏成片桑园,因此蚕桑与缫丝未能分家,

---

① 王翔:《晚清丝绸业史(下)》,上海人民出版社2017年版,第687—690页。
② 《万安乡志》,三台县档案馆藏,第81页。
③ 《四川三台县之蚕丝业》,《农商公报》1920年第12期。
④⑤ 《迅饬产丝各县劝导蚕户及时养蚕由》,《农商公报》1916年第11期。
⑥ 李璜:《告四川丝业家》,《农学杂志》1919年第2期。
⑦ 王翔:《晚清丝绸业史(下)》,上海人民出版社2017年版,第327页。

而是一直牢固地结合于小农经济内部,停留在小农个体经营阶段,①传统经济下的蚕丝产量约占到全省蚕丝年产量的70%以上。②植桑面积的扩大为经济转型创造了可能。甲午战争后,随着失败带来的屈辱感及西方和日本工业化先例的激励,中国催生出"一种与多少世纪以来存在于传统中国的商业活动明显不同的经济形态"③。为迎合这种新的经济形态,传统手工业生产必然受到冲击。众所周知,"近代中国向现代中国转变的过程中,经济领域中出现的最大变化,是大机器工业的出现和发展"④,但这种变化在中国并不同步,四川工业还是依赖于以专业化分工为基础的大作坊和工场手工业⑤,其机器化工业的萌发比东部沿海晚将近30年⑥。在1905年陈宛溪的禅农丝厂正式竣工投产之前,四川政府在奖劝植桑方面努力不少。1869年,在川东道姚觐元倡导下,四川开始向江浙收购蚕桑良种,"改良缫丝茧市渐兴"⑦,政府甚至以"栽桑多少定地方官之功过"⑧。从表面看,蚕桑在政策支持下能得以兴旺发展,但实际落实中地方官"无论栽桑科学大半不知"⑨,实有掩耳盗铃之嫌,植桑效果大打折扣。

陈宛溪在《劝桑说》中对桑树种类、变种情况,桑树与土地、水质、气候的关系,栽种、施肥、嫁接、收获等步骤进行了程序化的归纳总结,制定了栽种规则,完善了植桑技术。

筛籽豚桑。古代桑树皆为野生桑,以后逐步发展为利用野生苗栽植。清代以前,多为农民自采种及自育苗。桑籽是培育良好桑苗的根基,优质桑苗是桑树成长与高产的保证。陈宛溪在《劝桑说》中介绍了选籽的规范:"选叶大厚之鲁桑,摇树落子,捡存一二日,放细篾笋内,搓滥沉水中,浮去渣滓

---

① 王翔:《晚清丝绸业史(下)》,上海人民出版社2017年版,第67页。
② 王翔:《中国近代手工业史稿》,上海人民出版社2012年版,第292—293页。
③ [美]郝延平:《中国近代商业革命》,上海人民出版社1991年版,陈潮、陈任译,陈绛校,第1页。
④ 朱荫贵:《近代工业化进程中活跃的民间金融》,《经济学家茶座》2011年第4期。
⑤ 张学君、张莉红:《四川近代工业史》,四川人民出版社1990年版,第107页。
⑥ 1872年南海侨商陈启沅建立继昌隆缫丝厂,1881年上海公和洋行买办黄佐卿成立公和永缫丝厂。详见张莉红:《陈宛溪与四川早期现代化》,《巴蜀史志》2005年第2期。
⑦ 四川省地方志编纂委员会编:《四川省志·丝绸志》,四川科学技术出版社1998年版,第76页。
⑧⑨ 《日本驻渝领事报告四川蚕丝业书(附表)》,《农桑学杂志》1907年第1期。

虚子,再搓再浮,如是数次,沉底净子皆实,风干勿令日晒,可带远走。若自种之子,淘净即宜入土种之。以新鲜桑葚喂猪,收猪屎翻滥布种,是为豚桑,最为善法。"①其一改采摘鲜果、挖窝直播的传统方式,强调选桑筛籽,并提出利用牲畜布种的"豚桑",不仅细化了筛籽技术,同时充分利用农家养殖习惯,优化桑籽质量。

嫁接育桑。民间旧时培育桑苗,多是就地播种,留其壮苗,陈宛溪则推广接桑繁育。传统桑条插压也是育苗的简便方法之一,但是陈宛溪以单因素法比较压条和接枝,发现"接本根多而枝茂,压条根少而叶淡"②,从而得出接桑是保证桑树品种的重要途径这一结论,由此发展出劈接、割接、搭接、靥接、皮接等法。针对桑秧的大小,他也给出不同接桑指导,由于其言辞通俗,"樵牧皆能为之",因此"潼川接桑秧畅消(销)远地矣"③。

挖窝植桑。过去习惯在冬末和春季栽种桑树,陈宛溪因地制宜,改冬春植桑为秋植或惊蛰之后。"栽桑宜在九十月之交""川北栽桑宜在惊蛰",④此时桑树易于发芽且看守容易,成活率较高。同时推广大窝间隔植桑法,规定"无论何地栽桑,挖窝需宽深各二尺,再宽更好"⑤,"锄土成行,每行相去二尺,每株相去六寸"⑥,做到"温之地栽桑宜浅""高燥之地载桑宜深"⑦。此外,决定桑树茂盛的关键在于挖窝技巧,挖窝若不好则"土紧结,根难行走",挖窝应尽量宽,至少"宽深各二尺",这样"桑根细柔必土松,方易滋长"⑧。陈宛溪宣传将堆土培壅技术应用于贫瘠之地,"桑忌薄瘠之土……淋粪如啜汤,添土如吃肉……多加一撮土即有一搓土之叶,虽未用粪其功胜于用粪者"⑨。桑秧植好后,需要对其进行修剪,"不除草不看虫不修剪劣枝,未有能完全茂美者"⑩,陈宛溪也进行了精确指导,"将桑秧上节剪去,留下节连根五六寸"⑪,或栽种之时"将桑秧直根破根剪去,栽下覆以田泥河泥"⑫。通过对植桑过程中植株距离、栽桑时节、堆土培壅、修枝尺寸的指导,桑树长势良好,四川人栽桑进入专业植桑阶段。

---

①③　陈开沚:《劝桑说》,三台县档案馆藏,第 6 页。
②⑥⑪　同上书,第 7 页。
④⑩　同上书,第 8 页。
⑤⑦⑧⑫　同上书,第 9 页。
⑨　同上书,第 10 页。

松窝肥桑。旧时四川人栽桑后一任自然，桑随田走，并无施肥看护。《劝桑说》指出应根据土壤和桑种情况，对桑树进行施肥，并给予详细指导意见。"初栽桑秧宜二分粪、八分水，和浇发芽后，三粪七水，抽条后四粪六水，大桑树半粪半水，不可用尽粪"①，由于树木越大，根系越深入泥土，因此"初栽之桑，头年淋树根，三年隔树一尺，四年隔三尺"②。科学施肥还应该考虑朝向问题，"北方粪宜多淋，以阳光少故也"③，这样桑树成长快，枝叶茂盛，养蚕数量也会成倍增长。施肥不能均平，"株独小可多淋粪"，这样可以让桑树"整齐，无大小高低参差之异"④，同时利用自制卜鸭嘴形工具代替人工施肥。

修枝养桑。民间多不注重修枝养桑，陈宛溪则根据四川土地特点，结合自身经验，提出养桑非常重要，且需工极少，即只需要中刈和高刈，无须根刈。首年在平地二尺六寸⑤有节处剪断是为中刈，留二壮枝。第二年正月修留四壮枝，但枝条不能留长，以两倍留壮枝，数年之后"即成拳形"，修到"如伞圆，如盖遥望，如覆钟"，这样桑下仍可以"耕犁，可种他禾"。⑥高刈酌情加尺寸，"乔木三尺，短尖留三枝"⑦，高刈以三倍留壮枝直至五六尺后可任其生长。经过修剪的桑树，高矮适中，树势生长强壮，树冠匀称丰满，枝叶生长繁茂，桑叶稳产高产。

防虫护桑。危害桑树的害虫主要是尺蠖、金龟子（俗称"夜皮蜂"）、黄壳虫、天蚕、桑天牛、介壳虫等，以桑天牛、介壳虫最严重。桑天牛和介壳虫都危害树干：桑天牛吃嫩桑皮，夹断桑枝尖，俗称"夹夹虫"；介壳虫会将卵产在桑树皮内，小虫会"吸树之液"⑧，不易发觉。若桑树皮上附着白屑，则多为介壳虫，介壳虫会"吸收树体之汁液"，导致桑树"停止发育而枯死"⑨。陈宛溪采用烟油插入法消灭桑天牛，经济高效，"较钱买之桐油、百部、巴豆、硫磺等药功用更大"⑩。针对介壳虫，他提出开沟泄水、刮屑日晒法，修割的树洞用牛粪填充促使其愈合。以上方法花费不多、操作简单、易于上手，且效果显著。

---

①②③④　陈开沚：《劝桑说》，三台县档案馆藏，第10页。
⑤　1寸约合3.33厘米。
⑥⑦⑨⑩　陈开沚：《劝桑说》，三台县档案馆藏，第11页。
⑧　同上书，第12页。

一方面,陈宛溪将传统植桑技术与自身经验总结相融合,形成了筛籽豚桑、嫁接育桑、挖窝植桑、松窝肥桑、修枝养桑及防虫护桑等6个标准化步骤。另一方面,桑叶产量的增加反映了四川蚕桑生产力水平的提高,为劳动过程中的专业分工奠定了基础。这种程序化的栽植模式,大大提高了桑苗成活率,有利于政府对植桑的推行。同时,他还将蚕业、种植业结合起来,"桑土宜中浅苗之植物,如花生、红苕、棉花、芝麻、小豆、瓜芋、大麦、小麦、豌豆、葫豆、菜子、蔬菜之类","忌种深苗之物,如高粱、包谷、桐麻之类……又忌藤蔓之物"①,继承了隋唐后出现的"桑基圩田""桑基鱼塘"的循环生态模式,一举多得,综合利用价值较高。植桑技术的行之有效令更多人开始植桑,桑树面积的扩大,提高了蚕茧产量,蚕余资料诸如蚕屎、细渣、枝条更可以饲牲畜、肥田、泡水、入药、造纸等。桑树种植日渐增加,蚕茧产量年有增长,蚕茧、生丝成为四川最重要的农副产品。蚕桑的商品化程度加深,蚕茧上市时,四川各地丝贩分赴各地乡村市场收买蚕茧,并购入当地出产生丝,"在四川,蚕丝像其他所有作业一样,是零碎经营的,商贩们像做鸦片生意一样,在这儿收一斤,在那儿收几两"②。从茧的质量来说,三台、保宁一带出产的蚕茧品质为佳。③

四、结 论

纵观陈宛溪一生,由其撰写的重要蚕桑著作有四部。1897年,他深感当时"人急于农而忽于桑",因而依据自身经验,提出"栽桑不占农之地,灌桑不分农之粪,以丝售钱可补粮佃诸费"④之法,以有助于农民,谓之"裨农",是为其首部蚕桑专书《裨农最要》的由来。该书作为一种科普性读物,深入浅出地介绍了种桑养蚕的基本知识和重要作用,对于推动当时的蚕桑事业起到了一定宣传、启蒙和指导作用。1903年,陈宛溪应涪州(今重庆涪陵)刺史邹耿光之聘,为禁烟而指导种桑,编撰《蚕桑浅说》。这两本书"两呈锡督清弼,

---

① 陈开沚:《劝桑说》,三台县档案馆藏,第11页。
② [日]上原重美:《支那四川省蚕丝业》,蚕丝业同业组合中央会1927年版,第56页。
③ 王翔:《中国近代手工业史稿》,上海人民出版社2012年版,第278页。
④ 陈宛溪:《裨农最要·例言》,潼川文明堂刻本,1896年,第1页。

先后通饬全川,继以赵督次珊、周道孝怀热心提倡,实力保护",蚕桑业"遂以畅行"。①不久,陈宛溪在使用机器改良缫丝过程中发觉"川丝杂乱无章,沪售受制"②,急需规范的技术人才顺应机器大工业的发展需求,1908年,他编撰《丝厂俗歌》,将立厂规则、管理方法演为俗歌,要求技师朝夕诵读,养成规范。③而后,三台"蚕桑渐多,丝厂亦繁"④,陈宛溪提出"今群趋于饲蚕缫丝之一途,若不多植桑树以裕,蚕丝必恐叶缺而饲蚕不终"⑤,并撰写《劝桑说》。从《裨农最要》到《劝桑说》,是陈宛溪40多年蚕桑经验的总结,从朴素的"裨农"思想到"普利全川"的豪情壮志,《劝桑说》也成为其学术水平最高的著作。

《劝桑说》并非当时独一无二的蚕桑农书,但在通俗性、普及性方面具有显著优势。1906年,四川中江县蚕桑局选用刊刻了1880年方大湜所著的《蚕桑提要》劝课蚕桑,⑥但该作"惟文义稍深,篇幅较长,恐非妇孺所能尽解"⑦。浙江湖州汪日桢所著《湖蚕述》⑧和广东南海陈启沅编撰《蚕桑谱》⑨都是以考察、发展当地蚕桑业为目的发行的单行本蚕书,或"因集前人蚕桑之书数种,合而编之"⑩,或"举凡种桑养蚕缫丝诸法"⑪。《劝桑说》则专门聚焦蚕桑业之基础——植桑,从桑种筛选及种植技巧到人力、土地的利用,向川民展示植桑的种种成功范例,既能适应劝课推广的文本需要,又能激发四川人植桑热情;同时,在语言方面,《劝桑说》较之《湖蚕述》《蚕桑谱》更为通俗,力图避免晦涩专业词汇,选用了大量民间俗语及生活常识,切实起到推

---

①② 陈开沚:《劝桑说》,三台县档案馆藏,第2页。
③ 《万安乡志》,三台县档案馆藏,第91页。
④⑤ 陈开沚:《劝桑说》,三台县档案馆藏,《序》,第2页。
⑥ 《实业:各省农桑汇志》,《东方杂志》1906年第3、10期。
⑦ 高国金:《晚清蚕桑局及蚕桑业发展研究》,中国农业科学技术出版社2017年版,第17页。
⑧ 《湖蚕述》4卷,共87页,系晚清文人、科学家汪日桢于1874年撰。细目40项,从桑苗培育、栽种、蚕种制造、饲养、采茧,到缫丝、制棉、织绸,阐述浙江湖州一带蚕事技术,具有较强的地方性。但由于时代的局限,《湖蚕述》在讲授蚕事生产习俗过程中有一些迷信色彩。
⑨ 1897年,广东实业家陈启沅编撰《蚕桑谱》,该书按照晚清珠江三角洲蚕桑农书的一般体例进行叙述,按照蚕、桑、丝的各自生产过程分类编撰。行文侧重养蚕和缫丝的生产过程,对于种桑内容则不算详细。全书分为《蚕桑总论》《论练种法、论放蛾泡水要法》《论缫丝法》《头造宜忌篇、寒造宜忌篇》《种桑宜忌篇》五个部分。
⑩ 汪日桢撰、蒋猷龙注释:《湖蚕述注释》,农业出版社1987年版,第1页。
⑪ 广东省南海市政协文史资料委员会编:《南海文史资料第二十四辑:蚕桑谱专辑》,广东省南海市政协文史资料委员会1994年版,第9页。

广植桑的传播作用,单科细分及语言通俗是《劝桑说》较同期蚕书的一大特点。

在国家屡弱动乱之际,陈宛溪在蚕桑领域呕心沥血,利用其作为四川省蚕桑劝导员及三台县蚕桑局局长的身份,敏锐地把握市场变化,依托政府力量,通饬四川各县将《劝桑说》刊发民间,要求各县按照幅员大小,"定栽桑之多寡","每户种桑若干株","注册上呈",明确规定"每丁使植十五桑"①,按照栽桑的多少予以不同的奖励,对于不栽种的"以惰农薄惩",各县种桑的数量也成为"知事之功过黜陟"。②同时,陈宛溪还令其儿子陈彰钍制定了《保护桑树法》附在《劝桑说》之后,对于践踏桑树、偷窃桑叶的案件,由政府"从重治罪"。通过"劝桑"努力,栽种桑树成为全川百姓日常劳作的一部分,出现了"一二千里,源源而来,收淘桑籽,醉毙河鱼,购取桑秧,载盈舟楫"的盛况③,"四乡养蚕之家多赴陈氏购买桑叶,获利甚丰"④。根据1918年调查的植桑情况,"三台一县局调查蚕丝业之发达情况,有旭日东升之势"。⑤三台形成蚕丝销售的集散市场,集合各产地商贩运来之丝,再运销重庆等地。⑥

《劝桑说》以其通俗口语起到了传播新知识技术的作用,为时代变革中更进一步接受和理解工业化转向储备了人才;解决了植桑所需的土地问题,增加了劳动力资源,在扩大桑叶生产面积的同时孕育了蚕桑工业化步骤中的劳动力需求;通过规范种植过程,遵循科学方法,提高了桑叶产量,为蚕桑业劳动过程的程序化和专业化奠定了基础。陈宛溪"劝桑"的这一过程,也展现了四川内部资本主义因素自我孕育的过程。

蚕桑知识的通俗化传播、劳动力范围的扩展、行业的程序化推广汇成四川蚕桑业现代化发展的合力。1918年,川丝以质优价廉打入欧美市场,成为四川出口的拳头产品,占当年四川出口额的32.6%,为近代四川生丝出口量的最高纪录。⑦20世纪20年代成为川丝出口的黄金时代,年均出口量达2万

---

① 陈开沚:《劝桑说》,三台县档案馆藏,《序》,第2页。
② 同上书,《序》,第3页。
③ 同上书,《序》,第1页。
④ 《上编 政事门·纪闻:中国部·四川:呈验蚕桑》,《广益丛报》1906年第107期。
⑤ 《四川三台县蚕丝之状况》,《蚕丝业月刊》1924年第1期。
⑥ 王翔:《中国近代手工业史稿》,上海人民出版社2012年版,第278页。
⑦ 四川省地方志编纂委员会编:《四川省志·丝绸志》,四川科学技术出版社1998年版,第263页。

担以上。①1923年9月,由于日本丝受到关东大地震的影响大量减产,中国蚕丝在国际市场上畅销,生丝每关担②价格由600多银圆上涨到1 500—1 700银圆,同年底,四川黄丝在法国里昂市场大受欢迎,畅销欧洲,每关担可售900银圆,优质丝售价达1 240银圆。1922—1930年期间,四川生丝一直保持稳定出口,年均出口2万担以上,出口值约80万关平两;1925年是发展蚕桑的一次高峰,四川全省蚕茧产量达到71.6万担,创历史最高纪录。《劝桑说》所载一切"皆见诸实行,成为事实"③。

---

① 四川省地方志编纂委员会编:《四川省志·丝绸志》,四川科学技术出版社1998年版,第261页。
② 1关担约合60.48千克。
③ 陈开沚:《劝桑说》,三台县档案馆藏,《序》,第2页。

第四部分

纺织技术与教育

抗战前民营企业的技术扩散：以棉纺织业为中心[*]

Technology Diffusion of Private Enterprises before the War of Resistance against Japanese Aggression: Centered on the Cotton Textile Industry

吴 静[**]

近代民营纺织业因近代技术市场的不平衡而产生技术势差，由此出现了纺织技术的扩散。近代纺织技术通过在华洋行、技术人才、产业转移和结构调整等途径，进行技术扩散；其扩散是以上海为技术中心，形成了从南到北、自东向西的梯度化扩散模式。

纺织工业作为近代中国的支柱性产业之一，其技术的发展在近代中国工业企业技术发展中具有典型性意义。目前学界对纺织工业技术的研究已较为深入，[①]但对民营企业技术扩散方面的研究较为薄弱。本文详其所略，对该问题进行系统阐述。

技术扩散是一种技术的空间转移和溢出过程，这个过程是通过各种载体在不同区域、产业及企业间输出和输入的运动过程，其实质亦是在使用、内化、模仿基础上的创新过程。近代民营纺织企业通过技术引进和内化创新活动，不仅促进了纺织技术进步，也推动了纺织技术的扩散。

---

[*] 本文系国家社科基金重大项目"中国近代纺织史资料整理与研究"(19ZDA213)阶段性成果。

[**] 吴静，上海大学文学院历史系副教授。

[①] 郑剑顺(1994)、徐鼎新(1995)、贺水金(1998)、吴敬熙(2000)、沈春敏(2000)、朱丹(2002)、陈佳琪(2003、2007)、王玉英(2004)、宋美云(2005)、吴静(2006)、张东刚(2007)、傅建秋(2011)等从近代企业、行业技术进步角度阐述技术与近代工业发展之间的关系及其特征，吴静(2007、2010)、王颖琳(2009)等从技术选择、技术转移层面讨论棉纺织企业技术问题。另外，日本学者清川雪彦(Kiyokawa)、富泽芳亚(Tomizawa)讨论了纺织行业技术的技术选择及改进问题。

一、以洋行中介为载体的技术扩散

在华洋行是近代中国民营企业技术引进的最主要渠道,亦是棉纺织技术扩散的主要载体之一。1895年之前,因近代上海的交通、市场和原料产地等优势,近代中国的纺织厂除了湖北织布局在武昌外,其余6家都在上海;而上海租界又拥有"国中之国"的各项特权,外资企业和各在华洋行遂集聚于此。以洋行代理的纺织机器技术为例,上海既是外国技术输出的集中地,也是近代纺织技术向中国各地输出和扩散的中心地。

1937年前经营纺织机器进口业务的主要洋行一览表

洋行名称	国别	代理的纺织机器	总行、分行(中国)	营业内容
三井物产(三井洋行)	日	普拉特兄弟(Platt Bros,至1931年)、丰田式纺机、丰田自动织机(1933年正式取得代理权)	总行:东京 分行:上海、香港、天津、泗水、汉口、大连、青岛	—
安利洋行	英	阿萨·利斯(Asa Lees)	总行:上海 分行:香港、汉口、长沙、天津	进口纺织物、金属、纸、杂货、飞行机、电气机械、建筑材料机械(输出业务于1935年转给瑞记洋行)
祥兴洋行	英	多布森&巴洛(Dobuson & Balow)	总行:上海	进口英国产织机、金属、织物
信昌洋行	英	特威达莱斯&斯莫瑞(Tweedales & Smallery)	总行:上海 分行:香港、广州、天津、济南、青岛、汉口、南京、北京	进口电气器具、机械、铁道材料、纺织机械部品
怡和洋行	英	布鲁克斯&多克西(Brooks & Doxey)	总行:上海 分行:香港、天津、南京、青岛、汉口、广州	进口各种工作机械、铁道材料电气机械、军需品
祥泰洋行	美	霍布德&布洛(Howard & Bullough)	总行:上海	进口机械,兼营机械技师保险代理业务
慎昌洋行	美	萨科·洛厄尔(Saco Lowell)	总行:上海 分行:香港、广州、天津、济南、青岛、汉口、北京	进口电气机械、铁道车辆、温度调节器、冷冻装置、建筑材料、X光器具、医疗设备等

资料来源:[日]富泽芳亚:《近代中国纺织业与洋行》,《史学研究》1999年第224期。

从上表可看出,各大洋行代理了当时世界上不同的著名纺织机器厂商的机器,而且除三井洋行的总行在日本东京外,安利洋行、祥兴洋行、信昌洋行、怡和洋行、祥泰洋行、慎昌洋行的总行均在上海。毋庸置疑,上海是近代中国纺织技术的中心。以代理美国纺织机器的慎昌洋行为例,我们可以更清晰地看出以在华洋行为载体的纺织技术扩散路径。

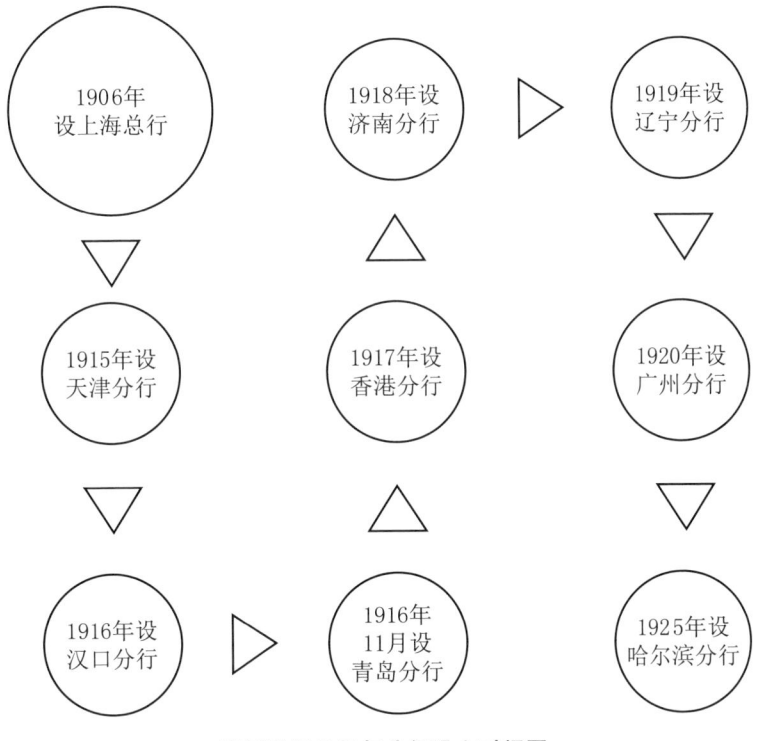

慎昌洋行总行与分行设立时间图

资料来源:根据 Charles J. Ferguson, *Anderson, Meyer & Company of China*, Shanghai: Kerry and Walsh, Ltd., 1931, p.23 绘制。

从上图可以得知慎昌洋行在中国主要有 8 处分行,各处分行是区域的经济贸易中心,因而分行的设立也意味着以分行为载体,美国纺织技术在该区域扩散。从分行设立时间序列可以清晰地看出慎昌洋行的技术扩散路线:从东部口岸城市上海,向西扩散至长江沿岸城市汉口(华中地区),向南扩散至广州、香港(华南地区),向北扩散至哈尔滨(东北地区)。

1915 年,慎昌洋行在获得诸多欧美机器公司的在华代理权后,就在天津设立了分行,天津分行是华北地区的经济中心,"主要营业区域为黄河以北、长城以内及内蒙古,并包括河北、山西两省"。①虽然之后在北京也设有分行,但是北京分行不存现货,仍是以天津分行为主。天津分行的纺织机械引进营销业务"甚良",这从下表可以看出,从 1915 年到 1931 年,共有 8 家纺织企业引进美国纺织机械锭 218 672 枚。②作为标志性的技术引进事件,1920 年天津宝成纱厂在引进纺织机器的同时,还将全厂的设计交给慎昌洋行,同时该纱厂"购发电机全部,而各厂并购马达及传动材料,各厂之电灯及电力接线、调节温湿器、救火喷水器,亦多系津行承办。所有机器均由本行工程师监察安装"。③

1915—1931 年慎昌洋行天津分行纺织机器引进数量　　　　单位:枚

厂　家	纱锭数量	厂　家	纱锭数量
裕元第一厂	25 344	恒源纺织公司	30 720
裕元第二厂	25 536	北洋纺织公司	27 056
裕元第三厂	20 480	裕大纺织公司	35 712
宝成纺织公司	26 752	华新纺织公司	27 072

资料来源:Charles J. Ferguson, *Anderson, Meyer & Company of China*, Shanghai: Kerry and Walsh, Ltd., 1931, p.121。

汉口分行位于"中国之中,其营业预期为湖北、湖南、江西、河南、四川、陕西、甘肃七省",其纺织机器业务主要如下:汉口第一纱厂,曾购织布机 300 架,配有马达及调节温湿器机件;汉口申新第四纱厂,购纺纱机器 3 万枚纱锭,配有马达及传动材料;郑州豫丰纱厂,购纺纱机器 58 752 枚纱锭和全部电力机器,包括涡轮发电机、锅炉房机器、马达及传动材料;九江久兴纺纱厂购纺纱机器 20 050 枚纱锭和全部电力机器,包括涡轮发电机、锅炉房机器、马达及传动材料;还曾售与武昌裕中针织厂织袜机器,并为之装设。④

---

①③ Charles J. Ferguson, *Anderson, Meyer & Company of China*, Shanghai: Kerry and Walsh, Ltd., 1931, p.120.

② 严中平的经济统计资料显示 1931 年天津的纱锭是 203 556 枚,但是丁昶贤的统计资料认为严中平的数据比实际少,并进行了修正;同时,结合洋行销售数据,本文认为慎昌洋行的数据是可信的。

④ Charles J. Ferguson, *Anderson, Meyer & Company of China*, Shanghai: Kerry and Walsh, Ltd., 1931, p.134.

随着近代中国各地区工业的发展,慎昌洋行通过各分行的业务,以机器设备为载体,把技术扩散至东部沿海各省份及长江沿线区域。其中,上海作为慎昌洋行技术扩散的中心地位,仍是显而易见的。对于各地分行的机器销售而言,上海"实为中心地点,且装配机器一切配件,往往来自外国,在上海集合,殊为便利";"内地华人办理实业,须购机器者,咸以在上海探询货价及一切情况最能详明","关于技术上详细事项,各分行须待总行纺织机器部之指示,而分行各就其营业区域,签订合同推销机器则致力颇多。纺织部之专门职员频时前往各分行,予以技术上协助"。[1]

可见,近代在华洋行是以上海为中心,通过所代理的机器设备将近代纺织技术扩散至中国其他地区。

二、以纺织人才为载体的技术扩散

技术人才是机器设备转化为生产力的实施者,也是技术扩散的重要载体。因此,技术人才扩散的过程,也是技术扩散的过程。

近代上海自开埠之后,随着对外贸易的发展,逐渐成为近代中国的商贸中心、金融中心和工业中心,各行各业的快速发展为社会提供了诸多谋生机会,这必然使上海的各类人才和劳动力得到集聚,"无论以知识,以劳力,凡能自食,或因以起家,百分之九十以上皆恃上海。……人口有余则移之上海,职业无成则求之上海"。[2]20世纪20年代,全国重要的工业,"如棉纺、面粉、卷烟及缫丝等项,则多数之工厂皆集中于上海一市"。[3]至20世纪30年代,上海30人以上的工厂数量占全国12个城市总数的36%,工人数占12个城市总数的53%,资本额却占12个城市总数的60%,产值更高达66%。[4]

上海工商业的快速发展,以及四国三方的特殊政治格局,使之逐渐成为全国的文化中心,吸引了全国众多新型知识分子聚集于此。到20世纪初,上

---

[1] Charles J. Ferguson, *Anderson, Meyer & Company of China*, Shanghai: Kerry and Walsh, Ltd., 1931, p.19.
[2] 黄苇、夏林根编:《近代上海地区方志经济史料选辑》,上海人民出版社1984年版,第338页。
[3] 李文海主编:《民国时期社会调查丛编·近代工业卷(下)》,福建教育出版社2010年版,第120页。
[4] 严中平等编:《中国近代经济史统计资料选辑》,中国社会科学出版社2012年版,第79页。

海成为全国"西学传播中心、书籍出版中心、报刊中心、文学艺术中心和教育中心"。①因此,近代上海无疑是全国的人才集聚中心。

随着全国各地近代工商业的发展,近代纺织技术人才开始从上海向其他地区扩散。早在大生纱厂开业之初,张謇就已看到上海在技术人才和技术工人方面的优势,认为"我国之有纺织业也,缘欧人之设厂于上海始。欧人之始设厂,辄募我十数不识字之工人,供其指挥。久之,此十数工人者,不能明其所以然,而粗知其所受指挥之当然",②于是,他在上海招聘了一批技师和技术工人。

20世纪20年代以后,随着全国各地纺织业的发展,对纺织技术人才的需求增大,使得近代纺织技术人才缺乏现象凸显出来,成为民营纺织企业十分重视的问题。汪孚礼认为:平均每1 000枚纱锭就要配备1名技术人员,而中国约是800名技术人员面对240万枚纱锭,技术人才极为缺乏,这就导致"常见有重新改组,或新设的厂家,不独聘请技师,非常易事。既要招致相当的主任和监工人物,亦觉为难。往往不惜重金,把别厂较有经验的人员拉出。别厂所空出的为止,或更招其他别厂的人员来补充"。③

《中国科学技术专家传略·工程技术编·纺织卷1》记载,在抗战前活跃的40名技术专家中,有30名纺织专家主要是在上海纺织企业工作。④近代纺织企业如荣氏申新纺织集团等,因地处上海,不仅聚集了大量近代中国纺织技术人才,而且通过对外聘用、对内培养等方式构建了一支较为雄厚的技术团队,更聚集了朱仙舫、汪孚礼、李国伟等一批国内顶尖技术人才。随着内地纺织企业的发展,这些技术人才也随之向内地扩散,从而促使纺织技术向内地扩散。

20世纪30年代,为了更好地传播与发展相关的技术知识,服务于国内工业企业,国内专业技术骨干成立了各种专业技术学会。由63名会员组成、以"联络纺织界同志研究应用技术,使国内纺织工业臻于发展"为宗旨的中国纺织学会于1930年4月在上海成立,这是当时国内发展最充分的纺织业

---

① 张仲礼主编:《近代上海城市研究(1840—1949年)》,上海人民出版社2014年版,第770页。
② 《张謇全集》编纂委员会编:《张謇全集》,江苏古籍出版社1994年版,第130页。
③ 汪孚礼:《纺织人才问题》,《纺织周刊》第1卷第2期。
④ 中国科学技术协会编:《中国科学技术专家传略·工程技术编·纺织卷1》,中国纺织出版社1996年版。

相关学术团体,聚集了纺织行业大量精英骨干。纺织学会通过1931年创刊的《纺织周刊》《纺织年刊》等学术刊物和每年召开一次的年会,以及多次演讲会,逐渐扩大影响力,会员人数于1935年增加到500名,对20世纪30年代中国纺织界、纺织技术阶层产生了很大的影响。

中国纺织学会 1935 年正会员[①]毕业学校及人数表

毕业学校名称	人数	百分比(%)
南通学院纺织科、南通纺专	112	32.5
东京高等工业学校、东京工业大学(日本)	38	11.0
浙江工业	19	5.5
杭州工业	11	3.2
湖南工业	10	2.9
恒丰纱厂附属职员培训所	9	2.6
工商中学	8	2.3
大中华纱厂附属职员培训所	7	2.0
苏州工业	7	2.0
东方纺织(法国)	7	2.0
纽必佛纺织学校(美国)	5	1.5
罗宛尔纺织学院(美国)	5	1.5
其他	107	31.0
合计	345	100

资料来源:《纺织年刊》1936年。

从上表可知,南通学院纺织科作为"中国纺织技术的摇篮",培养了当时中国最多的纺织技术人才,1935年学会正会员中有112人毕业于该校,占学会正会员总数的32.5%。留学日本的纺织技术人才在学会中占第二,占总人数的11%。这些纺织人才进入各个企业,又进一步推动了纺织技术的扩散。

[①] 中国纺织学会除去部分"名誉"会员,基本上是由技术人员组成,其会员被分成"名誉""正""仲""学生"四类。"名誉"会员是高学历的政府官员或企业经营者,如棉业统制委员会常务委员兼大生第一纺织公司经理、美国罗宛尔纺织学院毕业的李升伯;"正"会员是受过大学、工专、工中、企业内部纺织专业教育的"学历技术者";"仲"会员是受过中学以下教育的人;"学生"会员则是还在教育机构受教育的人。

中国纺织学会日本留学归国者工作经历表

姓名（别名）	毕业院校（卒业年）	实习单位	主要职历
陆辅舟（1882—1931）	东京高等工业学校纺织科（1919年）		《华商纱厂联合会季刊》主编，恒丰纱厂（上海）—宝成纱厂（上海）—大中华纱厂（上海）—通惠公纱厂（宁波）—1928年大生一厂（南通）
陈载阳（君石，1883—？）	东京高等工业学校纺织科（1913年）		杭州织物整理模范工场—浙江大学纺织科教员
汪孚礼（树盘，1886—1940）	东京高等工业学校纺织科（1918年）	明治纺织	1919年大中华纱厂技师—1921年大中华纱厂—1923年湖南省立第二甲种工业学校教务长—1925年申新三厂（无锡）总工程师—1927年申新三厂（上海）工程师，恒丰大纱厂协理—1934年棉业统制委员会技术专员—1935年中国银行总管理处业务会计监查，中国棉业公司副总经理兼纺织部经理—1936年恒丰纱厂协理兼总工程师
王竹铭（勋乡，1886—？）	东京高等工业学校纺织科（1911年）		1913年治理模范纱厂（天津）厂长兼技师—1919年恒丰纱厂（天津）—1928年卫辉华新纱厂（河南）副经理兼厂长—1931年恒源纱厂（天津）经理—1934年棉业统制委员会技术专员—1937年河北工学院教授
诸文绮（人龙，1886—1962）	名古屋高等工业学校（1910年）		1910年农工商部员—无锡县立实业学校校长—江苏省立第一工业学校校长—1913年启明丝光染厂（上海）经理—1919年永元机器染织，大新染织（上海）设立经理，染色公会主任委员—1923年大中染厂，万源织厂（上海）
朱仙舫（升芹，1887—1968）	东京高等工业学校纺织科（1916年）	明治纺织	1917年恒丰纱厂（上海）技术员，申新第五厂（上海）总工程师厂长—1919年江西大兴纱厂工程师—1928年申新第二厂厂长—1929年申新七厂（上海）厂长兼任？—1935年利新纱厂（江西九江），汉口第一纱厂（武汉）经理—1930—1954年第一届中国纺织学会执行委员会主席委员（理事长，主任委员）

(续表)

姓名(别名)	毕业院校(毕业年)	实习单位	主要职历
许世芬(伯声)，1888—?	东京高等工业学校纺织科(1914年)		北京财政部—北京农商部—1937年裕华纱厂(武汉)工程师
叶熙春(如松)，1889—?	东京高等工业学校纺织科(1915年)		杭州甲种工业学校—1936年杭州庆春丝织公司总经理
成希文(知白)，1891—?	东京高等工业学校纺织科(1915年)		长沙第一甲种工业学校—1937年湖南第一纺织工务课长兼技师—1938年出版《纺纱学》(商务印书馆·长沙)
吕兴堂(蕙南)，1889—?	东京高等工业学校纺织科(1921年)		1937年申新一厂(上海)总工程师
石凤翔(幼之)，1893—1967	京都高等工业学校(1915年)	内外棉西宫第二	1917年保定甲种工业学校教务长兼教员—1918年武昌甲种工业学校教员兼湖北省实业厅技正—1918年楚兴纺织学校校长—1920年裕华纱厂(武汉)总工程师—1922年大兴纱厂(石家庄)厂长—1934年大华纱厂(西安)经理兼厂长
于秉甲(印东)，1893—?	东京高等工业学校色染科(1922年)		1937年潍县大华染色工厂工务主任
陆绍云(培基)，1894—1988	东京高等工业学校纺织科(1920年)		1920年上海宝成第一、第二工厂工程师—1921年天津宝成第三厂工程师、厂长—1930年鲁丰纱厂(济南)经理兼工程师—1931年大成纱厂(常州)厂长兼工程师—1936年大成第四厂(武汉)厂长兼总工程师

(续表)

姓名（别名）	毕业院校（毕业年）	实习单位	主要职历
杨樾林（荫堃，1895—1969）	东京高等工业学校纺织科（1924年）	千住制绒、长崎纺织	1925年东三厂制呢厂工程师—1926年振新纱厂（无锡）工程师—1928年申新第二、第七厂工程师—1932年振新纱厂（无锡）工程师—1936年恒丰纱厂（上海）工程师—1937年棉业统制委员会布部副主任、织布部副主任、棉业统制委员会技术专员
朱应奎（梦苏，1895—1966）	东京高等工业学校机械科（1921年）		1918年任华纺公大一厂（上海）实习技术员—1922年三新纱厂（上海）工程师—1925年申新二厂工程师—1929年申新七厂（上海）工程师—1933年诚孚总公司工务兼总工程师—1935年利中纱厂（江西九江）工程师—1936年诚孚总公司工务处兼副处长，天津分公司经理，北洋纱厂（天津）厂长
曾永寿（世泽，1895—?）	东京高等工业学校纺织科（1921年）		1937年恒源纱厂（天津）事务部部长
童润夫（1897—1974）	桐生高等工业学校（1921年）	和歌山纺织	1922年任华纺大康纱厂（上海）练习工程师，工程师—1929年鸿章纱厂（上海）长—1933年棉业统制委员会技术专员，技术主任，中央研究院棉纺织染实业馆干事会技术干事，诚孚信托公司（上海）工程师、常务董事兼副总经理
诸楚卿（1897—1992）	东京高等工业学校色染科（1921年）	市居然，大阪染化合资	1922年中华职业学校织科染色科（上海）主任—1923年启明染织（上海）工务主任—1932年大成纱厂（常州）染色主任技师—1933年上海纺织印染厂主任工程师—丽明机织印染（上海）工务顾问—1935年南通学院纺织染化工程系教授兼主任—1939年中国染化工程学会第一届理事长
王业浩（希天，1897—?）	东京高等工业学校色染科（1924年）	千住制绒、钟渊纺织	1934年中华编织染公司工程师—1935年海丰县立中学职业班主任—1937年苍梧县立职业学校教员

(续表)

姓名（别名）	毕业院校（毕业年）	实习单位	主要职历
吴文伟（欣奇，1898—1970）	东京高等工业学校色染科（1922年）		1923年浙江实业厅技术主任—浙江工业专门学校、浙江大学工学院、上海中学、暨南大学、上海法学院、中国公学教员—1934年华商纱厂联合会秘书兼编集主任
陈克五（笔山，1898—？）	东京高等工业学校色染科（1926年）		1937年鸿章纺织染厂（上海）工程师
钱秉时（子超，1899—1989）	东京高等工业学校色染科（1924年）		1926—1945年达丰染织厂（上海）工程师，副厂长
张方佐（1901—1980）	东京高等工业学校色染科（1924年）	长崎纺织、日本原毛	1925年在华纺恒和纱厂（上海）训练主任—1926年振新纱厂工程师—通惠公纱厂主任—1928年申新二厂工程师—1935年大生副厂长（南通）厂长
卢鸿业（统之，1902—1981）	东京高等工业学校色染科（1926年）	千住制绒、长崎纺织	1928年在华纺日华纱厂（上海）技师—1930年振新纱厂—1933年仁丰纱厂（济南）厂长—1935年天津诚孚分公司经理
刘持钧（振国，1904—1973）	东京高等工业学校色染科（1930年）	长崎纺织	1931年晋升纱厂（太原）技师—1936年晋华纱厂（榆次）工程师
王瑞基（1904—1982）	东京高等工业学校色染科（1931年）	长崎纺织	1931年申新纱厂技师、工程师—仁丰纱厂—晋华纱厂工程师—晋生纱厂（太原）工程师—1936年雍裕纱厂（山西新绛）厂长兼代理总经理

资料来源：[日]富泽芳亚：《20世纪30年代中国纺织技术人员对日本纺织业的认识——中国纺织学会与日本的关系》，朱婷译，载上海中山学社编《近代中国（第十三辑）》，上海社会科学院出版社2003年版，第239—242页。

从上表可知,上述26位纺织人才有10多人在20世纪20年代集中于上海、江浙地区的申新等民营企业或人才培养教育机构,到30年代逐渐开始扩散到河南、河北、江西、汉口、长春、太原等地区,纺织技术也随之扩散到内陆地区。可见,纺织技术人才的流动,是近代中国纺织技术扩散的一个重要渠道。

技术人才对于一个企业而言是至关重要的,因为引进机器设备之后,需要通过技术人才实现技术内化、技术创新,技术人才往往决定了一个企业的发展命运。从上表朱仙舫的履历可知,1917年他从日本学成归国后,进入上海恒丰纱厂和申新第五厂工作;1919年担任江西久兴纱厂工程师,主持并设计江西第一家机器纺织企业,"成为江西民族机器纺织工业的奠基人"。[①] 又如20世纪30年代,印染技术是中国一门最新技术,当时取得迅速发展的常州大成纱厂,就是依靠东京高等工业学校留学归国的主任技师诸楚卿,以"印染"制品开拓市场,获得了成功。[②]

值得一提的是,抗日战争爆发后,因外部环境巨变,沿海的工业企业在南京国民政府的要求下大举内迁,这是近代以来中国第一次大规模的工业技术自东向西扩散。

三、以产业转移和结构调整为中心的技术扩散

随着区域经济发展到一定程度,必然带来产业的"梯度转移",以实现经济的积聚扩散效应。在近代中外纺织企业的竞争中,产业转移和结构调整是近代民族纺织技术扩散的又一路径。

从下图可以清晰地看出,1895年以后,近代民营纺织业在实业救国的思潮中获得较大发展,以上海为中心开始呈现出向外扩散发展的趋势,但主要集中在上海等口岸城市和江浙地区。江浙地区作为上海棉纺织业的销售市场和原料产地,与上海棉纺织业的关系日益密切。同时,随着现代交通和通信业的发展,上海纺织业与周边江浙地区的信息、技术和人才交流大大加

[①] 中国科学技术协会编:《中国科学技术专家传略·工程技术编·纺织卷1》,中国纺织出版社1996年版,第48页。

[②] 同上书,第119页。

快,促进了上海棉纺织业技术向江浙地区的传播和扩散。

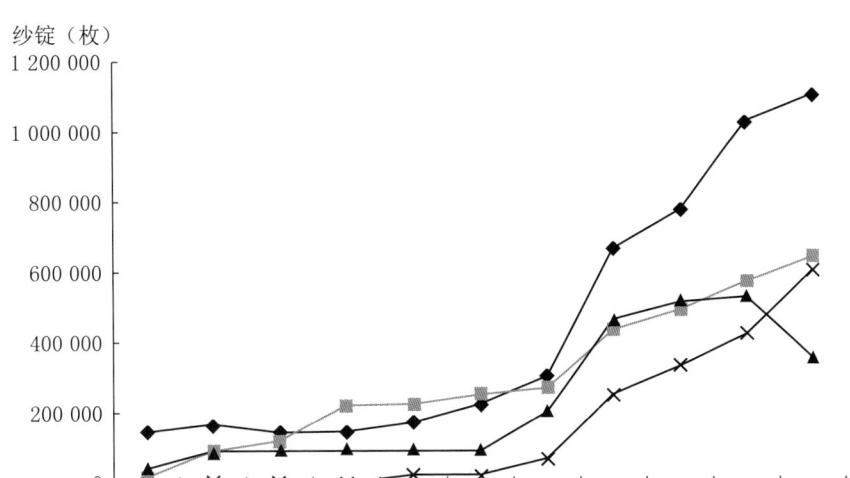

华商棉纺织厂纱锭数地区比较图(1896—1936年)

注:其中,江浙地区是上海经济辐射的直接腹地,主要是指无锡、南通等地。其他通商口岸是指天津、青岛和武汉地区。内地主要包括部分省会城市如长沙、太原、郑州等地。

资料来源:根据吴松弟编《中国近代经济地理·第一卷·绪论和全国概况》(华东师范大学出版社 2015 年版,第 295—296 页)资料整理而得。

此外,上图显示第一次世界大战以后,上海、江浙、其他通商口岸和内地的纺织业均有较大的发展。第一次世界大战期间西方列强忙于战争,又需要大量的棉纱、棉布等用品,这不仅给中国民营企业提供了发展的空间,还为其创造了销售市场。1919 年五四运动,国内提倡国货抵制日货,促进了民营纺织业的发展。时人也认为"我国棉纱业之暴兴,非由其出品之良,足以博社会中人之需要。实则由于抵制劣货以来,学者提倡,舆论鼓吹,国人激于爱国之热忱,咸排弃劣货而用国货,因之我国之棉纱,遂有供不应求之势"。①

据杜恂诚先生的统计,1895—1922 年,全国共设立 91 家棉纺织企业,其中 27 家设在上海,江苏太仓、无锡、南通、崇明等地共 23 家,浙江杭州、宁波共 5 家,河北宝坻、唐山、石家庄、卫辉、石门等地 6 家,天津共 6 家,湖北武

---

① 《我国经营棉纱业者应有之觉悟》,《工商之友》1920 年 6 月 14 日。

昌、汉口、沙市等地共5家,河南安阳、郑县、武陟等地共3家,其余济南、青岛、广州、奉天、芜湖、九江、长沙等地各1家。①其中,1912—1922年间,新设立的50家棉纺织企业中,上海19家,武汉4家,华北地区5家,华中地区2家。②第一次世界大战前已设立的纱厂在这一时期出现了资本集团式生产模式,申新纺织公司尤为明显,先后在无锡、上海、常州、济南、汉口等地通过创设、收购或租办纱厂形式扩大经营规模,通过分设纱厂形式加速纺织技术的转移和扩散。

由此可见,这一时期,纺织技术开始向北方和华中地区扩散,同时呈现出非常明显的地域不均衡性,民营纺织企业仍然集中在以上海为中心的江浙沪地区。

须指出的是,第一次世界大战期间,因"英人无余力以制造纺织机器",国内新设纺织企业机器进口转向美国,"凡华厂之新设者,咸采用美机"。③而英美两国的纺织机器,"英货似较适宜于我国之纺织工作,于开棉清花方面,均较美货为胜。美货构造精巧,动力之消费不大,然机体薄弱,不如英货之坚牢,生产率亦不若英货之高"。④当时纺织专家的实验研究发现,因美国粗纱机多是"模仿英制而稍加以改作,独此粗放机有青出于蓝而胜于蓝之特色",而精纺机则是"英式成型装置比美式为优"。⑤

尽管英美机器各有优劣,但对于当时以纺16支粗纱为主的民营企业而言,美式机器基本能够满足其需求,加上美国机器厂方的供应数量比英国充裕,洋行的营销服务相对合理,使得这一时期中国进口的纺织机器以美式为主。

一方面,国内棉纺织企业大量引进纺织机械扩大生产;另一方面,日本国内"禁止晚上加班",⑥造成日本国内粗纱领域竞争利润的降低,这促使大

---

①② 杜恂诚:《民族资本主义与旧中国政府(1840—1937)》,上海社会科学院出版社1991年版,第286—291页。

③④ 上海市工商行政管理局、上海市第一机电工业局机器工业史料组编:《上海民族机器工业(上册)》,中华书局1966年版,第440页。

⑤ 傅道伸:《英美纺纱机器之比较》,《华商纱厂联合会季刊》1919年第1期。顾维精发现在同一条件下,生产16支纱的美国沙各洛尔纺织机比英国赫直林敦纺织机好,见顾维精:《英美纱机实验报告》,《华商纱厂联合会季刊》1919年第2期。

⑥ [日]富泽芳亚:《近代中国纺织业与洋行》,《史学研究》1999年第224期。

量日本资本转向中国,投资创设纺织企业。中外纱厂大量投资兴建新厂,以及第一次世界大战后西方棉制品卷土重来,加上这一时期国际棉花歉收,1923年中国市场因棉制品供过于求而造成"花贵纱贱"现象,这沉重打击了刚刚勃兴起来的民营纺织业,导致该行业出现萧条景象。

面对这次行业危机,日资企业看到了中国棉纱市场的结构性问题,即粗纱市场供过于求,但是20支纱以上的细纱市场却是求大于供。日资纱厂"32支双股线缺货,纱价渐挺,求购者颇多",即使是收回旅大运动导致全国出现抵制日货浪潮,但日本的高支纱"32支、42支双股线及60支丝光纱抢手,双股线旺销"。①

与之形成鲜明对比的是,以中国农村为主的粗纱市场极其冷清,"粗纱供给,则已到适当程度,或且过之也",②不少工厂停工、减产或者被迫破产倒闭。由此近代棉纱市场开始出现结构性分野,日资在华纱厂转向以细纱市场为主,中国民营企业以粗纱市场为主。

面对中国纺织业的危机,一方面,民营纺织企业突破地域市场,开始转向内地投资设厂,因为近代中国内地仍是以粗纱需求为主。荣德生记述了1923年纺织业情形,"纱业至此,除内地厂或有立脚,上海、天津均不振"。③在市场的驱动下,内地民营纱厂出现较快发展趋势,这从上图清晰可见,内地纱厂已开纱锭数从1921年起逐渐增加,且增幅较其他地区为快。

正值上海、江浙地区棉纺织业萧条之际,内地出现了大建新厂的局面,中国民营纺织业向内地扩散,而且从华北、华中等中部地区不断向西推移。总部设在汉口的武汉楚兴公司于1922年在河北石家庄创建新厂——大兴纺织股份有限公司(简称"大兴公司"),同时与汉口纱商联合创办裕华公司。大兴公司因接近内地农村初级市场,纱厂主要生产10—14支粗纱为主,以供应沿铁路线的获鹿、正定、平山、定县等手工织户集中的地方,④公司布厂出

---

① [日]森时彦:《中国近代棉纺织业史研究》,袁广泉译,社会科学文献出版社2010年版,第264页。
② 叔奎:《日本纺纱厂在中国之地位》,《上海总商会月报》1924年第1期。
③ 《荣德生文集》,上海古籍出版社2002年版,第93页。
④ 《裕大华纺织资本集团史料》编写组编:《裕大华纺织资本集团史料》,湖北人民出版社1984年版,第52页。

产以 14 支低支纱纺织的三鹿粗布。①1934 年又在西安投资建设了大兴二厂，"以西安地方，能于就地买花，就地买布，大有划算，即赚生熟货之去来车缴，亦属可观。照现在一厂（石家庄厂）西安售布，陕西办花之生熟货两道车缴，合计每包相隔二十余元。是二厂一旦开工，外省厂家莫能相竞"。②

另一方面，上海、天津等地的民营纺织企业为扩大其细纱市场，不断提高生产高支纱的技术能力。鉴于英国纺纱机"适于处理纤维较短之印棉、埃及棉及我国棉之用"，美国机器则"多准美棉、海岛棉及较长纤维之原棉而制作"，③且日本通过英国纺织机器很快成功调整了产业结构，为申新、永安等企业提供了很好的借鉴。由此，以上海、天津为中心的沿海城市民营纺织企业开始不断引进英国纺织机器以调整生产结构，扩大细纱的生产规模。

1922—1930 年中国民营企业通过三井洋行引进机器金额统计表　单位：日元

年份	企业名称	金　额	备　注
1922	申新纺织企业	1 430 000	纱锭
1928	永安纺织企业	820 000	纱锭 25 000 枚
1929	永安纺织企业	1 415 000	纱锭
1930	申新纺织企业	1 392 000	纱锭、针布
1930	恒丰纺织企业	148 000	纱锭 4 612 枚

资料来源：《第 26—42 回事业报告书(1923—1930 年)》，三井文库所藏，资料号：165-15-31。

从上表可知，上海申新、永安、恒丰等纺织企业为了发展高支棉纱，不再引进美国萨科·洛厄尔机器，而是引进三井洋行代理售卖的普拉特公司生产的纺织机。所以伴随纺织业"黄金时期"的结束，美国纺织机销售额开始减少。到 20 世纪 30 年代世界经济大危机波及中国市场时，上海等地民营企业更是重视引进英国机械以进行产业结构调整，扩大 20 支以上的高支纱生产。

---

① 黄师让：《裕大华企业四十年》，载中国人民政治协商会议全国委员会文史资料研究委员会编《文史资料选辑（第四十四辑）》，文史资料出版社 1964 年版。

② 《裕大华纺织资本集团史料》编写组：《裕大华纺织资本集团史料》，湖北人民出版社 1984 年版，第 111 页。

③ 朱希文：《英美纺纱机器之优劣及其选择》，《华商纱厂联合会季刊》1921 年第 3 期。

四、结　　语

近代中国社会经济呈现出传统与现代并存的二元特征,这决定了社会技术市场的不平衡性和分割性特征。沿海沿江地区因交通、市场的便利性,最先出现近代工业企业,而内陆地区仍以手工业为主,生产技术水平低下。由此,中国东西部产生了技术势差,这也是近代民营纺织企业技术扩散的前提条件。

上海作为近代中国棉纺织业的中心,亦是近代中国纺织技术市场的中心,来自欧美等国的机器设备往往集中在上海,"内地华人办理实业,须购机器者,咸以在上海探询货价及一切情况最能详明"。[1]因此,上海作为民营企业技术市场的中心,通过技术中介在华洋行从南向北进行技术扩散。

随着近代中国棉纺织品市场的扩大,以及抵制外货和提倡国货运动,棉制品逐步呈现出市场的分层。在20世纪20年代中叶以前,东部沿海城市的民营纺织企业与在华外资纺织企业一样,以生产20支以下的粗纱为主,这一时期的民营企业主要通过设立分厂方式进行技术转移和技术扩散。

1923年,中国棉纺织业出现了经济萧条,市场上粗纱供过于求,而细纱市场则供不应求。此后,在中外企业的激烈竞争中,一方面,民营纺织企业通过在内地设厂,企业的技术人才随着新厂的创办向内地流动,带动了近代技术的市场空间转移,促使了企业技术从东部沿海地区向内地扩散。另一方面,民营纺织企业进行产品结构调整与升级,从生产粗纱转向主要生产20支以上的高支纱。在市场需求的动力驱使下,中国棉纺织业出现了东部民营企业转向生产高支纱,华中及内陆地区的民营企业以生产粗纱为主的现象。由此在抗战前,民营纺织企业的技术通过上海中心市场,向次中心市场的沿海沿江城市及地区中心市场城市拓展,通过纺织技术的"梯度转移",逐渐形成从南到北、自东向西的梯度化技术扩散模式。

---

[1] Charles J. Ferguson, *Anderson, Meyer & Company of China*, Shanghai: Kerry and Walsh, Ltd., 1931, p.19.

中国近代人造丝使用与自制研究[*]

Research on the Use and Self-Production of Artificial Silk in Modern China

王仰旭[**]

中国近代人造丝业的发展经历了从使用到自制的过程。世界人造丝的兴起对国内传统蚕丝业造成冲击,于是民族纺织企业先于20世纪20年代利用人造丝改良了人造绸缎,抵御了洋货倾销,挽回了实业利权;后于20世纪30年代尝试设厂自制,以求自主生产。然在近20年的发展过程中,唯有安乐人造丝厂成功研制出国产人造丝,但战争频仍、社会动荡,以及原料、设备、市场、研发、政策、人才等局限,导致其举步维艰。安乐人造丝厂的境遇是中国近代人造丝发展的缩影,最突出的问题是缺乏稳定的生存环境和完备的工业体系。显然,人造丝业的发展不能仅仅依赖技术引进,近代中国纺织业、化学业、机械业、教育业的同步发展更为必要。在痛惜人造丝受制于人的同时,需深刻反思中国近代纺织产业调整的历史进程。

人造丝又名缥紫(Rayon),是一种用天然纤维素制得的长丝,广泛用于丝织和针织工业。[①]世界人造丝工业发轫于19世纪90年代,凭其"价廉物美、品质一律"的特性,于20世纪20年代得到迅猛发展,并逐渐取代蚕丝,成为纺织生产的重要原料。作为19世纪末20世纪初纺织工业的重要发明之一,人造丝不仅在中国近代纺织生产上产生重要的影响,还推动着我国早期化纤工业的发展。

目前学术界对于中国近代人造丝的研究虽已有一定成果,但学者关注

---

[*] 本文系国家社科基金重大项目"中国近代纺织史资料整理与研究"(19ZDA213)阶段性成果。
[**] 王仰旭,上海大学文学院历史系博士研究生。
[①] 夏征农主编:《大辞海·化工轻工纺织卷》,上海辞书出版社2009年版,第211页。

的主要是人造丝进出口贸易①、人造丝与传统丝织业的转型②、人造丝对华丝的影响及政府应对③等领域,尚缺乏专文对人造丝的使用与自制进行相关研究。中国近代人造丝的使用与自制经历了较为曲折的发展过程,其实质是打破舶来品垄断,实现自主生产。因此,探究中国近代人造丝的使用与自制,有助于加深我们对新兴产业在这一时期的生存环境及历史命运之理解,进而体悟中国近代工业化过程中的复杂性与艰难性。

一、纺织原料新陈代谢:人造丝在中国市场的兴起

"人造丝"这一概念的出现最早可以追溯到 17 世纪。1664 年,英国人罗伯特·胡克(Robert Hooke)首次提出人类可以模仿蚕吐丝而用人工方法生产纺织纤维。④但到真正的发明使用,又经历了两个多世纪的探索。19 世纪末,西方国家开展新一轮的工业革命,化学工业得到迅猛发展,为人造丝的发明提供契机。1885 年,法国人希莱尔·夏尔多内(Hilaire Chardonnet,1839—1924)将纤维素溶解于硝酸中,使其成为低硝化纤维素,然后将硝化纤维素溶解于酒精和醚的混合液中,再加气压,通过细管吹到空气中凝固,制成人造丝。⑤他又经过几年试验,于 1891 年在法国贝桑松建厂生产人造丝。⑥此后,世界人造丝工业有了突飞式发展。据统计,1896 年世界人造丝产量仅为 13 万磅,到 1913 年已达到 3 026 万磅,⑦短短十几年产量剧增。当时生产人造丝的国家主要集中于欧美等国,这些国家利用国内成熟的化学工业体系,生产出大量人造丝,销往世界各地。

---

① 徐新吾主编:《中国近代缫丝工业史》,上海人民出版社 1990 年版;徐新吾主编:《近代江南丝织工业史》,上海人民出版社 1991 年版;赵文榜:《近代中国人造丝及其制品的进出口贸易》,《中国纺织大学学报》1994 年第 3 期;周德华:《人造丝与中国近代丝绸》,《丝绸》2004 年第 6 期。
② 王翔:《民国初年传统丝织业的转型》,载上海中山学社编《近代中国(第十九辑)》,上海社会科学院出版社 2009 年版。
③ 彭南生、李庆宇:《20 世纪二三十年代人造丝对华丝的影响及政府应对》,《湖北大学学报(哲学社会科学版)》2019 年第 1 期。
④⑥ 张文彦等主编:《自然科学大事典》,科学技术文献出版社 1992 年版,第 851 页。
⑤ 《科学丛谈:人造丝》,《申报》1936 年 1 月 15 日,第 9 版。
⑦ 《近五十年世界天然丝产额及欧战前世界人造丝产额》,《中外经济周刊》1940 年第 9 期。

人造丝初入中国市场的记录始于 1910 年。[①]由于人造丝色彩美观、价格低廉,且运用范围逐步推广,西方对华输入人造丝的数量逐步增加。[②]1923 年以后,意大利及日本的人造丝开始占据国内市场的主要份额,"我国人造丝之需要,日益增加,但生产绝无,全仰外国之供给。主要输出国,为意大利、日本,次为英美等国",[③]导致丝织品价格变得越来越不稳定,最终引发各国人造丝出口的倾销竞争。

　　人造丝的兴起对国内传统蚕丝业造成冲击,大有取代蚕丝之势,从 1923 年到 1934 年,国内蚕丝的价格从每担 800 元下降到 350 元,[④]引起国内丝织界的恐慌与抵制。例如,杭州丝绸业鉴于人造丝将夺真丝之位,相约禁用,如机户查出换用人造丝,每机一台需罚洋二千元。[⑤]随后,"禁用人造丝"之策得到杭绍绸业联合会、山东旅沪鲜帮公会、丹阳天外绉业公所、镇江绸业公所、上海磁业公所、上海夏布公会、四川江西夏布公会、潮州夏布公会等数十家同业公会的联合支持。他们认为国外人造丝存在"质地不耐久,放置箱内,半年后必自毁,颜色必变"[⑥]等质量缺陷,其大量倾销会"摧残国产蚕丝,促进利权外溢"[⑦],"(人造丝)于国计民生关系至巨,而一般投机分子,又复粗制滥造,仅图一时侥幸,不顾海外信用。致丝销前途,又复黯淡。苟不力图团结,根本抵制,则华丝在海外市场,将永无立足之地"[⑧]。因此,这些同业公会联合呈请政府,提出加征人造丝进口关税、惩处国内人造丝仿制品、鼓励使用蚕丝、保护传统丝织业等要求。[⑨]

　　尽管国内对于人造丝的抵制长期存在,但人造丝凭借质地、价格、需求等优势,逐渐占据国内丝织原料的消费市场。据统计(见下表),1928—1932

---

① 沈莱舟:《舶来人造丝对我国丝绸市场造成的灾祸》,载中国人民政治协商会议上海市委员会文史资料工作委员会编《文史资料选辑(第十七辑)》,中华书局 1964 年版,第 116 页。
② 徐新吾主编:《中国近代缫丝工业史》,上海人民出版社 1990 年版,第 316 页。
③ 《最近世界人造丝工业及其原料之概况》,《申报》1929 年 3 月 2 日,第 24 版。
④ 沈莱舟:《舶来人造丝对我国丝绸市场造成的灾祸》,载中国人民政治协商会议上海市委员会文史资料工作委员会编《文史资料选辑(第十七辑)》,中华书局 1964 年版,第 118 页。
⑤ 《人造丝输入中国之历程》,《纺织周刊》1932 年第 16 期。
⑥ 巢堃:《请禁用人造丝》,《时报》1926 年 4 月 10 日,第 5 版。
⑦ 骆清华:《创设国产人造丝刍言(1935 年)》,上海市档案馆藏,资料号:S230-1-2-55。
⑧ 《筹组兴业制丝公司》,《申报》1926 年 12 月 2 日,第 12 版。
⑨ 《吁征国货丝织品之呼吁》,《申报》1926 年 12 月 24 日,第 14 版。

年,人造丝国际价格由 1.50 美元每磅跌至 0.66 美元每磅,生丝价格从 5.18 美元每磅跌至 1.61 美元每磅,人造丝的消费需求在 5 年间剧增,是蚕丝的两倍之余,其原因是蚕丝价格不如人造丝稳定,且人造丝价格持续下降,而品质则逐渐提高,故能获得广大消费额。①

1928—1932 年蚕丝与人造丝之纽约行市价格比较表

年份	蚕丝（美元/磅）	人造丝（美元/磅）	人造丝价格为蚕丝价格之百分比（％）	人造丝价格低于蚕丝之差额（美元）	消费指数 蚕丝	消费指数 人造丝
1928	5.18	1.50	29.0	3.68	140	214
1929	5.06	1.25	24.7	3.81	152	277
1930	3.60	1.06	29.4	2.54	142	244
1931	2.51	0.76	30.3	1.75	145	217
1932	1.61	0.66	41.0	0.95	135	293

资料来源:王学祥:《蚕丝与人造丝价格之探讨》,《新农村》1934 年第 4 期。

同时,国内市场的人造丝进口量与蚕丝生产量亦发生巨大变化。据《海关贸易统计册》记载,1923—1932 年(见下图),中国人造丝进口总量不断趋近生丝出口总量,尤其是 1929 年世界经济危机爆发后,欧美、日本加大向国

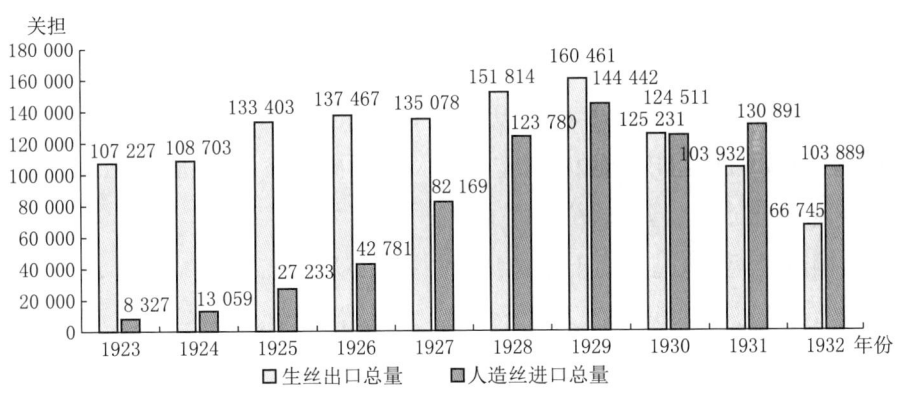

1923—1932 年中国生丝、人造丝进出口总量统计图

资料来源:徐新吾主编:《中国近代缫丝工业史》,上海人民出版社 1990 年版,第 317、656 页。

---

① 王学祥:《蚕丝与人造丝价格之探讨》,《新农村》1934 年第 4 期。

内倾销人造丝的力度,并于 1931 年首次出现贸易入超。

因此,人造丝的兴起,不仅在世界市场占据优势,在国内丝织界亦有逐渐取代蚕丝之势,其影响所及,"树桑育蚕之农,机织营生之工,靡不生计垂绝,而国民经济,乃益呈惶恐不安之象"①。

面对人造丝对国内市场造成的利权漏卮,部分丝商主张采用人造丝,认为它是"应时代之产物,世界各国,既无国不产,亦无国不销,吾国若不探用,则外国人造丝制成品将取代国产丝绸,为害势必更烈"②,"人造丝在今日地位,已无消灭之可能,若英美意日等国设厂制造,数量至可惊人。仅上海一埠,每日销数有四百箱之巨。群向我市场推销,风起云涌,竞争甚烈"③。

由此可见,人造丝不仅作为舶来品大量涌入中国纺织市场,对传统的蚕丝业造成巨大冲击;其在国内市场的兴起,更是打破中国传统纺织业原料的单一性格局,让国人看到巨大的市场潜力。并且,随着人造丝质量的提升,"其与蚕丝交织品,因原料性质不同,所织全白织物,可染成各种提花,国人相争购用。欲染提花质色,非用性质不同之原料不办,而欲用性质不同之原料,非用人造丝提花不可试验至再,别无代替之物"④,市场的需求与品质的特殊促使国人尝试使用人造丝。

二、走向新材料:人造丝在中国的使用

中国近代人造丝国产自制经历了从抵制到尝试使用的过程。从 20 世纪 20 年代开始,国内纺织企业将人造丝掺入真丝中,开拓了中国丝织工艺发展的新途径,促进了丝绸织物的推陈出新。⑤

国内最早将人造丝用于丝绸织物的历史以天津为先,在 1921 年前后,天津织布工业已用棉纱为经,人造丝为纬,制造混制丝织品,⑥至 1926 年,天津

---

① ② 骆清华:《创设国产人造丝刍言(1935 年)》,上海市档案馆藏,资料号:S230-1-2-55。
③ 《人造丝输入日增》,《申报》1934 年 1 月 18 日,第 10 版。
④ 《丝织兼用人造丝之意见书》,《时报》1925 年 7 月 12 日,第 5 版。
⑤ 王翔:《民国初年传统丝织业的转型》,载上海中山学社编《近代中国(第十九辑)》,上海社会科学院出版社 2009 年版,第 308—309 页。
⑥ 《上海丝绸志》编纂委员会编:《上海丝绸志》,上海社会科学院出版社 1998 年版,第 184 页。

织布厂创造了为人造丝上浆的方法,当时称为"浆麻法"。①自有"浆麻法"以后,天津便首先织出完全人造丝的提花织物明华葛,光亮赛如蚕丝绸匹,而成本低廉,销路大增,业者均获厚利。②1927—1928年,天津地区利用人造丝生产纺织品的工厂,约在四五百户,其中"有织染机百架以上者,亦有天利、庆举、隆源、人和、天津织业、裕华、信昌等十余家之多,每厂最多工人竟有二三百者,人造丝之销畅,当可想及"。③

人造丝在江南地区的普及经历了从抵制到推崇的过程。由于江南地区是近代中国最主要的蚕丝原料基地,人造丝的兴起对其传统养蚕产业构成巨大挑战,引起当地丝织界的恐慌,因此人造丝初入中国市场时,当地禁止使用人造丝加工丝织商品。然而到了20世纪20年代中期,丝织品加工技术随着工艺的提升日趋成熟,一些利用人造丝制成的新式绸缎织品受到市场的欢迎,迫使一些从事传统蚕丝行业的民营纺织企业开始重视人造丝,在现实与利益的双重驱动下使用人造丝。其中,杭州纬成公司率先以真丝为经,人造丝为纬,研制出人造绸缎,深受大众消费者欢迎。

纬成公司成立于1914年,创办人朱谋先,至1916年,设立日本式机械缫丝工厂,开始时仅种丝机百台,之后逐渐扩充至五百台。④1924年秋,纬成公司在杭州首先使用人造丝,冲破江浙一带禁用人造丝的禁区。⑤翌年,纬成公司利用人造丝,成功仿制出巴黎缎与花丝纶等新式丝织产品,"巴黎缎乃一种生丝织品,以真丝为经,人造丝为纬,出厂时与华丝葛之未炼时无异。炼熟后,质地较铁机缎为软,分量亦较轻,而花彩之光亮,远出其上。因花纹系人造丝织成,而人造丝之性质与真丝有别。故原底与花纹,可以染成两种不同之颜色,以后原底可以复染他色,而花纹之颜色不变是其特点,厂家送往各绸缎铺之货","花丝纶亦为一种掺用人造丝之织品不过用熟丝织成,即以生丝炼熟后再织,故与巴黎缎不同。颜色亦预先染好,织就后不能复染,远

---

① "浆麻法"实际工艺过程非常简单,即将成绞人造丝浸入胶水及油(蜡)的混合液中,饱和后取出晾干,使质地坚韧、表面润滑,做经料时可以顺利地通过综丝,经得起摩擦而不至于起毛断裂。
② 徐新吾主编:《近代江南丝织工业史》,上海人民出版社1991年版,第275页。
③ 《天津人造丝厂之兴替》,《益世报(天津版)》1931年10月26日,第5版。
④ 《纬成丝绸概况调查》,上海市档案馆藏,资料号:Q78-2-12755。
⑤ 《上海丝绸志》编纂委员会编:《上海丝绸志》,上海社会科学院出版社1998年版,第181页。

望与铁机缎相似,而光彩过之",①两种产品均深受市场欢迎,"采购之踊跃,实为从来所未有,现各地尤极风行"②。1927年,纬成公司利用75%真丝与25%人造丝混制出"纬成呢","性质柔而带刚,坚牢耐久,实堪与舶来品之哔叽直贡呢、华达呢等相颉颃",③产品不仅质量精良,优美经穿,还能"畅销于国外南洋群岛及新加坡爪哇等处"④。纬成公司利用人造丝不断在丝织产品上推陈出新,其对国内丝织产品的研究改良,于1931年受到国民政府的专利嘉奖:"纬成公司尽国人之天职,毅然利用人造丝制成绢丝,驾乎舶来品之上,国人乐以购用之。近复畅销于南洋群岛及印度等地,争相购取,供不敷求。事闻于政府,经实业部查明,以该公司所制绢丝确着成绩,有依照特种工业奖励法,特予奖励之必要。准予在浙江省内,享有专利权三年,并将所制绢丝之国营交通事业,运输费照原定运价核减三成,以二年为限。"⑤

纬成公司在使用人造丝改良丝绸织物上的成功,引起江浙地区各织绸机户效仿,旋即上海电机丝织厂利用人造丝之光泽,以人造丝为纬,真丝为经,制成玻璃缎,大为社会盛销,于是人造丝需用急增,⑥进而推动人造丝在丝织业的使用,出现一大批蚕丝和人造丝交织的新产品。⑦到了20世纪30年代,人造丝加工方法更加成熟,销量亦更巨大,"一般布厂以人造丝为经,以棉线为纬,制织成绨,更见销行于中下社会,则以价值略等于布,而有绸缎之名"⑧。

人造丝的普及使用,降低了中国传统丝绸织造的生产成本,改进了中国传统丝绸织造的落后工艺。以此为契机,有纺织专家从资本、组织、地点、人才、奖励、推销等6个方面对人造丝设厂自制进行条陈建议:

1. 在资本方面,人造丝厂资本暂定国币一千万元,官商各半。2. 在组织方面,人造丝厂应为股份有限公司性质。3. 在地点方面,择定闸口

---

① 《巴黎缎与花丝纶》,《申报》1925年11月27日,第17版。
② 《纬成公司之新出品》,《申报》1926年4月7日,第19版。
③ 《纬成公司新品请免税》,《申报》1927年12月8日,第14版。
④ 《纬成呢意外畅销》,《申报》1927年10月21日,第11版。
⑤ 《纬成公司纺丝特准专制》,《申报》1931年6月23日,第14版。
⑥⑧ 《人造丝输入中国之历程》,《纺织周刊》1932年第16期。
⑦ 周启澄、赵丰、包铭新主编:《中国纺织通史》,东华大学出版社2018年版,第619页。

或其对江建设厂址,则于原料之探运,产品之外销,水电之取给,均甚便捷也。4. 在人才方面,需选拔国内各大学化学系纺织科之优秀学生,分赴欧美日本各国,研究人造丝制造染色等技术,利用国产原料,以成国货人造丝之目的。5. 在奖励方面,政府为奖掖计,应予专利二十年,以杜国内不正当之竞争。同时并重征外来人造丝之进口税,以防其在我国贬值倾销。6. 在推销方面,拟请政府通令全国商人团体提倡国货。①

现实上的有利可图和舆论上的支持让设厂自制人造丝成为当时中国纺织企业注意的中心问题之一,一些企业家纷纷酝酿自制方案,准备立马动工,尝试自主生产人造丝。

三、从计划到实践:人造丝在中国的自制

到了20世纪30年代,人造丝的普及使用让国内纺织企业发现兴办人造丝厂的契机。一方面,进口人造丝进价低廉,凭借"用量需求之日增,使用方法之瞬变,织品花样之翻新"②等优势,深受国内民众喜爱;另一方面,按照实业部工业奖励条例,凡首创工厂,得免缴出厂税计每箱300元,并可申请专利权3年至5年。③

当时国内有诸多纺织同业公会、知名企业及科研机构筹划设厂自制人造丝,如上海绸缎丝织业拟初步创设日产三吨之人造丝厂一座,命名为中华人造丝厂,以求织物原料之自给。④上海市新生命股份有限公司为挽回漏卮起见,特呈南京政府,希望组织一(座)规模宏大的人造丝厂,以期争回我国市场,现已集合股商多人,合股数百万元,积极在沪组织新生命人造丝厂。⑤

---

① 骆清华:《创设国产人造丝刍言(1935年)》,上海市档案馆藏,资料号:S230-1-2-55。
② 《秦汾韩国民政府常务委员为转送张福运著〈人造丝工业报告书〉(1936年)》,台北"国史馆"藏,资料号:001-112221-00001-001。
③ 邓仲和:《难产的安乐人造丝厂》,载《20世纪上海文史资料文库(3)》,上海书店出版社1999年版,第119页。
④ 《上海商业储蓄银行关于人造丝业调查资料(1931—1941年)》,上海市档案馆藏,资料号:Q275-1-1901。
⑤ 《沪酝酿组织新生命人造丝厂以夺回人造丝市场》,《现代生产杂志》1935年第11期。

申新纺织公司认为人造丝为纺织纤维之一种，其不仅与棉毛、蚕丝等天然纤维、衣被等量齐观，成为纺织工业之基本原料，而且为用之广，更已凌驾于各种天然纤维之上，其发展之速，有如奇迹，几令人难以置信。据各国年产量之统计，人造丝工业常以飞跃之态，扶摇直上，即在1930年以前，世界经济萧条、贸易极度凋疲之际，独人造丝工业，反呈突飞猛进之势，生产与消费数量均有急剧增加。其制造技术，亦日新月异，成本既轻，品质复精，在市场角逐能力日臻雄厚，洵非他项纺织纤维所能企及。因此申新纺织公司拟在无锡投资设立中国嫘萦公司，专制人造丝，[1]并派荣尔仁率数名技术人员赴欧美考察。[2]广东省建设厅蚕丝改良局将桑枝制成纤维素，试制人造丝，欲求建厂自制，复兴粤省丝织事业[3]等。国民政府亦在积极支持人造丝的设厂自制。1930年，工商部拟筹办一座国立人造丝厂，涉及调查原料出产地、规定设厂地点、准备技术人才、拟订工程计划及全部预算等具体举措。[4]同年，经济部创立中央工业试验所，并专设纤维试验室，以研制人造丝。[5]但这些尝试，均因中日战事、资金短缺、设备缺乏等因素不了了之。真正将人造丝原料自制付诸实践的纺织企业，仅有安乐纺织公司一家。[6]

安乐纺织公司的创办者邓仲和原经营大庆纱布号，因有志于投身经济建设而从事实业生产，他认为纺织业既为人民日常生活所必需，更为我国所亟待发展，故于1931年创办该公司。[7]安乐纺织公司最初以毛纺为主，棉织

---

[1]《申新纺织厂总管理处关于各种刊物及创设人造丝厂计划书（1931年）》，上海市档案馆藏，资料号：Q193-1-436。

[2]《申新纺织公司为筹设人造丝厂派员出国有关文书（1948年）》，中国第二历史档案馆藏，资料号：四-11845。

[3]《广东省建设厅蚕丝改良局利用桑枝制造人造丝之初期试验成绩报告（1935年）》，上海市档案馆藏，资料号：Q165-4-8-61。

[4]《工商部筹办国立人造丝厂案（1930年）》，中国第二历史档案馆藏，资料号：六一三-206。

[5]《中央工业试验所购置人造丝试验（1935年）》，"中央研究院"近代史研究所档案馆藏，资料号：17-22-024-01。

[6] 参见《中国近代纺织史》编委会编著：《中国近代纺织史（下卷）》，中国纺织出版社1997年版，第199—200页。虽然当时中国还有一家在辽宁丹东地区的安东人造纤维纺织厂，但该厂由占据东北的日本人于1939年兴建而成，日本投降后至1949年期间均处于停工状态，故不属于中国近代纺织企业范畴，因此本文不对该厂做考察。

[7]《上海安乐棉毛纺织股份有限公司经略与演进简史（1950年）》，上海市档案馆藏，资料号：Q199-31-311。

次之,每年遇有盈余,辄以添机扩充业务。①1936 年,邓仲和与专业贩卖人造丝友人商谈,认为人造丝由于价格低廉而深受国内人民的欢迎,几乎夺走国内的真丝市场,并且随着人造丝进口量的逐年增加,国人对其愈加依赖。②因此,为了满足国内市场对人造丝的大量需求,同时抵制外国人造丝倾销,邓仲和决定创办人造丝厂,自制人造丝,以挽利权。

1936 年邓仲和筹办人造丝厂,当时他获悉,法国里昂有家日产 1.5 吨的人造丝厂,因受经济危机冲击,愿廉价授让。③经国民政府实业部协助,外交部批准,邓仲和得以出国,于 1937 年 1 月赴欧洲考察各国设备情况与价格行情,以资借镜,最后在法国里昂订购最新式人造丝机器。④从法国里昂运来的人造丝机器主要有筒管纺丝机 4 台、捻丝机 24 台、摇丝机 6 台、洗丝机 4 台、浸渍机 2 台、粉碎机 4 台、硫化机 6 台、压滤机 7 台及试验机器一套,其他设备因第二次世界大战爆发,运输困难,均未能运出。⑤尽管设备不全,困难重重,但邓仲和依旧有条不紊地进行筹备工作。

1938 年,历经曲折和艰难,邓仲和在上海公共租界创办专门制造人造丝的安乐纺织公司第二厂(简称"安乐人造丝厂")。⑥他聘白俄技术人员耶茨夫(Yetsf)为工程师,进行设备安装和试制,由于没有喷丝头,只能把粘胶压入医用注射器内压出成型,成为安乐人造丝厂最早试制的人造丝。⑦其后安乐人造丝厂从芬兰进口棉浆粕在试验机上投料试纺,并于 1941 年 1 月 4 日试纺成功,⑧正式投入量产。研制成功后的安乐人造丝厂每日可生产 10 千克人造丝,以金钱牌为商标,在市场上销售(见下图)。⑨

安乐人造丝厂的成功试制引起了日本纺织企业的觊觎。同年,有家日本人造丝厂提出优厚的合作条件,例如将产品交给安乐人造丝厂制造,提供

---

①② 邓仲和:《难产的安乐人造丝厂》,载《20 世纪上海文史资料文库(3)》,上海书店出版社 1999 年版,第 119 页。

③⑤⑦⑧⑨ 《中国近代纺织史》编委会编著:《中国近代纺织史(下卷)》,中国纺织出版社 1997 年版,第 199 页。

④ 《上海安乐棉毛纺织股份有限公司经略与演进简史(1950 年)》,上海市档案馆藏,资料号:Q199-31-311。

⑥ 《安乐纺织公司为向日本雇用人造丝工程师专家与上海社会局的往来文书》,上海市档案馆藏,资料号:Q6-1-288-1。

安乐人造丝厂金钱牌商标图

机器缺件与工程师，流动资金完全由日方筹措，双方各分 50% 盈余等。①然而，面对日本人造丝厂的利诱，邓仲和表现出坚毅的民族气节，不愿与日本侵略者合作，很直率地向日本企业家表明彼此合作，恕难从命，绝不感兴趣，日方见其意坚决，无法续谈，乃悻悻而去。②1941 年 12 月太平洋战争爆发，日本占领上海租界，③安乐人造丝厂向美国所订之全部化学用品，均被敌人收缴，以致满腔热望全归泡影，唯有静候战事之结束。④

1945 年抗战胜利后，安乐人造丝厂急于开工，无奈前所雇德籍工程师已于上年春患病逝世，环顾国内实无是项人才，于是先派员赴日本人造丝厂邀请工程师来沪指导生产，⑤后向英国聘请 3 名工程师，负责检验设备及训练工人。⑥经检验发现，安乐人造丝厂缺乏开工必需的 20% 的设备，于是邓仲和

---

① 邓仲和：《难产的安乐人造丝厂》，载《20 世纪上海文史资料文库(3)》，上海书店出版社 1999 年版，第 122 页。

② 同上书，第 122—123 页。

③ 《中国近代纺织史》编委会编著：《中国近代纺织史(下卷)》，中国纺织出版社 1997 年版，第 199 页。

④⑤ 《上海市安乐纺织公司呈请聘用日籍人造丝技师有关文书(1946 年)》，中国第二历史档案馆藏，资料号：四-10420。

⑥ 《安乐人造丝厂，订购人造丝机器》，《大公报(上海)》1948 年 5 月 12 日，第 4 版。

请求织管会批准向美国订购一套 60 万美元的新型离心式纺丝机。①但从 1946 年 11 月到 1947 年 8 月,因结汇问题先后 9 次遭到国民政府输管会和中央银行的阻挠,被迫搁置。②其原因在于国共内战爆发后,法币不断贬值,人造丝成为国民政府囤购原料的对象,自然不支持人造丝在市场上的批量生产与销售。③对此,邓仲和不得不以"安定民生,保护实业"为由再三呈请国民政府批准结汇,希图引进剩余机器:

> 谨启者丝厂添配人造丝机器美金六十一万元一案自去年十一月申请以来,时逾八月,始终悬而未决。查我国丝织厂之对于人造丝原料颇感缺乏。试观近来人造丝市价无不登峰造极创造新纪录,长此以往将何以安定民生。贵会今日倘能臂助敝厂外汇廿万元,敝厂保证于八个月内即可开工出货。总之人造丝之如何需要已如上述,而人造丝厂之设立在国内,以敝厂尚属创举,设不幸而遭流产,则后之欲创人造丝工厂者,咸势必视为畏途,裹足不前矣。④

经过不懈努力,安乐人造丝厂终于在当年 12 月获得批准,允许分期 30 个月结汇,但因时间过长,剩余机器只有一部分能够装运,其余因银行不肯垫款办理押汇,尚难起运。⑤直到 1949 年 5 月上海解放,结汇停止,在美国订购的机器设备也因为没有完全运回,导致无法生产,⑥我国唯一首创之新兴工厂仍处于停滞状态。⑦

安乐人造丝厂的际遇是中国近代民族纺织企业曲折发展的一个缩影,其力图以自主研发的方式来打破外国人造丝的垄断,却因当时的中国社会无法提供一个稳定发展的生存环境而步履维艰。直到上海解放以后,在中国共产党"保护私人工商企业"号召下,安乐人造丝厂"涅槃重生",于 1951 年

---

①②⑤ 《安乐人造丝厂,订购人造丝机器》,《大公报(上海)》1948 年 5 月 12 日,第 4 版。
③ 《人造丝业概况调查》,上海市档案馆藏,资料号:Q78-2-12762。
④⑦ 《上海安乐棉毛纺织股份有限公司经略与演进简史(1950 年)》,上海市档案馆藏,资料号:Q199-31-311。
⑥ 《中国近代纺织史》编委会编著:《中国近代纺织史(下卷)》,中国纺织出版社 1997 年版,第 199 页。

纺出新中国第一束人造丝。①1958年,安乐人造丝厂改名为"安乐人造丝厂股份有限公司",这是新中国第一家公私合营的化纤企业,于当年五一劳动节正式开工生产。②

四、曲折与艰难:中国近代人造丝的发展困境

人造丝作为19世纪末20世纪初纺织业的重要发明之一,随着品质之改进,而逐渐普及于人们的日常生活,除大部分供织物制造外,其他如花边、针织、装饰品等,莫不有其踪迹。③20世纪20年代后,外国人造丝大量输入中国,直接对中国进行市场掠夺,唤醒了中国民族纺织企业"实业救国"的意识。为挽回利权,国人开始使用人造丝,并尝试自建人造丝厂,生产人造丝代替外国进口。从实际效果来看,在使用方面,民族纺织企业利用人造丝改良了丝绸织物,这些织物价廉物美,受到大众欢迎,有效地抵制了外国人造丝绸缎的倾销;在自制方面,受发展环境的制约,国内大多数纺织企业虽有筹划人造丝厂之蓝图,但在付诸实践的过程中面临重重问题,事与愿违。个中缘由,除战争动乱掣肘外,还存在制约中国人造丝发展的一般性问题。

其一,原料、设备与资金的缺乏。原料、设备与资金的缺乏是中国人造丝厂面临的普遍难题。在原料获取方面,20世纪30年代人造丝的制造方法,主要采用亚硫酸法制取木浆作为原料。然而中国的木材主要集中在东北地区,1945年以前被日本占据,导致原料供应不足。④在机器设备方面,当时国内大多数企业均从国外引进机器设备,但受到第二次世界大战影响,运输停滞,最终因机器设备不全而无法正常开工。在资金需求方面,国内欲自建人造丝厂,尚有相当大的困难,因所需资本过巨。⑤例如,抗战胜利后,美国某人造丝厂代表来沪时,曾与我国某实业巨子洽商在华建厂之事,拟建立日产人造丝15吨之工厂一所,即需资本1 000万美金,合作条件为由美方供给

---

① 侯志辉:《上海纺织工业发展简史》,上海大学出版社2021年版,第112页。
② 邓仲和:《难产的安乐人造丝厂》,载《20世纪上海文史资料文库(3)》,上海书店出版社1999年版,第123页。
③④ 《交通银行关于世界人造丝工业与我国人造丝工业建设等参考资料(1946年)》,上海市档案馆藏,资料号:Q55-2-245。
⑤ 《人造丝工厂所需资本过巨建设相当困难》,《申报》1947年7月18日,第6版。

机器,由华商筹措资本500万美金,作为建屋费及流动资金,因有事实上之筹备困难,并未完全谈妥。①

其二,自主研发能力的不足。20世纪30年代世界经济危机爆发,欧美及日本等国向中国倾销大量人造丝,导致国内丝价大幅降低,其直接后果是从事丝织原料生产的民族企业纷纷倒闭,而国内市场的丝价亦被外国操控。面对外国人造丝的倾销,国内民族企业家在经历短暂的抵制后,大多选择使用国外人造丝生产丝绸织物,除安乐纺织公司外,几乎没有纺织企业真正投身人造丝的研制,"国人一方面憧憬于纺织业前途的繁荣,一方面忧急着纺织原料的竭蹶,却很少考虑到这一条开源的路径,似乎是很不了解,因为一般人对于此项工业的制造过程,实在太生疏了,加以人造纤维厂的设立,需要相当高超的研发能力。因此未免有些放心不落,裹足不前了"。②

反观同时期的日本,尽管其人造丝工业比欧美各国晚十年出现,亦和中国一样面临外国人造丝倾销的危机,但比任何国家都发展得迅速,③因为日本能自主开发技术,并且擅长吸收引进技术,不仅打破外国人造丝的垄断,还能实现弯道超车。例如,成立于1918年的帝国人造绢丝株式会社,抓住第一次世界大战德国战败,专利保护被打破的契机,从德国购买纺丝机,生产出优质产品;同时,帝国人造绢丝株式会社的日本工程师经常与设备制造商保持合作,极为成功地改进技术,因此其生产能力和产品品质与国外的竞争对手旗鼓相当。④从1932年开始,日本人造丝产量超过欧洲国家,到1937年超过美国而居世界之首,在世界总产量中占27%,⑤不仅供应本国消费,而且大力向亚洲各国出口。⑥

其三,南京国民政府没有重视发展人造丝,反而投机获利,错失发展人

---

① 《人造丝工厂所需资本过巨建设相当困难》,《申报》1947年7月18日,第6版。
② 孙君立:《我国人造纤维工业建设问题》,《大公报(上海)》1946年11月27日,第6版。
③ [日]今井寅二郎等编著:《现代化学工业:现状与未来展望》,王林译,化学工业出版社1986年版,第277—278页。
④ [日]小田切宏之、[日]后藤晃:《日本的技术与产业发展》,周超等译,广东人民出版社2019年版,第141—142页。
⑤ 日本经济新闻社编著:《昭和经济历程2:日本的产业》,大连市信息中心编译,东方出版社1992年版,第13页。
⑥ [日]今井寅二郎等编著:《现代化学工业:现状与未来展望》,王林译,化学工业出版社1986年版,第277页。

造丝的良机。早在20世纪20年代,中国就有不少企业家、商人、专家深知发展人造丝的重要性,呼吁政府鼓励建厂自制:"人造丝之发达,各国竞驾争趋,与时俱进。其织品输入中国,逐年孟进,已成绝大漏卮,闻之可惊。政府对于人造丝,自意赶速提倡,设厂纺造,以期抵制外漏……若不及时急起直追,坐失时期,将来纺织事业,必受无限之影响。"①但国民政府缺乏奖励协助,加之私人资本薄弱,人力不足,以致数十年来,人造丝建厂计划仍裹足不前。②抗战胜利后,国民政府非但不重视发展人造丝,反而通过中央信托局、中国纺织建设公司等官僚组织将人造丝变成囤购原料的对象,提高其配售价格以投机获利,维持军费开支。③此外,国民政府官员的腐败,致使人造丝成为其以权谋私的获利工具。例如,抗战胜利后,上海市北四川路警察分局总务股主任吴锦城及警员徐顾其利用职务扣押日本72匹人造丝,并据为己有,引起上海纺织界的强烈声讨。④国民政府的种种举措,导致市场投机贪腐之风盛行,人心见虚,发展人造丝亦成为泡影。

然而,日本政府对待人造丝的态度与国民政府截然相反,不仅积极鼓励国内企业向欧美各国引进人造丝知识和技术,还利用"欧美人本惯不敏捷之工作,对于熟练劳动者,支付非常高昂之赁银,而日人则利用其数百年来纺丝之经验,即稚龄小女,亦能巧妙工作,故制造费亦较外国为廉"⑤之优势,加上多次实施强制缩短作业时间之政策,促使企业不断改进经营措施,生产出价廉物美的人造丝产品。⑥

其四,国内新型工业体系不齐全,缺乏专门的技术人才。人造丝是近代纺织工业的科技结晶,因此在涉及领域方面包含至广,凡纺织学、有机化学、角质化学、纤维素化学等学科,均需要专门技术人才,运用科学的管理方法,

---

① 《人造丝输入可惊》,《时报》1926年8月29日,第6版。
② 《交通银行关于世界人造丝工业与我国人造丝工业建设等参考资料(1946年)》,上海市档案馆藏,资料号:Q55-2-245。
③ 《上海市参议会第四区丝织工业公会以中信局提高人造丝配价危害工业请纠正的文件(1947年)》,上海市档案馆藏,资料号:Q109-1-1667。
④ 《上海市警察局关于北四川路警察分局总务股主任吴锦城及警员徐顾其利用职务侵占扣押之人造丝(1945年)》,上海市档案馆藏,资料号:Q131-5-7861。
⑤ [日]藤原银次郎:《工业日本精神》,陈博藩译,上海日报社1937年版,第34页。
⑥ 日本经济新闻社编著:《昭和经济历程2:日本的产业》,大连市信息中心编译,东方出版社1992年版,第13页。

同时有化学工业、机械工业的鼎力协助,并应与国内学术社团取得联络,创立人造纤维研究机关,添设大学专科,培植专门人才,共策研发,形成完善的工业体系,方能批量生产。①

在构建适合发展人造丝的新型工业体系方面,近代日本的发展同样具有示范性。20世纪20年代,日本利用第一次世界大战战后经济黄金发展期,在各地建成大规模的水力发电厂,不仅确保对重工业的能源供给,还在大工业周围汇集中小企业,形成现代化学工业基地的雏形,随着电气化的发展,日本各种人造物料的化学工业趋于兴盛,为发展人造丝提供良好的产业环境。②在人才培养方面,近代日本重视产业教育,通过高等院校培养大批化纤人才。例如,1909年前后,从东京大学工程学院应用化学专业毕业的久村诚太(Hisamura Seita)和羽田逸造(Hata Itsuzo),在铃木商店、帝人公司等企业的资金支持下,利用国外公开发表的人造丝研究论文和少量简短的专利申请信息,学习当时国外先进的粘胶纤维工艺,之后通过不断的实验,制造出日本最早的本土人造丝。③

然而,近代中国工业基础薄弱,并不具备重工业生产的能力,无法形成一个有利于国产人造丝发展的工业体系。另外,近代中国现有之化纤人才,尚不足以设厂自制,在开办之初,唯有暂时借用外才,以收驾轻就熟之效。④直到1954年,华东纺织工学院建立全国第一个化学纤维专业,⑤我国才开始规模化培养化纤人才。

五、结　语

19世纪末20世纪初西方新一轮工业革命催生了人造材料的发明,这些

---

① 《交通银行关于世界人造丝工业与我国人造丝工业建设等参考资料(1946年)》,上海市档案馆藏,资料号:Q55-2-245。
② [日]今井寅二郎等编著:《现代化学工业:现状与未来展望》,王林译,化学工业出版社1986年版,第277页。
③ [日]小田切宏之、[日]后藤晃:《日本的技术与产业发展》,周超等译,广东人民出版社2019年版,第140—141页。
④ 《本市绸业厂商请设人造丝厂》,《申报》1936年2月14日,第13版。
⑤ 中国科学技术协会编:《中国科学技术专家传略·工程技术编·纺织卷1》,中国纺织出版社1996年版,第317—318页。

人造材料的兴起与应用对与之相应的天然材料产生了相当大的影响。其中，作为人造材料的代表产物，人造丝既给近代中国纺织业带来价廉物美、质地精良的生产原料，同时其与蚕丝存在竞争关系，挤压了后者的国际市场空间，致使出口贸易走向衰落。

面对人造丝的兴起，国内纺织界的态度经历了从抵制到使用，再到探索自制的复杂过程。一些有识之士看到人造丝的发展前景与商业潜力，开始重视人造丝的价值，他们先利用人造丝改良外国人造绸缎，实现批量生产，获利颇丰，在一定程度上抵御了洋货倾销；然后尝试"自主研发"，以达"自给自足"之初步目的；一俟厂基巩固，出品精良，进而输出国外，争逐于世界市场，以完成"自产外销"之最终目的。① 但由于近代中国工业化程度低，主要工业集中于轻工业，加之原料、设备、市场、研发、政策、人才等局限，成为制约中国人造丝企业发展的主要因素。此外，需要考虑到中国当时的社会环境。近代中国人造丝的起步与发展是在1937—1949年，这段时期国内战争频仍，社会动荡，而国民政府对于发展人造丝置若罔闻，反而利用其囤货居奇、投机获利，导致物价飞涨、民生凋敝，而原本想要发展中国人造丝的民族企业最终受时局所限，只能勉强维持生存。中国近代人造丝的发展困境，映射着深刻的社会危机。

因此，近代中国虽已具备使用人造丝生产商品的能力，但人造丝自制能力的不足使得纺织原料生产受制于人，而近代中国工业化的滞后又决定了其只能受制于人，这一事实揭示出人造丝的发展与工业化有着高度关联性，要想走出困境，实现规模化生产，并不在于单一企业的突围而出，而是在于中国近代工业的全方位升级，在于如何在农业国的基础上实现工业化，在进口依赖的现实中完成向自主生产的产业转型。

尽管近代中国内忧外患，难以为国产人造丝的发展提供生存土壤，但仍有以安乐人造丝厂为代表的民族纺织企业克服种种困难，尝试自主研发人造丝，力求打破舶来品垄断。这表明，中国近代纺织企业在外货倾销的压迫下并不总是妥协的、被动的。相反，它们常能奋起抗争，不仅为自己争得生

---

① 骆清华：《创设国产人造丝刍言（1935年）》，上海市档案馆藏，资料号：S230-1-2-55。

存与发展的空间,同时为维护民族利益、发展民族工业做出贡献。因此,安乐人造丝厂对于国产人造丝的早期探索,既是近代中国化纤工业从无到有的重大突破,又为新中国的化纤事业积累宝贵经验,成为提供技术经验、输送化纤人才的启蒙摇篮。

近代私立大学经费问题再探
——基于南通学院与大生纱厂的考察

Further Exploration of the Funding Problem of Modern Private Universities
—Based on the Investigation of Nantong University and Dasheng Cotton Mill

张若愚[*]

近代私立大学经费来源多种多样,通常缺乏稳定性,成为困扰办学者的问题之一。私立南通学院(简称"南通学院")与大生纱厂,均在中国近代纺织史上留有浓墨重彩的一笔,二者同宗同源,由张謇创办,也是其"父教育、母实业"思想的重要体现。经历近代历史的洗礼,南通学院与大生纱厂之间,逐步形成坚固的校企关系,一方面通过经费支撑与人才反哺,实现良性循环与互动;另一方面存在弊病与症结,也是近代私立大学经费问题的普遍反映。

在近代大学的发展过程中,逐渐衍生出国立大学、私立大学[①]与教会大学[②]三种主要类型。其中,国立大学、教会大学均有相对稳定的经费来源——政府或教会,唯独私立大学经费来源多种多样。随着中华民国成立后民族工商业的勃兴,政府不断鼓励民族企业、资本家对私立大学进行捐资,以健全高等教育体系。然而,私立大学的生存环境并未因此得到实质性改变,加上瞬息万变的外部环境与形势,甚至出现"私立大学国立化"等现象。因此,私立大学的经费问题一直是困扰其办学者的核心元素,也是考察

---

[*] 张若愚,南通大学张謇研究院校聘副教授。
[①] 本文语境中的"私立大学",指"私法人设立者",即国人自办的私立大学,包含大学与独立学院。
[②] 近代中国的教会大学自成体系,故本文将其与私立大学区分开来。

近代高等教育发展史的重要方面。

在近代私立大学群体之中,尽管涌现出诸如厦门大学、南开大学、复旦大学等名校,始终保持私立属性的却为数不多,由张謇所创的私立南通学院便是其中之一,被费正清等赞誉为"近代中国私立技术大学的代表"。[1]作为张謇"父教育、母实业"思想的重要体现,南通学院与大生纱厂一脉相承——清光绪三十二年(1906年),张謇创办民立通州师范学校附属农科学校,民国元年(1912年),分设私立南通医学专门学校与南通纺织染传习所,各自独立办学,1928年合并成立私立南通大学,1930年正式在国民政府教育部注册登记,改名私立南通学院,下设农科、纺织科(或称"纺科")、医科。

爬梳学界成果,有关私立大学的研究卷帙浩繁,不乏围绕经费问题的探讨,多从宏观层面入手分析,或较多关注融资、捐资、政策等方面。[2]有学者根据经费来源的不同,将近代中国私立大学总结为四种类型,即捐资兴学型、学费主体型、政府资助型和以产养学型。[3]从既有成果来看,后两种的研究不多见,尤其是以产养学型,无法充分探究近代校企关系与私立大学经费问题的复杂性。考虑到南通学院较为完整的私立属性,且学界对其研究偏少,多为宏观视域下的回溯与考察,不能立体呈现南通学院的地方私立性,[4]故厘

---

[1] [美]费正清、[美]费维恺编:《剑桥中华民国史(1912—1949)》下卷,刘敬坤等译,中国社会科学出版社1994年版,第373页。

[2] 研究成果参见王彦才:《民国时期我国私立大学经费来源分析》,《教育与经济》2012年第3期;王彦才:《民国时期我国私立大学办学者成功融资的原因分析》,《教育文化论坛》2019年第3期;李承先、韩淑娟:《近现代中国私立大学成功融资的社会背景分析》,《教育与经济》2008年第2期;李承先、韩淑娟:《近代中国私立大学的融资渠道与模式研究》,《清华大学教育研究》2008年第2期;刘福森、周景勇、荆丽丽:《民国私立高校教育经费的筹措及现代意义》,《宁波大学学报(教育科学版)》2016年第4期;李海萍:《从"自治"到"共治":民国时期私立高校经费政策研究》,《高等教育研究》2020年第8期;韩淑娟:《近代中国私立大学的融资模式研究》,硕士学位论文,浙江师范大学,2007年;李梦琪:《1912—1937年间民国私立大学教育捐赠研究》,硕士学位论文,西南大学,2014年;薛海清:《民国时期私立学校经费筹措研究》,硕士学位论文,华东师范大学,2018年;李慧先:《民国时期私立高校经费政策研究》,硕士学位论文,湖南师范大学,2019年;宋秋蓉:《近代中国私立大学研究》,天津人民出版社2002年版等。

[3] 韩淑娟:《近代中国私立大学的融资模式研究》,硕士学位论文,浙江师范大学,2007年。

[4] 研究成果参见高鹏程:《民国私立高校的地方性及其超越——以民国南通大学为例》,《高教探索》2016年第9期;王观龙、张廷栖:《张謇与南通大学》,《南通工学院学报(社会科学版)》2002年第3期;秦玉清:《民国时期的南通大学》,《南通师范学院学报(哲学社会科学版)》2004年第2期;羽离子:《历史上的南通大学与新组建的南通大学》,《南通大学学报(教育科学版)》2005年第1期;何玉叶、张廷栖:《张謇与南通大学前身之一南通医学专门学校》,《南通大学学报(教育科学版)》2005年第2期;季震、秦玉清:《中国近代私立技术大学的代表——南通大学》,《江苏高教》2002年(转下页)

清南通学院的经费问题,探究其与大生纱厂的校企关系,既能解构张謇"父教育、母实业"教育思想的内涵与实质,更可在一定程度上还原近代纺织高等教育的艰辛与不易,有助于展现私立大学的生存实景与复杂面相,以求教方家。

一、南通学院与大生纱厂之间的校企关系

清光绪二十年(1894年),张謇高中恩科状元,授翰林院修撰,翌年因父张彭年逝世,回乡丁忧,此亦成为其人生转折点,开始践行"父教育、母实业"的理想与抱负。

1902年,张謇"以实业余资,兴办教育,实本于相生相养之义"①,创办通州师范学校,1906年附设农科,1909年"添设蚕桑科,(宣统)二年(1910)改为初高两等农业学校并添设农业讲习科,民国二年(1913)依教育部令改为甲乙两种农业学校……八年(1919)改为农科大学"②。1912年,张謇创办私立南通医学专门学校和南通纺织染传习所,这两所学校先后于1926年、1927年发展成为医科大学、纺织大学。

1928年6月8日,张孝若秉承父亲张謇的遗志,"招集农医纺三大学教职员学生……开南通大学筹备委员会预备会……现拟并三大学而为南通大学,分农医纺三科"③。1930年,私立南通大学在教育部登记注册,由于《大学组织法》规定,"大学分文理法教育农工商医各学院,凡具备三学院以上者始得称为大学,不合上项条件者为独立学院得分两科"④,纺织科无法独立成

(接上页)第2期;陆承平:《严惠宇与抗战期间在沪办学的南通学院》,《世纪》2015年第6期;苏轩:《中国近代纺织学科建制化研究》,博士学位论文,东华大学,2015年;张保丰:《南通大学的创办和变迁》,载中国人民政治协商会议江苏省通州市委员会文史资料委员会编《通州文史(原南通县文史资料)》第十辑,中国人民政治协商会议江苏省通州市委员会文史资料委员会1993年版,第150—175页等。

① 张敬礼:《南通事业概况·节略(1945年)》,中国第二历史档案馆藏,资料号:二八-36261。
② 《私立南通学院概况(1947年)》,载王强主编《民国大学校史资料汇编》第36册,凤凰出版社2014年版,第7页。
③ 张孝若:《南通大学成立纪念刊》,南通大学1928年版,第4页。
④ 《大学组织法(1929年)》,载上海法学编译社编《中华民国国民政府法令大全(7)·教育》,上海法学编译社1932年版,第1页。

院,私立南通大学被迫更名为私立南通学院。

从以上南通学院的成立发展史来看,正如张謇之侄张敬礼所说,南通学院是张謇以"实业余资"创办而成的,完全可以归于以产养学型的私立大学。尤其是农科与纺织科,"农科以研究棉产为主","纺织科近于(大生纱)厂之地……便实习也"。[①]如是说,农科与纺织科适应了大生纱厂的经济生产需求,二者相辅相成,共同构成张謇"实业帝国"的坚固基石,也是张謇"父教育、母实业"教育思想的具体实践。

作为私立大学,南通学院自1928年合并成立后,便成立了校董会。为深入理解校董会之于南通学院的地位与作用,厘清南通学院的经费来源,以及与大生纱厂的校企关系,有必要对其人员构成做简单梳理,如下表所示。

南通学院校董会人员构成简表

年份	董事长	校　　董
1928	褚民谊	李石曾、于右任、李宗仁、秦汾、何玉书、钱新之、张轶欧、许叔玑、荣宗敬、周仲奇、吴寄尘、徐赓起、张孝若、王志鸿、李希贤、陆费执、戴尚文、张谊
1930	褚民谊	何玉书、于右任、于敬之、吴寄尘、沈燕谋、周仲奇、徐赓起、张轶欧、张孝若、蔡子民、荣宗敬、钱新之
1935	叶楚伧	何玉书、于右任、于敬之、吴寄尘、沈燕谋、周仲奇、徐赓起、张轶欧、蔡子民、荣宗敬、钱新之
1936	叶楚伧	李石曾、吴稚晖、余井塘、何梦麟、沈燕谋、陈光甫、陈葆初、徐静仁、徐赓起、张敬礼、张轶欧、章警秋、褚民谊、赵棣华
1947	赵棣华	严惠宇、张敬礼、陆子冬、徐赓起、吴敬恒、冷御秋、余井塘、王公玙、徐静仁、李寿雍、沈燕谋、于敬之、张文潜

资料来源:张孝若:《南通大学成立纪念刊》,南通大学1928年版,第38—40页;《南通学院沿革纪年表(1937年6月)》,南通市档案馆藏,资料号:B403-111-836;《私立南通学院概况(1947年)》,载王强主编《民国大学校史资料汇编》第36册,凤凰出版社2014年版,第26页。

检视上表,不难看出,校董会至少经历5次更迭,政界校董逐步递减,经济界校董逐步增加,尤以南通、上海两地绅商为著,地方属性突出。如果说1928年、1930年两届校董会中成员构成复杂,那么1935年后校董会中的成

---

① 张孝若:《南通大学成立纪念刊》,南通大学1928年版,第2—3页。

员构成便由大生纱厂占据主导位置,吴寄尘、沈燕谋、陈光甫、陈葆初、徐静仁、徐赓起、张敬礼、严惠宇、张文潜均系大生纱厂董监事或厂长,赵棣华亦与大生纱厂联系紧密。

显而易见,南通学院与大生纱厂不但同根同源,更是相辅相成的"命运共同体",校企关系稳固。一方面,南通学院自1928年三科合并以来,"经费来源向出于大生各厂"①;另一方面,南通学院培养出的优秀知识人才,反哺大生纱厂,奠定技术根基,尤其是纺科,"查纺织以国内除北平大学毛纺科性质略同外,余无类似之设立,实科切要,适应需求,毕业生徒,颇受罗致"②。可以说,南通学院与大生纱厂,呈现休戚与共的联动互补机制,充分印证张謇的"实业与教育迭相为用"等思想。

近代私立大学与国立大学最显著的区别为校董会主导下的校长管理制度。依据1933年国民政府教育部修正公布的《私立学校规程》,规定"私立学校以校董会为其设立者之代表,负经营学校之全责"③。换言之,校董会是私立大学的最高决策机构,具有选聘校长、筹措经费、审核学校预算决算、监督学校财务等职责。此项规定不仅赋予校董会作为全校最高决策机关的重要地位,更将关系学校生存的经费问题交由校董会全权负责。具体到南通学院,自建校以来,张謇、张詧、张孝若先后担任校长,张氏家族占据绝对权威,"一人致是"色彩浓厚。

再结合上表中校董会的人员构成与更迭,可以发现,1935年是大生纱厂完全接管南通学院的转折点。该年,南通学院院长张孝若遇刺身故,学校出现自张謇创办后的第一次权力"真空"。大生纱厂为维持、强化其与南通学院的校企关系,确保张謇时期便已形成的"命运共同体"可以继续发挥作用,在1935—1936年,大生纱厂系统高层要员纷纷进入校董会,以实际行动把握

---

① 《南通学院请大生拨付经费等(1929年11月15日)》,南通市档案馆藏,资料号:A215-112-51。此处表述有误,考虑到该文为南通学院向大生纱厂呈请经费报告,不难理解校方的立场。实际上,南通学院经费来源有四:政府补助、大生纱厂补助、学校基产及事业收入、学费,参见包志华主编:《南通大学百年志》,江苏人民出版社2012年版,第306页。另有档案显示,南通学院的经费来源有江苏省政府、大生纱厂、棉业统制会、中英庚款会等处补助费,参见《南通学院迁校及拟在昆明设立分校的有关文件(1940年)》,中国第二历史档案馆藏,资料号:五-5428。

② 张敬礼:《南通事业概况·节略(1945年)》,中国第二历史档案馆藏,资料号:二八-36261。

③ 《私立学校规程(1933年)》,载李景文、马小泉主编《民国教育史料丛刊·中国教育事业·教育制度》,大象出版社2015年版,第312页。

话语权威，占据有利位置。

其实，南通学院自农、医、纺三科合并后，"因经费之困难，历史之沿袭，三科仍各自为政，未能统筹发展"①。有学者指出，南通学院内部矛盾隐患重重，成为"联邦制"的地方私立大学。②教育部也注意到这一点，决意通过任命新院长，来冲击甚至瓦解南通学院内部较为坚固的地方家族威权。1936年8月，国民党CC系、时任江苏省行政督察专员的郑亦同奉教育部令出任南通学院院长，其副手郑瑜出任院长助理兼秘书，厉行革新，集中人才发展校务，扩充设备，甚至出现"各科领导全部换人"③的罕见局面。在郑亦同的治理下，南通学院三科之间貌合神离、互生嫌隙的局面得到很大程度的改善，成为较为突出的技术型私立大学。

然而，由于郑亦同系教育部任命，且具有政府背景，虽可以帮助南通学院向政府争取经费，但其大刀阔斧的改革措施，势必会触及部分校董，特别是大生系统校董的既得利益，二者之间存在难以调和的嫌隙与纠葛，甚至呈现"对立"态势，也为抗日战争全面爆发后南通学院与大生纱厂之间新的校企关系之走向埋下伏笔。

战争的全面来临，不可避免波及大生纱厂的生产与经营，其与南通学院之间的校企关系亦受到影响，在此过程中郑亦同不断向政府索要经费，一定程度上缓解了沦陷时期迁沪租界求存的南通学院的经费困境。随着战争无限放大了校董会与院长之间的矛盾，并在特殊历史时空中不断激化，1941年底租界沦陷后南通学院彻底分裂，院长由常务校董徐静仁、严惠宇先后代理，经费完全由出自大生系统的校董负责募集，直至抗战胜利。总体而言，南通学院与大生纱厂之间的校企关系，从合并组建后便愈发紧密，1935年后更是形成坚固的"命运共同体"，即使因战争曾一度中断，也因校内势力折冲而得以恢复，以产养学型的私立大学特征一览无余。

---

① 《私立南通学院概况(1947年)》，载王强主编《民国大学校史资料汇编》第36册，凤凰出版社2014年版，第7页。
② 羽离子：《历史上的南通大学与新组建的南通大学》，《南通大学学报(教育科学版)》2005年第1期。
③ 张保丰：《南通大学的创办和变迁》，载中国人民政治协商会议江苏省通州市委员会文史资料委员会编《通州文史(原南通县文史资料)》第十辑，中国人民政治协商会议江苏省通州市委员会文史资料委员会1993年版，第161页。

二、大生纱厂对南通学院的经费支撑

早在张謇时期,他主持下的大生纱厂就已对农科、纺织科、医科提供不同程度的经费支撑,加上农科与纺织科在苏北盐垦区拥有基产,可以在经费上有所帮助。南通学院合并组建后,张謇也已逝世,大生纱厂由于经营不善、债台高筑等问题被上海银团接管,自身也是岌岌可危,南通学院的经费问题依然时刻困扰着校董会,并且不断发酵与升温,反映出校企关系背后的一系列问题。

需要指出,南通学院与大生纱厂的校企关系虽然稳固,但以产养学型的最大弊端即为过于依赖,大生纱厂的经营好坏将直接影响南通学院的经费来源。南通学院合并成立初期,来自大生纱厂的经费支撑即成问题。这在时任南通学院三科科长李希贤、王志鸿、张谊联名向大生纱厂请求从速补发经费的函件中可以窥探一二。函件指出:"去年(1928年)以来,二厂多将教费停给,积欠至今,数盈万两……各科……尚能勉强维持于不坠者,无非仰赖大生一三两厂按月接济。"①函件里甚至说:"因各科教职员,多属啬公(张謇)旧人,故能忍饥以待,否则势成瓦解矣。"②字里行间,李希贤等即使带有夸张的成分,也透露出南通学院教员对大生纱厂隐约的不满情绪,甚至抬出先校长张謇,意图施加精神压力,可见经费问题已持续一段时间。

无独有偶,时任农科科长的李永振等亦于1930—1933年间多次向校董吴寄尘、沈燕谋请求按月签发大生一、三、副厂助校经费,多次与纺织科科长张文潜、医科科长瞿立衡共同向大生纱厂请求按时拨发经费。③仅从双方往来函件来看,大生纱厂总体按时给予南通学院经费补助,只有在自身经营出现问题时,经费会存在拖宕、延迟甚至停发等问题。

此外,院长张孝若也承认大生纱厂的经费资助困难重重。1931年,南通学院召开校董会,张孝若报告:"校用经费胥赖大生纱厂拨动,仍感拮据万

---

①② 《南通学院请大生拨付经费等(1929年11月15日)》,南通市档案馆藏,资料号:A215-112-51。
③ 《学院农科李永振1930—1933年间经校董吴寄尘沈燕谋催请按月签发大生一副三厂助校经费(1933年12月9日)》,南通市档案馆藏,资料号:A215-112-50。

状,本校虽富有基产,目前尚未能收入,资助校用。"①字里行间,透露出他万般无奈之情状——张孝若身兼南通学院院长与大生纱厂董事长双重职务,作为校企双方的领导人物,亦感叹经费拮据,基产又有"遭土匪蹂躏颇受损失"②的风险,可见经费问题之严峻紧迫。

如果经费出现问题,影响可能致命。1931年,受美国经济危机影响,上海纱市不振,毗邻上海的大生各厂均有不同程度的损失,下半年开学后南通学院经费再次告急。"自开学以来,李先生(李永振)虽朝夕专心致力于经济问题,屏当内外东走西奔,而尤不免于水穷山尽……不得不出之私人典质,以资周转……鹭宾(李永振)夫人忽生惨变。"③李永振为解燃眉之急,多次动用私蓄,致使妻子于11月27日服毒自尽,李永振亦心灰意冷,向学校及校董会提交辞呈。

此事一出,全校哗然,师生愤慨,组织代表赴沪向吴寄尘、沈燕谋两位校董面陈,以讨要说法。学生们再次搬出先校长张謇,强调"南通事业之发展,先实业而后教育,教育取财于实业,实业取材于教育"④,意欲用张謇"父教育、母实业"的思想质问校董,指责大生纱厂已经忘记自身的使命与职责,南通"实业与教育迭相为用"的传统有所消弭,并请院长张孝若速回校主持校务,宽慰李永振,缓解学校的经费困难。甚至同为校董的徐赓起,亦站在学生立场,向吴寄尘、沈燕谋两位校董陈述农科困难实情。

该段插曲以南通学院校董会大力安抚李永振,给予经济补偿,经费陆续到账而结束,李永振也收回辞呈,继续担任农科科长。1935年张孝若遇刺身故后,也是李永振出面临时主持校务,凭借丰富的办事能力与经验,于困难情况下打开局面,使工作顺利进行。那一段时期,大生纱厂营业有困难,南通学院经费时感不济,李永振多方设法,或向银行贷款,或在仅有费用中精打细算,使教学和科研事业得以顺利开展。⑤然而,这段插曲折射出的社会问题却是以产养学型私立大学的"通病",其经费必然会受到企业经营状况乃

---

①② 《南通学院召集校董会纪》,《申报》1931年2月15日,第13版。
③④ 《学院农科李永振1930—1933年间经校董吴寄尘沈燕谋催请按月签发大生一副三厂助校经费(1933年12月9日)》,南通市档案馆藏,资料号:A215-112-50。
⑤ 张保丰:《南通大学的创办和变迁》,载中国人民政治协商会议江苏省通州市委员会文史资料委员会编《通州文史(原南通县文史资料)》第十辑,中国人民政治协商会议江苏省通州市委员会文史资料委员会1993年版。

至地方、全国经济环境的影响,甚至校企关系亦会出现波动,是政府与办校者的局限性所致。

　　大生纱厂对南通学院的经费支撑问题,在抗日战争全面爆发后,得到充分体现。1937年8月13日淞沪会战打响,8月17日南通旋遇日军空袭,突如其来的战争打破了原有的日常秩序,南通学院被迫闭校停课,民众恐慌,生存成疑,原有的问题会在非常时空中被无限放大。无论是大生纱厂,还是南通学院,均处于前途扑朔、生死未卜的阴霾之中。这一时期,南通学院与大生纱厂的命运息息相关,二者同处南通,同受日机轰炸袭扰,面临相同的生存困境,校企关系遭遇严峻挑战。

　　考虑到教育部要求"战事发生时……(各大学)务力持镇静,以就地维持课务为原则"①,且"倘因已受或易受敌人袭击不便开课,应尽力设法在比较安全之县区或乡村布置开课"②。更为重要的是,种种原因使大生纱厂内迁无望,留守南通,以其高层董监事为主导的南通学院校董会受此影响,认为内迁不仅需要承担各类风险与高额经济负担,更意味着脱离他们熟悉的南通、上海等权力场域,很有可能致使校企关系破裂,失去稳定的经费来源,势必影响学校的运转与校董的资本揽收。故而,出于维持学校生存、确保自身利益等考量,南通学院校董会做出放弃内迁、等待时局变化的因应之策。

　　1938年后,南通形势逐步恶化,南通学院的生存处境愈发艰困。1月20日,大生纱厂召开董监事会议,议决南通学院补助费案:"由(大生董事)会函复可量予补助。"③2月22日,南通行署专员兼保安司令葛覃受郑亦同委托,向徐静仁、张敬礼及大生一厂经理李升伯致函筹措经费:"于去夏移用国币三千元正,迭经派员催索……九十两个月之补助费屡经交涉,迄无效果。"④该年春,南通学院留沪学友黄伟章、李乃铮、扈子明、杨之汉等因无处借读,发起复校运动。他们见大生纱厂在抗日战争全面爆发初期获利颇丰,于是

---

① 《战事发生前后教育部对各级学校之措置总说明》,载中国第二历史档案馆编《中华民国史档案资料汇编》第五辑第二编教育(一),江苏古籍出版社1997年版,第6页。
② 同上书,第8页。
③ 《大生三厂廿七年一月廿日董监事会议案(1938年1月20日)》,南通市档案馆藏,资料号:B406-111-53。
④ 《南通学院致大生有关补助经费信件(1938年2月22日)》,南通市档案馆藏,资料号:B403-111-187。

请"毕业校友协助向在沪校董请愿,由大生代经理成纯一先生为之说项,费用由大生负担"①。作为南通学院的经济动脉,大生纱厂义不容辞,由李升伯出面与高层游说,争取复学。遗憾的是,3 月 17 日南通沦陷,大生各厂暂时停工,李升伯、成纯一等自顾不暇,无力帮助南通学院,复校计划遂遭搁置。

1938 年 6 月,待"留院职教员陆续脱险来沪"②,校董会将目光投射于上海租界,认为将南通学院迁入租界内办学符合教育部的要求——"于辖境内或辖境外比较安全之地区……布置简单临时校舍",③可保持"灰色地带"(gray zone)中的政治忠诚,继续奉国民政府为正朔,便于复校后的经费呈请,维系部校关系,确保生存空间。

南通学院迁入上海租界后,外部环境渐稳。为维持学校运转,提升师生的教学、生活质量,经济来源不可中断。其时,大生纱厂通过"抵押"给德国蔼益吉(AEG)电气公司,获得"德产"身份,以抵御南通沦陷后的日军侵占。此举在短时间内迅速奏效,大生纱厂产销两旺,张敬礼等校董"代向大生来还补助费七千元,又庚款补助费五千元"④,一定程度上缓解了南通学院捉襟见肘的经费困难。

此外,南通学院院长郑亦同及其助手郑瑜,为缓解战争背景下剧烈的通货膨胀等社会问题所造成的经济窘境,也为建构院长权威,打好政治根基,以昭彰政治忠诚,积极与教育部联系,争取经费。更重要的是,非常时期维系学校运转,不仅难度较平时更大,对政治信仰和民族主义也有所要求。战时的南通学院校董会人员构成以绅商为主,在商言商,他们有着各自的利益考量与道德阈值,甚至时任校董会代主席的褚民谊便选择了另一条政治道路。"(校董原)共十五人,现在沪者不足三分之一"⑤,并且,来自大生系统的校董,分身乏术,正全力应付日方提出与大生纱厂"合作"的侵略意图,与日方博弈折冲。1939 年 3 月 2 日,大生纱厂遭遇日本"军管理",再度停工,各厂被迫接受日资纱厂的接管"经营"。这就意味着大生纱厂短时间内无法为

---

①④ 《南通学院纺织科校刊(1949 年)》,上海市档案馆藏,资料号:Q195-2-2。

②⑤ 《南通学院迁校及拟在昆明设立分校的有关文件(1940 年)》,中国第二历史档案馆,资料号:五-5428。

③ 《教育部检发〈战区内学校处置办法〉的密令(1937 年 8 月 19 日)》,载中国第二历史档案馆编《中华民国史档案资料汇编(第五辑第二编)》,江苏古籍出版社 1997 年版,第 3 页。

南通学院提供经费支撑,校企关系被迫中断,彼时,南通学院的经费大部分由郑亦同、郑瑜等向教育部争取而得。

1941年12月8日,太平洋战争爆发,租界沦陷。对南通学院而言,这意味着最后一道天然屏障的崩溃,原有的社会关系与社会结构被迫重组,师生的心理防线遭受重创。一系列的连锁反应,使得南通学院院长与校董会之间的矛盾彻底激化,这时的校董会几乎完全由大生系统高层组成,最终致使郑瑜率领部分师生前往天长县铜城镇的新四军抗日根据地办学。

在郑瑜等师生出走的同时,校董方面亦行动起来,全面接管学校。1942年春季学期,"快到暑假的时候,学校里因为整顿内部的关系,所以结束得很早,在学校方面固然有着一个很大的变动,同时在同学方面,亦多处在进退维谷之间"。①学生还指出,"同学们的热忱……以往学校中人事的不良"促使校董会"不怕一切困难,把学校收回自办,先迁校舍,调整人事,聘请名教授,各科增加实验等"②。从学生的话语来看,校董会的形象并未因校企关系被迫中断而有所降低,可见大生纱厂对南通学院的经费支撑确实发挥了很大作用,也正如战前学生所说:"实业为教育之母,教育为实业之子,母子相依,历三十年,已成天经地义之势。"③

校董会全面接管学校后,厉行革新。1942年"第二学期终,院方实行改组,由徐代院长(徐静仁)接任,校舍则由江西路迁至重庆路二百七十号之大厦中"④。"由南通在沪校董公推徐静仁为代理院长,严惠宇、张敬礼、沈燕谋为常务校董。"⑤从这时校董会的构成来看,大生系统的占比已达到百分之百,校企关系逐步恢复。

徐静仁走马上任后,设定了四项改组目标:"迁移校舍、提高学生入学程度、增加实习、联络纺织工厂及在沪校友以期维持之中作可能之进展。"⑥在严惠宇、张敬礼等校董的资助下,南通学院租赁重庆路270号(威海街路口)

---

①④ 《南通学院纺工系民三三级毕业纪念刊(1944年3月)》,上海市档案馆藏,资料号:Y8-1-337。
② 《南通学院农科年刊民三二级毕业纪念册(1944年6月)》,上海市档案馆藏,资料号:Y8-1-338。
③ 《学院农科李永振1930—1933年间经校董吴寄尘沈燕谋催请按月签发大生一副三厂助校经费(1933年12月9日)》,南通市档案馆藏,资料号:A215-112-50。
⑤ 《南通学院纺织科校刊(1949年)》,上海市档案馆藏,资料号:Q195-2-2。
⑥ 《南通学院毕业纪念册(1946年)》,上海市档案馆藏,资料号:Y8-1-339。

房屋作为校舍,"三层大厦两幢之中,布置较周,规模略具"①,而原先租赁的江西路451号房屋底层"地位狭小,光线暗淡,殊不适于供学校之用"②。因校舍的扩大与宽裕,南通学院废止原先在沪的半日授课制,改为全日上课。③

从租界沦陷到抗战胜利,三年半的时间里日伪当局从令各校填写调查表,至强令登记,其间多次催促,甚至以取缔恫吓,然收效甚微。至少在控驭租界私立大学方面,日伪当局自始至终未能建构起有效、有力的统治权威,伪政府的尴尬地位与有限资本一览无余。当然,南通学院始终未向日伪妥协,徐静仁、严惠宇、张敬礼等校董的功劳不容忽视。纺科学生有云:"自卅一年(1942)七月起卅五年(1946)二月止,全院经费,均有张敬礼、严惠宇两校董私人捐助,所费不赀。"④毫无疑问,张敬礼、严惠宇等校董出资维系南通学院生存的举动,与他们兼任大生纱厂高层的身份相吻合,亦能被视为大生纱厂对于南通学院的经费支撑。

三、南通学院对大生纱厂的人才反哺

张謇秉持"父教育、母实业"的教育思想与理念,创办大生纱厂,获利后即投资教育,极力促成南通学院为"教育事业最后之结晶"⑤。就南通学院而言,"农科经十余年之努力,已将棉种逐步改良,产量品质均驾舶来","纺织科系全国唯一之纺织高等教育机关,历届毕业学生之服务纺织工厂,或有相当成绩……需才之数倍于往昔,该科毕业学生已有供不应求之象"⑥。

作为技术型的私立大学,南通学院人才培养的目的即为反哺大生纱厂及南通社会,尤其重视各科学生实习。学校规定:"除就(学)院内现有各种设备从事习作外,并由学校特约附近各公司各工厂农场及医院等,为学生实

---

①② 《南通学院纺织科民三二级毕业纪念册(1943年4月)》,上海市档案馆藏,资料号:Y8-1-335。

③④ 《南通学院纺织科校刊(1949年)》,上海市档案馆藏,资料号:Q195-2-2。

⑤ 《学院农科李永振1930—1933年间经校董吴寄尘沈燕谋催请按月签发大生一副三厂助校经费(1933年12月9日)》,南通市档案馆藏,资料号:A215-112-50。

⑥ 《南通学院迁校及拟在昆明设立分校的有关文件(1940年)》,中国第二历史档案馆藏,资料号:五-5428。

地见习实验之所。"①即便是沦陷时期,南通学院迁沪办学,依然重视学生实习,意在培养人才,可以为大生纱厂及张謇其他相关事业,提供人才支撑,夯实人才根基。

迁沪后,经过简单布置,江西路新校舍共有教室、办公室、实验室、研究室等 26 间,"又在沪租地,放置农产制造场、小型纺织工场,以为农、纺两科学生实习之用"②。甚至在 1939 年下半年,南通学院复课一年有余,各项运转呈现蒸蒸日上之势时,农、纺二科规模渐增,其中纺织科因实习所用,需要在浙江采购棉花,由宁波运沪。但战争时期,浙江大部沦陷,且通货膨胀带来的外汇、关税激涨,使经费紧张的南通学院无力承担。代理院长郑瑜于 11 月 7 日呈报经济部与财政部,"请准予免结外汇,转饬浙海关查验放行实为便利"③。经两部沟通,12 月 25 日做出决议:"将南通学院需用 480 担棉花运沪,供纺织科学生实习,与厂商采购禁运资敌物品性质不同,似可转知取具苏省教育厅证照予以验放。"④

1942 年 6 月,南通学院校董会全面接管学校后,即将学生实习提上议程:一方面纺织科"派三四年级学生分赴各大纺织厂实习,书本理论与实际经验并重,教授效力因之大增"⑤;另一方面农科筹备农场,并于 1942 年下半年正式设立,"每位同学快乐得跳起来"⑥。无论是校董或是学生,均能明白实习之于教育的特殊意义,特别是南通学院这类以产兴学的技术型私立大学,实习显得举足轻重。即使是与大生纱厂关联不大的医科,对实习重视程度不亚于农、纺二科,早于合并之前,便于 1919 年选送 10 多名成绩优异学生远赴日本三井医院、顺天堂医院、上井医院实习。⑦并且,在抗战胜利后的 1946 年,南通学院出面,向中央信托局苏浙皖区敌伪产业清理处出资"购买"

---

① 《私立南通学院概况(1947 年)》,载王强主编《民国大学校史资料汇编》第 36 册,凤凰出版社 2014 年版,第 16 页。

② 《私立南通学院呈报校务行政计划与工作进度对照报告表等有关文书(1940 年)》,中国第二历史档案馆藏,资料号:五-5592。

③④ 《上海南通学院电请在浙江采购棉花运沪免结外汇并查验放行的文书(1939 年)》,中国第二历史档案馆藏,资料号:四-28521。

⑤ 《南通学院纺织科校刊(1949 年)》,上海市档案馆藏,资料号:Q195-2-2。

⑥ 《南通学院农科年刊民三二级毕业纪念册(1944 年 6 月)》,上海市档案馆藏,资料号:Y8-1-338。

⑦ 包志华主编:《南通大学百年志》,江苏人民出版社 2012 年版,第 66 页。

了日伪时期的"江北综合研究所病院",重建医科附属医院及学生实习基地,这也是南通学院反哺社会的重要表现。

有学者指出,南通学院是战前全国唯一设有纺织专业的大学,纺织科是中国现代纺织教育之嚆矢,素有"中国纺织工程师摇篮"的美誉,毕业生在事业上屡有建树,享有良好的社会声誉。[①]这从南通学院纺织科早期的学生留学记录亦可看出,具体如下表所示:

南通学院纺织科学生留学简表

年份	毕业届次	姓名	国别	出国性质
1917	第二届	张文潜	美国	考取清华大学留美
1918	第三届	严文熙	美国	私资
1919	第二届	任尚武	美国	考取清华大学留美
1920	第三届	蒋德寿	英国	
	第五届	章以铨、钱昌时	英国	
1921	第五届	骆景山、王文奎	美国	
	第七届	孙家鼎	美国	
	第九届	徐铭	美国	
1924	第九届	曹孝萱	法国	
1926	第十一届	于肇铭	美国	
1928	第十三届	苗世循、郁兴镐	英国	
1933	第二十届	李绍肪	美国	
		钱锺伟、高士愚	英国	
		朱学仁	日本	
1934	第十八届	金叔平、刘冠洪	日本	
		王纯伯、王培义	日本	
		陈慰祖、龚述楷	日本	
1936	第二十届	高德权	英国	

资料来源:包志华主编:《南通大学百年志》,江苏人民出版社2012年版,第539页。

[①] 羽离子:《历史上的南通大学与新组建的南通大学》,《南通大学学报(教育科学版)》2005年第1期。

从上表不难发现，留学海外的毕业生们学成后或进入大生纱厂任职，或回报母校，其中张文潜、骆景山等曾任大生纱厂厂长或纺织科科长，其他学子也大多成为大生纱厂的中坚力量，一定程度上实现自给自足，或者"自产自销"。南通学院不断为大生纱厂输送新鲜血液，进行人才反哺，其与大生纱厂之间不仅建立起紧密的校企关系，而且通过经费支撑与人才支撑形成互补，促进良性循环，这也是以产兴学类型的私立大学之优势与独特性所在。

四、结　　语

南通学院与大生纱厂，二者同宗同源，是张謇"父教育、母实业"教育思想的最佳展示。作为张謇经济事业与教育事业的标杆与旗帜，南通学院与大生纱厂之间形成了紧密的校企关系，并通过经费支撑与人才反哺，实现良性循环与互动，南通学院遂成为以产兴学类型的技术型私立大学之典型代表与象征。

从南通学院与大生纱厂的发展史来看，二者校企关系虽然稳固，但也存在一些弊病，具有一定的昭示意义。大生纱厂是南通学院的主要经费支撑，其自身的生产与经营显得尤为关键，加上经济环境的波动影响，南通学院的经费问题一直困扰着校董会，并随着抗日战争全面爆发被无限放大。这不仅是张謇"父教育、母实业"思想的一大症结，也是以产兴学类型私立大学经费问题的普遍反映。

南通学院之私立属性与地方性从未消弭，更未如厦门大学、复旦大学等私立名校一般"国立化"。追本溯源，一方面，对于合并初期的南通学院，张氏家族掌握绝对的话语权威，这也是张謇创校时奠定的根基所致，其他势力难以动摇；另一方面，南通学院与大生纱厂之间形成坚固的"命运共同体"，在张孝若遇刺身故后及时发挥作用，有效抵御住来自政府方面的冲击，在沦陷时期，随着矛盾彻底激化，由大生纱厂高层占据主导位置的校董会直接掌控学校，南通学院与大生纱厂的校企关系愈发坚固，成为近代私立大学中的独特个案。

要而言之，南通学院与大生纱厂均在中国近代纺织史上留有浓墨重彩的一笔，在张謇企业家精神的感召下，二者结成"校企联盟"，共同在风云诡谲的近代历史时空中书写下光辉的一页，成为近代私立大学与民族企业共存共进的鲜活印证。

清末纺织教育制度化研究

Research on the Institutionalization of Textile Education in the Late Qing Dynasty

赵博翀　邓可卉[*]

清末纺织教育制度是癸卯学制的重要组成部分,其形成过程受本土因素与外部因素双方面影响。本文以癸卯学制为背景,采取区域互证的方式,爬梳各类史料汇编及报刊图书等文献资料,认为清末纺织教育制度大致经历了三个阶段:从1894年李鸿章撰写《推广机器织局折》至1897年蚕学馆建立是萌芽阶段,部分洋务人士意识到纺织教育的必要性,并出现了中国最早的纺织学校,是纺织教育制度形成前的重要尝试;从1898年张之洞撰写《劝学篇》至1904年《奏定学堂章程》公布是理论形成阶段,以湖北经验为基础,以日本模式为借鉴,结合中国工农业现状,形成了适合中国纺织业发展的现代教育制度;从1905年学部成立至1912年学制更迭是实践阶段,受地方性因素的影响,各地纺织教育呈现不完全一致的面貌。通过描绘清末纺织教育制度化的历史图景,以期补充中国近代纺织史研究的另一面相。

以教育救国为旨归的中国近代纺织教育,虽非历次教育变革之重点,但其创改过程却与中国经济和科学的发展桴鼓相应,经历了从无到有的制度化历程。清末以来,纺织行业为实业经济之重、轻工业之首。作为纺织工业的外延,纺织教育的制度化进程也是近代中国社会变革的能动反映。

清末教育制度一直是学界研究热点,专门学科亦颇有论著,其中涉及文

---

[*] 赵博翀,上海工程技术大学国际创意设计学院讲师;邓可卉,东华大学人文学院教授。

学、医学、生物学等学科。①相关研究成果虽然丰富,但基于纺织学科的探讨并未引起广泛关注。作为教育史研究新方向,纺织教育的研究意义在于观照科学技术、教育思想、社会经济三个领域,通过区域互证的方式对既往研究进行补充。鉴于此,本文尝试展现清末纺织教育制度化的历史图景,抛砖引玉,求教大方。

一、从器物到技术:清末纺织教育的萌芽

制度的建立与完善必然经历思想演进的动态过程。西方列强的侵略及文化渗透是晚清社会变革的基本动因,近代教育产生和发展的基本趋向是学习西方。②中国近代纺织产业肇始于洋务运动,其教育思想亦是在西方压力下的能动反应。纺织行业虽然古来有之,并非舶来品,但由于长期受到自然经济影响,彼时的中国纺织行业并未形成完整的教育制度。随着西方先进科技的涌入,其所挟带的科学观念也潜移默化地改变着资产阶级改良派和洋务派的思想认知。正如教育学家舒新城在《近代中国教育思想史》中所言,思想的产生是由于应付环境。

第一次鸦片战争前,中国手工纺织业依然处于小农经济自给自足的闭环体系内,家庭手工小作坊式的分散生产模式仅能满足闭环内的市场消费需求,以此形成的稳定供需结构让中国纺织经济呈现出伪繁荣的假象。纺织市场对纺织商品的需求量没有出现增长或减少,致使纺织技术发展出现停滞,纺织技术革新亦无法共生于饱和的循环体系下。鸦片战争后,中外贸易日渐兴隆,大量外商资本进入中国,依靠中国低廉的劳动价格就近建厂,采购原料,进行机制纺织品生产,又利用中国广泛的市场空间进行纺织品交

---

① 相关专题文章可参见陆胤:《张之洞与近代国族"时空共同体"——从〈劝学篇〉到癸卯学制》,《开放时代》2017年第5期;袁晓晶:《癸卯学制中的"中体西用"观与儒家教化的近代危机》,《教育学报》2013年第5期;王确、王丽:《"癸卯学制"与美学课在中国的最初确认和布局》,《东北师大学报(哲学社会科学版)》2010年第6期;张玉宝:《晚清癸卯学制时期体育教师培养培训机构特征研究》,《北京体育大学学报》2018年第12期;李江:《〈癸卯学制〉的颁行与清末中国设计教育制度的建立》,《装饰》2014年第1期;娄岙菲:《从取士到育才——癸卯学制的落实与社会人才基础的变革》,《湖南师范大学教育科学学报》2012年第5期。

② 俞启定:《晚清中国近代教育形成动因和线索》,《教育研究》2021年第6期。

易。大量便宜耐用的"洋布""洋纱"充斥国内市场,让国产土布相形见绌,而中国传统手工纺织业则因劳动生产率低下无法与洋货匹敌,逐步走向衰落和解体。西方纺织产品接踵而至,让已形成完整闭环的本土纺织品供需体系瓦解,原本生产加工一体化的手工纺织制造结构遭到颠覆性破坏,被强行分割成原材料生产和加工两个部分。作为基本家庭工业,纺织原材料的生产和加工是农民秋冬维持生计的主要方法,一家所产,仅足一家所需。纺织品加工也从个体作坊演变成工厂大规模的集中型生产模式。西方纺织品大量倾销,使各通商口岸附近的本土纺织业遭到冲击,农业生产难以为继。郑观应曾在其著作《盛世危言》中指出,大量纱布进口中国,导致银钱外流、百姓失业。

来自庙堂及民间的有识之士皆注意到了纺织产业所带来的巨大经济效益,以及其对于中国经济的重要意义,于是开始了对于纺织教育的一系列探索和尝试。彼时,洋务人士对纺织科学尚无体系化概念,对以动力纺织为代表的西方科学存在认知层面的偏差。左宗棠认为甘肃有充足毛织品原料,可进口配套机器生产呢料军服,以改变军队军服仰赖进口之局面。[1]李鸿章则站在更为宏观的层面,将纺织产业视为抵御对中国经济的榨取的关键措施。[2]1876年左宗棠开设甘肃织呢局,1878年李鸿章指派彭汝琮和郑观应筹建上海机器织布局,中国近代纺织工业由此开端。

早期洋务人士将纺织科学简单理解为"机械或设备",没有深刻了解藏在机械之下完整的科学体系。李鸿章曾在奏折中表示,以华棉为原料用机器纺织洋布,必使所纺之纱与洋纱同,所织之布与洋布同。[3]左宗棠亦认为,只需拣好羊毛,将水轮机改为洋制火轮机,即可制成洋呢。[4]从二者表述可知,作为洋务官僚中的翘楚,他们虽兴办纺织,但对纺织行业所蕴藏的科学

---

[1] 《中国近代纺织史》编委会编著:《中国近代纺织史(下卷)》,中国纺织出版社1997年版,第106页。
[2] 李鸿章:《复沈幼师》,载顾廷龙、戴逸主编《李鸿章全集·信函三》,安徽教育出版社2009年版,第356页。
[3] 李鸿章:《重整上海织布局片》,载顾廷龙、戴逸主编《李鸿章全集·奏议十五》,安徽教育出版社2009年版,第215页。
[4] 左宗棠:《上总理各国事务衙门》,载《左宗棠全集·书信三》,刘泱泱、岑生平校点,岳麓书社2009年版,第428页。

思想知之甚少。甘肃织呢局购置德国机械,聘请德国技师,而彭汝琮、郑观应等人亦希望采购外国机器,以中国棉花为原料,制作洋布。①上海机器织布局招商集股章程中写道,中国发展纺织产业相比外国具有三大有利优势,即原材料成本低、人工价格低、销路广。②此种认知涵盖了大部分洋务派官僚对于纺织科学的看法,也是中国近代纺织产业最初的发展思路。

然而,从科学视角审视,可知如下两点。其一,中国所产纺织原材料无法与西方匹配竞争。具体来说,中国棉花纤维短,即便应用外国技术也只能纺出16支粗纱,无法生产西洋外销的细布,此种弊端限制了中国棉布的市场销路;甘肃本地原料较粗,引进设备却仅适合纺制细毛,产品质量无法与洋货竞争。其二,中国工人对近代纺织科学知之甚少,对动力机织的运用更远逊于外国工匠。甘肃织呢局在德国技师期满回国后,于1883年因锅炉爆炸而停工。1893年,上海机器织布局清花间忽然起火,纺织机械付之一炬。

洋务派人士对于近代纺织科学的狭隘理解,是近代纺织产业发展初期失败的原因之一。对纺织科学的片面认知致使其观念中存在对本国优势的放大和对西方先进纺织科学的轻视。他们既知西方科学的重要性,又要在梁启超等世界主义或西化思潮影响下坚持"中学为体"这一思辨方向,因而产生了相对保守的学习态度。洋务派复杂的心理和态度影响了其科学思想的发展和对西方科学的接受程度。在这样一种复杂的情绪下,他们只能通过重新诠释本国优势来消解时代的变化。

李鸿章、左宗棠等人虽晓纺织发展需仰仗西洋机械,但不知西方纺织学科具有完整的教育制度,需进行长期的探索和制度化建设。此后,李鸿章在上海机器织布局的失败中转变观念。1894年,李鸿章在《推广机器织局折》中言道:"臣仍督饬各厂绅商,讲求种棉之法,徐图纺织细纱、原布,以期开拓利源,渐敌洋产。"③此折可被视为纺织教育兴起的标志。洋务派开始意识到纺织教育的必要性。晚清统治阶级亦通过此次失败完善了他们对于纺织科

---

① [日]铃木智夫、池步洲、丁日初:《上海机器织布局的创设过程》,载丁日初主编《近代中国(第五辑)》,上海社会科学院出版社1995年版,第248—299页。
② 《机器织布招商局章程总叙》,《申报》1880年10月13日,第2版。
③ 李鸿章:《推广机器织局折》,载顾廷龙、戴逸主编《李鸿章全集·奏议十五》,安徽教育出版社2009年版,第327页。

学的认知,纺织教育思想的流变也由此展开。

其时,新政未兴,教育体制变革尚在时人议论与思考中,人们对于纺织教育的关注主要来源于实际需要。从现代科学发展的全过程来看,生产是科学技术产生的起点和归宿。产业发展需要人才,在国家教育政策未有变动之际,纺织教育的发展更多依赖于各级督抚对纺织产业的重视程度。

杭州知府林启对于纺织科学的思想相比于李鸿章等人更具系统性。他意识到提高行业竞争力的方式不仅在于机械,更在于对西方科学技术的学习,希望以教育作为中介,将科学技术快速转化为实际生产力,从而达到振兴蚕业的目的。

在他的主持下,蚕学馆设立,是为中国最早的纺织学校。该校设立亦是由于浙江经济生产要求,丝绸业为江浙乃至中国经济发展的重要支柱。中国出洋土货以蚕丝为最,蚕丝以江浙为最,浙中又以杭嘉湖为最。[①]然而,中国丝绸发展却不甚乐观。中国蚕农只知养蚕,对蚕病防治及配种等先进知识不甚了解,蚕病流行,致使浙江省农民连年歉收,丝价昂贵,蚕农生产情绪低落,丝绸市场尽被日本及西方列强所夺。[②]宁波海关税务司英国人康发达曾多次撰写蚕务相关奏折,建议中国应仿照日本和法国进行蚕务整顿,学习防治蚕病之术。他的奏折得到了张謇及梁启超的关注。1897年,张謇将康发达的蚕务奏折全部寄于时务报馆,报馆将其奏折汇编为《蚕务条陈》,并得梁启超为其作序。林启对《蚕务条陈》十分赞同,他认为,若要收回利权,富民生计,需要改良蚕种,提高养蚕技术,[③]遂将《蚕务条陈》分刊于《农学报》进行连载。是年,林启依照康发达《蚕务条陈》中"设局整顿、以保利源"之意,呈准浙江巡抚设立蚕学馆,亲任总办,寓意振兴。

从蚕学馆的教育大纲中可知,该校17门课程中有半数课程配以实践教学模式。[④]课程设计完全从实际出发,注重实践,为解决实际养蚕问题而设定。林启将蚕学馆的教学宗旨定义为除微粒子病、制造佳种、精求饲育、传授学生、推广民间。[⑤]其宗旨有明显的渐进性和明确的目的性,亦是林启对浙江丝绸业的振兴计划。

---

①② 林启:《禀牍录要:杭州府林太守请筹款创设养蚕学堂禀》,《农学报》1897年第10期。
③ 《石明经麟上杭州府林太守蚕桑条陈》,《经世报》1897年,汇编1。
④⑤ 《浙江蚕学馆表》,《农学报》1898年第41期。

林启将蚕学馆学制定为两年,希望通过此种短期培训,尽快将养蚕技术普及于浙江,转化为实际生产力,从而达到振兴蚕业的目的。林启曾于奏折中言道,学堂只用三年者,以民间风气既开,学生学问既成,此局便可裁撤。①学堂章程亦要求学生学成后,分带仪器前往各府县,劝立养蚕工会,推广蚕丝技术。②由此可见,技术推广是设立蚕学馆的主要目的。蚕学馆首批学生毕业后,随即被派往海宁、余杭、嘉兴、湖州、宁波、绍兴等地推广蚕桑技术。③

蚕学馆购买并仿制日本坐缲机,聘用日本教习,沿用日本教学方法,以日本蚕桑业书籍作为教材,又将日本试验蚕病的成绩报告翻译成书进行推广,并委派嵇侃、汪有龄等人赴日本学习蚕桑技术。此外,蚕学馆还主持翻译了大量海外蚕业著作,对中国丝绸业发展起到了重要作用。其中,《微粒子病肉眼鉴定法》《喝㤖蚕书》《蚕外纪》三部译著是中国介绍微粒子病的首批文献,④具有很高行业价值。

然而,蚕学馆仍有其局限性。其一,从该校的人才培养方式可知,该校注重实践教学、解决当下问题,对纺织人才并未有长足规划和完整教学体系,所以蚕学馆亦可被视作短期技术培训机构。林启虽认识到蚕业教育的重要性,但未将其视为一门学科,仅将其当作解决现实问题的工具。其二,作为纺织学科的分支,丝绸行业与大工业的勾连不足,蚕学馆更偏重对蚕桑养殖等纺织原材料生产进行探索,蚕学馆的人才培养尚有缺失和片面性,并不足以对整个纺织行业施以影响。

但不能否认,蚕学馆的设立是纺织科学体系形成前的重要实践,亦是纺织教育首次作为学科门类被接受和学习。《农学报》曾刊载《杭州蚕学馆成绩记》一文宣扬蚕学馆的贡献:蚕学馆所制之种,收量可达 80%—90%,是普通蚕种的数倍,引江苏、江西、安徽、福建等省争相抢购。⑤此后,各地陆续开办诸如永嘉蚕学馆、江宁农务工艺学堂、广西农学堂、福建蚕桑公学、四川蚕桑公社等纺织教育机构。这些学校以蚕学馆教学模式为参照,共同为纺织

---

① 林启:《禀牍录要:杭州府林太守请筹款创设养蚕学堂禀》,《农学报》1897 年第 10 期。
② 《设立养蚕学堂章程》,《农学报》1897 年第 10 期。
③ 罗振玉:《浙江各府县创设养蚕公会记》,《农学报》1901 年第 134 期。
④ 《浙江通志》编纂委员会编:《浙江通志·桑蚕丝专志》,浙江人民出版社 2018 年版,第 116 页。
⑤ 罗振玉:《杭州蚕学馆成绩记》,《农学报》1900 年第 120 期。

教育制度的建立奠定了基础。

由上述可知,清末纺织教育的萌芽源于时人观念的转变、各地区的实际生产需要及西方科技冲击下的自觉反应。洋务人士和各省督抚在探索和试验中,不断纠偏,逐步完善纺织教育意识。1894年,李鸿章在《推广机器织局折》中对纺织教育的呼吁,间接促进了1897年蚕学馆的诞生,也由此形成了纺织教育的萌芽阶段。

二、取道东洋与本土融合:清末纺织教育制度的形成

洋务运动以来,除洋务派本身开办的新式教育外,西学渗入十分有限,西方科技对清廷的刺激也仅限于沿海大埠。[①]在缺少外部刺激的情况下,中国匠人均自秘其技,不愿传授他人。狭隘的本位主义思想使纺织学科亘古以来皆以传统学徒制存在,独立于传统旧学系统。戊戌前后,康有为、梁启超等维新派积极宣扬以西方科技为代表的新学,呼吁中国学术由"旧"转"新",希冀通过学习西方教育体制建立适合中国的教育制度。

(一)张之洞与湖北经验

纺织学科隶属于西方科技,亦是新学的组成部分,清末纺织教育制度的形成源于张之洞对中国纺织产业和教育的持续思考。1888年,时任两广总督的张之洞在广州设立织布纺纱官局,力求颉颃洋货。1889年,张之洞改任湖广总督,遂于武昌开设湖北织布局,后又相继建立湖北纺纱局、湖北制麻局、湖北缫丝局。同早期洋务人士一样,张之洞也曾尝试通过实业来挽救中国经济,而与之不同的是,在兴办实业的过程中,他能以更具前瞻性的眼光看到中国实业的问题并思考解决办法。张之洞在湖北兴办纺织教育机构,并借鉴日本学制,以此产生的经验是纺织教育制度形成的重要因素。

1898年,张之洞会同幕僚编纂《劝学篇》,从实业救国到教育救国的变革方案随之而起。《劝学篇》直接点明纺织对于国家经济的重要性。文章认为,洋布、洋纱为洋货入口第一大宗,发展本国纺织业对于扭转贸易逆差至

[①] 王先明:《康有为与戊戌"新学"的形成》,《山西大学学报(哲学社会科学版)》2002年第2期。

关重要,①而中国本土纺织工艺拘守旧习,缺乏对西学的理解。

张之洞发现,中国纺织产业在原料种植、生产工艺、技术人才等方面存在严重问题。就原材料种植而言,养蚕者因对蚕病缺乏了解,从而使坏茧增多,成本居高不下,而种棉者缺少现代农业科学知识,导致种棉过密、不分湿燥,造成结实细小。就生产工艺而言,华棉绒短纱粗,以机器纺之,仅能纺至十六号纱止,以故不能与洋纱洋布敌。又囿于缺少沤浸及相关技术,无法生产苎布、绸缎。技术型人才的缺乏成为产业发展壁垒。张之洞曾言,化学非农夫所能解,机器非农家所能办,而中国传统教育制度与实业需求背离,培养专业纺织人才是纺织产业发展的首要任务。中国工匠虽对机器有初步的了解,但是缺少对西方现代科学理念的学习和应用。②若要发展纺织业,则需培养专门人才。

张之洞意识到专门之学深奥隐微,需独立分科。③他曾在《创设储才学堂折》中言道,士、农、工、商处处皆设学堂,便不担心无专门人才。张之洞认为,教育体制改革是"救时首务",因此建议各省开设实业学堂,采用西式教学方法,以开风气。他将原材料生产视为机器织造的根本,并长期思考二者关联性,指出:"照得富国之本,耕织与工艺并重。"④湖北农务学堂和湖北工艺学堂相继设立,二者皆采用四年学制:前两年为补习预科,主要讲授数学、物理、化学、语文等基础类课程;后两年为正科,主要讲授专业课。湖北农务学堂于1899年增设蚕桑科,1901年进行蚕种试验,并由峰村喜藏将试验报告发布至《农学报》。⑤湖北工艺学堂聘请日本工匠,分别教授机器、制造、纺织等专业课程。在张之洞的推行下,湖北成为清末教育改革的试点,纺织教育至此得到充分关注。

1904年1月,张之洞在《劝学篇》的基础上撰写《奏定学堂章程》,史称"癸卯学制"。作为中国近代第一个完善的现代教育体制,癸卯学制规定了各级各类学堂的人才培养目标、研修年限、课程设置及入学条件,从国家立

---

①②③ 苑书义、孙华峰、李秉新主编:《张之洞全集》,河北人民出版社1998年版,第9742—9757页。
④ 张之洞、谭继洵:《湖广总督、湖北巡抚告示》,《湘报》1898年第93期。
⑤ [日]峰村喜藏:《湖北农务学堂蚕桑门试验育夏蚕余杭种茧丝质试验表(光绪二十七年)》,《农学报》1901年第161期。

法层面确定了中国近代教育制度的基本架构。癸卯学制中的实业教育自成系统,被分为农、工、商三大类,独立于普通教育。癸卯学制规定,实业学堂创设以"富国裕民"为宗旨,与其他学堂并列,地位相同。①癸卯学制创设后,纺织学科也第一次作为专门学科,成为近代教育制度的组成部分。

(二)日本学制的影响

湖北经验是清末纺织教育制度形成的前提,而更为重要的是清末纺织教育制度对日本学制的借鉴。《劝学篇》主张仿效日本学制对中国教育进行改革,其对于纺织教育的发展理念,亦与日本学制相近。正如张之洞所言,游学之国,西洋不如东洋。②当权官僚曾派吴汝纶、姚锡光、罗振玉等人先后赴日考察,其人所著《东游丛录》《东瀛学校举概》《扶桑两月记》等文章对清末教育制度变革影响颇多,是张之洞编订学制的重要思想来源。③

吴汝纶曾在其所著《东游丛录》中对日本学制进行详细介绍,其中言道:"实业学校无教科书尽用讲义,课程皆须实地练习。"④根据日本学制的经验,癸卯学制将专业技术人才培养作为实业教育的重点,要求实业学堂开设大量实践课程以提高学生的实际操作水平。各级实业学堂设置大量实习科目,通过详细严谨的应用技术课程学习,使癸卯学制下的实业技术人才身兼理论知识和实践操作能力。癸卯学制中的《奏定实业学堂通则》指出,实业学堂的课程注重实际应用,以振兴农、工、商各项实业为宗旨,目的是富国裕民。⑤

日本明治六年(1873年)颁布的《实业学校令》写道:"实业学校令以从事于工业、农业、商业等实业者有必须之教育为宗旨。"⑥在日本学制中,纺织品制造被置于工业学校之下,化学工艺部所设立染织科。⑦癸卯学制将纺织教

---

① ⑤ 朱有瓛主编:《中国近代学制史料(第二辑下册)》,华东师范大学出版社1989年版,第1—5页。

② 苑书义、孙华峰、李秉新主编:《张之洞全集》,河北人民出版社1998年版,第9742—9757页。

③ 阎登科:《公共视域下清末民初教育变革的民间参与:以近代学制变迁为中心》,《高等教育研究》2021年第3期。

④ 吴汝纶:《东游丛录》,载王宝平编《晚清中国人日本考察记集成》,杭州大学出版社1999年版,第250页。

⑥ 璩鑫圭、唐良炎编:《中国近代教育史资料汇编·学制演变》,上海教育出版社1991年版,第220页。

⑦ 姚锡光:《东瀛学校举概》,载王宝平编《晚清中国人日本考察记集成》,杭州大学出版社1999年版,第1—22页。

育归类于实业教育,分设于大学堂和实业教育下辖的工业学堂、农业学堂中,以区别于普通教育。

姚锡光在《东瀛学校举概》中提出,中国专门学校应当仿效日本工业学校,录用中学毕业生,三年速成后为工业所用。①癸卯学制采纳了姚锡光部分建议,将修业年限分为本科和预科。其中,涉及专业能力培养的主要课程皆放置在本科,如姚氏建议设置三年为限;又因中国学生对现代科学的陌生性,将基础类课程统一归置于预科,根据专业设置一至三年预科。

(三) 制度内容与课程体系

清末纺织教育依托湖北经验,借鉴日本学制,在癸卯学制下勾勒出完整的纺织教育制度和现代化的纺织人才培养方案。癸卯学制将纺织教育分为农科和工科,贯穿农业学堂和工业学堂中的初等、中等、高等三个阶段,大学堂中亦设有纺织相关课程,如下表所示:

清末纺织教育体系

农科、工科			
初等实业学堂	中等实业学堂	高等实业学堂	大学堂

癸卯学制对于各级各类实业学堂的课程设置均十分翔实,这一点可从各类学堂章程中窥见端倪。在初等学堂章程中,纺织教育被置于农业学堂,主要课程来自农业科和蚕业科,侧重解决纺织原材料生产中存在的诸多问题。②1909年,学部增设初等工业学堂,要求仿照中等工业学堂开设课程。③从中等学堂开始,纺织教育在农科和工科中共同发展。中等农业学堂纺织类科目与初等农业学堂一致,而工业则成为纺织人才培养的主要方向。中等工业学堂下设染织科,主要教授纺织工业相关机织、染色等课程。至高等学堂领域,纺织科学体系涵盖工业和农业两个方面。在高等农业学堂中,农业科有理论课程21门,实践课程25门,与纺织科学相关的人才技能培养课程包括农学、昆虫学及养蚕学、畜产学、养蚕法、制麻法、制丝法等。高等工

---

① 姚锡光:《东瀛学校举概》,载王宝平编《晚清中国人日本考察记集成》,杭州大学出版社1999年版,第1—22页。
② 璩鑫圭、唐良炎编:《中国近代教育史资料汇编·学制演变》,上海教育出版社1991年版,第339—469页。
③ 《奏增订初等工业学堂课程并增订初等实业学堂毕业奖励折》,《学部官报》1909年第77期。

业学堂将染织科细化为染色科和机织科,其中染色科下辖专业课 4 门,机织科下辖专业课 6 门。①大学堂中,纺织科学被分配至农科大学和工科大学,农学门共有课程 27 门,机器工学门共有课程 23 门。每门学科的理论及实践均有详细的课程设计,内容涵盖纺织生产的各个领域,②如下表所示:

清末纺织教育课程概览

学　堂	科目 1	科目 2
初等农业学堂	农业科:土壤、肥料、作物、农产制造、虫害、气候等	蚕业科:蚕体解剖、生理及病理、养蚕及制种、制丝、桑树栽培、气候、农学大意等
中等农业学堂	未有变化	未有变化
高等农业学堂	农业科:农学、昆虫学及养蚕学、畜产学、养蚕法、制麻法、制丝法等	
初等工业学堂	染织科:机织法、染色法、应用化学、应用机器学、分析、制图及绘画等	
中等工业学堂	染织科:机织法、染色法、应用化学、应用机器学、分析、制图及绘画等	
高等工业学堂	染色科:染色学、机织及组织、织物整理等	机织科:应用力学、机织及组织(如织丝、织棉、织麻、织草、织毛羽等)、染色学、织物整理、纺绩、工厂实习及实验
大学堂	农学门:主课 21 门,补助课 6 门	机器工学门:主课 17 门,补助课 6 门

这些学科的共同特征是具有清晰的课程支撑体系和较强的实用操作性,学生在完成基础知识学习如格致、算学后,辅以实践课程进行操练,以加深对具体技能的掌握和理解,从而成为具有实际操作能力的纺织专业人才,以保证从纺织原材料的生产到加工的各个过程都有专门人才进行矩阵支撑。癸卯学制下,纺织教育所需要的制度体系已然完备。

---

①② 璩鑫圭、唐良炎编:《中国近代教育史资料汇编·学制演变》,上海教育出版社 1991 年版,第 339—469 页。

张之洞认为,专门人才的培养应兼顾讲习与实践。①因此,在纺织教育中,应用技术类课程是此制度重点内容。从上表可见,学制设计者在各级学堂设置大量实践科目,通过详细严谨的应用技术课程体系,使纺织教育所培养出来的技术人才身兼理论知识和实践操作能力。

清末纺织教育制度并非要培养简单的技术工人,而是要形成从原料生产、操作工人到技术人员、专业技术教员的多层次金字塔式的人才培养体系,又通过实业补习普通学堂和艺徒学堂进行技术培训,整合因动力纺织冲击而失业的手纺工人,使其成为纺织产业链的一部分。在纺织教育制度中,专业不断细化、难度逐步加深,培养目标也不尽相同。中等、初等学堂"裕谋生之知识,以多设为宜",高等学堂"造专门之人才,以完备为贵"。②大学堂"以各项学术艺能之人才足够任用为成效",实业补习普通学堂"以简易教法授实业必需之知识技能"。③艺徒学堂"收招贫民子弟,课以粗浅艺术,俾得有谋生之资"。④

张之洞、张百熙等制度设计者还制定了培养科研与教学人员的重要措施。《奏定高等农工商实业学堂章程》将培养各学堂教员、管理员作为"立学总义"之一。⑤他们另设定详细讲习所章程和通儒院章程专门培养科研教学人员。其中规定,各省实业教员讲习所附设于各大学学堂或高等实业学堂内,主要招收中学学堂或初级师范学堂毕业生,培养各类实业学堂教员,以保证各类实业学堂师资来源可以自给自足,不依赖于外国;通儒院则以中国学术日有进步、能发明新理以著成书、能制造新器以利民用为成效。⑥纺织教育制度的建立,扩大了纺织学科覆盖面,满足产业整体要求的同时兼顾不同人群的生产技能需求。

从1898年《劝学篇》发布到1904年《奏定学堂章程》施行,清末纺织教育制度的形成阶段包含了制度设计者对中国纺织行业的思考和理解。该制度以湖北经验和日本模式为借鉴,结合中国工农业现状,形成适合中国纺织业

---

① 张之洞:《创办水陆师学堂折》,载苑书义、孙华峰、李秉新主编《张之洞全集》,河北人民出版社1998年版,第575页。

②④ 璩鑫圭、童富勇、张守智编:《中国近代教育史资料汇编·实业教育、师范教育》,上海教育出版社1994年版,第17—18页。

③⑤⑥ 璩鑫圭、唐良炎编:《中国近代教育史资料汇编·学制演变》,上海教育出版社1991年版,第339—469页。

发展的现代教育制度,亦拟定了近代纺织学科的发展方向。

三、不变与变:清末纺织教育制度的地方性实践

纺织教育制度建立后,张之洞对纺织教育的未来已有细致描述和想象,他认为:"即有农工商实业学堂在内,果能认真开办,处处多设,数年毕业以后,商智渐开,自必各出新意,自辟利源。"①此种未来需建立在各地方对于纺织教育的建设与实践基础上,而各地实践过程受到地方性因素的影响,呈现与纺织教育制度不完全一致的面貌。

1905年10月,为确保癸卯学制能够准确实施,学部成立。学部通过规则制定、考核嘉奖等方式进行自上而下的统一管理。学部的作用是对各地学堂进行政策性或方向性指导,但于具体教学科目、专业设置方面,则给予各学堂相对宽松的自由。正如各级实业学堂章程中"立学总义"规定:"听各处因地制宜,择其合于本地方情形者酌量设置,不必全备。"②因此,清末纺织教育制度的地方性实践,是在学部与各地区之间沟通和调整下的不变与变的交互状态中进行的。

以浙江为例,纺织教育制度建立后,杭州蚕学馆对原有课程进行了调整和规划。对比蚕学馆创设之时的教育大纲可知,新学制下蚕学馆的课程设置有较为明显的变化。首先,蚕学馆根据《奏定中等农工商实业学堂章程》蚕业科发展要求,将所有课程分为普通科目和实习科目,实习科目下又细分为专门学和实习两个部分,使课程整体结构更加清晰。其次,蚕学馆在1898年教育大纲的基础上重新设置相关课程,经删减和修订后,总课程数增加至23门,尤其在专业课程领域变动颇大(见下表)。③由此可见,蚕学馆对其课程内容的调整源于该校对新学制的遵从及学校自身在发展过程中的不断调适。

---

① 朱有瓛主编:《中国近代学制史料(第二辑下册)》,华东师范大学出版社1989年版,第1—5页。
② 璩鑫圭、唐良炎编:《中国近代教育史资料汇编·学制演变》,上海教育出版社1991年版,第339—469页。
③ 《浙抚咨送蚕学馆教科课程及六期毕业各生履历分数单》,《学部官报》1906年第5期。

蚕学馆课程对比

1898年《蚕学馆教育大纲》	1906年新学制颁布后《蚕学馆课程》		
	普通科目	实习科目	
物理学大意、化学大意、植物学大意、动物学大意、气象学大意、土壤论、桑树栽培论、蚕体生理、蚕体病理、蚕体解剖、蚕儿饲育法、缫丝法、显微镜、采种法、茧审查法、生丝审查法、害虫论	普通学：物理学、化学、算学、动物学、植物学、气象学、体操	专门学：养蚕法、蚕体生理、蚕体病理、蚕体解剖、显微镜使用法、制丝法、桑树栽培法、去坏学、肥料论、害虫论、蚕种检查法	实习：养蚕、制种、考种、栽桑、缫丝

1908年，蚕学馆依照癸卯学制规定，更名为"蚕桑学堂"，因其规模甚隘，仅有中等实业学堂程度，故称浙江中等蚕桑学堂。①其时，浙江中等实业学堂仅蚕桑学堂一处。浙江巡抚增韫、翰林院侍读吴士鉴等人建议将中等蚕桑学堂改设为高等蚕桑学堂，②但因所需款项较多，生源有限，不得不循序推升。③1909年，学部就此事专门批示称，将蚕学馆改为高等学堂若仅仅授蚕学与定章不合，应即改为高等农业学堂，遵照定章办法，就农学、森林学、兽医学各科中酌设一二科以期完备。④

类似情况还可见于四川，学部曾对四川建立实业学堂的相关事宜详细批复。《学部官报》所刊奏折曾写道，学部曾查该省所设实业学堂以造就工艺人才为宗旨，所定入学资格不过高等小学毕业程度，应定名为中等工业学堂，遵照学堂章程定为预科二年、本科三年。染织科与定章相符，应有各项实习科目，均遵章详定并兼习修身、中国文学、算学、物理、化学、图画、体操各科普通学，以期完备。⑤因此，四川中等工业学堂染织科教育体系与癸卯学制下中等学堂染织科的教学设定大体相同。

与癸卯学制对于教育制度的顶层设计相比，四川中等工业学堂所进行的地方性实践既表现出对癸卯学制的遵从，又体现了因地制宜的教育思路。

---

①③ 增韫：《浙江巡抚增奏遵筹改办高等蚕桑学堂折》，《南洋官报》1909年第2期。
② 吴士鉴：《翰林院侍读吴奏请将浙江现办蚕学馆规划完备改设高等学堂片》，《浙江教育官报》1909年第6期。
④ 《学部奏浙江蚕业学堂应改为高等农业学堂并增设中等初等实业学堂折》，《学部官报》1909年第86期。
⑤ 《京外奏稿：农工商部会同核议四川实业学堂办法章程折》，《学部官报》1908年第44期。

《中等工业学堂章程》中曾言:本学堂谨遵《奏定中等工业学堂章程》及管理通则,参酌地方情形办理,以四川工业中应备之科目先行设置。①四川总督赵尔巽发现,四川所产纺织材料与苏杭相同,但四川制造的纺织品却无力与苏杭竞争,其主要原因是染与织的加工工艺与苏杭存在差异。②因此,四川中等工业学堂因地制宜,将专业细化,进行精细研究。据《学部官报》记载,赵尔巽曾上奏办学方法,其中言道,四川土地沃饶,原料既多,因地制宜起见,应将该省原有之物料分科研究,以期造就高等实业之人才。③

四川中等工业学堂的具体课程设置也沿用分科方法,将重要专业课程进行细分。首先,该学堂将纺织教育置于染织科,而染织科下又细分为色染分科和机织分科。④其次,该学堂将癸卯学制所制定的专业课程具体化,如机织被细化为纹织、纺织工厂和力织机,色染细化为精炼漂白、媒染剂等、浸染、捺染、色素、特别讲义、色染机械、色染工场(见下表)。

四川中等工业学堂染织科课程

预 科	实习科	色染分科	机织分科
修身、国文、算术、地理、历史、格致、图书、体操、英文	应用力学、机织及组织、染色学、织物整理、纺绩、工厂实习及实验	数学:代数、几何 化学:无机、有机 色染:精炼漂白、媒染剂等、浸染、捺染、色素、特别讲义、色染机械、色染工场 制图:用器画 工厂实修:机织、色染、仕上、汽灌 化学分析:定性、定量	数学:代数、立体几何、几何解析 化学:无机化学、有机化学 机械学:力学、材料强弱、水力学、发动机 机织:纹织、纺织工厂、力织机 色染:实地染 制图:用器、机械 工厂:撚丝织机、汽灌、仕上、纺绩 实修:色染

癸卯学制颁行后,纺织教育蓬勃发展。除四川、浙江外,各地也陆续开设一批设有纺织学科的教育机构。学部通令各省:以两年为限,遵照奏章于各府设中等实业学堂,各州县设初等实业学堂。⑤

---

① ④ 《中等工业学堂章程》,《四川教育官报》1909 年第 1 期。
② 赵尔巽:《奏设川省实业学堂办法》,《广益丛报》1907 年第 146 期。
③ 《京外奏稿:农工商部会同核议四川实业学堂办法章程折》,《学部官报》1908 年第 44 期。
⑤ 刘英杰主编:《中国教育大事典(1840—1949)》,浙江教育出版社 2001 年版,第 666 页。

在学部推动下，各省实业学堂数由 1907 年的 137 所增长至 1909 年的 254 所。① 纺织教育也因此从制定政策转到施行层面，浙江、江苏、山东、广西、湖南、云南等地的实业学堂陆续开设纺织相关科系。与此同时，纺织教育的发展也促进了纺织技术的提升，各省在兴办教育的同时积极探寻纺织技术改良之法。以湖北为例，广济贡生周鸿熙发明弹纺织机，用此机器纺纱，一机可产八九女工之量，用工省而出纱多，产品质量远胜土纱数倍。② 张之洞亲自批复，倡导推行，并称此项发明足以塞漏卮而挽利权。③ 河南亦尝试以木代铁，自行仿制研发木制纺织机器。④

由此可见，清末纺织教育体系是集癸卯学制给予的顶层设计与各省依据自身条件所进行的地方性实践于一体的教育模式。癸卯学制给予纺织教育现代化的教育制度和发展蓝图，纺织技术也在教育体系建构过程中自我完善和补充。至 1912 年壬子癸丑学制建立，纺织教育在各省确立和落实的过程中，按照癸卯学制的既定思想，进行统一谋划和通盘考量，促进了纺织教育的推行和纺织产业的整体进步。

四、结　语

清末纺织教育从萌芽到实践的制度化历程是国家意志与地方行动相配合的过程。教育制度的制定与各地纺织教育机构的开设对清末纺织产业发展都有不同层面的贡献。若将视点置于清末近代化教育来审视其特点，则会发现：首先，相比于其他工学门类，纺织教育发轫较晚。矿产、电讯、机械等工学门类与军工建设息息相关，较早被洋务人士所注意。纺织工业多利于民生，对强国之道并非立竿见影。因此，近代工程技术教育伴随军工建设出现，起始于左宗棠 1866 年创建的福建船政学堂，而纺织教育则在实业救国的影响下孕育，晚于工程教育约三十年。其次，学科覆盖面广。纺织教育贯

---

① 刘英杰主编：《中国教育大事典（1840—1949）》，浙江教育出版社 2001 年版，第 666 页。
② 周鸿熙：《湖北广济便民全部弹纺织机通告书》，《南洋官报》1910 年第 111 期。
③ 张之洞：《督部堂张批湖北广济县附贡生周鸿熙禀发明弹纺织机便利贫民请审定推行提倡由》，《南洋官报》1910 年第 125 期。
④ 《仿制木质纺织机器》，《北洋官报》1907 年第 1488 期。

穿农学、工学，除本门学问外，亦包含蚕桑、作物、化学、机械等多个门类的知识技能。清末大量实业学堂的建立，客观上促进了纺织教育体系的形成。最后，各地自然条件在纺织教育制度实践中具有重要作用。四川、江浙抑或湖广等地皆为资源富庶之地，拥有生产纺织原材料的先天优势，也是发展纺织业的先决条件。由此可知，当地督抚发展纺织教育具有物竞天择逻辑下的自觉能动性。

清末纺织教育制度始创于癸卯学制，是中国近代纺织产业格局变迁的能动力量之一。晚清以来，中西文化的冲突与融合推动了清末教育体制改革的浪潮，癸卯学制成为中国教育近代化的开端，纺织教育首次拥有完整的学科制度和清晰的课程设计，从古典即传统师徒式的教学方式，过渡到现代化的学堂（校）教育。在纺织行业生态变革和人才培养需求的双重影响下，癸卯学制所勾勒的纺织教育制度突破既定生产框架，并试图缩减与以西方动力机器纺织为代表的先发工业的发展时间差。更重要的是，清末纺织教育制度具有前瞻性的教育设计理念和产业发展思维，在古代纺织到近代纺织的跨越过程中起到桥梁作用，由此形成了 1904—1912 年近十年中纺织教育最具原生经验的历史图景。

第五部分

纺织企业与管理

华商纱厂联合会成立及相关问题再探讨[*]

Further Discussion on the Establishment of the Union of Chinese Cotton Mill and Related Issues

张华明　廖大伟[**]

近代以来我国最大的民族工业为棉纺织业,在近代中国的经济发展史上,民族棉纺织业占据极为重要的地位。华商纱厂联合会(简称"纱联会")于民国初年成立于上海,是近代民族棉纺织业的全国性行业组织,是我国最早的民族棉纺织业行业团体。这一同业组织的建立对于华商纱厂协调内部生产、应对外部困局都起到了良好作用。可以说纱联会不仅在近代上海而且在近代中国经济社会发展中都发挥了举足轻重的作用。因此,进一步明晰纱联会成立时的相关情况,研究纱联会的历史活动,能够更好地理解近代社会的经济活动情况。

一、问题缘起

纱联会于1917年3月倡议发起,正式成立于1918年3月,成立过程相较其他同业公会漫长曲折。纱联会成立过程较好地展现了近代纺织企业管理者对待建立行业团体表现出的不同态度。对于纱联会成立相关问题的研究已有一些成果,但这一问题仍需进一步挖掘和讨论。本文将结合档案文献和报刊中相关资料,对纱联会成立前后需要讨论的问题进行研究,进一步

---

[*]　本文系国家社科基金重大项目"中国近代纺织史资料整理与研究"(19ZDA213)阶段性成果。
[**]　张华明,东华大学马克思主义学院讲师;廖大伟,上海大学文学院历史系教授。

展现纱联会成立前后的具体情况。

关于纱联会这一同业组织的研究,具有资料性质的成果主要为:上海档案馆丁士华选编的《1917年华商全国纱厂联合会创立史料》[1]、王子建的《华商纱厂联合会创立经过》[2]、魏上吼的《近代中国的纺织行业团体》[3]三篇。《1917年华商全国纱厂联合会创立史料》是较早刊布的关于纱联会的档案资料。王子建、魏上吼都在纺织行业从事相关工作多年,撰写的文章都具有一定文史资料性质。王子建(1905—1990),1937年前在中央研究院长期从事棉纺织业统计和研究;1945年为经济部苏浙皖特派员办公室专门委员,主持接收前日本纱厂及复工事宜;1946—1949年间参与国民政府部门管制棉纺织业的工作;1949年以后为资方代理人、棉纺织业同业公会负责人之一。[4]其与王镇中共同编著有《七省华商纱厂调查报告》,可以说对于纱厂情况了解颇为深入。[5]

王子建关于纱联会成立的研究参考了纱联会1917—1918年的议事录,发表文章时其署名单位为中国民主建国会上海市委员会、上海市工商业联合会。王子建在上海市工商业联合会任职时,纱联会的相关档案及四百多份工商业同业公会档案资料均由上海市工商业联合会负责整理和保管,当时负责同业公会档案整理与研究的工作人员先后曾达四十余人。直到20世纪80年代中后期,这些同业公会档案才分别转交给中国第一历史档案馆千余卷,转交给中国第二历史档案馆四千余卷,转交给上海市档案馆六万余卷。王子建任职期间的主要工作就是对工商业同业公会资料进行整理与研究,在资料利用上较为便利,对资料较为熟悉。这篇文章虽为文史资料范畴,缺少注释,但基本上基于相关档案完成。

魏上吼,1924年出生于湖北汉口,1944年毕业于诚孚纺织专科学校[6],曾任职于新裕二厂,中国纺织学会成员,中国纺织事业协进会福利干事,《纺

---

[1] 丁士华选编:《1917年华商全国纱厂联合会创立史料》,《档案与历史》1988年第3期。
[2] 王子建:《华商纱厂联合会创立经过》,载中国人民政治协商会议上海市委员会文史资料工作委员会编《文史资料选辑(第三辑)》,上海人民出版社1982年版。
[3] 魏上吼:《近代中国的纺织行业团体》,《中国纺织大学学报》1994年第3期。
[4] 王菊:《近代上海棉纺业的最后辉煌(1945~1949)》,上海社会科学院出版社2004年版,第9页。
[5] 王子建、王镇中编著:《七省华商纱厂调查报告》,商务印书馆1935年版。
[6] 《诚孚同学联谊会纪念册》,1995年。

织周刊》纺织生活栏目编辑。①中华人民共和国成立后,任安徽省纺织工业厅高级工程师、安徽省纺织协会副理事长。②魏上吼是中国近代纺织史编辑委员会顾问、办公室副主任。在《中国近代纺织史》编写过程中,他曾撰写多篇关于纺织团体的文章,包括《评华商纱厂联合会》《中国纺织工程学会的前二十年》等。《近代中国的纺织行业团体》一文就是以这些文章为基础完成的。该文利用了丁士华选编的档案和《华商纱厂联合会季刊》,同时参考了王子建的研究成果。虽然文章列明了参考资料,但本身也具有一定资料性质。

综合两篇文章,由于两人的个人经历,他们对于纱联会的认知也就包含一些既有印象和立场。王子建文中关于纱联会成立的细节相对更加丰富,但他并非直接参与建立纱联会,其研究细节丰富一方面归功于对档案资料的熟识,另一方面是基于其多年纺织行业工作经验的常识判断。两篇文章都在一定程度上丰富了档案资料的细节,是具有参考价值的资料性成果。

关于纱联会的成立过程,主要成果有樊卫国的《华商纱厂联合会成立与民初关税会议》③。这篇论文主要利用《华商纱厂联合会议事录》还原了纱联会创建过程,进而探讨了同业公会与企业的外部发展环境。文章认为纱联会的建立是企业对外部环境的反映,成立纱联会能够更好反映企业的诉求。文章对上海市档案馆藏《华商纱厂联合会议事录》的利用把握全面且客观,但议事录中关于纱联会成立的记载在细节上并不全面,所以文章对纱联会创建过程的考察不够立体。

现有关于纱联会的研究成果中,更多的是对纱联会在棉纺行业中所发挥的作用进行研究。施正康《近代上海华商纱厂联合会与棉纺业的自救》④,以纱联会参与的事件为中心,分析了纱联会在抵御市场风险、处理行业内部关系及与政府交涉争取利益等方面发挥的作用。樊卫国《市场歧变、行业困厄与企业习俗——论20世纪二三十年代市场危机中的华商棉纺业》⑤,研究

---

① 《"小纺协"全体会员名单》,载中国近代纺织史编辑委员会编《中国纺织事业协进会地下斗争史料》,中国近代纺织史编辑委员会1990年版。
② 元鼎:《欲得百花艳,着意春泥肥》,《上海戏剧》2013年第6期。
③ 樊卫国:《华商纱厂联合会成立与民初关税会议》,《社会科学》2006年第12期。又载樊卫国:《民国上海同业公会与企业外部环境研究》,上海人民出版社2014年版,第522—534页。
④ 施正康:《近代上海华商纱厂联合会与棉纺业的自救》,《上海经济研究》2006年第5期。
⑤ 樊卫国:《市场歧变、行业困厄与企业习俗——论20世纪二三十年代市场危机中的华商棉纺业》,《社会科学》2014年第5期。

了纱联会成立后面临的困境,并对其为摆脱纱业危机所作的努力进行了分析和评价。文章肯定了纱联会作为"群体控制组织"所发挥的作用,也客观分析了纱联会在纱业危机中实施措施的有限成效。朱英、赵毛晨《应对危机:大萧条时期上海华商棉纺业的自救举措(1932—1936)》[①]及赵毛晨《走出困境:大萧条时期上海华商棉纺业的危机与应对(1932—1936)》[②]梳理了大萧条时期上海华商棉纺织业自救活动的进行情况,并对纱联会在大萧条时期发挥的作用进行了研究。文章指出纱联会作为华商棉纺织业的同业组织,在大萧条时期除联合同业一直减工外,还在植棉改良、协调与其他行业关系、抵制外货、阻止外商兼并等方面发挥了作用。

二、发起人辨析

此前对于纱联会发起人的研究主要依据《祝兰舫、荣宗敬、刘柏生先生致各纱厂函》认为纱联会的发起人为祝兰舫、荣宗敬、刘柏生三人。此函件第一次在书面意义上提出"华商纱厂联合会"这一组织名称,并阐述了成立纱联会的原因,是研究纱联会成立问题较为重要的资料,现将此信誊录如下:

> 敬启者,政府为加入协约国修正关税,改为裁厘加税一节。此事极为有益,惟闻日本国有交换条件三种,一棉花二羊毛三钢铁出口免税。查棉花出口免税关系中国纱厂甚钜,弟等拟发起一华商纱厂联合会,借上海商务总会内为事务所,研究花纱税事,特订期于阳历三月十五号下午四点钟上海商务总会会所内集议,届时务请贵厂派代表早临,勿迟。是荷此颂财祉。
>
> 申新荣宗敬、顺昌源祝兰舫、苏伦刘柏森同启
>
> (附记发信各厂:大生、三新、同昌、振新、和丰、鼎新、恒昌源、振华、

[①] 朱英、赵毛晨:《应对危机:大萧条时期上海华商棉纺业的自救举措(1932—1936)》,《河南师范大学学报(哲学社会科学版)》2017年第2期。

[②] 赵毛晨:《走出困境:大萧条时期上海华商棉纺业的危机与应对(1932—1936)》,硕士学位论文,华中师范大学,2015年。

裕沅、鸿宇、广勤、利用、申新、通久沅、恒丰、裕通、裕泰、业勤、济泰、德大、通惠公、厚生、苏纶。)①

此函件可以说明因"修正关税"之事最先书面号召华商同业联合,建立纱联会这一组织的为祝兰舫、荣宗敬、刘澍生三人。祝兰舫生于1856年,江苏无锡人,此时61岁;荣宗敬生于1873年,江苏无锡人,此时44岁;刘澍生(刘柏森)生于1869年,江苏武进县人,此时48岁。三人为江苏同乡,荣宗敬与刘柏森年龄又相差不大,且人生经历较为相似。在此次突发事件之前,三人"经常碰头,分析国内外政治经济形势,互通情报,交换意见,共谋业务发展。他们不满足于少数人的联系,很希望有一个全行业的组织和集体活动的场所"②。尽管通过函件等资料可判断建立纱联会与这三人紧密相关,但仍无法确定这一想法是否仅由这三人提出。

据纱联会驻会工作人员、编辑部编辑钱贯一回忆:"此时上海已有两个同业公会,一是英商上海纱厂公会,一是日商日本纺绩同业会,个别华厂以资本家兼任某些洋行买办,参加英商公会。至有识人士创议自设同业公会,高邮张彝(字则民,复旦公学第一批毕业生),尝从上海实业家游,其中武进刘树森(字柏森)、湘乡聂其杰(字云台)、上海穆湘玥(字藕初)、镇江徐国安(字静仁)、鄞县薛文泰、无锡荣宗锦(字宗敬)、丹徒吴兆曾(字寄尘)等人,都是实际从事棉纺织业者,开始筹设同业公会,全国同业共起和之。则民奔走促成,遂于1917年成立全国性的华商纱厂联合会于上海,以南通张謇为会长,天津周学熙、上海聂云台为副会长,薛文泰为司库,张则民为总书记,我也脱离书局追随则民之后,充当工作人员,开始为中国纺织事业服务。"③由此可见,发函倡议的主要发起人为祝兰舫、荣宗敬、刘澍生三人。在这三人背后有想法筹办华商纱厂联合会,且为之付诸行动的联合发起人有张则民、聂云台、穆藕初、徐静仁、薛文泰、吴兆曾。他们"开始筹设同业公会",进而

---

① 《上海市棉纺织工业同业公会董事会议记录(一)》,上海市档案馆藏,资料号:S30-1-35。
② 王子建:《华商纱厂联合会创立经过》,载中国人民政治协商会议上海市委员会文史资料工作委员会编《文史资料选辑(第三辑)》,上海人民出版社1982年版,第161页。
③ 钱贯一:《钱贯一自述》,载中国近代纺织史编辑委员会编《中国近代纺织史研究资料汇编(第十七辑)》,中国近代纺织史编辑委员会1992年版,第38页。

"全国同业共起和之"。所以纱联会实际发起人不单单只有三人,应该是这九人团体,在这个团体中,主要联络各方的联络人为张则民。钱贯一在追忆张则民的文章中也曾提到,张则民在1916年时结识了聂云台、刘柏森、穆藕初、荣宗敬等人,第一次世界大战之后一起创设纱联会,纱联会"以先生掌其事","与专业界诸子相周旋"。①

纱联会成立之后能请张謇为会长,与纱联会发起人吴兆曾的积极联络有很大关系,成立期间张謇与纱联会的书信均由吴兆曾转达。②此外,吴兆曾深受刘柏森的五弟刘厚生赏识。刘厚生是南洋公学首任总办何嗣焜的女婿,清末秀才,中华职业教育社发起人。他早年协助张謇在南通经营大生纱厂和垦殖业,并协助其筹组和领导预备立宪公会,1913年任熊希龄内阁工商部、农林部次长,后任热河北票煤矿公司董事长、大生纱厂监察,著有《张謇传记》。刘厚生与张謇交情甚厚,"厚生以先生才略,时时诵于南通张啬翁"③。张孝若对其二人关系也有评述:"刘先生才识优长,品格最高洁,我父遇到大事,或疑难之事,得其一言,无不立决。民国后我父凡到政治舞台,彼必偕出相助,极讲骨气,有远识,是我父生平最爱重的一人。"④可以说张謇出任纱联会会长,吴兆曾、刘厚生应发挥了重要的纽带作用,在纱联会组建过程中,两人也发挥了积极作用,承担了大量具体事务工作。联合发起人在纱联会成立过程中都发挥了积极作用。因此,称祝兰舫、荣宗敬、刘澍生为纱联会成立的召集人或主要发起人更为合适。

按照信件约定,会议于1917年3月15日召开,共有23人、18家纱厂代表与会,涉及上海、无锡、太仓、苏州、浙江、宁波、萧山、武昌多地。会上公推祝兰舫先生为临时议长,主持会议;致电政府院、部,呼吁坚拒日本提出的棉花免税条件,电稿由刘柏森、穆杼斋、戴笙甫三人负责起草。荣宗敬虽作为申新代表参加此次会议,但并未承担任何工作。12月1日,纱联会"成立会议"之前,纱联会共召开过7次会议,议事录仅记载第二次会议中祝兰舫与荣宗敬作为到会代表,未发表相关意见,其余会议未见有相关记载。12月1

---

① 贯一:《敬悼张则民先生》,《纺织周刊》第7卷第3期。
② 《上海市棉纺织工业同业公会董事会议记录(一)》,上海市档案馆藏,资料号:S30-1-35。
③ 《吴寄尘先生事略》,《纺织时报》1935年第1223期。
④ 张孝若:《南通张季直先生传记》,中华书局1930年版,第474页。

日,召开纱联会"成立会议","是日五时开会,祝兰舫先生先到,力辞临时议长,旋即兴辞而去。到会者 15 人"①。之后未见祝兰舫参与纱联会相关活动。议事录中未见荣宗敬到会记录。1918 年 3 月 14 日,纱联会进行正式选举,荣宗敬代表申新参选,刘柏森当选董事,荣宗敬与徐静仁同为 7 票,但荣宗敬落选。②为应对"棉花出口免税"议事,祝兰舫、荣宗敬、刘柏森三人发起建立纱联会,然"致各纱厂函"发出后,主要发起人对待华商纱厂联合会建立这件事情的态度却全然不同,只刘柏森一人积极参与组建,是纱联会筹建过程中真正的谋划者和组织者。

三人联合发函后对建立纱联会产生了不同态度,一方面是各纱厂反应平淡,另一方面与三人的自身因素密切相关。祝兰舫在纱联会成立时已经 61 岁,又在上海总商会任董事一职,事务繁多,请辞临时议长且不任其他职务,应是精力不济。③荣宗敬在"第一次世界大战期间,又在上海、汉口、无锡等地开设分厂,至 1922 年共拥有 12 家面粉厂、13 家纱厂"④。此时荣宗敬已经营多家面粉厂和纱厂,分处全国多地,所需处理事务颇多;且发函后荣宗敬、荣德生因无锡振新纱厂、茂新面粉厂账目纠纷被董事会提起刑事诉讼,需要对账目问题进行处理,很难兼顾纱联会的诸多事宜。⑤

纱联会成立后曾公推刘柏森作为代表赴京参加实业会议,⑥《华商纱厂联合会经过报告书》中有"本会前公推赴京代表刘柏森先生在京费用息由柏森先生自垫,尚未付还"的记录。⑦可以说,刘柏森除对建立纱联会十分热心外,在纱联会成立后还主动垫资承担相关工作。报告书对纱联会建立情况和建立后一年内所做工作有较为详细的介绍,在介绍发起人时写道:"由刘柏森先生等倡议联合华商各厂组成是会。"⑧这也能看出刘伯森在初建的纱联会内具有代表性和较大影响。

刘柏森最初"营烟煤和进出口贸易,获利甚厚","旋即从事股票投机,先后获利二三十万两"。可见刘柏森十分重视行业信息,也因此获利。纱联会

---

①② 《上海市棉纺织工业同业公会董事会议记录(一)》,上海市档案馆藏,资料号:S30-1-35。
③ 上海图书馆编:《上海图书馆藏人物文献选刊》,上海古籍出版社 2015 年版,第 195 页。
④ 夏征农、陈至立主编:《大辞海·中国近现代史卷》,上海辞书出版社 2013 年版,第 557 页。
⑤ 《荣宗敬、荣德生启事》,《申报》1917 年 4 月 27 日至 5 月 13 日。
⑥ 《华商纱厂联合会记事簿》,上海市档案馆藏,资料号:S30-1-6-1。
⑦⑧ 《华商纱厂联合会经过报告书》,《安徽实业杂志》1919 年续刊第 21 期。

筹建期间，刘柏森"经营宝兴长号，主营燃料、纱、布等业务，并在天津设立分号"；同时租办宝丰、宝通两家纱厂，"连年获利颇丰"。此时刘柏森对于建立行业组织也十分积极热心，"二十世纪初刘柏森就约集商业界人士发起过商学会，'欲合群智群力与外侮相抵抗，勉为自存之计'。继又发起改组了上海总商会"。①刘伯森积极筹建纱联会，一方面是因为他对于建立这样的同业组织比较有经验；另一方面，从人际交往和信息掌控等因素来看，筹建纱联会能为他经营宝兴长号带来较大益处。且纱联会第一次会议就确定"议事处暂设如意里三弄宝兴长号内"②，之后也一直在宝兴长号内议事。直到1917年12月4日的会议上，聂云台转达了穆藕初的意见："穆藕初先生绝不愿任议董，因伊由两种意见，一，会长必推张四先生，一，会所须迁移，云云。"③1918年2月12日，大会做出决定，"举张謇先生为名誉会长……会址迁至申报馆二楼"。④

大会完全听取了穆藕初的意见，将会址迁至申报馆二楼。穆藕初以议董的身份提出张謇担任会长作为博弈条件，应是为了增加纱联会影响，毕竟张謇的地位和声誉能为纱联会活动带来很多便利。但其要求会所迁移，应存有一定利益纠葛。纱联会议事机构设在商号内必定会为商号带来好处，能在一定程度上提高商号的美誉度，但将会址设于商号的选择对于纱联会其他代表则有失公允。穆藕初为纱联会联合发起人，他开出这两项条件，在一定意义上能够促进华商纱厂团结一致，进而达成设立纱联会的初衷，为纱联会良性发展提供保障。

三人发函之后对建立纱联会产生了不同态度，也可能有更为深刻的原因，只能依靠发掘新史料去解决。"一般而言，中等业主，更具市场理性和'普世性'，所以更典型，他们往往是经济群体的主干"⑤，诚然，刘柏森作为中等业主在筹建过程中是无可非议的"主干"，而其他中等业主中热心于建立这一同业组织的却仅有穆藕初。穆氏热心于纱联会建设，一方面与其联合

---

① 朱信泉、严如平主编：《中华民国史资料丛稿·民国人物传（第四卷）》，中华书局1984年版，第207页。
②③ 《上海市棉纺织工业同业公会董事会议记录（一）》，上海市档案馆藏，资料号：S30-1-35。
④ 王子建：《华商纱厂联合会创立经过》，载中国人民政治协商会议上海市委员会文史资料工作委员会编《文史资料选辑（第三辑）》，上海人民出版社1982年版，第167页。
⑤ 樊卫国：《华商纱厂联合会成立与民初关税会议》，《社会科学》2006年第12期。

发起人身份密切相关,另一方面建立纱联会更与其同业联合的理念相符。刘柏森作为主要发起人,在纱联会成立的过程中发挥了较为重要的作用,更主要的是他看到了纱联会建立后自己能够得到的切身收益,这应是其积极参与筹建纱联会的另一重要原因。

三、发起原因

钱贯一回忆:"此时上海已有两个同业公会,一是英商上海纱厂公会,一是日商日本纺绩同业会,个别华厂以资本家兼任某些洋行买办,参加英商公会。至有识人士创议自设同业公会……"也就是说,纱联会发起的一个原因是为团结华商纱厂以对抗英、日商纱厂,然更直接的原因是当时政府对花纱税事的改动。

可以说纱联会的组建,是由当时政府改动花纱税事引起的连锁反应,即《祝兰舫、荣宗敬、刘澍生先生致各纱厂函》中提到的"政府为加入协约国修正关税,改为裁厘加税一节。此事极为有益,惟闻日本国有交换条件三种,一棉花二羊毛三钢铁出口免税"之事。然信函中的交换条件具体如何,如何提出,是否与修正关税有关,或者说纱联会组建的外部原因和最主要的导火索是否真如信函中所说,值得进一步分析和探讨。

(一)西原借款

1917年3月19日,纱联会曾就关税问题致电当时北京政府,具体函电内容如下:

> 北京大总统、国务院总理、(外交、内务、财政、农商)各部总长、税务处临时国际评议会钧鉴:政府为修正关税,与各国商议加增关税,商等无任钦仰欢忭。惟报载日本专有交换条件,要求棉花出口、棉纱进口概行免税。此乃全国生死问题,亦即国家命脉关系。查各国税则,生货出口不能免税,熟货进口应予重征,此为保护国民生计之公例。果如报纸所载,我国纺织业立有停闭之虞。兹有全国华商纱厂代表在申集议数次,先举代表聂其炜、刘垣、穆湘瑶、杨寿眉君等入都,向政府详陈花纱免税利害,吁恳政府熟思审处,严行拒绝,并恳关于花纱进出口税厘事,

得准代表参与其议,以重实业而固国本。无任迫切待命之至。

华商纱厂联合会。恒丰纺织新局代表聂其杰,德大纱厂代表穆湘瑶,广勤纱厂代表杨寿眉、戴钧,苏纶通记纱厂代表刘树森,恒昌源纱厂代表祝大椿、张乃镕,裕通纱厂代表朱荣光、宋肇熊,申新纱厂代表荣宗锦,振新纱厂代表施肇英、倪炤,振华纱厂代表薛文泰,厚生纱厂代表穆湘玥,和丰纱厂代表屠传芳,济泰公纱厂代表于名恒,鼎新纱厂代表张权翊,鸿裕纱厂代表郑崇基,裕泰纱厂代表洪明度,通惠公纱厂代表王孝赍,同昌纱厂代表何生云谨叩。效。①

函电中强调"日本专有交换条件,要求棉花出口、棉纱进口概行免税",可以明确得出反对日本提出的关于棉花出口、棉纱进口免税要求是纱联会成立的直接原因。但日本关于棉纱的专有交换条件来自报纸刊载,并非政府官方消息。也就是说纱联会关于关税会议上日本要求棉纱免税的具体消息来源并不十分准确。至于《祝兰舫、荣宗敬、刘澍生先生致各纱厂函》中提到的另外两项免税物品羊毛和钢铁,在此函电中则并未提及。纱联会议事录贴有关于增加关税一项内容在日本纱业中引发反应的剪报,日本商界虽有反对声音,但政府中相关人士对于中国增加税率却表示"我国必须与列国共承认之"。②也就是说此时纱联会无法把握相关关税消息的准确性,因此只能以自身利益为出发点,向政府提出行业自身关于关税的要求。

按照1917年这一时间点推算,棉花、羊毛、钢铁三项出口免税条件与西原借款中的相关条件有密切的关系。"西原龟三于一九一七年二月十六日到达北京。不久,国内报刊登载了提高进口税率和免征棉花等三种物资出口税的消息。"③西原龟三在其回忆中声称这是为劝说日本政府与中国政府合作而提出,当时"欧战渐渐发展成为世界大战,中国尚在犹豫观望,若想保持目前的现状直到战争结束,已经不可能了。若任其站到德国方面去,当然

---

① 《华商纱厂联合会筹备会致穆藕初等信》,《上海市棉纺织工业同业公会董事会议记录(一)》,上海市档案馆藏,资料号:S30-1-35。
② 《上海市棉纺织工业同业公会董事会议记录(一)》,上海市档案馆藏,资料号:S30-1-35。
③ 王子建:《华商纱厂联合会创立经过》,载中国人民政治协商会议上海市委员会文史资料工作委员编《文史资料选辑(第三辑)》,上海人民出版社1982年版,第161页。

是一件很坏的事；但若坐视其被美国拉进协约国方面来，也会使好容易打下的一点点日中亲善的基础发生裂痕。我为此异常焦虑，曾数度向政府提出种种建议，内阁终于决定劝告中国参战"①。

内阁为使西原龟三亲自前往中国，劝说中国政府参战，答应了其提出的包括"棉花、羊毛、钢铁三项出口免税"在内的相应条件，即"（一）归还约二亿日圆的庚子赔款。（二）怂恿列强承认中国提高关税。对此，中国停止征收扰民病商的厘金税和阻碍产业发达的其他苛捐杂税以及棉花、羊毛、铁等项物资的输出税。（三）废除治外法权和租借地。（四）提供约三千万日圆的援助，以为参战和建军之用"，并得到了首相的同意。②

综合分析西原龟三提出的四项条件，每项条款的核心确如他所说，是为"改变过去那种似是而非、自欺欺人的日中亲善关系，诚心诚意地和中国携手合作……对中国付出最大的善意与支持"③，甚至引起了日本相关行业协会的反对。四项条件中第二项的附加条件为免除棉花、羊毛、铁等项物资的输出税，正是《祝兰舫、荣宗敬、刘湜生先生致各纱厂函》中提到的"政府为加入协约国修正关税，改为裁厘加税一节。此事极为有益，惟闻日本国有交换条件三种，一棉花二羊毛三钢铁出口免税"之事，也正是纱联会能够组建的主要原因。然而，条款中加入协约国的条件却并非只有棉花、羊毛、钢铁这三项的免税。这只是西原龟三向日本政府提出的四项条件中，第二项的最后一部分。此三项免税虽直接关系到国内纺织行业的发展，但三人的信函中将这一部分完全等同于当时政府加入协约国的全部条件，似有夸大矛盾以引起华商各厂重视的考量。

然而，此次西原借款最终确定的借款条件并未讨论西原龟三对日本政府所提出的四项条件，当然也就不会涉及棉花出口免税的讨论。也就是说，纱联会筹备期间的声明以及进京请愿等事宜并未起到任何作用。这样看，纱联会的组建原因似乎有些荒诞，各厂接到函件后就积极准备应对措施，然进京接洽之后得到的答复应与各厂出发点无任何关联。时人无法了解到西原借款更为具体的层面，因此无法判断"惟闻日本国有交换条件三种，一棉

---

①②③ ［日］西原龟三：《西原借款回忆》，章伯锋译，邹念之校，载中国社会科学院近代史研究所近代史资料编辑组编《近代史资料》总38号，中华书局1979年版。

花二羊毛三钢铁出口免税"是否为不实消息。各厂接到消息后如不采取任何行动,相关事件也会得到解决。这在一定程度上也应是纱联会筹备期如此漫长的原因之一。纱联会在进行年度总结时也说到"本会会务实自迁入申报馆新屋后,始略见进行",并未提及筹备阶段对抗棉花免税一事,可见纱联会对此事并不认可,这件事情对于中日政府外交协商的相应影响也不宜高估。

西原龟三提出的免去棉花、羊毛、钢铁等项物资的输出税条款原因与其对中国棉纱贸易情况的经历有一定关系。西原龟三对于棉纱、棉布贸易早有深入接触,1907年8月30日,他在朝鲜成立了日韩商人的棉布交易组织公益社,以此来排挤在朝鲜的中国棉布商人,后积极开拓门司至釜山的棉布运输新航路,致使上海至仁川航路废止。1913年5月,他又促使中日双方缔结了在"鲜满"交界降低铁路运输货物通关税率的协定,进一步排挤中国商人。1914年4月1日,公益社与其他同业会社联合,以公益社为组合长,成立"日本棉丝布满洲输出组合",随后该组织抢占了棉制品在朝鲜和满洲的大部分市场。西原龟三经营公益社期间,主要目的是排挤中国商人,即"联韩—逐中—制韩"的棉布垄断策略。[①]可见西原龟三对于棉花免税在华商纺织企业的影响有自己的预判,应是复制"联韩—逐中—制韩"的棉布垄断策略来对付华商纱厂。从这一角度看来,纱联会的建立有未雨绸缪之意,是对日资垄断的反抗。

(二)关税会议

华商纱厂联合会筹建期间正值第三次税则修改期间,然民初这次修订关税会议与华商纱厂联合会的成立并无直接关系。但在税则修改后日本增加了对华棉纱业的投资,对各华商纱厂的经营产生了实际影响。

《天津条约》附件确立了"值百抽五"的协定税则,《辛丑条约》中又将其明确为通商进口税则增至"切实值百抽五"。[②]1912年,条约期满,按照条约规定中国政府有权要求修改税则。外交总长陆徵祥虽在此时照会有约各国,提议修改通商进口税则,但当时中华民国尚未得到各国承认,提议遂遭

---

① 孙志鹏:《"王道主义"与实业扩张:西原龟三的思想与行动》,《历史教学》2013年第5期。
② 王铁崖编:《中外旧约章汇编(第一册)》,生活•读书•新知三联书店1982年版,第1006页。

搁置。依照条约十年期满方可修改的规定,下次修改税则要到1922年才可正式提出。

然而第一次世界大战爆发为中国政府修改税则提供了有利机会。协约国为使中国参战,允诺中国政府进行通商进口税则修改。中国政府宣布参战后,1918年1月5日,中外各国代表在上海召开修改税则会议,对旧税则进行修改。此次税则修改,民国政府初衷是提高关税,尽快增加关税收入,会议讨论的焦点为"年度标准"和"暂行税"两个问题,免税品办法并未改变。①

中国政府为尽快增加海关税收,急于修改税则。政府在税则会议期间虽屡遭日俄发难,但态度始终如一,虽有妥协,但基本达到目的。税则会议正值纱联会筹备期间,但纱联会关注的棉花免税事件却非关税会议所引起,而是由西原借款引起。纱联会关于花纱事宜的吁恳并未影响政府对税则修改的态度,中国政府与纱联会在税则修改上的目的基本一致。

值得注意的是,由于中国海关在此之前征税货物分类较为简单,此次修改税则时日本强烈要求对货物进行详细分类,但反对将棉纱进行粗细分类,主张"照旧税则,纳均一之税,不分等级。即不必别粗细之纱,而异其税率也"②。后经多方磋商,日本同意对棉纱进行粗细分类。③税则修改后,提高了细纱的进口税,对粗纱的进口征税相对较低。这就导致日本为提升对华贸易竞争力,增加了对华棉纱业的投资,在华直接设厂,主要进行粗纱生产。④这对日本政府关于之后中国关税税则的意见和华商纱厂的经营都产生了实际影响。

日本投资战略的转变导致其对待税则修改的态度也随之变化。纱联会正式成立之后,多次因日本关于税则修改的意见而发函政府表示抗议,但都未取得效果。纱联会成立后多次就关税问题与相关机构进行交涉。1925年中日关税特别会议时,纱联会较为深度参与,多方交涉,并通过报刊制造大

---

① 姜鸿:《1918年修改税则之中外交涉》,硕士学位论文,湖南师范大学,第2—4页。
② 《收财政部公函(1918年9月15日)》,台北"中研院近史所"馆藏,资料号:03-24-009-01-001。转引自姜鸿:《1918年修改税则之中外交涉》,硕士学位论文,湖南师范大学,第50页。
③ 《收财政部公函(1918年9月20日)》,台北"中研院近史所"馆藏,资料号:03-24-009-01-004。转引自姜鸿:《1918年修改税则之中外交涉》,硕士学位论文,湖南师范大学,第51页。
④ 方显廷:《中国之棉纺织业》,商务印书馆2011年版,第127页。

量舆论,提出自身诉求。关税特别会议委员会亦同意纱联会副会长荣宗敬作为会议顾问参与中日关税特别会议。①

《纺织时报》和《华商纱厂联合会季刊》在此期间刊登多篇关税会议相关评论性文章。两刊发布征稿函以征求各纺织厂及社会各界对关税会议的观点:

> 我国关税会议不久即将举行,对于我国实业方面系极为重大。就纱厂一业而言,处在劲敌不易战胜之地位,自更希望此会或足为国产推行之助。然日厂方遍国内,增设毫无制限。竞争主敌固在此而不在彼,即以由日输入者言,区区加征二五抑亦何足以介其意。而彼处心积虑且已熟筹有以补救其后,此其明捷为何如乎。回视国内实业织界能注目及此者尚不多见。我纺为重要工业,实有亟起研讨之必要。各厂对于此项问题,倘承赐寄意见,自当随时刊登公诸舆论,记者亦甚愿执鞭弭以从之也。②

征文主题也为"关税与纺织",但这一主题并未得到纱厂及各方积极响应。"本刊之苦来稿缺乏久矣,记者为增进投稿诸君之兴味计,特于前期本刊设题征文,附以薄酬以期广集佳稿飨我读者,并以自舒东拼西缀之苦。不意时经逾月,而应征者竟寥若晨星。仅各得一篇,第四题则竟无来稿。"③

纱联会发表《本会提交关税会议意见书》,表达其对中日关税特别会议的主要诉求。意见书力陈关税自主对棉业的巨大影响,分析棉业衰退主要原因,指出:"窃以年来棉业疲滞已达极点,其中原因固多,然由于关税之不能自主及条约上种种束缚,则为诸因中之最大主因。甚至货品进出口禁令之主权,而亦遭剥削。我国棉业在全国实业比较为巨。值此关税特别会议,设不乘机争回一二,则全国棉业几无来苏之望。爰就管见所及略陈梗概,敬

---

① 《关会委员允聘本会推举顾问一人》,《纺织时报》1925年10月15日,第1版;《本会推定关会顾问》,《纺织时报》1925年10月19日,第2版。
② 《编辑小谈》,《纺织时报》1925年9月14日,第1版;《征文》,《华商纱厂联合会季刊》1925年第2期。
③ 《编辑余谈》,《华商纱厂联合会季刊》1925年第3期。

希采纳。(一)取消外洋棉花进口税并切实征收出洋棉花税。……(一)免除由此口运往彼口之棉花出口税。……(一)出厂税之修正……(一)准华商纱厂持用三联单项内地购运棉花。……(一)严拒外人无理另再提新条件。……(一)限制外人在国内设厂区域……"①纱联会条陈之办法确能有效保障华商纱厂利益,但条陈内容涉及领域较为复杂,且政府考量方向无法与某一行业高度契合,仅以华商纱厂自身力量对政府间关税协商结果产生影响并不现实。

此时纱联会成立近十年,各方面影响力虽不断提升,但政府并未采纳纱联会提出的意见。《纺织时报》对关税抗争结果进行过报道:"中日互惠税率之条约,本会前已电政府抗争,旋奉关税特别会议委员会复电,有与日本订立互惠税率一节应照关税定条例办理之语。"②总之,纱联会对关税改订这项关系其生产经营的政策十分关注,于存续期间多次参与关税改订讨论,但结果都不能如其本意。

同时,由于日本在棉纱业上加大了在华投资的力度,大量在华设厂生产棉纱,国内税收情况的变化对中日企业竞争产生较大影响。"棉纺织品之税捐,得别为统税及出口税两种。……棉纱统税复分为两项:(一)二十三支或二十三支以下之本色棉纱。(二)二十三支以上之本色棉纱。第一项之税则,每担定为 2.75 元,第二项定为 3.75 元。……华商纱厂,对于是项新税,表示反对,其理由:第一,棉纱分为两组,未能与华商纱厂以保障,使之能与国内日商纱厂竞争。日商纱厂专纺二十支及二十四支之棉纱,而华商纱厂专纺十支及十六支之棉纱,因此日商之税负较华商轻。"③政府与华商纱厂考虑角度的不同致使每次税则变化都会引起华商纱厂的不满,从这一角度来看,此次关税会议的结果对于华商纱厂的影响较为深远。

四、章程的备案注册与修订

纱联会在 1917 年 9 月 27 日订立纱联会章程草案后,曾先后四次修改过

---

① 《本会提交关税会议意见书》,《华商纱厂联合会季刊》1925 年第 1 期。
② 《关税会议中之中日互惠条约》,《纺织时报》1926 年 2 月 22 日,第 1 版。
③ 方显廷:《中国之棉纺织业》,商务印书馆 2011 年版,第 126—127 页。

章程,相对其他组织来说,章程修改的频率较高。章程修改一方面是因政府的政策要求,另一方面与纺织行业的发展密切相关。

(一)备案注册

1929年国民政府整顿同业公会,由于这次整顿,纱联会在注册上遇到了阻碍,较大幅度地修改了章程,并刊登在《纺织时报》。① 纱联会是全国性组织,上海社会局认为全国性组织不适合在地方机关注册,工商部也对一个区域以上的同业组织注册问题无明文规定,但已经拟请另定条约,经行政院送立法院审核。② 最后,《华商纱厂联合会章程》由上海特别市政府转呈国民政府备案,备案注册问题得以解决。③ 那么,1929年这次备案是不是纱联会第一次备案注册? 纱联会成立时,章程是否未在官方注册? 纱联会是否在未备案情况下一直进行相关活动? 这些问题值得进一步探讨。

纱联会成立之后就着手讨论章程修改问题,1918年4月7日,纱联会董事会"应请议决之事件中"就有"章程可否修改。(公推徐静仁、吴寄尘两先生为修订章程起草员,下次开董事会交议)"④一项。此外,《华商纱厂联合会经过报告书》在第三部分对纱联会成立后的"立案经过"有较为详细的说明:"本会自正式成立后,即从事修订简章。经公推,徐静仁、吴寄尘两先生为修订章程起草员。经四月七日董事常会逐条通过,后复函致各厂征求意见。复函赞成者共得十九家,已逾半数。遂于九月二十八日由上海总商会专呈农商部立案。奉第一〇八四号批示,令删去第三条内乙项特别职务四款及第七条内乙项末句下加入(但以一次为限)六字,先予备案。现本会所印章程即经批准者也。"⑤ 农业部批复后,将文件转呈江苏省公署,"为遵奉部令将删正章程等件呈请鉴核备案"⑥。江苏省公署于1918年10月30日将纱联会章程备案存档。也就是说,纱联会在成立之初就对备案注册一事十分注重,且在成立后就立即着手在农商部进行了备案注册,成立之后所有活动也都是在备案注册后合法开展,并未忽略政府的相关规定。1929年同业公会

---

① ③ 《拟改华商纱厂联合会章程》,《纺织时报》1929年4月15日,第2—3版。
② 樊卫国:《华商纱厂联合会成立与民初关税会议》,《社会科学》2006年第12期。
④ 《华商纱厂联合会函稿簿三本》,上海市档案馆藏,资料号:S30-1-5。
⑤ 《华商纱厂联合会经过报告书》,《安徽实业杂志》1919年续刊第21期。
⑥ 《江苏省公报》1918年第1752期。

整顿时,因注册方式发生变化,纱联会遇到了注册困难,但其并未回避章程注册的问题,而是积极应对并依据行业发展情况修改了章程。

1917年版《华商纱厂联合会章程》,在第一次备案时就删去了以下内容:"左列四款为本会现之目的,虽不能至心向往之。(1)呈请政府蠲免花纱厘税。(2)筹减本国花纱水陆运费,取其回扣奖励本国花纱,其方法由本会议员公决之。(3)商请国家银行减轻纱厂用款之利率。(4)逐年调查全国出棉之丰歉及需棉花之实数,随时请政府酌量情势禁棉出口。"[1]并规定了总董、议董的连任次数。由章程删去的内容可知,政府对于纱联会的预期政治影响并不认可,备案过程中删去的四条内容在一定程度上削弱了这一组织的号召力和影响力。政府税则的话语权不可能由某一行业协会掌握,政府也不会为行业组织对会员的长远承诺背书。纱联会在当时行业组织中属实力较强者,但以一组织对政府施加压力,以求在政策制定过程中产生影响,仍很难收到效果。政府虽然在规范行业与市场等相应情况时需要依靠行业组织,但绝不会放任某一组织无限度地扩大影响力,最终影响政策制定,制衡政府决策。但从另一个层面上看,同业组织的成立无疑为这一行业向政府高层传递自己的声音提供了可能的渠道。随着同业组织号召力和影响力的逐步增强,同业组织的呼声也就会逐步得到政府在一定层面上的认可。

(二)章程修订

由于1929年政府整顿同业公会,纱联会订立了1929年版《华商纱厂联合会章程》[2],这次章程的重新修订是纱联会对这十余年来机构运行的总结,可以较为清晰地看到十余年来纱联会的发展,也能较好地从侧面了解华商纱厂十余年的发展情况。

仔细对比1917年版《华商纱厂联合会章程》与1929年版《华商纱厂联合会章程》可以看出,1929年的章程更加明晰和规范,纱联会建立后十余年,很多方面也发生了变化。1917年章程职务一款中提到"寻常职务暂趋重于扶翼方面",也就是说,当时纱联会的日常工作是帮扶弱小的华商纱厂壮大自身力量,维护一般纱厂的发展。甲款中第三和第四条都是以"扶翼"为目的,

---

[1] 《上海市棉纺织工业同业公会董事会议记录(一)》,上海市档案馆藏,资料号:S30-1-35。
[2] 《拟改华商纱厂联合会章程》,《纺织时报》1929年4月15日,第2—3版。

帮助筹建新纱厂和建设不甚发达纱厂。在1929年章程中,"扶翼"方面内容已经不再于章程中体现,而是新增会务"植棉推广"一项,可见这一内容在纱联会建立之后的这段时间里得到了各纱厂认可,也得到了政府方面的认可。

随着时间推移和市场形势的变化,华商纱厂所面临的内外部环境都与纱联会建立有较大不同。"扶翼"内容的消失与企业生存环境变化息息相关,分析这一内容消失的原因,主要有以下三个方面:第一,纱联会的成立过程较为曲折,在这一过程中为了争取中等以下纱厂企业的支持,在建会初期确立了"扶翼"的目的,并以此来吸引更多华商纱厂加入联合会。纱联会建立之后的这一段时间,纱联会的力量逐渐增大,不需要再以"扶翼"为手段来扩大自己的影响,就逐步取消了这一对策。第二,纱联会建立后的十几年,正是华商纱厂发展的黄金时期。华商纱厂经过这十几年的发展,基本上都具备了一定经验,纱联会能给予工作或生产上的助力也相应减少。第三,此时中外纱厂竞争较以前有很大增强,企业外部环境没有以前宽松,纱厂自顾不暇,疲于应付外资纱厂和市场的变化。加之1917年章程中所规定的"扶翼"内容并不具体,操作性不强,很难具体落实。综合这些因素,纱联会对于新厂的帮助肯定会有较大幅度减弱,无法达到理想效果,这也使得这一规定在实行过程中名存实亡。

1929年章程进一步明确了会员权益,除一开始的选举权与被选举权外,明确了会员的表决权和建议权。明确这一权益是为了细化之后大会表决流程的规定,1929年章程对会员权益和表决流程都进行了更为明晰的修改。1929年章程将会员分为甲乙两类,甲类仍为各华商纱厂,新增乙类,乙类是某区域的联合团体。也就是说,作为全国团体的纱联会已经允许团体会员的加入,这样自身规模更加庞大,也更能了解某一区域或某一相关行业的需求。1929年章程对出会进行了说明,设置了主动退出机制。更为重要的是1929年章程中提到了纱联会确立的常设职能机构"执行总部",明确了这一常设机构的运行模式,并对相应人员任免有较为明确的规定。执行总部是纱联会作为一个正规实体机构日常规范运作的证明。这说明纱联会脱离了建会初期较为简单的运行模式,更加规范有序地服务会员。正因如此,纱联会的日常开销也随之增加,相应地,1929年章程中会员费用有了较大幅度的提升,会费变为按照纱锭数交纳。1917年章程规定按照纱锭数划分等级交纳会费,即"锭子一万以上者每年纳费规元五拾两;锭子二万以上者每年纳费规元壹百两",而1929年章程是甲种会员"每一锭纳银一分八厘",乙种会员照甲种会员减半。会费有了大幅度的提高,审计制度也随之确立,这样纱联会对于经费的预算、核算和使用都有了明确规定。

总的来说,1929年章程更加充实和明确,比起草创阶段,纱联会的运行机制也更加规范。1929年章程的确立,为纱联会提供了运行的依据和准则,为纱联会进一步的发展提供了良好条件。

在1917年章程确立三年后,纱联会于1920年3月7日下午3时召开了第三届常年大会,会议除讨论年度报告、预决算、植棉等事宜外,讨论并一致通过了《章程修正草案》,"由书记诵读一过,经大众逐条研究,第三、第六、第九、第十二各条,均有订正",也就是1920年版《华商纱厂联合会章程》。①

1920年章程承上启下,章程的基本格式和会员相应职权都在这一版章程中得以正式确立并一直沿用。这一版章程采用了分章逐条排列的方式,确定了章程的基本格式。在宗旨、职务、职员等方面,对1917年章程进行了提升和细化,提出"凡关纺织应兴应革事宜及联络维持公益事业一律以全体公意行之"的宗旨,由"增进共同利益"变为"谋棉业之发展,促纺织之进步"②,纱联会的发展方向此时已发生变化,正在逐步寻求更大的行业影响。章程确定了纱联会编辑杂志具体出版周期,每三个月出版一次,并定名为《华商纱厂联合会季刊》。会长、会董任期由一年变为两年,庶务人员聘请更加灵活,依据具体事务多寡确定。

但1920年章程也具有一定特殊性,这一时期章程修改的内容与当时纱厂蓬勃发展密不可分。1920年章程在"第三、第六、第九、第十二各条,均有订正",提出了筹建棉铁工业学校、培养纺织人才,设立纺织研究社、研究中外纺织品的设想。筹建棉铁工业学校的构想由聂云台、穆藕初和刘柏森三人于1919年提出。1919年11月,由黄炎培撰写创办学校的相关计划。创办棉铁工业学校的相关经费"假定银二十万两,由各纱厂分任之"③,教学所

---

① ② 《附录修正华商纱厂联合会章程》,《华商纱厂联合会季刊》1920年第3期。
③ 最终确定各厂认筹金额为三十万两,实际各厂认筹金额十六万两。(《本会第二年度经过情形报告书(民国八年三月至九年二月)》,《华商纱厂联合会季刊》1920年第3期。)

用机器"可向英美制造厂商请赠送或减价让与。以营业所得抵教育费,并供债之,以扩充地步"①。学校创办经费虽不需会费支付,但仍由各会员纱厂承担。

章程最大变化是会费交纳方式,会费由"按锭数之多寡分等捐纳"变为"按照各该厂用花每担自抽银三分,分四季缴纳"。因为华商纱厂不常做棉花期货交易,喜好预购囤积大量棉花,所以新方式收会费将使会费较之前有很大程度提升。纱联会两年来具体会费收入也因此有较为明显的增长:"本年度共收入会费一万三千一百另四两三钱二分,第一年度则仅一千七百七十五两洋三百三十八元五角。两相比较所增实多,推其主要原因则第一年度系照旧章,按锭纳费,继则依用花之数,每担自抽一分。复经七月二十日特别大会公决,各厂用花每担加抽二分,分四季缴纳。"②可以看出方式的改变使会费增加近十倍,因七月起每担变为抽成三分,如第二年全年都按每担三分进行抽成,会费将增长十倍有余。会费增加原因除"延聘植棉专家及增设棉场之用"外,"会费而外复有借巨资以派员出洋者,购公债以置办棉场者,捐特款以购买棉子者"③,每项活动耗费资金巨大,导致会费紧张。"本会经费之不足,会费则由按锭计算而改为用花抽费。始则一分,继则三分"④,进而改换会费收取方式以维持各项活动。

相较其他两个版本,1920年章程构想更为宏大,增改的诸多措施均以纺织行业长期健康发展为目的。但章程增改相关举措所需经费甚多,给各会员纱厂带来较大资金压力。1920年前后是国内华商纱厂蓬勃发展时期,纱联会此时增收会费并不会遇到较大阻碍,"自本年度秋起,本外埠各厂多已照缴。惟天津三家因另立公会,并有一二家以不悉本会内容仍照一分缴纳,料下年度定可归一致矣"⑤。1920年章程中的诸多修改正是基于纺织业蓬勃发展所带来的充足会费,但这些举措经费消耗巨大,在行业萧条时期无法持续。

1920年章程确立的会费收取方式随着纱厂经营的衰退,必然难以为继。1929年章程中会费的交纳方式改回了按锭收取,建立棉铁工业学校和纺织

---

① 《本会棉铁学校计划书》,《华商纱厂联合会季刊》1920年第2期。
②③④⑤ 《本会第二年度经过情形报告书(民国八年三月至九年二月)》,《华商纱厂联合会季刊》1920年第3期。

研究社的构想在章程中也并未保留。1923年始,国内棉纺织业就已趋于衰退,一直持续至1936年。华商纱厂发展虽然在1928—1929年出现反弹,但在世界经济大萧条格局下,纱厂发展大趋势仍然不乐观。因此1920年章程与其他版本章程相比就更为特殊,它是纱联会在行业发展乐观、经费充足等利好条件下的理想主义构想。虽然这些构想大都没有实现,但在一定程度上表现了纱联会为谋求整个行业发展进步所作的努力。

1933年11月29日,纱联会再次修订章程,并于次日在会员大会上通过。本次章程的修订在纱联会会务方面进行了较大调整:"一、关于原棉之改良及合作事宜。二、关于制造之改良及发展事宜。三、关于产品之推销及运输事宜。四、关于专门人才之造就事宜。五、关于调查统计事宜。六、关于书报刊行及技术研究事宜。七、关于同业纠纷调解事宜。八、关于其他相关利益事宜。"[1]1933年的纱联会已因其在棉产统计和棉业改良方面的贡献得到了政府的认可。依托纱联会,1931年3月21日,中华棉产改进会和中华棉业统计会成立。[2]可以说,此时的纱联会在这两项职能上具有了一定官方性质,因此纱联会将原棉改良和调查统计事宜写入会务。

五、结　　语

纱联会成立过程曲折漫长,原因在于各华商纱厂出于自身利益考量的不断博弈,但最终纱联会在行业联合理念倡导者的坚持和行业共同利益的引导下形成。纱联会的成立以及之后的运转在多种层面上为整个华商纱厂带来了更大的发展前景,对整个近代棉业发展都起到了良性作用。不同时期纱联会章程的变化就能较为清晰地体现纱联会对行业所做的贡献。纱联会章程在一定意义上就是行业根据市场变化及行业现状制定的针对性策略,章程的多次修订就是纱联会及时应对行业及市场变化的表现。

纱联会成立后,华商纱厂在经营上就更具实力,可以较为有效地应对外资纱厂竞争,共同面对日、英等外资纱厂的压力;可以与棉业纱联会及其他

---

[1] 《华商纱厂联合会临时会员大会通过的会章、预选执监委员名单及各厂代表名单》,上海市档案馆藏,资料号:S30-1-17。

[2] 华商纱厂联合会、中华棉产改进会编:《中国棉产改进统计会议专刊》,1931年12月。

相关同业组织建立良好合作关系,更为便捷有效地调节原料价格和产品价格的市场波动。更重要的是纱联会成立后,华商纱厂在与政府沟通上形成了团体效应,获得了有效的沟通渠道,从而逐步得到政府认可,掌握行业话语权。这样政府在行业策略变化时,就会更多考量华商纱厂的诉求。政府与纱联会和整个行业间的良性互动也因此得以形成。

申新第四纺织厂的内迁与国民政府的战时干预

The Relocation of Shenxin Fourth Textile Factory and the Wartime Intervention of the National Government

王成伟[*]

作为汉口纺织工业的代表，申新第四纺织厂是抗战时期中国工业内迁的缩影。国民政府对申新第四纺织厂的干预具有三个特点：第一，主张工业搬迁的呼声主导国民政府的政策制定，国民政府不断致力于解决厂内关于搬迁问题的分歧，清除阻挠搬迁的一切力量；第二，从搬迁政策的执行效果看，国民政府各部门一方面保证了工厂的主体转移，另一方面造成了不少损失；第三，从相对长的时段看，国民政府对申新第四纺织厂的干预自战前的统税政策开始，以工业内迁为转折点，自此不断强化对工厂的干预力度，并由原先的经济干预扩展到政治干预，进而影响工厂正常的生产经营秩序。总之，以国民政府的视角看待申新第四纺织厂的内迁，既要深入申新第四纺织厂内部做细致的考察，又要对具体的事件做时空向度的联动性延伸。

汉口申新第四纺织厂（简称"申新四厂"）是荣氏企业成功撤退到抗战后方的工厂之一，也是国民政府在抗战大后方的纺织工业重镇。有关企业的内迁问题和国民政府对抗战后方企业的干预问题，学界已做出大量有益的探讨。但上述两个问题的研究，目前仍存在可供挖掘的信息。一是研究对象的范围多为一个行业或一个领域的整体性研究，现有成果大多是将其作为工业内迁浪潮的组成部分进行介绍和分析的，而全面抗战时期的企业

---

[*] 王成伟，中国人民大学历史学院硕士研究生。

史——个案性的描述仍有待强化。①二是研究地域的差异,现有研究地域多集中在西南地区,而同样作为大后方的西北地区,特别是地理位置相对偏僻的陕西宝鸡,则遭到某种程度的忽视。②由于政府的干预表现于多个方面,以经济管制为主,兼及政治干预和武力渗透,要全面考量是非常困难的,所以目前学界对国民政府战时干预的作用褒贬不一。事实上,站在一个微观的政策执行者——申新第四纺织厂的视角,分析具体的案例,似乎能够更为客观地审视和评估国民政府的战时干预。作为中国近代史上最大的民族资本企业集团,战争阶段荣氏企业的生产经营活动,具有十分典型的战时特征,政府的干预与管制对荣氏企业的内迁产生了明显的导向性作用。抗战时期的国民政府,以申新的内迁为契机,不仅延续了战前的税收政策,并且逐渐加强了对生产、经营、管理等活动的战时管制,直接影响到企业的兴衰。

再者,由于申新纺织总公司强大的历史影响力,以该公司为研究对象的成果已十分丰富,但研究的覆盖时段主要集中在20世纪20年代至七七事变之前,抑或是从抗战胜利后到解放初的社会主义改造时期,而全面抗战时期的申新企业史研究,仍有深入挖掘的余地。③故本文将于前人的研究基础上,利用相关档案和报刊材料,通过梳理申新第四纺织厂的内迁史及立足过程,

---

① 相关研究有李先明:《抗战时期国民政府对花纱布的管制述论》,《贵州社会科学》2004年第3期;魏文享:《商人团体与抗战时期国统区的经济统制》,《中国经济史研究》2006年第1期;江红英:《抗战期间国民政府的人力管制》,《抗日战争研究》2008年第4期;赵国壮:《抗日战争时期大后方糖业统制研究——基于四川糖业经济的考察》,科学出版社2015年版。这类研究大多基于国民政府的角度,自上而下地观察战时管制对行业部门的执行效果。

② 关于陕西省的内迁企业研究,目前仅仅是对陕西工业体系和少部分工业部门的整体认识,其研究深度远不及西南,尤其不及川渝的内迁企业。相关研究有黄立人:《抗日战争时期工厂内迁的考察》,《历史研究》1994年第4期;田霞:《抗日战争时期陕西工业发展探析》,《抗日战争研究》2002年第3期;李学通:《抗日战争时期后方工业建设研究》,团结出版社2015年版;卢徐明:《抗战时期陕西棉业研究》,《中国经济史研究》2019年第4期。

③ 以申新为中心的研究成果主要有徐锋华:《企业、政府、银行之间的利益纠葛——以1935年荣氏申新七厂被拍卖事件为中心》,《历史研究》2011年第6期;张明:《集体合同与制度激励——以解放初期上海申新棉纺织一厂为个案的分析》,《上海经济研究》2014年第12期;严国海:《税收与价格:福新、申新企业发展新探》,《中国经济史研究》2017年第4期。此外,作为申新系统的主要领导人,有李国伟的《荣家经营纺织和制粉企业六十年概述》(参见中国人民政治协商会议全国委员会文史资料研究委员会编《文史资料选辑(第七辑)》,中华书局1962年版,第30—44页)、章剑慧的回忆录《雪泥杂记——剑慧回忆录》(申新四厂子弟冯驱先生提供),两文专门讲述申新纺织总公司的发展历程,但其中主要记述的是抗战前的官僚资本和外国资本对申新的压榨,而较少涉及抗战时期的申新。

试图再现政府和企业之间的利益关系和真实互动,解析战时干预给政府和企业带来的历史影响。

一、申新第四纺织厂的战前发展与国民政府的经济干预

创办于1915年的申新纺织无限公司,经过十余年的快速发展,到20世纪20年代末,已经在中国纺织界占有举足轻重的地位,是当时能够与外国资本相抗衡的民族纺织企业。1928年,荣氏企业举办30周年庆典,时任申新第五纺织厂厂长的朱仙舫对申新纺织总公司评价道:"虽谓我国经济地位,由是而固;人民生计,得由是而安焉可也。"①可见申新对保障国计民生的重大作用。1920年,鉴于"纱市颇振,而汉镇集陕豫湘鄂四省之花,由是而输往下游者年四五百万担,而棉纱之供给,均来自申厂"②,荣宗敬出资组建汉口申新第四纺织厂,两年后开机生产。申新四厂是荣氏家族唯一分布在华中地区的纺织厂,也是荣氏家族唯一完全自办的纺织厂,隶属于荣氏企业旗下的申新纺织总公司,由荣德生的女婿李国伟负责经营。1926年,申新四厂的布场投产,规模开始扩大,经营也逐步走向正轨。区域的独特性使申新四厂在申新系统的表现大放异彩,1929年,"申新沪锡汉共七厂,考绩比较,四厂遂得冠军,闻者称异焉"③。1935年,申新四厂再度扩大生产规模,"不断增加纱机和布机……又建起第二布场和漂染工场……并继续向国外订购新纱机"④,逐渐起到了"与东瀛比隆,以抵制外人之侵略"⑤的作用。

纵观申新第四纺织厂的战前发展历程,可以发现申新第四纺织厂在荣宗敬和李国伟的带领下迅速发展壮大。然而,创建伊始的申新第四纺织厂却面临着并不乐观的市场环境,既要应对日商的经济战,还要受到国民政府的经济压迫。第一次世界大战结束后,在华日商通过高价收购棉花、低价倾

---

① 朱仙舫:《申新在中国纺织界之地位》,载《茂新、福新、申新总公司卅周年纪念册》,上海世杰书局1929年版,第34页。
② 《申新第四纺织厂概况》,载《茂新、福新、申新总公司卅周年纪念册》,上海世杰书局1929年版,第13页。
③ 《申新四厂之声誉 七厂中之冠军》,《纺织时报》1929年12月23日。
④ 萧尹:《宝鸡申新纺织厂史》,陕西人民出版社1992年版,第21页。
⑤ 李国伟:《申新第四纺织厂复兴特刊征文缘起》,《朝气》1936年第6期。

销纱布的策略,造成全国的棉贵纱贱局面,企图垄断中国棉纺织工业。1923年9月至1928年底,《纺织时报》曾开辟专栏,介绍日本对中国的棉纱倾销情况,除沿海港口城市外,汉口则是日商在内地的倾销地,虽然倾销量不及沿海城市,但打击力度相对于汉口的纺织工业而言却十分沉重,申新四厂唯有依靠年年赢利的福新第五面粉厂(简称"福新五厂")才得以维持,但是"资产负债不可能平衡,而且情况日趋严重"[1]。因此在福新五厂的股东里出现了卖掉申新四厂的声音,隔壁的日本泰安纱厂闻讯后亦开展"收购"计划,准备开始对申新四厂注入资本。随着工厂职工的民族意识和爱国热情日渐高涨,在李国伟等人的劝说下,荣宗敬没有接受卖厂的主张,日商的收购计划也不了了之。当然,民族大义面前的申新四厂,并非只有这一次论争,工厂内部关于迁厂问题而引发的冲突,则更为激烈。除此之外,日本纱厂在华经营的规范程度也强于中国纱厂,1933年,荣宗敬撰文感叹日本纱厂的生产力"已与华厂相埒,日纱自由行销各地,皆有通汇机关,贩运转输,处处便利,而华商无之,即有亦未能充分联络,遂使各厂常年困顿,而日即于衰落"[2]。由此可见,日本商人的缜密性和计划性是中国商人所不及的。所以,申新四厂在税负额度方面和经营环境方面都难以抵挡日商的倾销浪潮,劳动力和技术能力的优势发挥得十分有限。

除了源于外商的经济斗争外,亦有来自国家内部的剥削和压迫。早在20世纪30年代初,国民政府已设立资源委员会、全国经济委员会和建设委员会,连接政府、银行和企业,负责国家经济建设的发展计划。而作为民生必需品的棉纱,属于刚性商品,尤其是战争时期,军民的棉纱需求量更为庞大,加上机制棉纱产量大,税源稳定,其生产情况历来受到政府的重视。虽然没有史料能够直接地反映国民政府的税务政策对申新四厂的影响,但是可以根据申新纺织总公司和汉口纺织行业的整体情况,推断申新四厂在税务政策之下的经营情况。1931年,国民政府通过整顿税制、增加财政收入的手段,开始对棉纱进行统一征税。这一政策一方面结束了中国混乱无序、重复征税的状况;但另一方面,中国的纺织系统受到政府的大力干预,而日商

---

[1] 李国伟:《荣家经营纺织和制粉企业六十年概述》,载中国人民政治协商会议全国委员会文史资料研究委员会编《文史资料选辑(第七辑)》,中华书局1962年版,第37页。

[2] 荣宗敬:《纺织业与金融界》,《海光》1933年第8期。

纱布产品却可以受到国民政府的特别优待。1932—1936年的上海棉纱税收总额,有50%由中国商人承担。至1937年,经过两轮的统税税额调整,政府的干预力度越来越大,税率大幅上涨,税级划分更为细密,而税级划分又与棉纱的支数和粗细相关。①这种调整不仅不利于民生的发展和外企税金的征收,对于民族纺织企业的生产而言亦非好事,直接影响到工厂的产品产量结构,也大大削弱了民族企业同外国资本的竞争力。马寅初曾对税率结构性上涨的问题进行批评:

> 中国政府拟将细纱加税稍重,粗纱则较轻。华商纱厂多纺粗纱,比较有利,当不可不反对矣。乃华商纱厂则谓"果其如此",则华商纱厂永无纺细纱之希望,岂尚有发展之日乎?财政部则谓"此说亦觉牵强中国纱厂",苟能于技术上及设备上加以改良,与外商负担同样之租税,安能断定无发展之希望,其为此说,毋乃自弃太甚乎?②

申新税负的上升也让荣宗敬多次呼吁取消统税,但无济于事。荣德生哀叹:"纱税由一元五角包税加至八元以上。吾各厂全年增加税额五百万元以上。"③从申新各厂棉纱和棉布的产量可见,1931—1936年,申新的棉纱和棉布产量呈波动性增长,并伴随剧烈下滑,而在统税政策颁布前的1926—1931年,申新的棉纱和棉布产量持续上升,即便是1927年棉纱产量有所下降,也没有影响到棉布产量的上升。④同样,汉口的纱布市场也因为统税受到一定程度的冲击,"棉纱一件约须完纳十元之统税,经加工染织售出,仍须另缴纳千分之五之营业税,且此营业税之完纳,均须照上年度营业金额完纳"⑤,以至于汉口纺织界的商人们不断呼吁政府减轻税负。虽然申新四厂在20世纪

---

① 关于1931—1937年间的棉纱统税税率变化,可参见晏忠波:《南京国民政府前期统税研究》,硕士学位论文,华中师范大学,2016年,第49页。
② 马寅初:《中国棉业之前途》,《东方杂志》1937年第13号。
③ 上海社会科学院经济研究所编:《荣家企业史料(上册)》,上海人民出版社1980年版,第240页。
④ 参见《申新各厂棉纱和棉布的总产量(1922—1936)》,载上海社会科学院经济研究所编《荣家企业史料(上册)》,上海人民出版社1980年版,第617页。
⑤ 汉口市商会商业月刊社调查部:《工商调查:武汉之工商业(十九)》,《汉口商业月刊》1936年第5期。

30年代凭借强大的生产能力和先进的管理制度,在纺织市场中取得一定优势,但根据荣氏兄弟和汉口纺织界的反应以及申新四厂的资金数据波动,国民政府的统税政策对申新四厂的发展亦产生了一定阻碍,1936年,申新四厂的自有资本仅占股本的6.1%,未弥补亏损金额达86.387万元。[①]因此,1931年的统税政策,可认为是国民政府对纺织企业的干预已初露端倪。

面对内外的经济压力,申新四厂的发展并不顺利。事实上,内部的阻碍可能要比外部的干扰有更为深远的影响,税制直接影响企业的生产结构,具有持续性。对于日商的棉纱倾销,在1931年统税之前,申新四厂还可以发动工厂职工的爱国热情,依托荣氏企业的经济实力与日本纱厂相抗衡;而统税政策颁布后,日本纱厂和中国纱厂受到了国民政府的区别对待,日本的棉纱倾销由此愈演愈烈,造成的破坏性也更加严重。所以,外部干扰配合内部阻碍,申新四厂的市场环境急剧恶化,导致申新四厂在与日商的市场竞争中常常心有余而力不足,在抵制倾销方面的作用也往往十分有限。随着全面抗战的开始,国民政府对申新四厂的干预力度开始强化。

二、申新第四纺织厂的内迁之争

八一三事变之后,日军开始大规模轰炸上海。为使申新彻底丧失与日商的竞争能力,申新系统下各大工厂成为日军的重点进攻对象。1937年10月27日,申新一厂、八厂受到日军轰炸和破坏,损失五百余万元;淞沪会战期间,荣鸿元和荣尔仁将申新二厂、九厂分别过户到美商和英商名下,寻求西方企业的庇护,太平洋战争爆发后,两厂被日军接管;申新五厂、六厂、七厂因战争破坏,至6月亦损失殆尽;12月12日,日军焚毁申新三厂,仅有少量机器被抢运到汉口。至此,申新纺织系统下属的九个工厂,仅有位于内地的申新四厂得以完整保存在荣氏家族手中。

淞沪会战结束时,汉口的纱布市场出现短暂的繁荣局面,申新四厂的产

---

① 参见《申新各厂资产负债表中上届未弥补亏损金额(1936年底)》《申新各厂自有资本情况(1936年底)》,载上海社会科学院经济研究所编《荣家企业史料(上册)》,上海人民出版社1980年版,第539—540页。

品"因沪货不能装来,市上极俏……恐有供不应求之势"①。但随着日军侵略脚步的加快,幸存于汉口的申新四厂亦是岌岌可危,随时有遭到日军毁灭性打击的可能。国民政府为适应抗战需要,"饬令各省地方政府协助工厂内迁,以便扶植,而利发展"②。面对企业的繁荣,资本家们亦要重点考虑战争问题。但出人意料的是,企业领导层在现实利益和工厂前途的问题上并没有达成一致意见,反而形成老派和少壮派两股势力,对搬迁事宜产生激烈争论。老派是以荣德生、华栋臣为代表的上海股东,借助政府内少数主和派官员的"和谈"空气,以搬迁成本高、人员遣散事项复杂、搬迁无用等缘由,主张不搬迁。他们的人数虽然不多,但大多身居高位,控制荣氏企业的资金命脉,其意见往往是决策的决定性砝码。少壮派则是以李国伟、章剑慧等中青年资本家和年轻职工为主,他们抗战意识坚定,以保存民族纺织工业和抗战实力为由,在内迁问题上绝不妥协,甚至提出了"谁不搬迁,谁是汉奸"的口号。少壮派为响应国民政府工厂内迁的政策,相继有瞿冠英、李国伟二人抵达重庆考察,为工厂内迁做准备。不仅如此,少壮派对国民政府的内迁政策抱以极大的希望,他们认为内迁问题"在厂主独力之下固然难,但在政府主动之下却绝对有办法的"③。可以说厂方领导层分化出的两派,代表了国民政府内部关于工业内迁问题的两种声音。1938年6月,经过精细筹划和多次交涉,申新四厂"由当局协助"④开始沿长江内迁重庆,半年内先后有1万锭纱机和80台布机被运往重庆。换言之,申新四厂内迁重庆之事,是李国伟绕过老派领导而为的,国民政府在工厂内迁问题上的干预,一定程度上减轻了申新四厂的运输损失。

转移到重庆的机器设备,只是申新四厂的一小部分资产,其主体仍留在汉口有待搬迁。1938年8月,在周恩来和宋美龄的帮助下,由路易·艾黎和卢广绵负责牵头的"中国工业合作协会"(简称"工合")成立,并分设西北、西南和东南办事处。同时,路易·艾黎受博古的影响,以促进工业合作运动、

---

① 《申新四厂致总公司函(1938年8月30日)》,载上海社会科学院经济研究所编《荣家企业史料(下册)》,上海人民出版社1980年版,第48页。
② 《国内劳工消息:劳工行政》,《国际劳工通讯》1939年第2期。
③ 华煜卿:《战区纺织工厂内迁问题》,《朝气》1937年第26期。
④ 参见上海社会科学院经济研究所编:《荣家企业史料(下册)》,上海人民出版社1980年版,第197页。

减少难民对政府的依赖为由,成功促使国民政府将63家武汉企业西迁陕西,其中计划将包括申新四厂在内的15家企业迁往宝鸡。①7月26日,侵华日军占领九江。宋美龄和端纳于8月4日抵达汉口,视察申新四厂,紧急传达了国民政府关于工厂、企业西迁的决定,并以长江水道拥堵为由,建议申新四厂通过铁路向宝鸡搬迁。次日,蒋介石手令:"武汉各工厂应迅予迁移至后方安全地带……政府于不得已时,惟有予以毁坏,总以速迁为宜。"②通过这一系列的事件,可以发现国民政府一面通过"工合"的社会影响力,另一面利用行政命令的强制性,促使申新四厂向宝鸡搬迁。

为贯彻国民政府的西迁决策,汉口市市长吴国桢还召开工厂会议,极力劝说工厂疏散,路易·艾黎则建议工厂向宝鸡转移。作为申新四厂少壮派代表的李国伟,首先支持工厂内迁宝鸡的计划。而荣德生则再度表示反对,电告李国伟"设法挽回",股东也因宝鸡荒凉偏僻而不愿前往。申新四厂两派的分歧经此事而进一步加剧,有关内迁宝鸡之事也陷入僵局。1938年8月8日,国民政府破坏大冶各矿,表明工业内迁势在必行、不容商榷。这一事件的出现,似乎为李国伟提供了强大的支撑,而主张不搬迁的华栋臣于当日致荣鸿元的函中则深表绝望和无奈:"势在必行,有雷厉风行之象……焦土政策,毫无申辩余地。"③在政府的舆论压力下,荣德生被迫接受了申新四厂迁往宝鸡的决定。事实上,工厂在完成搬迁后,荣德生依旧心存不快,章剑慧曾向工矿调整处坦言:"荣老板远在上海,重庆开厂且遭拒绝,宝鸡开厂恐

---

① 1976年,路易·艾黎撰写回忆性文章《"工合"运动记述》,提到时任国民政府经济部部长翁文灏反对将汉口工业搬迁到西北地区,但在另一位"工合"创始人——卢广绵的《抗日战争时期的中国工业合作运动》中,却没有类似于路易·艾黎的说法。实际上,翁文灏十分重视西北的战时经济地位,多次公开表示,"今日正应利用抗战之机会,充分开发西南及西北各省",将西南、西北视作"我民族复兴之策源地",并主张利用西北地区丰富的棉花、皮革、羊毛资源,"于短时期内造成健全基础"。因此,路易·艾黎的记载仍有商榷的余地,不过,以上资料至少可以证明国民政府经济部对汉口工业内迁西北的决策是没有太大异义的,工业内迁政策的确定也没有因主和派官员释放的"和谈"空气,而阻力重重。参见中国人民政治协商会议全国委员会文史资料研究委员会编:《文史资料选辑(第七十一辑)》,中华书局1980年版,第103、110页;翁文灏:《抗战期中之经济政策及其实施方案》,《经济动员》1938年第6期;《翁文灏发表经济建设方针》,《蒙藏旬刊》1938年第143期。

② 《汉口市政府关于召集各机关及武汉各工厂谈话决定迁移办法致工矿调整处函(1938年8月8日)》,载中国第二历史档案馆编《中华民国史档案资料汇编》第62册,凤凰出版社2010年版,第436—437页。

③ 《华栋臣致荣鸿元函(1938年8月8日)》,载上海社会科学院经济研究所编《荣家企业史料(下册)》,上海人民出版社1980年版,第61页。

难允诺。"①从搬迁事项确定的整个过程来看,申新四厂的少壮派正是借助国民政府的不断干预,才得以占据争论的上风,国民政府有关工厂转移的政策导向,对申新四厂的前途和命运具有重要的参考意义,政府的主流舆论,同时牵动工厂内部的意见分歧。若仅凭李国伟、章剑慧等中青年资本家的力量,似乎很难说服荣德生等老一辈资本家,更无力与政府主和派官员对抗,荣氏企业在中国民族纺织工业的重要地位可能也会不复存在。可以说,国民政府对申新四厂的直接干预对其西迁起到了至关重要的作用,庆新纺织厂②和宝鸡申新纺织厂的诞生正是政府干预的产物。

三、国民政府临时干预下的申新第四纺织厂内迁

七七事变以来,内迁工厂大多以迁渝为主,既有企业自愿的原因,也有政府强制的影响。1938 年 1 月,国民政府经济部正式成立,原本隶属于行政院的工矿调整委员会,划归经济部管辖,并更名为工矿调整处,由翁文灏部长兼任处长,专门负责民营工厂的内迁及复工问题。以翁文灏、林继庸、张群为主的政府官员不仅为迁渝工厂规划路线、承包轮船,还协助厂方寻找厂址、恢复生产。申新四厂内迁重庆,正是李国伟在工矿调整处的支持下,绕过上海股东而完成的。除了章剑慧争取到的商业轮船,国民政府也为转移申新四厂的机器设备,包下英商怡和轮船公司的船只,作为申新四厂搬迁的运具。这些船只虽于途中遇到日机轰炸和日军追赶,政府也未能够实现有效保护,但生产机器在半年后大多完整地转移到重庆。为修建厂房,章剑慧又向工矿调整处提出 152 500 元的借款,"始得建木架平房,容纺锭一万,因陋就简,迅速装配"③。在工矿调整处的帮助下,申新四厂成为武汉内迁工厂中复工最早的一家。由于现有的档案材料并不完整,申新四厂迁渝的原貌很难被全面复原,因此这一过程的描述只能是粗线条的,然而,不可忽视的是,国民政府在整个搬迁和复工过程中是发挥了重要作用的。

---

① 章剑慧:《雪泥杂记——剑慧回忆录》,申新四厂子弟冯驱先生提供,第 16 页。
② 1939 年 1 月,申新四厂搬迁至重庆后复工,未被允许使用"申新"名号,而冠以"庆新"之名,直到 1940 年才更名为"申新第四纺织厂重庆分厂",简称"申四渝厂"。
③ 章剑慧:《雪泥杂记——剑慧回忆录》,申新四厂子弟冯驱先生提供,第 12 页。

相比于重庆方面,前往宝鸡的搬迁之路似乎要远比长江水道复杂。李国伟和瞿冠英确定新厂址后,将厂名改为"宝鸡申新纺织厂"(亦称"申新第四纺织厂宝鸡分厂")。搬迁决策虽然得到了政府的大力支持,但是工厂的技术人员和机器设备的转移过程仍充满曲折和艰难,主要表现于交通和工厂用地购置两方面。在交通问题上,从汉口到宝鸡,可通过水路和铁路两种渠道,但是"当时为抵御日寇溯长江入侵,水路军运繁忙,根本没有交通工具"①,故而申新四厂的水路搬迁计划一再搁置,同时引起了申新四厂领导的不满。华栋臣对政府只制定决策而不协助的行政方式十分痛心,甚至一度称申新四厂为"毫无外援之厂"。②直至1938年8月16日,经过多次请求和协商,章剑慧拿到了铁路部门尽力协助的手令,在运输单位的帮助下,才使得装载申新四厂机器的第一列火车开往宝鸡。即使如此,这些登上火车的机器设备并没有彻底安全,或"沿途有日本飞机追击……途中时停时开"③,或"因信阳失守,柳林车站不能通行,于折返武汉途中被日军所劫"④。因此申新四厂迁往宝鸡的设备只有纱锭一万六千枚,布机三百余台,发电机一部和少量车床。⑤即便如此,抵达宝鸡后的申新四厂仍具备一定开工能力。从这一方面看,国民政府的干预起到了一定效果,只是效果并不明显,其中既有侵略者的外部因素,也有国民政府内迁政策执行不力的内部因素,它们的共同作用,体现出国民政府缺乏组织企业内迁的计划性,也显示出战时干预的有限性。申新四厂搬迁途中的遭遇,暴露出国民政府在保护内迁工业方面的种种缺陷。企业若想自保,唯有主动要求政府加大干预力度,落实内迁政策,才能使之不至于落入敌手。

在工厂用地购置问题上,抗战结束时,宝鸡申新纺织厂已拥有871亩土

---

① 陈亮:《荣氏企业在宝鸡》,《宝鸡日报》2005年11月4日,第1版。
② 《华栋臣致荣鸿元函(1938年8月11日)》,载上海社会科学院经济研究所编《荣家企业史料(下册)》,上海人民出版社1980年版,第61页。
③ 朱博泉:《申新第四纺织厂宝鸡分厂是怎样兴建起来的》,载中国人民政治协商会议陕西省委员会文史和学习委员会主编《陕西文史资料精编(第三卷)·社会经济》,陕西人民出版社2010年版,第124页。
④ 上海社会科学院经济研究所编:《荣家企业史料(下册)》,上海人民出版社1980年版,第67页。
⑤ 在1938年9月15日华栋臣致荣鸿元的函中,华栋臣提及搬迁至宝鸡的机器设备计划数量,有纱机两万锭,布机七百台,染厂一小部分及新电机一副。但根据李国伟记载的迁陕机器数量统计,抵达宝鸡的机器有纱机两万锭,布机四百台,粉机三千袋一套及三千瓦发电机全套。可见申新四厂在内迁过程中遭受的损失巨大。

地。但内迁之初的工厂,却出现了前所未有的用地困境,宝鸡县政府、宝鸡申新纺织厂和当地农民三股力量相互交织,矛盾尖锐。由于宝鸡地方势力强大,李国伟、瞿冠英在购置十里铺和卧龙岗的土地时阻力重重,当地人得知耕地被工厂征购,"掀起很大的风潮,强烈抗议征购他们的土地"①。而居于二者之中的宝鸡县政府,对土地分配的态度持续摇摆不定,一方面担心宝鸡申新纺织厂背后依靠的最高当局,另一方面需要稳定农民的情绪。实际上,宝鸡县政府的行为亦是十分矛盾,先是恫吓和威胁百姓出让土地,再是劝说申新"应顾及人民生活,到别处另寻土地"②,希望双方能够互相让步,达成一个妥协的方案。最后宝鸡申新纺织厂首先表示退让,以官价或高于官价的成本,先后在十里铺和卧龙岗两地陆续征得土地,利益争端也逐渐平息下来。然而,征地事件中厂、政、农三方面的纠葛,从深层次上体现出的是中央政府、地方政府和地方基层势力的矛盾,中央与地方的信息沟通不到位,造成上下部门未能有效协调,使宝鸡县政府没有明确的政治偏向,加上地方政府治理体系没有树立威信,基层势力树大根深,农业人口数量庞大,工业基础薄弱,这些因素都给宝鸡申新纺织厂的稳定立足带来了极大的麻烦。

　　从汉口申新第四纺织厂到宝鸡申新纺织厂的过渡,国民政府的战时干预无处不在,其中不仅有政府的主动干预,也有企业申请的需求性干预。但就申新四厂的搬迁和立足效果而言,国民政府在战争应急方面的问题是十分明显的,有限的干预使申新四厂于转移途中损失惨重,于征购土地时困难不断。不过,战争状态下的中国,即便是存在工矿调整处等部门专门负责工厂搬迁事宜,但完全寄希望于国民政府对后方工业提供完善的社会服务,必然是十分困难的。在抗战最为艰苦的防御阶段,经济部、陕西省政府和中国银行西北区还能够分别为宝鸡申新纺织厂提供3 000包水泥、200吨钢筋、150万元的借款,可见宝鸡申新纺织厂在西北地区工业建设的重要地位,也展现出国民政府方面对宝鸡申新纺织厂的重视和扶植力度。

　　除此之外,从搬迁的效果上看,申新四厂搬迁宝鸡之前,宝鸡的工业合作社随着陇海铁路的建成得到了初步发展,根据当时陕西省银行总行的统

---

① 萧尹:《宝鸡申新纺织厂史》,陕西人民出版社1992年版,第31页。
② 同上书,第33页。

计可知,1939年4月宝鸡所拥有的工业合作社共26家,社员340人,股本近10万元,其中涉及纺织行业的单位有7家,分别为兴华染织社、西关纺织社、志成织布社、宾大纺织社、同济纺织社、复兴织染社与协和纺织社,社员119人,股本约2万元。①可见宝鸡申新纺织厂正式投产之前,纺织业在宝鸡工业体系中并非占有绝对优势,社员比例和股本比例大约为35%和20%,但也具有一定基础和规模,已初步形成了纺、织、染的棉纺织工业体系,部分合作社还承担多道工序。从这一角度观察,良好的纺织业基础,似乎也成为国民政府将申新四厂迁往宝鸡的一大原因。而国民政府对申新四厂的政策导向,给宝鸡的工业体系和经济结构带来了十分剧烈的影响,荣氏企业资本的大量注入,加上国民政府的政治背景以及"工合"组织的支持,使纺织工业逐渐成为宝鸡最大的工业部门。

四、国民政府对宝鸡申新纺织厂的深入性干预

历尽艰险迁往宝鸡的申新第四纺织厂,尚未在宝鸡站稳脚跟,重庆方面便在1939年3月下旬颁布战时管制命令:"宣布对重庆的棉纱、棉布、五金、西药、纸张五种商品实行'战时经济统制'。由政府对这些商品的价格进行管制。"②这一政策是国民政府对国统区市场的整体性干预,原本是为了防止战争导致的市场商品价格的波动,也是为了保障军需棉纱的供应。然而,这项政策的执行效果却适得其反,棉纱统制造成了重庆棉纱价格上涨了10%,并迅速波及陕西棉价。实际上,抗战伊始时,后方虽然出现人口大量增加、物价略有上升的情况,但未造成大幅度的物价波动。这次物价上涨,使得宝鸡申新纺织厂的利益最先受到损害。在全省物价集体上涨之时,军政部于8月以低价"依法征购"了宝鸡申新纺织厂纺出的第一批棉纱。军事背景下的经济统制相较于战前的纯粹税收调控,一方面显现出更明确的目的性,另一

---

① 参见陕西省银行总行:《浦城白河宝鸡最近经济调查》,《陕行汇刊》1939年第3期,第50—51页。其中关于宾大纺织社的股本数据,由于该刊印刷错误而无法考证,仅能对总体情况做大致估算,宝鸡县其他25家工业合作社的股本为9.21万元,宾大纺织社之外的6家纺织行业的合作社股本为1.65万元。

② 萧尹:《宝鸡申新纺织厂史》,陕西人民出版社1992年版,第174页。

方面体现出宝鸡申新纺织厂面对低价征购的弱小与无力。

军方征购让宝鸡申新纺织厂无利可图,加上迁厂造成的运输损失,使纺织厂一度陷入困境。章剑慧曾多次同管制机关交涉,要求给予纺织厂以喘息的机会,直至1940年3月,宝鸡申新纺织厂才得到政府的特批,暂缓四个月的统制期。然而,国民政府和军队的管制并没有因此而停止,反而愈演愈烈,甚至毫无底线地公开掠夺,给宝鸡申新纺织厂的生产和经营活动造成极大的干扰和破坏。20世纪40年代以来的政府干预主要体现在两大方面:一是以低于市场价的政府限价收购申新的产品,二是以"加工代纺"的管制政策掠夺工厂的劳动价值。1940—1941年间,政府从申新征购的"统制纱"价格,由市场价的70%骤降至市场价的约35%,导致1941年申新第四纺织厂宝鸡分厂和重庆分厂共损失百万元以上。[1]1942年2月成立的物资局通过"以花控纱,以纱控布,以布控价"的政策,虽然保证了战时衣料的供应,但是将申新一步步纳入国家经营的轨道,给企业的生存和发展带来了极大的破坏。据工矿调整处的档案记载,截至1942年6月,宝鸡申新纺织厂的纱机开工数、布机开工数分别为应有数目的81%、33%,远低于战前生产水平。[2]到1943年,财政部花纱布管制局已经对工厂的棉花原料进行统购,纺织厂无法营业,仅能为政府代纺,提供军用衣料。如此一来,军队的棉纱需求虽得到保障,但花纱布管制局"不能处处尽如人意,亦自是意中事"[3],宝鸡申新纺织厂的生产被严重冲击。

对于国民政府的战时经济管制,李国伟早有不满,而考虑到国民政府未来的经济援助,这种不满最终便体现于国民党的党务工作上。随着国民政府西迁重庆、汪伪政权的建立,国民党在江浙地区的基层党组织几乎全部瘫痪,而陕西省的党务工作"洎乎抗战之后,经负责诸同志之多多努力,渐次整顿,始入正轨"[4]。抗战的机缘推动了国民党陕西省党部的发展,党员吸纳规

---

[1] 参见萧尹:《宝鸡申新纺织厂史》,陕西人民出版社1992年版,第175—176页。
[2] 《工矿调整处具报西北各纱厂受敌机空袭损失情形及现状呈(1942年7月29日)》,载中国第二历史档案馆编《中华民国史档案资料汇编》第63册,凤凰出版社2010年版,第359页。
[3] 龙大均:《十年来之物资管制》,载谭熙鸿主编《十年来之中国经济(一九三六—一九四五)》,文海出版社1974年版,第U42页。
[4] 周心万:《抗战以后之陕西党务》,《西北研究》1940年第30期。

模开始逐步扩大,党组织扩张和渗透能力达到前所未有的程度。①宝鸡申新纺织厂的国民党组织便是如此,1940年,李国伟在重庆加入国民党,两年后,国民党中央党部通知李国伟建立基层支部,而李国伟却拒绝了中央党部的要求,只与国民党达成了一个妥协性的方案:"由重庆中央党部直接领导……由厂里的国民党员自己办党,国民党中央和陕西省党部都不派人。"②从李国伟和国民党部之间的妥协结果来看,他一方面利用地方党部的虚弱性而与之周旋,另一方面则是对厂外的国民党员有很强的不信任感,似乎是担心国民党基层组织的进入会给工厂的生产经营带来不必要的麻烦,进而选择通过这种方式反抗政府的经济管制。李国伟发展党员的标准亦可印证这一点,他首先是挑选职工中可靠的人,其次是进厂多年的铜匠师傅及无锡同乡等,③包括李国伟推荐的党部书记,也是其表妹章映芬。换言之,宝鸡申新纺织厂的国民党支部虽已在战时建立起来,但起初并没有受到国民党中央的直接控制。

以党务训练班的举办为例,陕西省党部于1940年9月5日举办第一期党务训练班,历时一个月,并计划未来赓续举办,但深受官方重视的宝鸡申新纺织厂,却在区党部成立一年之后才举办第一期党务训练班。这一情况的出现,可能是因为陕西省党部无法将党务训练班的计划推行至中央党部直属的申新工厂区党部。直到1944年2月,国民党中央组织部才派员进入宝鸡申新纺织厂组建"工矿党务训练班",并先后举办三期,可谓是国民党部对工厂政治干预的第一次强化。可即使如此,厂区党部书记的职务仍是工厂领导人员,不存在国民党中央派员担任的情况;此外,1943年至1949年间,虽然党员数量从82名增加到243名,但大多数党员都是通过党务训练班、职员训练班等形式集体入党,区党部的质量因此而大打折扣。然而,从历史影响上看,申新工厂区党部下辖6个区分部,于每年7月或9月进行改选,除了第六区分部资料严重残缺以外,另外5个区分部皆保存有较为完整

---

① 根据王奇生的统计,1935年国民党在陕西省共有党员5 559人,占全体党员的1.8%,1945年猛增至约364 650人,占全体党员的5.3%,尽管陕西省的国民党员数量大幅提升,但由于入党的途径五花八门,入党的手续极其简单,因此陕西省党部对基层社会的渗透力是十分有限的。参见王奇生:《党员、党权与党争:1924—1949年中国国民党的组织形态》,华文出版社2010年版。

②③ 《陕棉十二厂志》编委会编:《陕棉十二厂志(1938—1985)》,陕西省岐山彩色印刷厂1988年印,第304页。

的书记名单、委员数量及任期等资料,这一情况与当时混乱无序的国民党基层组织形成了鲜明的对比。总之,尽管申新工厂区党部自成立以来存在诸多弊病,上级党部的管理也出现诸多漏洞,不过从区党部的设立效果来看,国民党的政治干预有持续强化的趋势,并持续到抗战胜利之后。故而国民党的不断渗透,标志着战时干预由原先以政府和军方为主体的经济干预拓展到以国民党为主体的政治干预。

自申新四厂迁往重庆和宝鸡后,国民政府对申新系统的管制开始逐步增强,一方面是无节制的经济掠夺,另一方面是国民党政治力量的深入渗透。单纯从战争角度出发,解释申新四厂的战时干预,可能只是一个模糊的史相。若从国民政府的角度出发,似乎可以勾勒出一条相对长时段的线条。国民政府始自1931年的统税,是对整个棉纺织行业的干预政策,作为个体的申新四厂虽然受到行业经营情况的影响,但是在荣家体系中仍可依靠福新五厂的帮助,因此才会出现申新纱厂与日本纱厂相互竞争的局面。而工业西迁浪潮给国民政府带来了加大干预力度的契机,申新四厂在政府的主导下完成搬迁后,开始逐步进入国家管制的轨道。经过战争的不断催化,干预力度愈发强大。所以,国民政府的战时干预,并不是空穴来风,而是存在统税等经济政策的历史渊源,抗战期间的管制,一定程度上可以被视作过去政策的延续和加强。

五、结　　论

通过上述内容的分析,大体可以得到以下结论或认识。

其一,国民政府的战时干预对申新四厂的搬迁具有十分重要的导向作用,甚至是决定性作用。随着抗日战争的爆发,国民政府的工业内迁政策引起了申新四厂内部的争论,厂内老派和少壮派的分歧,一定程度上代表国民政府领导层有关这一政策的分歧。少壮派能够赢得这场争论的胜利,也体现了国民政府内部的力量对比。事实上,在全民抗战的背景下,政府中有关工业不搬迁的言论很难通过媒体而让社会所普遍知晓,这类消息大多是通过非官方的渠道进入舆论的,所以申新四厂的内迁势在必行,争论的结果也是不言而喻的。此外,以工矿调整处为代表的政府部门,在工厂的搬迁过程中做出重要贡献,工矿调整处对运具的调度,虽然协助效果较为有限,没有实现内迁全程零损失,但仍不可否定官方对厂方搬迁工作的大力支持,尤其是工厂转移成功后,国民政府拨发的物资配给,大大推动了重庆分厂和宝鸡分厂的复工进度。

其二,国民政府对申新四厂的干预,既有正面的积极作用,又有十分明显的有限性和负面影响。为使少壮派能获得迁厂之争的胜利,蒋介石、宋美龄、吴国桢等政府高层和地方官员曾三令五申,表达内迁决心,给少壮派以精神鼓励。为使申新四厂能完成搬迁任务,工矿调整处协助调度轮船和车皮,有力地支撑了工厂的搬迁工作。然而,搬迁过程中的设备损失,确实存在国民政府对搬迁工厂组织不力的原因,暴露出战争状态下国民政府在应急和应变能力方面的问题,组织的无序和应急预案的缺失,极大地限制了工业内迁的效果,以至于当时有人尖锐地指出:"政府及厂主对工厂迁移之无决心与做得太不够太不好。"①而战争期间,国民政府仅顾及军需棉纱的稳定供给,忽视企业发展的实际情况,不断强化对两地申新纺织厂的管制,给申新的生产活动带来很大的损失,一定程度上也挫伤了工厂的生产积极性。总体上而言,国民政府既挽救了申新的生命,也破坏了申新的秩序。

其三,从相对长的时段来看,国民政府对申新四厂的干预,自统税政策颁布之日起就已初露端倪,以申新四厂的搬迁为转折点,此后不断强化政府对工厂的干预,并逐渐由经济领域扩展到政治领域。20世纪30年代以来,申新第四纺织厂在外部受日本纱厂倾销策略的挤压,在内部受国民政府统税政策的盘剥,且相对于外部挤压而言,国民政府的影响更为深远。税制对企业直接而持续的导向,加上国民政府将中日纱厂区别对待,使申新四厂在对抗日商的经济战中逐渐显得力不从心,极大地损害了申新四厂的生产经营热情,在社会舆论方面也产生了一些负面评论。而申新四厂的内迁,则成为国民政府深化干预的重要契机,一是有战时商品管制的催化作用,二是工厂本身要求政府强化内迁过程中的协助力量,这两大因素共同提升了国民政府的战时干预强度,使战时申新的自主权被一步步蚕食。

申新四厂凭借荣家强大的经济实力,在中国棉纺织界具有重要的经济

---

① 千家驹:《论第二期抗战的战时经济(上)》,《国民公论》1939年第5—6期。

地位。在号称"东方敦刻尔克"的工业内迁浪潮中，申新四厂只是一个微小的组成部分，然而它却得到了国民政府的重视，并受到了国民政府更为强大的干预。这主要反映了国民政府的利益取向及明显的局限性，出于急速扩大财政收入和军事支出的目的，需要依赖来源稳定的棉纱及相关税负。国民政府利用这种强制力量，一方面保证了国家的战争需求，另一方面为国家管理者自身谋取利益，而申新四厂也因此受到损害。

抗战前申新纺织公司生产效率决定因素探究

Analysis on the Determinants of Production Efficiency of Shenxin Textile Company before the War of Resistance against Japanese Aggression

孙正坤 *

申新纺织公司是民国时期最大的民营棉纺企业，对其软硬件实力的研究有助于进一步了解软硬件条件对一个企业生产效率的影响。本文运用历史文献和数据分析的方式对申新九家纺织厂的生产力水平进行分析，以探讨软硬件实力在企业发展中的重要性。研究得出：企业设备及厂房的先进程度对纺织企业生产效率有一定影响，但不是决定性因素；对申新纺织公司的软硬件实力调查表明，设置合理的管理制度更为重要，甚至可以让一个硬件落后的企业的效率超越硬件优秀的企业。

目前学界对荣氏企业研究的文章很多，笔者一篇关于申新纺织公司的综述对这方面的问题有过梳理[1]，但是运用软硬件深入比较来进行生产效率分析的文章很少，所以本文以此为出发点，对这方面的问题进行探讨。

本文核心除了探索设备数量外，还探究其他因素对纺织企业生产效率的影响。本文将其分为软件条件和硬件条件：软件条件指的是申新纺织公司的管理方式、福利等问题，硬件条件指的是申新纺织公司的纺织设备和厂房建设的相关问题。本文以硬件条件分析为核心，并以软件条件为参考进行分析，以期得出相对准确的结论。

---

* 孙正坤，清华大学科学史系博士后。
[1] 孙正坤、杨小明：《民国时期申新纺织公司的研究综述》，《服饰导刊》2020年第1期。

一、抗战前申新纺织公司硬件条件比较研究缘起

本文选取的统计资料包含 1934 年 7 月的国民政府实业部的《申新纺织公司调查报告书》,虽然这一调查资料中存在一些问题,但是笔者利用当时报刊档案及其他史料对申新纺织公司的厂房及设备进行多重考察,以确保考察内容更接近事实。申新纺织公司中的一些子公司附设布厂、线锭厂,但是一个纱厂的核心在于纺纱产业,布厂、线锭厂和其他单位是辅助部门。所以,我们以纺纱效率为研究对象对这一问题进行分析。根据上海市棉纺织工业同业公会编制的《中国棉纺统计史料》中产量数据,将申新九家纱厂的细纱历年产量及每锭(台)生产产品的生产效率制成如下两表,以便进行分析。

申新纺织工业系统各厂细纱历年产量　　　　单位:棉纱(件)

厂别	1933 年 纱锭数	1933 年 棉纱产量	1934 年 纱锭数	1934 年 棉纱产量	1935 年 纱锭数	1935 年 棉纱产量	1936 年 纱锭数	1936 年 棉纱产量
申新一厂	72 476	85 858*	72 476	51 945	72 476	44 822	72 476	48 925
申新二厂	56 744	27 148	56 744	27 148	56 744	—	56 744	3 909
申新三厂	65 808	49 664	65 808	51 415	65 808	52 276	65 808	57 693
申新四厂	—	—	41 136	7 377	41 136	30 767	41 136	37 090
申新五厂	54 208	31 797	54 208	31 797	54 208	—	49 588	2 500
申新六厂	75 104	41 335	75 104	36 976	73 800	34 286	73 000	41 075
申新七厂	59 484	30 172	59 848	26 840	59 898	30 418	59 849	31 271
申新八厂	50 400	—	50 400	40 168	50 400	37 692	50 400	39 049
申新九厂	80 556	28 268	80 556	60 961	80 556	48 789	89 224	55 201

* 该年统计数据为申新一厂、八厂细纱的共同产量。

笔者发现,在纺织品产量上,有些企业纱锭数与布机数并非完全相关,如申新二厂、六厂、七厂等厂设备数高但产量低。在申新纺织公司中,纺纱领域工作效率较高的有申新八厂、三厂、四厂,效率较低的有申新二厂、七厂,申新六厂虽较二厂、七厂总体稍高但效率并不高。笔者认为这一结果是其硬件条件与软件条件互相作用而导致的。笔者通过对各厂的这两个条件进行综合分析,探究其厂房、设备、管理方式之间的相互联系,并对相关问题进行评析。

申新纺织工业系统各厂纱机生产效率

年份 厂别	1933年 (件/锭)	1934年 (件/锭)	1935年 (件/锭)	1936年 (件/锭)
申新一厂	0.70*	0.72	0.62	0.68
申新二厂	0.48	0.48	—	0.07
申新三厂	0.75	0.78	0.79	0.88
申新四厂	—	0.18	0.75	0.90
申新五厂	0.59	0.59	—	0.05
申新六厂	0.55	0.49	0.46	0.56
申新七厂	0.51	0.45	0.51	0.52
申新八厂	—	0.80	0.75	0.77
申新九厂	0.35	0.76	0.61	0.62

* 该年统计数据为申新一厂、八厂共有数据。

二、申新纺织公司九家纱厂的建筑比较

（一）申新建筑概述

申新纺织公司的九家纱厂中的自建纱厂和收购纱厂由于建造时间不同，建造的材料和结构也有一定差别。较新的厂房建筑以钢骨水泥为主，老旧的厂房以砖木建筑为主。钢骨水泥建筑的纱厂环境相对较好，较砖木结构的老厂房，在生产及安全等方面都有较大的优势。笔者将申新九家纱厂的状态总结为下表。

申新纺织公司九家纱厂特征概况

厂别	材　质	特　点
申新一厂	砖木结构：建厂时的旧纱厂①，1917年老布厂 钢骨水泥：1919年建立了钢骨水泥新纱厂(北厂)②，同年建立新布厂；1932年建立纱厂厂房(南厂)	老砖木结构的旧纱厂后来可能遗弃不用

① 郭鉴清、仲祖龄：《申新第一厂参观记》，《钱业月报》1925年第1期。
② 陈文源、荣华源、周维沛主编：《中国民族工业先驱荣宗敬生平史料选编》，广陵书社2013年版，第136页。

(续表)

厂别	材　　质	特　　点
申新二厂	钢骨水泥：三层南厂厂房（1920年）① 砖木结构：北厂厂房（1896年左右），1919年收购时增建了一家厂房②	该厂为收购纱厂，多为老旧厂房，虽有整修，但是效果一般③ 申新九厂中最旧，北厂尤甚，大雨"如无盖之地，东流西溢"，对设备和原料都有损害。④办公室陈旧，其他如工人宿舍、工房等"多已倾斜，恐有倾圮之虞"⑤
申新三厂	钢骨水泥：纺纱厂（1919年）、电机部以及新布厂（1928年） 砖木结构：老布厂（1922年）、栈房及公事房	该厂有些老旧，部分位置采光一般；新建布厂建筑较为优秀⑥
申新四厂	钢骨水泥：除栈房、布厂及公事房外均为此结构⑦ 砖木结构：栈房、布厂及公事房⑧⑨	由于1933年大火，该厂新建厂房均为新式，为申新各厂的佼佼者⑩
申新五厂	大多为钢骨水泥结构⑪	除拈线部外光线均良好 该厂初建于1914年，1925年被收购
申新六厂	一个纱厂（1918年）以及新老布厂均为钢骨水泥结构	纱厂、布厂均为收购前建设，该厂厂房过大，工务联系不方便 该厂始建于1918年，于1931年被收购（该厂之前一直是租用其他纱厂进行运营，到1931年才收购厚生纱厂正式建厂）

---

① 陈文源、荣华源、周维沛主编：《中国民族工业先驱荣宗敬生平史料选编》，广陵书社2013年版，第136页。
② 上海大学、江南大学《乐农史料》整理研究小组编：《荣德生与企业经营管理（上）》，上海古籍出版社2004年版，第353页。
③④ 公颖、汝伯：《申新二厂概况》，《纺织染季刊》1940年第4期。
⑤ 上海社会科学院经济研究所编：《荣家企业史料（上册）》，上海人民出版社1980年版，第549页。
⑥ 陈文源、荣华源、周维沛主编：《中国民族工业先驱荣宗敬生平史料选编》，广陵书社2013年版，第135页。
⑦ 仲勋：《申新第四纺织厂概况》，《朝气》1936年第10期。
⑧ 聂仲勋：《复兴后的申新四厂》，《纺织周刊》第5卷第7期。
⑨ 上海社会科学院经济研究所编：《荣家企业史料（上册）》，上海人民出版社1980年版，第394页。
⑩ 侯红志：《穿越百年沧桑的"荣氏"申新四纺织厂》，《档案记忆》2018年第3期。
⑪ 上海大学、江南大学《乐农史料》整理研究小组编：《荣德生与企业经营管理（上）》，上海古籍出版社2004年版，第364页。

(续表)

厂别	材　质	特　点
申新七厂	钢骨水泥:南厂三层厂房(收购之后新建)① 砖木结构:北厂厂房②	虽经整修,但是厂房整体状态也不是很乐观 该厂始建于1896年,于1929年被收购
申新八厂	均为钢骨水泥(1933年)	—
申新九厂	厂房为钢骨水泥结构(1933年)③ 砖木结构:不详	虽然是收购的老旧纱厂,但是仅收购了设备,该厂的厂房是新建的

(二) 建筑机构实力比较

按上表的资料来看,就纱厂而言,申新四厂、申新八厂及申新九厂都是新建筑,是申新纺织公司纱厂厂房中的佼佼者。申新一厂以钢骨水泥建筑为核心,而且南厂厂房非常新,整体实力排在第四位。申新五厂的厂房大多为钢骨水泥结构,且采光性好。申新三厂同为钢骨水泥结构但是采光性一般,是其设计缺陷。申新五厂要比申新三厂好一些。申新六厂虽然均为钢骨水泥结构,但是工厂面积大且厂房间距离较远,对其工务管理也带来很大不便,而且,建筑时间也相对较早,应该不及申新三厂。申新纺织公司中主要的破旧企业为申新二厂、申新七厂:申新二厂北厂是极为老旧的砖木结构厂房,南厂虽为钢骨水泥,但也是相对较早的老式建筑;申新七厂北厂同为老旧的砖木结构厂房,南厂为钢骨水泥建筑。两厂的老旧建筑虽有整修,但是效果一般。不过,申新七厂南厂的钢骨水泥建筑要优于申新二厂。所以,申新七厂要优于申新二厂。综合来看,申新四厂、申新八厂、申新九厂实力并列第一;申新一厂排名第四,申新五厂第五;申新三厂由于采光性问题略逊于申新五厂,排名第六;申新六厂第七;最后分别是申新七厂和申新二厂。

---

① 朱仙舫:《申新纺织第七厂之创设及整理概况》,《纺织年刊》1931年第5期。
② 上海大学、江南大学《乐农史料》整理研究小组选编:《荣德生与企业经营管理(上)》,上海古籍出版社2004年版,第445页。
③ 潘隽仲:《申新九厂概况》,《纺织染季刊》1939年第1期。

三、申新纺织公司九家纱厂的设备比较

（一）设备实力数据比较

本文将1928—1937年的设备定义为"较新设备"，1918—1927年的设备定义为"老旧设备"，其余的都定义为"过于老旧设备"。根据《申新纺织公司调查报告书》及《荣家企业史料》等数据资料，整理出下表①。

抗战前申新纺织公司各厂纱锭数新旧比例总结　　　　单位：%

设备占比＼厂别	"较新设备"占比	"老旧设备"占比	"过于老旧设备"占比
申新一厂	45	37	18
申新二厂	38	45	17
申新三厂	22	78	0
申新四厂	48	52	0
申新五厂	46	30	24
申新六厂	18	65	17
申新七厂	11	3	86
申新八厂	100	0	0
申新九厂	22	5	73

（二）纱机实力综合比较

首先，从上表入手对申新各家纱厂设备进行初步的排名设计。就纱厂设备而言，申新纺织公司各厂中纺纱设备最优秀的非申新八厂莫属，所有纺纱机都是1928—1937年的"较新设备"；申新四厂由于其"较新设备"占比48%且无"过于老旧设备"，排在第二名；申新一厂和申新五厂"较新设备"占比相似；之后是申新二厂；申新九厂、申新三厂"较新设备"占比均为22%，但是，九厂"过于老旧设备"占比过大，所以，它必然排在申新三厂之后；之后依次为申新六厂与申新七厂。

---

① 上海社会科学院经济研究所编：《荣家企业史料（上册）》，上海人民出版社1980年版，第547页。

对于设备水平的评价不能把设备的新旧作为评判的唯一指标,老设备的整备、维修、技术革新和新设备在企业的适应程度的问题都是判断设备水平的重要指标,笔者将这些问题整理为下表。

申新纺织公司设备状态考察

设备 厂别	纺纱设备
申新一厂	1. 瑞士立达制造的新纺纱机工作状态良好,其老机虽经整理,但生产效率不是很高,一些设备需要更换大批零部件①② 2. 没有明确的文献可以分析出申新一厂大牵伸设备这一时期的准确数据,但是根据其设备的生产年代,可以推出其大约占比为 45%以上 3. 申新一厂在 1935—1937 年有一些设备维修和改造的合同,证明该厂部分设备的确需要维修,该调查结果有一定参考价值
申新二厂	1. 关于申新二厂细纱机大牵伸设备,并没有找到明确的数据,笔者通过朱仙舫(申新二厂、申新五厂、申新七厂高级技术管理人员)文章③和相关数据,分析其应该在 38%—44%之间 2. 实业部的调查认为申新二厂的部分设备需要重新修整,此观点真实性难以考证,但是 1940 年公颖、汝伯的《申新二厂概况》的报告认为其也存在类似的问题。两者相差一段时间,这一材料可作为参考
申新三厂	1. 细纱机大牵伸设备占有率 24% 2. 至抗战前大牵伸设备占比不大,老旧设备居多,而且设备并未完成重新整备④
申新四厂	1. 老机改造和新购置的细纱机大牵伸设备占有量为 3/4 左右⑤ 2. 已经开始运行了 2/3 设备,运行成果令人满意⑥
申新五厂	细纱机均为大牵伸设备,其产品在申新各厂中也堪称佼佼者⑦
申新六厂	1. 申新纺织公司将其收购以后不断更新机件,设备也略有增补,所有的细纱机都改进为大牵伸设备⑧ 2. 大牵伸设备占比 100%
申新七厂	1. 朱仙舫对 1.6 万锭大牵伸设备改造(1932 年)还算满意,其占比约为 28%。之后申新七厂革新数量不多,设备也过于老旧
申新八厂	均为 1930 年及 1932 年生产的新设备

---

① 上海大学、江南大学《乐农史料》整理研究小组选编:《荣德生与企业经营管理(上)》,上海古籍出版社 2004 年版,第 435 页。

②④⑥⑦⑧ 国民党实业部:《申新纺织公司调查报告书》,1934 年 7 月。

③ 朱仙舫:《二十年份申新二厂厂务改进概况》,《纺织周刊》第 2 卷第 5 期。

⑤ 聂仲勋:《复兴后的申新四厂》,《纺织周刊》第 5 卷第 7 期。

(续表)

设备＼厂别	纺纱设备
申新九厂	1. 申新纺织公司对老旧机械整理积极,所以申新九厂纺纱设备工作尚好① 2. 大牵伸改进完毕时间方面,没有确切的资料可以考证。但是,可以推断申新九厂最迟在1939年已完成大牵伸设备的改造②

纱机方面以抗战前申新纺织公司各厂纱锭数新旧比例总结为判断依据制定出的初步结果为申新八厂、申新四厂、申新一厂、申新五厂、申新二厂、申新三厂、申新九厂、申新六厂、申新七厂。其中申新八厂设备的绝对性优势毋庸置疑。现在通过上表,将其他八家纱厂重新对比。

申新五厂由于细纱设备已经全面改进,其运营良好。申新一厂与申新五厂设备的新旧程度也相差不大,但是申新一厂并没有进行大面积的设备改进,所以申新一厂不及申新五厂。而申新四厂虽然没有过于老旧设备,但是大牵伸设备总共占3/4左右,并没有完全改进完成。申新五厂虽然大牵伸设备占100%,但是"较新设备"占比略逊于申新四厂且"过于老旧设备"占比较高。所以,综合看来,申新四厂、申新五厂实力应该不相上下。

抗战前,细纱设备全面大牵伸改造完成的企业除了申新五厂,还有申新六厂。申新一厂在1935年就订购了大量纱机整理零件,在抗战前基本完成改造,但是没有对大牵伸设备进行改进,申新一厂"较新设备"占比较大,近一半。申新六厂虽然设备都得到了升级,但是"较新设备"仅占18%。所以笔者认为申新一厂要强于申新六厂。之前初判的时候,排在申新一厂之后的申新二厂无论是细纱机改造数还是"较新设备"占比都不及申新一厂,所以现在也依然要排在申新一厂之后。申新六厂已经基本整理完毕,且全面改进为大牵伸设备,申新二厂虽然"较新设备"比例要高于申新六厂,但是,国民党实业部的调查认为申新六厂的设备运营良好,但是申新二厂并没有完全升级为大牵伸设备,而且一些设备需要重新修理、整备。虽然,实业部的资料被很多人诟病,认为其在贬低申新,但是在同一个企业中比较还是有

---

① 国民党实业部:《申新纺织公司调查报告书》,1934年7月。
② 潘隽仲:《申新九厂概况》,《纺织染季刊》1939年第1期。

一定价值的。所以,申新六厂与申新二厂应该相差不大。

申新二厂无论是新机还是细纱机的升级占比都远超申新三厂,而且申新三厂很多设备也需要修理、整备,所以申新二厂要超过申新三厂。申新三厂的"较新设备"占比与申新九厂相同,虽然申新九厂"过于老旧设备"较多,但是根据国民党实业部的调查,申新九厂设备保全整理得当、运营良好。故申新九厂略强于申新三厂。申新七厂由于"较新设备"占比过低,"过于老旧设备"占比过高,所以排在最后。

综上所述,申新系统纱厂纺纱设备排名依次为申新八厂、申新四厂与申新五厂并列、申新一厂、申新六厂与申新二厂并列、申新九厂、申新三厂、申新七厂。

(三)厂房与设备对申新纺织公司的工作效率影响分析

由前文可知,申新纺织公司9家纱厂中效率较高的就是申新三厂、申新四厂及申新八厂,除了1934年申新四厂刚刚开工时出现效率特别低的情况外,其效率低的时候0.75(件/锭),最高的时候可达0.90(件/锭),其他纱厂很少能达到这一效率。申新四厂和申新八厂这两家企业本身设备就相对优良、效率高,但是申新三厂在设备和厂房都一般的情况下,生产效率却较高,这就是一个值得深入思考的问题。

四、申新纺织公司软件条件探析

从厂房和设备整体实力的研究中,可以看出申新纺织公司中有两家企业尤为突出,这两家企业就是申新三厂及申新四厂。申新四厂突出并没有什么特殊,因为它无论是厂房还是设备都很先进,但是申新三厂就不同了,它无论是在厂房还是在设备上都不优秀,生产效率却是申新纺织公司中的佼佼者,这一点值得深入思考,本文认为这一现象的原因在于申新三厂管理制度的改革。

对于申新三厂管理制度的改革,本文认为集中于两点:第一,技术人才的变革;第二,建立劳工自治区。究其根本,管理人才体系的变更和新的人才引进能使新的管理思维注入企业之中。早期申新三厂的管理制度分为文场和武场,武场主要是负责产品生产的单位。大多纺纱厂的工头是老工人出身。一个工厂里大多数技术人员都是没有接受过专业教育的老工人,而且他们把持着企业的大权,这必然会使企业生产效率无法有飞跃性的提升。荣德生和薛明剑等一起对申新三厂的技术人才制度进行了改革,即将技术熟练的老工人管理体系改革为新一代的工程师制度。采用的人才多为受过工科教育的学生或有海外留学经历的工程师,通过结合企业的实际情况制定适合企业的"工作法",并形成了新的技术管理制度。下表为申新三厂部分工程师的资料。

申新三厂部分工程师资料(1936年前)

姓　名	在申新三厂工作时间	学习经历与工作经历	职　务
汪孚礼	1925—1933① 年	于东京高等工业学校攻读纺织专业,在福田明治纺绩会社实习,上海恒丰纺织新局技师,大中华纱厂总工程师,湖南省立第二甲种工业学校教务	总工程师
余钟祥	1924—1925 年	杭州甲种工业学校,在日本纱厂实习	改良指导员,副工程师
楼清泉	1924—1925 年	德国莱茵工业专门学校,于日商丰田纱厂负责技术工作	粗纱间领班
薛明剑	从1919年该厂被"军管理"始,抗战结束后也参与过无锡申新的建设工作	毕业于东林学堂,复旦中学肄业,也一直在教育界活跃。无锡元丰茧行经理	总管理处处长
张鸿奎	1924—1925 年	曾在日商纱厂工作	曾管理试验工作,后任试验部主任
张继明	1924—1925 年	不详	曾管理保全工作,之后与张鸿奎管理运转工作
郑翔德	自1920年入厂后,一直在该厂工作	毕业于无锡荣巷的公益工商中学,20世纪30年代初期被派赴日本明治纺织会社学习机械保全工作法	在改革阶段初期与谈家桢曾任试验部主任

---

① 聂仲勋:《复兴后的申新四厂》,《纺织周刊》第5卷第7期。

(续表)

姓　名	在申新三厂工作时间	学习经历与工作经历	职　务
谈家桢	自 1923 年入厂后，一直在该厂工作	毕业于上海纱布交易养成所，1921—1922 年在上海纱布交易所工作	在改革阶段初期与郑翔德曾任试验部主任

改革从 1924 年开始实施，首先是一个比赛，让工程师团队管理两万锭老机，让工头们管理三万锭新机，比赛结果两组效率差不多，但是，工程师团队的纱锭数少，且设备旧。结果足以证明申新工程师的技术团队对于生产效率提升作用超越了工头制度。之后申新三厂进行了一系列技术管理改革，但由于改革操之过急，该厂发生了工潮和人事变动，之后改革也有了一些妥协，但一直在进行。推行新制度之后，该厂生产效率的确有所提升（见下表）。①至 1927 年，老派工头势力逐渐削弱，此后申新三厂的现代企业管理改革制度最终确定。

申新三厂改革管理后纱机生产效能增加（1923—1926 年）

年份	每万锭每日产量（件）	每锭每日产量（千克）
1923	17.90	0.34
1924	16.39	0.31
1925	20.50	0.39
1926	20.48	0.39

注：申新三厂从 1924 年开始进行改革，但是由于夏季原棉不足，因此产量反而降低。

如果说工头制改革为工程师制是对工厂实际生产方面的改革，那么劳工自治区是申新三厂对工厂后勤方面的改革，这次改革使得申新三厂无论是生产系统还是后勤系统都开始形成一个新式的管理体系。

申新三厂劳工自治区主要是对申新三厂进行教育、培训及后期保障的一个单位组织，同时，有着非常完善的管理体系。在该体系下，分别在每室、每组、每区及每村之中设置室长、组长、区长及村长，以有效管理全室、全组

---

① 上海社会科学院经济研究所编：《荣家企业史料（上册）》，上海人民出版社 1980 年版，第 166 页。

工友,在共同生活中达到自治的目的,从而使工余生活更有效率。自治区内设置自治法庭,推举公正人士负责劳工调节、审判、惩罚事宜,这些负责人都是工友们选出来的,为的是解决工人内部纠纷,如果解决不了,再上报自治区管理处。①

申新三厂通过生产系统和后勤系统双重的改革,生产效率和员工福利等方面提升很大,同时对缓解劳资关系帮助很大。不仅如此,申新纺织公司还先后创办了职员养成所、机工养成所及女工养成所,为培养新式人才提供了便利条件。后来申新四厂受到了火灾,灾后也开始全面效仿申新三厂进行改革,该厂设备先进使得其成为申新系统的优秀工厂。所以,本文认为生产管理制度的革新对一个企业的发展有着事半功倍的作用,甚至超过硬件的提升。

五、结　　论

依据以上的研究发现:第一,在企业近代化过程中,厂房、设备是物质载体,技术是企业运营的基本条件,管理及员工福利设施是灵魂。硬件的优势确实可以提升企业的生产效率,而管理制度的革新对一个企业的发展有着事半功倍的作用,甚至可能会超过硬件的提升。第二,申新技术管理系统的改革根本上是人才体系的改革,后期管理系统的改革是福利设施和制度的双重变革,这两项改革不但使得整个企业生产效率得到了提升,而且使得当时劳资关系得到了一定程度的缓解。第三,国民政府实业部对申新的调查存在蓄意贬低的可能性,但是它对申新9家纱厂之间高下的比较具有一定参考价值。

---

① 无锡市史志办公室编:《薛明剑文集》,当代中国出版社2005年版,第889—915页。

从纺织到国药："孤岛时期"三友实业社的转型之路[*]

From Textile to Traditional Chinese Medicine: Transformation of Sanyou Industrial Society in the "Isolated Island Period"

曹春婷　郑志凯[**]

三友实业社作为近代上海著名的纺织企业，囿于纺织业前景暗淡及厂房被毁等因素，从1938年至1942年跨越性地转营国药业。就社会参与这一角度而言，三友实业社在"孤岛时期"展现出了截然不同的特点，与此前对比明显减少的社会参与既是战时物资紧缺、社会衰败的体现，也是国民党政权与原有社会组织退却的有力证据，而政商合作的缺乏与社会组织的缺位也为三友实业社最终黯然收场的国药事业埋下了伏笔。

目前学界关于三友实业社的相关研究大致存在两个重点方向：一是以王奇生、徐思彦为代表的学者以三友实业社为例对劳资纠纷领域相关问题的探讨；[①]二是部分学者以三友实业社为例，着重研究其作为纺织业企业经营运作的纺织行业史。[②]从现有的关于三友实业社的研究文献中，我们得以对该企业在经营运作乃至于劳资纠纷领域中的代表性表现等方面有较为详

---

[*] 本文系国家社科基金青年项目"民国上海中药业研究"（16CZS056）阶段性成果。

[**] 曹春婷，山西师范大学历史与旅游文化学院副教授；郑志凯，山西师范大学历史与旅游文化学院硕士研究生。

[①] 王奇生：《工人、资本家与国民党——20世纪30年代一例劳资纠纷的个案分析》，《历史研究》2001年第5期；徐思彦：《合作与冲突：劳资纠纷中的资本家阶级》，《安徽史学》2007年第6期；周卫平：《南京国民政府时期劳资争议处理制度研究——以上海为主要视角》，博士学位论文，华东政法大学，2008年；鞠冬莲、彭贵珍、周世新：《民国地方政府对劳资争议的调处——以三友实业社劳资纠纷案为例》，《江西社会科学》2011年第6期；杨志伟：《上海劳资争议处理制度研究（1927—1936）》，硕士学位论文，西南政法大学，2014年。

[②] 张毅：《民国时期家用纺织品行业的兴起与发展》，《纺织科技进展》2008年第6期；鞠斐：《租界时期上海纺织、服装工业化与现代性设计研究》，博士学位论文，南京艺术学院，2020年。

细、深刻的理解。但目前就该企业在孤岛时期转营国药的研究尚付阙如。本文试从社会参与的角度对该社转营国药的历史过程、结果等方面进行分析论述,以期在不同的视角下能对前人的研究有所补充。

一、三友实业社转营国药的原因

三友实业社创始于中华民国元年(1912年),原以产销三角牌棉织日用品为事业之中心。不幸八一三事变骤起,"杭厂被人占用",因之棉织工作遂告停顿,该公司遂"添制国药,为其开端"。①至于该社所售产品,则并不仅限于前述提及的棉织品及国药,而呈现出包罗万象之态。如该社1932年至1946年间就推出诸如真藕粉、自由霜、绿豆粉、黄豆粉、草帽、饭碗、卫生纸、三友皂片、女用药棉、梅酱、龙井茶、奶糕等各货。②但值得注意的是,虽然该社所出之各货品类繁多,但其营业重心乃纺织品及国药领域。根据"全国期刊索引"平台的检索结果,以其1932年至1946年间发行的产品广告数量为例:国药广告为2 873条(占比53%),纺织品广告为2 302条(占比42%),其他日化杂货品广告仅为274条(占比5%)。可见该社对于纺织品及国药产品的重视程度要远远高于日化杂货品。所以在讨论三友实业社转营国药的这一问题时,可暂时聚焦于纺织品及国药这两类产品。如若继续将该社在不同年份间的纺织品及国药产品广告数量分类统计,我们就可以对三友实业社的转营国药之路有更为直观的了解,见下图。从图中我们可以看出三友实业社的营业重心在1934年至1946年间发生了明显的三阶段变化。其一,自1934年至1937年,三友实业社产品的广告基本围绕其纺织产品展开。虽然在此期间三友实业社"为解除病家痛苦起见",已于"民廿四年发行三角牌真马宝",③但从广告数量上来看,较之纺织品而言,三友实业社对三角牌真马宝(该社自制国药)的宣传明显为数甚少。故三友实业社在此时期明显以纺织品为营业重心。其二,三友实业社在1938年至1941年的情况却迥然相异,自该社"廿七年七月七日发行方便丸","九月一日发行治疯丸","十二

---

① 王相秦:《华商股票提要》,兴业股票公司1942年版,第60—62页。
② 《三友实业社门市百货零售》,《新闻报》1935年11月17日,第13版。
③ 《本公司出品沿革》,《方便特刊》1939年2月18日,第1版。

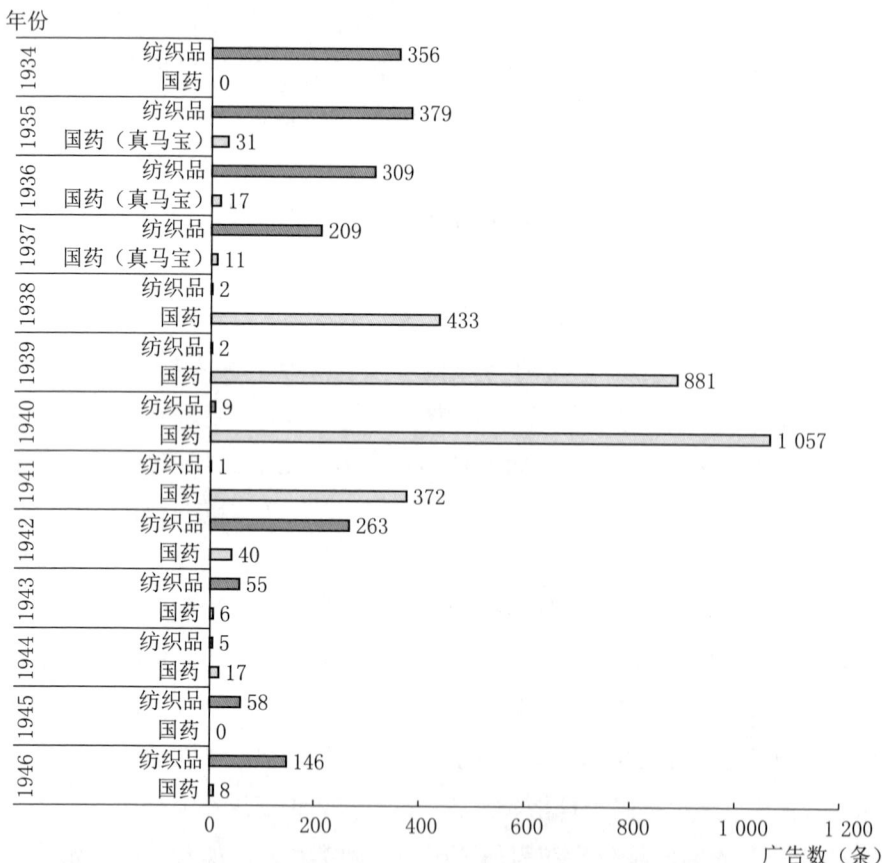

1934—1946年三友实业社主要产品的广告数量分类统计

月一日发行三友补丸"等国药之后,①三友实业社已明显将营业重心转向国药领域。在此时期,该企业对于纺织品的宣传数量仅为个位数,其营业状况也只是售卖"历年存货","并代售他厂国产布匹"而已。②故在这一时期内,三友实业社的营业重心已由纺织品完全转向国药。其三,1942年之后,三友实业社又为之一变,竟"把营业重心,回转到本行来了",③乃重回纺织业之领域。

三友实业社作为近代知名纺织企业,竟由纺织而入国药。时人就曾对

---

① 《本公司出品沿革》,《方便特刊》1939年2月18日,第1版。
② 《三友实业社杭厂拒与日方合作》,《新闻报》1938年12月10日,第22版。
③ 韵秋:《三友实业社的多角生意经》,《力报》1943年2月19日,第1版。

此议论纷纷,有的赞誉其跨界经营之法"别有见地""生财有道";①有的讥讽其以"噱头起家",而"引人入设"。②至其具体转营国药之缘由,首先即在于该社生产中心之杭州厂房被日方占用。囿于日方淫威,昔日杭厂"雄伟之姿,与工作时磷磷机车之声"只得化作旧日"深刻之回忆也"。③也正是由于生产中心的杭厂被占,三友实业社的工作遂告停顿。同时从纺织业的行业发展背景来看,其衰落迹象早已显露无遗。1935年戴传贤等二十一人于国民党五大上递交提案,请由政府切实维护棉纺织业。戴传贤等所递交提案中指出,资金、技术、人工、税负等多方面负担,"以致成纱一件,消费辄在四十五元以上"。而日本"由于技术进步,指导得宜,而运费便宜,贷款息轻,加以政府之奖励津贴","故成二十支纱一件,消费不足二十二元"。④由此导致的结果必然是日货挤占国货市场。乃至八一三淞沪会战后,沪上纺织三十一厂除在租界内数家外,其余全部停工,而各厂在战区内机器"或毁于炮火,或已损坏不堪"。但战区中之日商趁火打劫,提出"合办"之提议,华商各厂囿于民族仇恨及客观条件之苛刻,"除合记、振华已恢复开工外",其余各厂均拒绝与之合作。然日商纱业协会竟再行釜底抽薪之举,乃"向日本陆军当局请愿,准许彼等统治占领区内之全部华厂,竟获批准",于是协会即将沦陷区内各华商纱厂,分配予会员接收。⑤至此,上海市之华商纺织业几乎陷入绝境。

从行业背景以及三友实业社的微观视角,不难看出战争对于华商纺织业的毁灭性打击。也正是在多种因素直接或间接推动下,三友实业社被迫由纺织而转营国药,而深究三友实业社转营国药的根本原因,则与日方在经济、政治方面的步步紧逼联系颇深。

二、联合与孤立:三友实业社在社会参与方面的不同特点

上海市在1937年沦陷后,日伪势力就于翌年纷纷粉墨登场,先后出现苏

---

① 韵秋:《三友实业社的多角生意经》,《力报》1943年2月19日,第1版。
② 俭公:《前三友实业社经理陈万运噱头起家》,《风光》1946年第4期。
③ 阿拉记者:《三友实业社改行卖药之一假可歌史迹》,《吉普》1946年第22期。
④ 中国第二历史档案馆编:《中华民国史档案资料汇编(第五辑第一编)》,江苏古籍出版社1994年版,第154页。
⑤ 德惠:《纱厂业现况调查(三)》,《时报》1938年10月17日,第5版。

锡文任市长的"上海市大道政府"①、傅筱庵、陈公博先后任市长的"上海特别市政府"②。三友实业社自1938年转营国药直至1942年重回纺织业的历史过程，几乎完全与上海孤岛时期的时间跨度相吻合，而该社自转营国药后在社会参与这一方面的表现也恰恰与"孤岛"二字相符合，展现出了与此前时期截然不同的"孤立"特点。从社会参与这一角度来看，三友实业社在1938年前后呈现出截然不同的两种特点，即1938年之前的"紧密联系"与孤岛时期的"相对孤立"。

(一) 1938年之前三友实业社的社会参与

从社会参与这一角度来看，1938年之前的三友实业社可谓长袖善舞，与纵向、横向不同层级不同领域的诸多社团组织乃至政府当局都联系紧密。

首先，该社在纵向的社会参与中与国民党政权联系密切。如1936年6月，上海市三友实业社总部响应中国航空协会扩大航空救国运动、上海市募款购机呈献政府为蒋介石五十寿辰纪念委员会倡议，积极捐款，"以介眉寿，复巩国防"；③同时该社各分部也积极行动，支持抗战。如西安三友实业社响应《立报》"以一日贡献国家"之议，将其1936年10月30日全天营业收入提出十分之一，并由该社同人全体捐薪一日；④南京三友实业社向绥远将士捐赠绒手套一千一百双；⑤汉口三友实业社向晋绥军捐款"五百四十二元五角四"。⑥1937年12月，鉴于"沪战发生，战区日扩"，而大量难民之"流离惨状，不忍目睹"，三友实业社遂捐款三百元"以惠灾黎"。⑦面对日方在八一三事变后的合作意向以及交还该社杭厂的承诺，三友实业社乃"抱定牺牲决心"，⑧断然予以拒绝。除了在民族大义面前对于国家抗战与社会救济等方面直接

---

① 《大道政府警察局近日成立，水巡队已组织就绪，地方法院传将恢复》，《申报》1937年12月10日，第5版。
② 参见如下史料：《浦东市政公署下周实行改组傅筱庵出任市长苏锡文调浙主席》，《晶报》1938年10月13日，第4版；《陈公博任上海市长》，《上海民众》1940年第1期。
③ 《各银行销售祝寿礼券》，《申报》1936年6月12日，第9版。
④ 《西安三友实业社捐款购机祝寿》，《西京日报》1936年10月28日，第7版。
⑤ 《三友实业社捐绒手套一千一百双昨夜交本社转运前方》，《中央日报》1936年12月4日，第7版。
⑥ 《晋绥军总部军民联委会公布收到捐款》，《大公报》1936年12月17日，第10版。
⑦ 《难民救济分会给养日需万金》，《申报》1937年12月12日，第4版。
⑧ 《三友实业社拒与日方合作》，《申报》1938年12月10日，第9版。

支援外,三友实业社也努力在私人交际领域与国民党当局交好。如1936年8月,为恭贺潘公展上任上海市社会局局长一职,沪上各同业公会定于11日下午7时"假座香港路银行俱乐部,公宴潘公展氏,以表欢忱",①而三友实业社作为厂商代表赫然在列。

其次,从横向的社会参与来看,三友实业社多以捐赠出品的方式参与各社团、行业组织的集体性活动。如1936年9月,沪上电影界拟定联合举行"一大规模之游艺会串",三友实业社积极参与,借出"大批布匹,布置装潢"。②除三友实业社外,仅有久记木行、百代公司两家参与赞助。同年12月,上海市新闻记者公会举行第五届秋季会员大会,会毕聚餐后大会组委会还安排有抽取赠品的娱乐环节,其中三友实业社作为捐赠厂商,提供"四十二号西湖毛巾手帕二十打"。③又如同年12月上海市总工会举办"本市工友集团结婚"时,④由三友实业社代制新郎礼服。而在面对同为商业组织的上海市商会时,三友实业社同样表现出了意图交好的热情。如1936年10月,沪上八十厂商以"市商会此次举办国货展览大会"中,会长王晓籁、副会长徐晓初"主持进行,颇著功绩","特联合制匾四方赠送纪念",⑤三友实业社也参与其间。

从三友实业社的种种社会参与来看,该社的目的性十分明显。首先是该社设宴恭贺新任社会局局长的上任。上海市社会局作为主管本市劳动行政事务的职署,⑥而三友实业社身为资方一员在劳资纠纷领域难免与工人发生摩擦,该社甚至于1936年7月"以职工组会、徒碍厂务发展,无裨劳资福利",而请实业部批准"从缓设立"职工工会组织。⑦所以三友实业社对与社会局关系的处理明显分外热心。而三友实业社在1936年12月协助市总工会代制"本市工友集团结婚"之新郎礼服的举动,似乎是该社为此前反对成立

---

① 《绸缎业等五十五公会亦请实署潘长社局》,《申报》1936年8月10日,第12版。
② 《电影界前晚大规模明星游艺会串》,《申报》1936年9月29日,第10版。
③ 《本市记者公会昨开会员大会》,《申报》1936年12月21日,第11版。
④ 《市总工会举办本市工友集团结婚》,《申报》1936年12月30日,第13版。
⑤ 《八十厂商昨赠王晓籁匾额》,《申报》1936年10月21日,第10版。
⑥ 中国第二历史档案馆编:《中华民国史档案资料汇编(第五辑第一编)》,江苏古籍出版社1994年版,第126—127页。
⑦ 《请缓组工会实部批复不准》,《申报》1936年7月28日,第12版。

职工工会一事,对不满的市总工会加以安抚,达到缓和关系的目的。另外,三友实业社对于新闻记者公会会员大会的赞助,则不免给人以影响舆论之感。事实上,三友实业社本质上作为以营利为核心的商业组织,其支持抗战、广施捐助的社会参与在彰显其爱国热情、热心公益的同时,也存在着该社美化商业伦理、塑造企业形象的另一个面相。商人在传统社会中作为四民之末,其逐利的形象向来为社会所不齿。近代以来,商人的影响力日趋增强,但商人重利的形象似乎并未有所改善,时人对于商人重利的报道时见于各类报章杂志之中。①乃至上海市党部作为官方机构,也因其传统的革命色彩以及商会势力的"桀骜不驯"而对商会组织素来抱有诸多成见,②甚至视商会为"勾结帝国主义为军阀效力之商蠹"。③所以无论是出于自身形象的塑造抑或是奉献社会的充沛情感,商人往往在具备一定经济实力后积极参与社会交际乃至地方建设,在客观上奉献社会的同时,意图将众人眼中"逐利之财"的色彩稍稍隐没。此处,除了直接对政府当局、各业团体进行经济捐助外,商人们也在舆论方面从传统文化中汲取养分包装自身,致力于打造"儒商"形象。如三友实业社于1934年新生活运动开展不久后即印制《大学新讲》等出版物广为发行,并开设电台特别节目,延请名家讲解经典。④同时,三友实业社还"为引起有志国学者研究顾问兴味,及增进书法技能起见",爰设

---

① 可参见如下史料:小记者:《商人重利》,《新闻报》1930年9月19日,第18版;胡亦忱:《读商人重利有感》,《新闻报》1930年9月23日,第21版;《商人重利不顾危险终至丧命》,《时报》1933年10月24日,第2版;《皖寿县出土之古物运平出售经扣留》,《时报》1934年4月11日,第3版;《鲁益都县最近出土大批周铜器日人购去商人重利不顾文化上之损失》,《时报》1935年3月23日,第4版;《旧货商人贪得重利》,《时报》1935年12月16日,第4版;《商人重利忘国耻》,《时代动向》1938年第1期;《一商人利欲薰心》,《晶报》1939年11月16日,第3版;《奸究商人重利盘剥平民》,《社会日报》1945年4月23日,第1版。

② 在1930年改组后的上海市商会成立之前,国民党上海市党部与上海市商会之间一直摩擦不断,党部加强对商会控制的努力遭到商会势力的强烈抵制。如1929年3月,上海市代表向国民党三大递交提案,提议解散各地商会以统一商民组织。上海市商会势力则针锋相对地向国民党三大递交了《请愿维持商会之意见书》;又如1929年4月,上海市党部与上海市商会针对党部下属之救国会侵占商会会议室一事爆发激烈冲突,上海市党部一度单方面宣布取缔上海市总商会。资料来源于《上海代表向三全大会之提案》,《申报》1929年3月22日,第9版;荣孟源:《中国国民党历次代表大会及中央全会资料(上册)》,光明日报出版社1985年版,第736—737页;《统一上海商民组织》,《上海党声》1929年第9期。

③ 《市商协会统一商民组织之主张》,《申报》1929年3月3日,第14版。

④ 《宿儒冯明权先生各个国学节目:三友实业社国学节目》,《褉湖寄厂冯明权先生讲学专刊》1936年第5期。

立"古文讲演会及书法指导所",以增进民众"读书写字"之能力,"陶冶性情,提高人格之要素",①积极配合政府宣扬传统文化的行动步骤。在企业内部,三友实业社也十分重视"伙友的道德修养":"上至经理,下至小职员"均把《朱子家训》"读得熟极而流";该社还专门灌录国学家讲解经典的唱片作为其内部培训材料,甚至专请朱子后裔来社主持"朱子家训集团朗诵"。②

综上,三友实业社在1938年之前的社会参与频繁且丰富,既与政府当局联系紧密,又与其他社会团体相交不浅。该社的种种社会参与体现了自传统社会流传而来的历史惯性:企业的生存发展并不能脱离政治、经济、社会环境而独立存在,企业一方面要在纵向的社会参与中配合政府的规训与政策,另一方面要在横向的社会参与中在行业之间乃至社会层面广为交际。由纵、横方向的社会参与所形成的复杂而生动的社会关系网络,既是政权、社会、文化规训下的产物,又是企业以自身利益为考虑而积极追求的丰富社会渠道与良好营商环境的商业性诉求。

(二)孤岛时期三友实业社的相对孤立

1937年上海沦陷后,原有的社会秩序遭到了毁灭性的打击。首先是国民党上海市政府的退却。渐次成立的日伪政权虽然对于沦陷后的上海而言是唯一"合法"的政府,但从民族的角度来看却缺失最为基本的执政合法性。转营国药的三友实业社在营销活动中尤以"民族国货"为重点,在其产品宣传中极力强调自家国药的民族性。如该社在宣传所出品之国药时即对读者动之以情,将自家产品与本土国货牢牢绑定,进而引导读者将支持国货与惠顾自家产品相联系。如该社自述"本公司素以提倡国货、服务人民为职责,自创始迄今,垂三十年,此志不敢或懈","爰特不辞艰苦,不计毁誉,惨淡经营,多方推广"适合"国人体质之国药"。③在激发民众爱国热情以支持自家国药时,三友实业社声称其出品之方便丸"一洗东亚病夫之耻",甚至激昂地指出该药"发扬国药光荣","谁敢再说国药无效"。④在药性方面,三友实业社也

---

① 《三友实业社附设古文讲演会书法指导所招收学员启事》,《申报》1939年8月13日。
② 采风:《三友实业社与朱子家训》,《正报》1939年6月1日,第2版。
③ 《三友实业社启事》,《申报》1941年3月3日,第7版。
④ 《申报》1939年9月20日,第8版。

别出心裁地在宣传方便丸时指出该药"适合国人体质,尤为其优越之点"。①因此,长期以来以民族企业自居、以提倡国货为口号的三友实业社基本打消了与日伪政权合作的念头。其次,原有社会组织、行业组织也在日寇的铁蹄下趋于消亡。此前由三友实业社赠匾的上海市商会主席、常委及其他负责人已于1937年八一三淞沪会战后即移地办公,上海市商会最终在1938年更是被日伪"上海市大道政府"直接接收。②三友实业社赞助过的上海市新闻记者公会也早于1937年末即停止工作,陷入瘫痪停滞状态,③其他报界组织如《申报》《立报》《大公报》上海版也都被迫撤离上海。④而鉴于原有秩序被打乱的沪上商界领袖,因"界内商人以及难民等,既无法理其旧业,且无从返其故居,环境日趋恶化",⑤经数度集议决定成立以"不参与政治",仅"复兴工商,救济难民"为宗旨的上海市民协会,被推委员中,即有数人表示不愿参加。⑥避居租界的三友实业社面临着旧有社会关系网络被打散的严峻局面,几乎沦为日伪政权下的原子化个体。因而三友实业社在客观上丧失了社会参与的必要条件,被迫将绝大部分精力完全投入国药事业的经营之中。

　　三友实业社在孤岛时期的社会参与几乎完全围绕自身国药事业的经营而展开。该社所参与的社会活动按目标可大致分为两类:一为行业关系的维持,二为"健康""运动"观念的传播。首先,三友实业社作为跨界经营国药的"门外汉",虽据沪上名医陈存仁拟有药方可配置国药产品,为其国药事业的开展奠定了基础,⑦但该社与国药业中的其他药号、国医并无过多接触。所以三友实业社急于加强对于国医、国药界的联系。如1939年1月,《申报》之《国医与食养》周刊编辑部为"征稿及联欢起见",举行茶话会招待上海国医界同仁,到场名医丁仲英、张赞臣、徐田任等一百余人,三友实业社为增宾客兴致特赠"方便丸各十瓶,三友补丸各二瓶"。⑧又如同年6月,"国医界历

---

① 《申报》1941年2月23日,第9版。
② 《上海市商会昨被接收》,《新闻报》1938年4月8日,第11版。
③ 《记者公会复活的真相》,《奋报》1939年11月19日,第3版。
④ 可参见如下史料:《本报告别上海读者》,《立报》1937年11月24日,第2版;《老申报宣告停刊大公报上海版亦停》,《晶报》1937年12月15日,第2版。
⑤ 《上海市民协会本周内即可成立》,《大美晚报晨刊》1937年12月30日,第1版。
⑥ 《上海市民协会成立期未定》,《时报》1937年12月31日,第2版。
⑦ 参见陈存仁:《银元时代生活史》,上海人民出版社2000年版,第436、468—470页。
⑧ 《本报"国医与食养"招待国医界》,《申报》1939年1月22日,第14版。

史最悠久之聚餐集团"春在社为公祝三位社员周甲之年而于复兴园聚餐时,三友实业社与其他六家药厂、药房、药号捐赠礼物以增兴致。①其次,三友实业社为宣扬健康观念以售卖出品之国药,特别钟情于参加、赞助"运动会"类型的社会活动。如1938年10月19日,青年会励进游泳团周年水运会举行闭幕典礼,"随即颁发上海三友实业社经理袁英辉张效之奖品"。②

三友实业社在孤岛时期的社会参与和此前相比频率明显下降的原因也可从该社自身经营情况的角度加以考察。三友实业社自八一三淞沪会战后即大受创伤,自身所经营之纺织事业已濒临绝境。嗣后该社转营国药,为尽快打开销路而在广告方面花费重金。③同时需要注意到的是,该社作为股份有限公司除1936年曾发股息红利八厘外,自1937年至1942年5年间竟"未曾派发"股息红利。④所以从企业经营的角度来看,三友实业社的事业着实可称惨淡。⑤若进一步对三友实业社的营业状况进行观察,则可以发现该社经营状况不佳的重要原因正是其大肆铺张的广告业务。

三友实业社虽据沪上名医陈存仁拟有药方,可配置现成国药产品(如真马宝、三友补丸等),但同期内国药市场中毕竟存在着可供替代、功效相类的其他药品。如三友实业社于1935年最早出品之国药真马宝,据称"为治咳嗽吐血、癫狂痫疯等特效药",⑥但同期上海国药界即有"半身不遂丸"⑦"越南石天然治疯草"⑧可愈疯症,西药中之"三那星"⑨"星牌麻黄素"⑩等也以治愈肺病为宣传点。又如该社大力推广之三友补丸,号称"具有补脑、补力、补肺、补血四大补力","凡本元虚弱或久病之后,需要调理者","尤能迅速增进健康也"。⑪但同期《申报》上所载之补剂更是层出不穷,如"参燕

---

① 《春在社公祝三老》,《申报》1939年6月17日,第16版。
② 《青年会水运会昨晚圆满闭幕》,《申报(香港版)》1938年10月20日,第4版。
③④ 王相秦:《华商股票提要》,兴业股票公司1942年版,第60—62页。
⑤ 《三友实业社启事》,《申报》1941年3月3日,第7版。
⑥ 《申报》1936年12月,第12版。
⑦ 《新闻报》1934年10月15日,第18版。
⑧ 《新闻报》1934年11月4日,第16版。
⑨⑩ 《申报》1936年12月10日,第15版。
⑪ 《申报》1939年12月8日,第10版。

百补膏"①"多力补"②"那威鳘鱼肝油"③"九星乳白鱼肝油"④等。遑论该社所出品其他一般之国药,如脚气丸、三友痢疾丸等,可供替代者更是不胜枚举。故如若不能另辟蹊径为其产品定位出明确的差异性,开辟出新客源,三友实业社转营国药的新尝试便势必将陷入困境。因之对于初入国药业的三友实业社而言,迅速为其产品开辟市场、寻找坚实的受众基础便成为其经营国药事业的重中之重,而在最大限度上可以同时满足上述需求的手段不外乎是广告宣传。事实上,三友实业社转营国药的信息于第一时间便见诸报端。除了第一时间将"变更营业宗旨"转营国药的信息公布以外,⑤三友实业社还迅速出击,用几乎是铺天盖地的产品营销广告冲击着消费者的神经。该社"在报上每天刊载大幅广告,并利用好友电台、广播特别节目,很是热闹"⑥,以至于"马路墙角,任何报纸,几乎到处都可以找到三友补丸的广告,每月的广告费,总要超过二百多万元"⑦。在猛烈的宣传攻势之下,三友实业社所出品之国药"果然因此销路奇畅","海上几家大药厂,都望而却步",⑧"闹得中药帮西药帮,对他们都有些头痛"⑨。甚至1942年敌伪政府的《中央月报》还专门撰文痛批三友实业社转营国药之行为,⑩这又可从侧面说明该社之国药事业虽不至于家喻户晓,但确实声势浩大。然而,从成本的角度而论,三友实业社广而告之、大肆宣传的举措代价颇大。该社自1938年转营国药后"以新药初市,所需宣传广告,费用浩大",与其巨额的广告支出相比,此时该社"收入仅敷开支而已"。⑪至1941年,三友实业社为缓和收支紧张的情况,且以"扩充国药需要资金"起见,乃"发行福利券五十万元,计每份法币一千元正",⑫公开募集资金,调剂收支濒临失衡的局面,这与其骤然飞涨的广

---

① 《申报》1936年12月10日,第16版。
② 《申报》1936年12月10日,第7版。
③ 《申报》1936年12月10日,第13版。
④ 《申报》1936年12月10日,第14版。
⑤ 《三友实业社推广业务》,《总汇报》1939年11月13日,第3版。
⑥ 俭公:《前三友实业社经理陈万运噱头起家》,《风光》1946年第4期。
⑦⑧ 韵秋:《三友实业社的多角生意经》,《力报》1943年2月19日,第1版。
⑨ 老孩子:《三友实业社(卅五)》,《总汇报》1939年11月14日,第5版。
⑩ 地方生:《挂羊头卖狗肉,三友实业社秘方》,《中央月报》1941年第5期。
⑪ 王相秦:《华商股票提要》,兴业股票公司1942年版,第60—62页。
⑫ 《三友实业社股东公鉴》,《申报》1941年5月29日,第1版。

告费开支息息相关。所以在企业本身经营状况不佳的背景下,三友实业社的经济能力似乎并不足以支撑其继续进行社会参与的步骤。

从上述的论述可知,在孤岛时期遭受重创的社会关系网络迫使三友实业社将主要精力置于产品营销之上,而巨额广告开支以及由此导致的企业经营不佳又在经济层面反过来制约了该社进行社会参与的相关需求,三友实业社的社会参与遂在恶性循环中逐渐减少。而企业不断减少的社会参与不仅意味着企业逐渐原子化、孤立化,而且在一定程度上暴露出了对于企业而言更为严峻的另一面:作为社会缓冲器的社会组织缺位,以及企业可能将直接面临日伪当局的鲸吞虹吸而无力反抗。

三、社会参与和企业生存:黯然收场的国药事业

三友实业社自1938年转营国药后即积极开展产品营销活动,而日伪当局对于媒体的管控政策直接对该社的宣传活动造成了致命打击,加速了三友实业社国药事业的衰亡。

与传统纸媒广告静态的文字与图表相比,电台广告可以调动受众的听觉,从而使听众获得更加生动形象的营销体验。所以除纸媒广告之外,三友实业社还别出心裁地推出了将戏曲等民众喜闻乐见的娱乐方式与广告相结合的电台广告。电台广告作为一种线性传播广告,受众无法回溯其内容。三友实业社为尽力弥补电台广告线性传播之不足,遂将电台唱词刊印出版,随电台节目发行,使得听众对于所乐闻之内容,"则可听可读"。[1]为吸引听众关注其电台节目以传播其间插播的电台广告,三友实业社往往在纸媒广告中先行预告,言及某某电台"今晚新鲜节目""欢迎点唱"等语。该社除了通过预告信息将纸媒的部分受众引流至电台以外,还特请名家担任节目主持吸引受众。如三友实业社特请"拥有越剧皇帝之尊号"的越剧名家马樟花播送剧目,[2]使得"三友实业社的播音器中,每日可以听到她的佳奏"。[3]又如该

---

[1] 《三友实业社特请西厢名家黄异庵先生播送夫妇之道》,《申报》1939年1月27日,第1版。
[2] 《马樟花小传》,《越剧专刊》1940年第4期。
[3] 《艺人群像马樟花》,《绍兴戏报》1941年第4期。

社特请西厢名家黄异庵先生主持播送该社之宣传手册,"改弦话东厢"。①同时,三友实业社还因势而变,为尽力挖掘电台广告的优势起见,别出心裁地将其宣传内容与戏剧唱词相结合,创造出大量朗朗上口、诙谐易懂的"唱词广告"。如三友实业社特请越剧名家马樟花小姐弹唱的广告《真马宝开篇》,就兼具故事的趣味性与商业的宣传性。唱词先指出马宝"生在马腹中,因为他吃了山中的仙草",后又提及马宝功效,声称"灵药不独山中矿,灵草不仅地上草,动物之中多灵药,医治人身有功劳,肺部若有咳呛病,第一当推真马宝","拿来济世可活人,气管有病最见效"。在介绍完马宝来历及功效后,唱词顺势将三友实业社国药产品之真马宝向众人宣传,"惟有马宝最难得,鱼目混珠竟不少","马宝宜真不宜多,真马宝三角是商标"。②三友实业社通过上述措施"拉住大量无线电听众",乃于"一二月中居然集得款项无数",其出品国药竟也"畅销无阻"。③

虽然三友实业社的广告活动一时间如烈火烹油、分外热闹,但大量宣发广告的行为本身即如戴着镣铐跳舞,该社在承担着巨额广告费用的同时,只能在有限的官方规则内尽可能多地展示产品的优点。随着1937年上海沦陷乃至太平洋战争的爆发,来自敌伪政权的强制性行政压力很快压顶而至。1942年12月,伪上海特别市政府训令警察局、沪西警察局分别督办辖区内无线电收音机登记事项。训令中指出"无论长短电波,仍由该局办理";而"关于许可使用违禁收音机核发违禁收音机使用许可证事项",则"统由本府直接办理,以资郑重"。④在收音机设备需要登记备案的同时,三友实业社经营之好友电台又"被敌伪接收","于是该社营业遂一落千丈"。⑤"这样一年之后,社内经济便发生了问题",而三友实业社的一些小股东因认为该社"素以经营棉织品为业,而今日做棉织品生意的正可说无人不发。故对陈万运遂大表不满",陈万运只得无奈将经理实位让给了王云甫。⑥三友实业社遂于

---

① 《三友实业社特请西厢名家黄异庵先生播送夫妇之道》,《申报》1939年1月27日,第1版。
② 马樟花:《真马宝开篇》,《好友无线电》1941年第8期。
③ 青子:《对症发药空气中募资本:三友社的噱头》,《文饭》1946年第5期。
④ 陈公博:《上海特别市政府训令(沪市五字第一六三八八号)》,《上海市政府公报》1942年第24期。
⑤ 俭公:《前三友实业社经理陈万运噱头起家》,《风光》1946年第4期。
⑥ 阿拉记者:《三友实业社改行卖药之一假可歌史迹》,《吉普》1946年第22期。

1941年底至1942年初变更营业重心,重回纺织业领域。

值得注意的是,日伪当局对于宣传渠道的严密控制虽然有其维持统治、管制宣传的急迫性,但这种以雷霆之势强制而下的一刀切行政命令无疑对以三友实业社为代表的企业营销活动造成巨大的打击。当局与企业之间的交流竟毫无商量余地,与1938年之前的政商互动特点差别甚大。

如1929年,国民党上海市政府就以"不正当药品广告之多",令卫生局邀集报界代表集议整理,并于次年"决定办法两项",奈何实行未久即见废弛。① 乃至1935年鉴于上海市医师公会与全国医师联合会先后致函卫生署痛陈医药广告夸大宣传之"贻害社会影响民族"起见②,卫生署于同年8月通令"各省市区参酌从严办理"医药广告的审查事项。③国民党上海市政府于中央指令下达之前就已着手重申禁令,特于1935年7月22日召集各报广告部暨市府所属各局代表,商议整理各报广告办法并议决三项规定:"一、以前所规定之不予刊登者,各报自动检查取缔;二、疑问者送社会局或卫生局审查;三、如第一次记已登过,而为在禁止之列之广告,由卫生局通知各报免登。"④从中不难看出,国民党上海市政府对于医药广告审查的意愿是较为强烈的,但就其力度而言却明显趋于软弱。政府所属各职局在审查医药广告中起到的主要作用仅仅是将各报馆主动送检之存疑广告进行鉴别,至于是否送检这一问题,则将主动权完全下放给了各报馆。其中原因包括"国医广告占各日报广告之大宗,故报馆方面视为财政收入之大源"。⑤因此,基于各药商、药号、报馆的商业利益与自身财政收入考虑,国民党上海市政府采取了较为柔和甚至是不痛不痒的处理方法,同时在政策的制定过程中参考各利益团体的意见进行协商决议。而决议中政府当局对于各报馆的宽松态度则在一定程度上证明了政府当局与企业在互动过程中的交流并不仅仅是政治作秀,双方的交流互动有实质性的政策效果。同样是在医药广告的管制方面,日伪当局在上海孤岛时期中对于治下的企业则明显更为直接粗暴。如1944年4月27日,伪上海特别市市长陈公博发布政府训令,通令辖下各人民团体及

---

① ⑤ 《上海市卫生局重申报纸刊登医药广告禁令》,《新医药杂志》1935年第8期。
② ③ 刘瑞恒:《呈卫生署为医药广告夸大宣传恳严令各省市遵照医师暂行条例第十八条切实办理案》,《医事汇刊》1935年第4期。
④ 《沪市卫生局举行整理医药广告会议》,《中华医学杂志(上海)》1935年第8期。

医药单位和企业遵守《上海特别市取缔医药广告暂行规则》。[①]首先，日伪政权对于该规则的制定并没有在前期进行必要的社会讨论，这一方面说明了日伪政权的专制与残暴，另一方面似乎说明了日伪政权治下社会组织的消亡与缺位。其次，该规则对于医药团体及企业的规定内容较1938年之前的条款明显严苛得多。规则中第二条即规定"凡以文字图画或语言书写为医药广告者"，"应先选拟稿件呈经本市卫生局审查核准后方得发布"。这条规定不仅将1938年之前各报馆手中的主动权完全褫夺，还绕过报馆这一广告展示平台，用审查权力直捣居于医药广告源头的广告生产商。从中可见孤岛时期日伪政权与企业间的互动过程完全是上行下效、上传下达，当局对于政商关系乃至于政商交流的主要期望只是企业的完全顺从与机械配合。孤岛时期的日伪政权在纵向的政商关系方面与1938年之前的国民党政权迥然相异，其中也有三友实业社及其他企业在1938年之后对日伪当局的冷漠态度之因素。

在横向的社会参与中，企业较少的社会参与和社会组织在调节社会秩序中的缺位也使得孤岛时期的三友实业社在面对日伪政权的强制性行政力量乃至租界当局的压迫时束手无策。从上述日伪政权就医药广告问题的处理过程中，可以明显看出三友实业社在孤岛时期的孤立无援。而在面对其他社会纠纷时，趋于原子化的单一企业同样被迫选择相对正式的官方机构而非以社会关系网络为基础的相对和缓温情的社会调解。如1939年9月，持有"南京路石路以西大新街（今湖北路）以东之向北一带房屋"房屋产权的房产公司数度加租，"竟达原租额三成四成之多"，引起租客不满。[②]房产公司遂对以三友实业社为代表的租户群体提起诉讼。嗣后原告被告虽经和解了事，但由于并无第三方的社会组织于事前居中调停，租户、房产公司双方因此不得不直接进行法律程序，对簿公堂。这类社会性事件的解决方式与1938年之前大为不同。

在企业间的社会摩擦中，社会组织的调停意义重大。如在1933年上海市国药界轰动一时的象贝涨价风潮中，面对鄞县堇江贝母运销合作社似乎

[①] 陈公博：《上海特别市政府公布令（沪市二字第四二二四号）为制定上海特别市取缔医药广告暂行规则公布由》，《上海市政公报》1944年第40期。
[②] 《南京路闹市房屋业主亟需加租五十余商肆严予拒决》，《申报》1939年9月17日，第10版。

是"囤积居奇,操纵物价"的行为以及象贝价格上涨5倍有余的结果,1933年9月,上海市国药业同业公会登报声明,抗议合作社的垄断行为并呈请浙江省建设厅予以彻查。①而合作社方面也不甘示弱,同样选择以登报的方式正面驳斥上海市国药界的抨击。②面对双方日趋尖锐又一时难以化解的矛盾,浙江省建设厅首先派员进行调停,但收效不大。而在10月2日经宁波旅沪同乡会出面调解后,双方的态度骤然转变,均于事后表示愿意登报和解,③纠纷遂得以平息。乃至在官方与民企的矛盾中,在党政当局已经明确表明了与企业的不同立场之后,社会组织也往往敢于在官方、企业之间转圜回旋,以相关利益考量为基础进行声援站队。如在1932年至1933年间三友实业社的劳资纠纷中,在经上海市党政当局数次调解仍无进展的情况下,面对中央民运会对上海市党政当局应"强迫资方开工"的指令时,④中华国货维持会、上海国货工厂联合会等六大资方集团联合在沪上各大报公开发表致南京中央党部通电,要求中央民运会"收回成命,以彰法治而维实业"。⑤此外,中华工业总联合会及其下属的17家同业公会和10家公司工厂资方亦联名向南京中央党部和国民政府各院部发表通电,谴责中央民运会摧残实业,要求南京中央予以纠正。⑥资方社会组织将中央民运会的指令作为直接攻击目标,锋芒所向,直接指向国民党的党权与党治。⑦

四、结　语

三友实业社作为近代上海著名的纺织企业,囿于纺织业前景暗淡及厂房被毁等因素,跨越性地从1938年至1942年间转营国药。就其社会参与这

---

① 《呈请浙江建设厅澈查取缔》,《申报》1933年9月28日,第11版。
② 可参见如下史料:《浙江鄞县董江贝母运销合作社驳复上海市国药业同业公会第八号通告之宣言》,《申报》1933年9月30日,第2版;《袁汉云、薛笃弼、周彝律师受任浙江鄞县董江贝母运销合作社常年法律顾问通告》,《申报》1933年9月30日,第2版。
③ 《董江贝母合作社与国药业纠纷案》,《宁波旅沪同乡会月刊》1933年第123期。
④ 《上海市三友实业社劳资纠纷案》,载实业部劳动年鉴编纂委员会编《二十一年中国劳动年鉴》,神州国光社1933年版,第164—165页。
⑤ 《六团体呈中央党部电文》,《申报》1932年8月28日,第4版。
⑥ 《中华工业总联合会呈中央党部及各院部电文》,《申报》1932年8月29日,第4版。
⑦ 王奇生:《工人、资本家与国民党——20世纪30年代一例劳资纠纷的个案分析》,《历史研究》2001年第5期。

一角度而言，三友实业社在上海孤岛时期展现出了与此前截然不同的特点，即 1938 年之后明显更为"孤立"。

三友实业社在 1938 年之前的社会参与频繁且丰富，既与政府当局联系紧密，又与其他社会团体相交不浅。而在孤岛时期遭受重创的社会关系网络迫使三友实业社将主要精力置于产品营销之上，巨额广告开支以及由此导致的企业经营不佳又在经济层面反过来制约了该社社会参与的相关需求，三友实业社的社会参与遂在恶性循环中逐渐减少。

良好的政商关系与社会互动作为社会变动的缓冲器，可以为企业提供舆论支持、政治声援与经济支撑，三友实业社在孤岛时期明显减少的社会参与即良好政商关系与原有社会组织缺乏的有力证据，这导致三友实业社在面对日伪政权严厉的宣传管控时束手无策，最终其国药事业的转型黯然收场。

附 录

"搜集、整理、利用:中国近代纺织史学术研讨会"综述

刘盼红[*]

"搜集、整理、利用:中国近代纺织史学术研讨会"于2021年4月17日至18日在上海大学举行。会议由上海大学文学院、国家社科基金重大项目"中国近代纺织史资料整理与研究"(19ZDA213)团队主办,项目首席专家、上海大学文学院历史系廖大伟教授主持开幕式,上海大学文学院院长张勇安、上海社会科学院原副院长熊月之致辞。研讨会共收到征稿30余篇,会议录用了25篇。来自北京、上海、江苏、湖南、湖北、河南、河北、山东、山西、重庆、陕西等地高校、科研院所近40名学者共聚一堂,就纺织人物与政治、纺织原料与贸易、纺织工业与资料辨析、纺织技术与教育、纺织企业与管理等各类问题展开切磋交流。

一、纺织人物与政治

人是历史的创造者,纺织行业全部实践活动都离不开广大纺织企业家、纺织技术者和纺织工人的参与。此次研讨,既有对我们所熟悉人物历史的进一步深挖,还包括对珍稀文献中鲜见纺织家族和人物的首次介绍;既有对纺织人物的个案考察,也涉及纺织团体与政治运动的深度分析。

纺织家族与重要人物。邯郸学院太行山文书研究院冯小红教授利用河北省社会科学院藏有的一批高阳县碑刻民国拓本,深入考察高阳商界部分家族和人物。作者认为,张佐汉、张兴汉为兄弟关系,二人一个在教育界活

---

[*] 刘盼红,东华大学马克思主义学院讲师。

动，列士绅之林；一个是在本县、本省乃至全国都有较大影响的知名政商。张氏家族是涉足政、商、教三界的高阳商界的著名家族。韩晋卿、韩伟卿亦为兄弟，二人均为高阳商界著名绅商。韩氏家族也是高阳商界著名家族之一，且与南街李氏家族联姻。李秉熙确系武安人，与高阳南街李氏家族没有宗亲关系，他虽一生业医，但对织布业贡献很突出，是高阳商界杰出代表人物之一。南京理工大学马克思主义学院严斌林老师以第一次世界大战前后中国棉纺织业"黄金时期"为背景，选取民初民族资本家聂云台创办的大中华纱厂为研究对象，考察该企业整个发展历程，分析这一"模范纱厂"在设备、管理、人才及工厂文化建设上取得的创新甚至是开创性的成绩，认为该企业一味扩展，不断增股，最终因股金不足、资金链断裂而被迫变卖，是近代中国民族纺织企业在经验不足、资金短绌及市场环境恶化的艰难困境中脆弱性的集中体现。南通市档案馆朱江研究馆员详细考察了大生驻沪事务所所长吴寄尘生平，为进一步研究大生企业的创业历程，深入探讨张謇的内心世界，提供了丰厚的背景材料。鄂尔多斯乌审旗政法委孟欣秘书、东华大学图书馆董政娥副研究馆员、东华大学图书馆陈惠兰研究馆员重点考察束云章及其主要管理经营的豫丰和记纱厂、雍兴实业股份有限公司和中国纺织建设公司三家企业，认为束云章在实业层面对纺织企业的运营有着丰富的经验，且通过经营纺织企业，对区域经济的稳定与发展做出了较为杰出的贡献。

纺织团体与政治运动。河南大学黄河文明与可持续发展研究中心武强副教授以上海、山东、河南府绸公所为研究对象，全面考察了该纺织团体的创建过程、组织机构变迁、商号演变等问题。他认为府绸公所的演变历程是近代中国茧绸业兴衰的一面镜子，成为上海乃至中国东部地区茧绸贸易的代表，主导着上海这一通商口岸的茧绸贸易，与茧绸产业的兴衰相始终。同济大学马克思主义学院徐迟博士后以1922年上海浦东日华纱厂罢工为主要研究对象，在使用多元史料的基础上，重新梳理工潮发展过程，着重阐释工潮的动机与行动。作者认为1922年日华纱厂的三次罢工既展现出工潮在地方层面具体取向与过程的差异性，又体现了多重政治力量与社会势力对该事件的关注与参与。表面上看，日华纱厂罢工是逐渐受到政治形塑的工人与资方发生的激烈劳资冲突，暗地里却又涵盖了华界军警方各自不同的应对态度与方式。本与罢工无关的公共租界工部局警务处既有对沪上工潮主动性的关注一面,同时更因工会人士的跨地域流动、英资企业卷入工潮而被动地参与争端;对着重于阶级动员的中共而言,伴随着罢工的逐步展开,中共人士对罢工的领导逐渐从公开转入地下。

二、纺织原料与贸易

纺织业事关国计民生和社会稳定大局。不少学者关注纺织行业各个环节,从原料到织布,从生产到销售,上下联动、内外结合、自成一体。相关研究注重内史与外史的有机结合,丰富了中国近代纺织史研究内容。

原料问题。陕西师范大学历史文化学院石涛教授以抗战时期陕西植棉业为研究对象,重点从资源配置的视角考察战时陕西植棉业发展的原因及成效,分析认为战时陕西通过推广优良棉种、增加棉花生产贷款、实行棉种管理区制度等措施,植棉业发展取得突出成就,棉花亩产量增加,品质大幅提高,为后方棉花供给发挥了关键作用。植棉业相关的自然资源与社会经济资源得到了较好的优化配置,是促进战时陕西植棉业发展的主要原因。该文不仅能够加强对战时棉业发展史的研究,而且可以丰富对近代中国农业经济史的认识。

贸易问题。山西大学历史文化学院魏晓锴教授等以清代民国办布规程为切入点,考察这一时期山西商人布业贸易。作者认为山西商人布业贸易成功的关键,一是重视办布的地点,二是对布的品质严格把关。其布业贸易并非简单的贩卖,山西商人把棉花加工成布,对生坯布进行多种工序的再加工,还对相关商品进行加工处理,最大限度增加其附加值。山西商人重视布的营销,对各处花销了然于心,精打细算,还根据市场惯例灵活应对。作者最后指出,注重品质、工匠精神、科学经营,既是清代民国山西商人布业贸易的成功之道,也是其贸易品格的集中体现。湘潭大学哲学与历史文化学院熊元彬副教授从浏阳夏布比醴陵夏布著名的原因、抗战对近代浏阳、醴陵夏布的直接影响和其他因素的加速三方面进行专题论述,指出虽然湖南夏布销路以清末醴陵最为旺盛,不仅产量实居强半,而且品质之佳,冠于全国,但是交通不便、本地商人起步较晚等诸多问题,致使醴陵夏布之名遂为浏阳所夺，直至民初醴陵商人直接与外埠经销，外间才始知有醴陵夏布之说。最终由于战乱、水灾、政府苛捐杂税、比较利益下农家无利可图，以及湖南夏布自身质量和信誉降低等问题，醴陵夏布渐趋衰落。

市场问题。上海社会科学院经济研究所陆兴龙研究员通过对上海华商纱厂的考察，宏观分析了市场因素与20世纪二三十年代棉纺织业发展的关系，尤其关注花纱价格对上海华商棉纺织业兴盛的影响。武汉大学历史学院王萌教授以日华纱厂的开办为考察对象，认为日本实业家和田丰治在上海开办日华纱厂，是第一次世界大战末日商大规模对中国棉纺织业投资的先声。他同时分析了和田丰治的经营理念，即杜绝华商买办势力的渗入，日华纱厂的开办反映出第一次世界大战末以来日商对中国棉纺织业大举投资的诸多特征。

三、纺织工业与资料辨析

此次会议强调深入挖掘纺织史资料，充分利用纺织史资料。关于前者，也有不少学者贡献了自己的研究成果。民国纺织行业报刊对纺织行业发展、纺织技术革新、纺织与社会互动关系等方面的信息进行了较为详细的介绍，是研究纺织技术史、纺织文化史、纺织生活史的重要资料来源。学界对其研究方兴未艾，是为纺织史研究方向的重要补充。

纺织报刊研究。上海大学文学院历史系廖大伟教授等以《华商纱厂联合会季刊》《华商纱厂联合会半年刊》为研究对象，考察该刊物的创办缘由、办刊定位、编辑群体、广告收入等问题，认为该刊创刊后在纺织行业中取得了一定影响，办刊中后期，季刊在纺织技术领域又确立了一定权威性，符合纱联会对季刊的目标定位。一方面，季刊作为纱联会的第一份刊物，是纱联会逐步探索后才确立的办刊方向，其办刊经验为《纺织时报》的发展指明了方向。另一方面，季刊作为进行技术交流的刊物，也是当时行业刊物中较少只专注技术的刊物，为整个行业的技术进步提供了专业的交流平台，促进了纺织行业技术的发展。东华大学马克思主义学院刘盼红老师等通过梳理《纺织时报》关于棉麦借款事件的相关报道，同时结合当时其他报刊资料，考察华商纱厂与政府、民众之间复杂的利益关系，以及华商纱厂的舆论困境与应对策略问题。作者指出在中美棉麦借款消息传出后,反对声音见诸报端。华商纱厂成为众矢之的,关于其举借外债、破坏民生及官商勾结的舆论层见叠出。纱厂形象大跌,造成国内棉纱市场更加萎靡不振。由华商纱厂联合会创办的《纺织时报》陷入支持棉麦借款与塑造企业形象的两难境地。该报最终采取强调借款正当性、转移舆论压力和为民众发声的报道策略,试图在追求利益与践行道义之间建立一种平衡。华商纱厂在棉麦借款事件中的舆论困境,反映出中国民族工业在大萧条时期的复杂处境。

纺织资料辨析。青岛市档案馆张晔研究馆员等基于日本国立公文书馆亚洲史料中心网站一份《青岛日、中各工场待遇》调查报告,研究 20 世纪 20 年代青岛棉业工人状况,着重考察和分析该资料的基本情况和史料价值,认为该调查报告在关于青岛日资棉纺织企业的制度建设,关于女工和童工、对技术人才的尊重和重视,关于华日棉纺织企业的差异等方面,深化了学界对青岛 20 世纪 20 年代棉纺织企业经营管理、工人待遇等方面的认识和理解。上海市工商业联合会原调研员王昌范以无锡丽新、协新纺织企业为考察对象,细致爬梳了该企业发生、发展概况,详细介绍了该企业档案等资料保管现状。张晔指出,种种原因使学术界对该企业研究力度和研究成果较为有限,相关资料的披露有助于推进这项研究工作的开展。西南大学历史文化学院李瑞老师以四川三台蚕桑巨子陈宛溪为例,通过对其所著《劝桑说》的研读,讨论植桑知识在四川的通俗传播、植桑事业在四川的普及以及植桑技术趋于扁平化与程序化等问题。他认为,该著吸收了前人劝课蚕桑的优秀成果,基于陈宛溪四十多年的亲自实践,内容更为通俗易懂,技术更为切实有效,促进了植桑知识的通俗化,推动了植桑事业的普及化,推进了植桑技术的扁平化,从而帮助四川蚕桑业从传统自然经济走向工业生产。

四、纺织技术与教育

技术创新是推动行业发展的根本动力,技术创新靠人才,人才靠教育。纺织技术与教育成为不少学者共同关注的话题,对于推动纺织企业史研究的全面开展具有积极意义。

企业技术。上海大学文学院历史系吴静副教授以棉纺织业为中心,系统阐述抗战前民营企业的技术扩散问题。他认为上海是近代民营纺织企业的中心，因技术市场的不平衡性而产生近代纺织技术势差。近代纺织技术通过在华洋行、技术人才和产业结构调整等载体，进行技术扩散。其技术的扩散是以上海为技术中心地，呈现出从南到北、自东向西的梯度化扩散模式。近代民营纺织企业通过技术引进和内化创新活动，不仅促进了纺织技术进步，也推动了纺织技术的扩散。上海大学文学院历史系博士研究生王仰旭以中国近代人造丝使用与自制研究为主题，指出民族纺织企业先于20世纪20年代利用人造丝进行改良，后于20世纪30年代尝试自制人造丝。在此期间，唯有安乐人造丝厂成功研制出国产人造丝，但各种局限使其举步维艰。他认为，这是中国近代人造丝发展的缩影，帮助我们深刻反思中国近代纺织产业调整的历史进程。

纺织教育。南通大学张謇研究院张若愚副教授基于南通学院与大生纱厂的关系，考察近代私立大学经费问题。他认为，经历近代历史的洗礼，南通学院与大生纱厂之间逐步形成坚固的校企关系：一方面通过经费支撑与人才反哺，实现良性循环与互动；另一方面存在弊病与症结，这也是近代私立大学经费问题的普遍反映。上海工程技术大学国际创意设计学院赵博翀老师等以癸卯学制为切入点，探讨清末近代纺织科学体系及其与癸卯学制的关系。作者认为，1904—1912年的癸卯学制是中国近代纺织科学体系的开端，亦是纺织学科制度形成的动因。纺织科学为癸卯学制的颁行提供了经验，癸卯学制则给予纺织科学现代化的教育体系，为近代纺织产业输送科技人才。二者因时而变、行之有序，在清末近十年的科学体制变革中互为表里。从科学发展的角度来看，癸卯学制充分考虑纺织科技与教育的互动因素，颇具前瞻性，为近代纺织科学的发展奠定了基础。

五、纺织企业与管理

作为纺织行业的主体，各纺织企业的兴衰成败既反映了中国近代经济变迁的历史，也折射出中国近代政治、外交生活的复杂图景，相关研究受到学者青睐。值得注意的是，纺织技术成为不少学者共同关注的话题，对于推动纺织企业史研究的全面开展具有积极意义。

企业创建与变迁。东华大学马克思主义学院张华明老师等就华商纱厂联合会成立及相关问题进行重新探讨,分析认为不仅在近代上海而且在近代中国经济社会发展中,该组织均发挥了举足轻重的作用。中国人民大学历史学院硕士研究生王成伟通过梳理申新第四纺织厂的内迁史及立足过程,再现政府和企业之间的利益关系和真实互动,解析战时干预给政府和企业带来的历史影响。他认为国民政府对申新第四纺织厂的干预具有三个特点:第一,主张工业搬迁的呼声主导国民政府的政策制定,国民政府不断致力于解决厂内关于搬迁问题的分歧,清除阻挠搬迁的一切力量;第二,从搬迁政策的执行效果看,国民政府各部门一方面保证了工厂的主体转移,另一方面造成了不少损失;第三,从相对长的时段看,国民政府对申新第四纺织厂的干预自战前的统税政策开始,以工业内迁为转折点,自此不断强化对工厂的干预力度,并由原先的经济干预扩展到政治干预,进而影响工厂正常的生产经营秩序。清华大学科学史系孙正坤博士后以抗战前申新纺织工业系统的软硬件条件为研究对象,对比分析两者的重要性。他认为:企业设备及厂房的先进程度对纺织企业生产效率有一定影响,但合理的管理方式和"工作法"更为重要,它可以让一个硬件设施落后的企业效率超过硬件设施优秀的企业效率;厂房、设备是物质载体,技术是企业运营的基本条件,管理及员工福利设施是灵魂。

企业管理与社会参与。华东政法大学马克思主义学院李蔚暄老师利用上海市档案馆所藏中国纺织建设公司档案及相关已刊资料,考察层级制度与社会关系网络在中纺公司管理中呈现的关系。作者认为中纺公司结合其国营企业的性质,建立起了一套高度层级化的企业制度。然而,这套层级化的企业制度并没能杜绝社会关系网络对中纺公司企业经营的影响。无论是公司高层的派系斗争,还是技术人员聘用背后的人际关系网络,以及基层的工会、"拿摩温"利用"姐妹会"、同乡关系网络对管理者权威的抵抗,都显示出层级化管理与社会关系网络在企业经营中复杂的关系。不过,中纺公司的企业制度还是起到了承上启下的重要作用。20世纪50年代初期,中纺公司在原有制度的基础上又进行了进一步的改造,成为新中国纺织工业的一部分。山西师范大学历史与旅游文化学院曹春婷副教授等从社会参与的角度分析三友实业社转营国药的历史过程、结果等,认为三友实业社在孤岛时期展现出了截然不同的特点,与此前对比明显减少的社会参与既是战时物资紧缺、社会衰败的体现,也是国民党政权与原有社会组织退却的有力证据,而政商合作的缺乏与社会组织的缺位也为三友实业社最终黯然收场的国药事业埋下了伏笔。

综上,此次研讨会文章既沿袭了纺织史上的一些传统议题,如纺织企业史、纺织科技史、纺织人物史、纺织政治史等,使之向纵深推进;也注重开拓新领域,如纺织报刊史、纺织资料辨析等,引领纺织史研究方向。不足两日时间,与会学者交流细致深入,现场讨论气氛热烈,有助于推动中国近代纺织史研究及相关学术共同体的形成。

图书在版编目(CIP)数据

织造救时：中国近代纺织史研究 / 廖大伟主编；刘盼红，张华明副主编 .— 上海：上海社会科学院出版社，2024
ISBN 978-7-5520-4298-6

Ⅰ.①织… Ⅱ.①廖… ②刘… ③张… Ⅲ.①纺织工业—工业史—研究—中国—近代 Ⅳ.①F426.81

中国国家版本馆CIP数据核字(2024)第011330号

织造救时：中国近代纺织史研究

主　　编：廖大伟
副 主 编：刘盼红　张华明
责任编辑：包纯睿　陈如江
封面设计：周清华
出版发行：上海社会科学院出版社
　　　　　上海顺昌路622号　邮编200025
　　　　　电话总机 021-63315947　销售热线 021-53063735
　　　　　https://cbs.sass.org.cn　E-mail:sassp@sassp.cn
照　　排：南京理工出版信息技术有限公司
印　　刷：上海雅昌艺术印刷有限公司
开　　本：710毫米×1010毫米　1/16
印　　张：21.25
插　　页：1
字　　数：336千
版　　次：2024年4月第1版　2024年4月第1次印刷

ISBN 978-7-5520-4298-6/F·757　　　　　　　　　　定价：98.00元

版权所有　翻印必究